THE THEORY AND PRACTICE OF POTTERY ANALYSIS

陶器研究的
理论与方法

秦小丽　张　萌 ◎ 编著

复旦大学出版社

序

  本书是秦小丽教授和张萌青年副研究员与"陶器研究的理论与实践"项目组四位研究生共同完成的一本专著。在阅读国外近百篇论著和小组研讨的基础上,他们对陶器研究的各类议题进行了整理和总结,然后以读书笔记的形式分门别类加以介绍。本书明确的理论导向以及涉猎极广的议题和视角,为我们了解国际学界陶器研究的前沿提供了一扇窗口和具体实践的参考。

  陶器是考古发现中数量最多和最不易消失的文化遗存之一。与石器剥片加工的离心过程不同,陶器生产的向心过程可以让陶工随心所欲地发挥自己的才能。而陶土的可塑性、原料成分及烧制过程的千变万化,使得考古学家能用不同方法从不同角度来研究古代文化的年代学、工艺技术、器物功能、美学意识、交换贸易、社会地位和宗教信仰等问题。

  柴尔德在他的《人类创造了自身》一书中曾经提到,陶器生产对于人类的思想和科学的肇始具有很大的意义,制陶也许是人类最早有意识利用的一个化学变化。对于古人来说,陶土是一种可以自由发挥的介质,能随心所欲地将它塑成任何形状,烧制后变成颜色和质地完全不同的"石头"。陶工从"无形中造型"的自由发挥,加上陶土材质魔术般的转变,可能启发人们许多哲学问题。然而,这种实用工艺并非个体的,而是集体的,是所有社群成员共享经验和智慧的表现。从某一新石器时代村落里出土的陶器都表现出单调的一致性,它们带有强烈的集体传统而非个性的印记。

  在文化历史考古学范式流行的阶段,陶器类型学是相对年代的工具以及构建考古学文化单位的主要方法。陶器被看作与地质学中"标准化石"一样的标本,于是那些数量多、分布广、变化快的陶器被视为典型器物,用来为考古遗址分期,并作为某考古学文化的代表性器物。而那些数量少、非典型或不具备年代学和文化意义的标本则一般会被忽略。这种价值取向的陶器分析会忽略大量具有其他内在价值的材料,而类型学为导向的研究也只是提供一种静态的分类和描述,难以达到透物见人的境界。

从20世纪60年代开始,过程考古学的兴起为陶器研究开辟了新的视野和路径。美国考古学家马特森提出陶器生态学的概念,设法将近东陶工所掌握的原料与技术与陶器产品的文化功能联系起来。1983年,美国考古学家詹姆斯·布朗指出年代学取向的局限性,认为陶器的变异主要是由生产和使用的工艺要求所造成的,因此能够告诉我们各种有关器物用途的信息。半个多世纪以来,陶器研究最突出的进展和成果集中表现在用考古科技来分析陶器的生产工艺、成分结构、功能用途和分配贸易方面。类型学分析的文献极度萎缩乃至基本消失,形制研究被融入其他方法论,如意识形态、权力关系和社会生产的探索之中,并通过民族考古学的类比来了解其含义。

本书的内容涉及国际学界陶器研究的方方面面,值得我们借鉴和学习。考古学史告诉我们,这门学科的进步有时并不在于新材料的发现和积累,而是研究视角的转移和理论方法的拓展。新思路能够开辟全新的研究方向,为我们展开一片全新的探索天地。由于陶器研究的许多课题如工艺技术、用途、贸易和社会结构往往彼此关联,许多因素会相互交织在一起,因此本书为方便而设置的章节难免出现内容上的一些重叠和交叉,也许在阅读中会产生理解上的困惑。而读书笔记对许多议题也只能点到为止,难以展开。因此读者可以将本书内容看作某种启发和引导,对某些感兴趣的议题可以按图索骥,延伸阅读。

如果本书以后修订再版,建议除了增加新的成果和将章节内容调整得更加合理之外,可以结合中国陶器研究的现状展开讨论,评估得失,为中国陶器研究的发展提供思路和建议。

陈　淳

2022年6月27日

目 录

001 序　章　陶器研究的理论与方法

015 **第一章　陶器生产技术**
015 第一节　黏土的属性
026 第二节　黏土的制备
031 第三节　成型与精加工
044 第四节　烧制技术
052 第五节　残次品认定与烧制技术复原

060 **第二章　陶器的属性与功能**
061 第一节　陶器的材料学属性
072 第二节　陶器的成分
084 第三节　陶器的形制与功能
095 第四节　陶器使用的改变

104 **第三章　陶器分类和定量分析**
104 第一节　陶器分类
127 第二节　陶器定量分析

第四章　陶器与社会演进

- 139　第一节　陶器的起源
- 163　第二节　陶器与流动性
- 180　第三节　陶器与领导权的兴起

第五章　陶器与技术组织

- 197　第一节　技术组织
- 219　第二节　生产组织
- 244　第三节　标准化与多样化

第六章　陶器与人

- 257　第一节　人员与陶器生产
- 264　第二节　身份与陶器
- 268　第三节　陶器分布与交换
- 276　第四节　陶器使用寿命与人口估算

第七章　陶器的风格与装饰

- 288　第一节　考古学风格研究的发展历程
- 311　第二节　陶器风格研究的当代主题

第八章　陶器的稳定性与变化

- 341　第一节　制陶学习与实践
- 361　第二节　陶器的稳定性
- 378　第三节　陶器的变化

终章

397

参考文献

412

序 章

陶器研究的理论与方法

一、关于本书的编写

陶器是考古学中最普遍的研究对象之一,陶器研究理论与方法是考古学专业学生基础课程必须掌握的内容。无论是在中国考古学界还是世界考古学研究领域,陶器研究的理论与方法都受到高度重视,也是考古学研究中不可或缺的素材与必须掌握的基本研究方法。站在陶器研究的世界性前沿来审视中国庞大而丰富的陶器发掘资料成为必要,建立系统的陶器研究理论与方法体系也是大势所趋。但是,就目前来看,国内还鲜少有从世界性理论和方法的高度进行陶器研究的前例,也没有在大学将陶器研究的基础理论方法与实践性案例分析相结合的课程。本书的编著正是朝着这一方向努力的尝试,也希望能为中国丰富而多样的陶器资料,特别是史前时期的陶器资料研究在方法与理论上进行探索性实践,以期抛砖引玉,引起学术界对这一课题的广泛关注。

2020年春季,承蒙复旦大学文物与博物馆学系学科基本建设经费的支持,本项目以"陶器研究的理论与实践"为题,结合目前在复旦大学已经开设的"陶器的生产与利用"(博士)和"古代陶器研究"(硕士)课程申请立项,意在全面梳理世界前沿的陶器研究新成果、理论与方法以及世界不同地区文明的陶器研究案例,系统掌握世界性陶器研究的理论框架和前沿性分析方法,在陶器研究上开拓新的思路。本课题申请之初,预计把陶器研究作为一个理论、方法与实践并重的体系进行全面的尝试,在系统掌握陶器研究方法理论成果的同时,还将重视陶器分析研究的实践操作。具体的实践案例计划由申请人承担,将复旦大学和陕西省考古研究院正在合作进行的国家社科项目关联遗址陕西省临潼康家遗址作为本课题陶器研究的具体实践基地。项目启动后的2021年春季,我带学生到浙江省文物考古研究所良渚文化研究中心了解陶器烧制的实验考古情况时,中心负责人陈明辉谈到他们正在进行良渚管委会支持的陶器制作实践项目,陶器烧制也是此项目的内容之一,于是协商将这里也作为我们这一项目陶器烧制实践的基地,这一想法得到了大力支持。这样,在客观上具备了本项目培养学生陶器理论学习和实践研究的条件,真正体现了考古学理论与实践相结合的学科特点,具有重要的学术意义和教学实践价值。同时,本研究对中国目前陶器研究现状及研究成果进行梳理,在全面收集和分析资料的基础上,概括陶器研究的问题,明确可以尝试的研究方法与理论,从理论和实践两方面为陶器研究开拓一种新的视角,尝试更具有创新意义的研究成果与教育实践。

2019年秋季学期,我在为复旦大学博士生开设的"陶器的生产与利用"课程上,将安娜·谢泼德(Anna O. Shepard)的《为考古学家书写的陶器分析》(*Ceramics for the Archaeologist*,1956年[①])和普鲁登丝·赖斯(Prudence M. Rice)的《陶器分析:原始资料集》(*Pottery Analysis:A Sourcebook*,1987年第1版,2015年第2版)作为学生阅读和参考教材,让选择本课程的博士研究生选择其中的一至两章进行精细阅读后,做课堂发言与讨论。其实,参加本博士课程的学生并不都是考古学专业出身,他们的专业方向横跨博物馆学、文化遗产、文物保护、陶瓷考古等领域,我本人也很担心他们是否会觉得这样的陶器方法与理论的阅读对自己的专业帮助不大,然而阅读结果出乎我的预想,无论他们来自哪个专业,每位学生都非常努力地将其所选的章节认真细致阅读后做了很好的总结,在每个人的口头发表时,我们就内容进行了课堂讨论,进一步完善了大家对所阅读章节的理解,而他们对我要求的延伸阅读更是做了很多功课,使得大家在更为广阔的背景下加深了对这些参考书内容的理解。但是因为课时较短,加之英文阅读对课业繁忙的学生也是一

---

① 因未能找到1956年初版,本书引用时均用1980年重印本。

个挑战,因而仍然无法全面系统地掌握这些书的内容,而这些内容确实是陶器研究的基础与不可缺少的部分。这一课堂实践的体会也是我在2020年初决意申请文博系学科发展经费的起始点,要想了解世界性前沿的陶器研究理论与方法并加以融会贯通,需要组建一个专门的研究团队与专项项目来进行系统梳理。

非常幸运的是,在2019年12月底,值第四届世界考古论坛在上海大学举办之际,通过本书编者之一张萌青年副研究员,我们邀请到了正在参加此论坛的美国新墨西哥大学人类学系美西南陶器研究专家帕特丽夏·克朗(Patricia Crown)教授和她的丈夫威尔斯(W. H. Wills)教授,来复旦大学文博系为学生做了一场关于美西南陶器研究的讲座。以这场讲座为契机,我们有机会与克朗教授就美国西南地区陶器相关研究进行讨论并分享陶器研究方法与心得,了解了她在大学承担陶器研究课程的一些内容。2020年初,在我们申请的学科基本建设经费获批后,我们与克朗教授联系,她将在新墨西哥大学曾经教授的两门课程"陶器分析"(Ceramic Analysis)与"陶器理论"(Ceramic Theory)的课程大纲与我们分享,并将这两门课程罗列的文献作为本书阅读资料的主要内容,以此获得本课题总览世界陶器研究方法与理论的基本文献资料。在此对两位教授表示衷心的感谢!

2019年秋季,在陶器研究方面除了博士课程外,我还为硕士研究生开设了一门"古代陶器研究",这门课虽然也是有关陶器研究的,但是在我的课程设置计划中,主要是针对目前硕士生中跨专业的学生较多,非考古学专业的学生需要有关中国考古学中陶器研究的基础而开设的。因此,这一课程主要以中国史前和早期青铜时代考古学文化为主线,从早期陶器起源、仰韶文化时期的彩陶浪潮、长江流域的白陶曙光、庙底沟二期文化陶器技术变革、龙山文化时期各个地域特点性陶器以及二里头、二里岗文化时期陶器生产的专业化进程和逐渐规格化的社会背景与技术变化等内容循序渐进地讲授,希望在讲授陶器的同时,为学生梳理考古学文化的历时性演进,在全面学习中国考古学文化基本知识的同时,为陶器研究打下一个坚实的基础。在讲授陶器相关内容的同时,我们也为他们提供了多篇世界性陶器研究论文,包括中、日、英文等,其中英文的欧美案例承蒙陈淳教授提供参考文献。这些陶器研究论文的阅读以及相关课堂讨论为本课题的申请积累了非常重要的基础资料。

本书撰写者中，有三位学生分别于2019、2020年选择了本课程，为此后参与本项目相关陶器论文的阅读打下了良好的基础，提供了充分理解这些理论与方法的实践性知识，是非常重要的一个环节。因为参与这本书写作的四位作者都是选择陶器研究为方向的硕士研究生，所以在要求她们承担阅读与章节写作的同时，我更希望的是她们从根本上理解这些理论与方法，并能在今后考古学研究中学以致用，为陶器研究开拓一片新的视野。

配合2019年秋季学期两门陶器研究课程，我与复旦大学教育艺术中心包春雷教授合作为选修两门陶器课程的学生提供了陶器制作实践机会。在包老师的陶艺教室，每年参加两门课程的硕士与博士生都有机会参与陶器制作。包老师为此实践提供了制作前的课程讲授与具体操作的教学示范，并应陶器制作需求，为学生准备制陶原材料。制作方法以泥条盘筑为主，同时还配合手捏成型和慢轮修整、布条沾水抹光、刻画装饰等程序。作为一门实践性非常强的课程，仅仅是教室里的讲授很难让同学们体会到陶土的手感及制作方法的拿捏与把控，比如看似简单的手捏也会因为陶土的软硬、含有羼和料的粗细以及韧性等而手感不同。泥条盘筑法在成型过程中其实并不容易掌控，特别是在器形的收与放之间很有技巧，即使是一件简单的陶罐，每位同学做成的器形差异也很大。因此陶器，特别是陶器的生产，除了理论方法，边学习边实践也是很必要的。这样结合陶器学习课程的实践已经成为惯例，每年秋季选择这两门课程的学生都有两次四个学时的陶器制作实验课，成为陶器研究方法与理论学习的一个重要的实践与体验窗口。

二、编著原始阅读文献的选择

正如前文所述，本书所选择的阅读文献主要基于新墨西哥大学人类学系的两门课程——"陶器分析"与"陶器理论"。这两门课都是克朗教授（2014年被遴选为美国科学院院士）给高年级本科生和研究生开设的研讨课。"陶器分析"课程每两年开设一次，而"陶器理论"近年来只在2012年秋季学期开设过。

据课程大纲，"陶器分析"课程旨在"介绍考古学陶器分析中所用到的基础概念、方法和研究路径"。其实，这门课除了讲座之外还有实验练习，属于系里实验室课程单元中的一部分。本课程有两本必读著作,一本是欧文·赖伊(Owen Rye)的《陶器技术:原理与重建》(*Pottery Technology: Principles and Reconstruction*,1981年),另一本是普鲁登丝·赖斯的《陶器分析:原始资料集》。另外还有一本推荐阅读著作,是安娜·谢泼德的《为考古学家书写的陶器分析》。各节课按照顺序排列如下:(1)陶器研究的回顾;(2)生产序列之黏土;(3)生产序列之黏土制备;(4)生产序列之成型与精加工;(5)生产序列之烧制技术;(6)陶器特征之容器属性;(7)陶器特征之成分分析(两次课);(8)容器功能之形制;(9)容器功能之使用痕迹与残留物;(10)陶器装饰之风格分析;(11)陶器分类。这些内容在本书的第一章至第三章均有充分体现。实验练习的主题有:(1)原料的田野和实验室检测;(2)制作实验;(3)鉴定陶器成型技术;(4)烧制气氛与温度;(5)容器属性;(6)显微镜观察;(7)口沿测量;(8)使用痕迹分析;(9)陶片观察;(10)制陶民族志影片欣赏;(11)设计分析。

"陶器理论"课程旨在"介绍考古学陶器阐释目前流行的理论",并要求选课的学生了解陶器分析的方法和基本的人类学理论。也是基于这个考虑,四位撰写初稿的学生首先读了"陶器分析"的文献之后才转入本课程的阅读。"陶器理论"是一门纯粹的阅读研讨课,克朗教授只推荐了一本专著——迪安·阿诺德(Dean Arnold)的《陶器理论与文化过程》(*Ceramic Theory and Cultural Process*,1985年),其余均为论文。专题排列如下:(1)课程简介;(2)技术组织;(3)陶器生产的起源;(4)陶器与流动性;(5)陶器与中程社会中领导权的崛起;(6)生产组织;(7)标准化与多样性;(8)人员与陶器生产;(9)身份与陶器生产;(10)分布与交换;(11)使用寿命与人口估算;(12)形制的风格;(13)陶器的稳定性与变化;(14)学习制陶;(15)象征与装饰风格。这些内容体现在本书的第四章至第八章中。

两门课虽然前者重在方法与实验,后者重在理论探索,但所采纳的教学方法是欧美常见的文献阅读与研讨。两位编者和四位学生在疫情之下主动改变了学习策略,并积极采纳了这种方法来读文献、写小结和网上讨论。由于更侧重把国外的理论方法介绍进来,我们没有采取学生做独立研究的方式,而是让每位学生根据原文和小结书写成章节,既帮助学生拓宽阅读面,加深陶器理论和方法的认识,也可形成体系化的知识,构成一部文集。具体方法是先将需要阅读的文献通过各种渠道收集建档,然后每位学生分配阅读内容,并撰写相关读书笔记和总结。每两周开一次线上会议进行交流与解难,同时四位同学互相修改阅读笔记。除了本书编著者与撰写者之外,还邀请文博系陶瓷修复与保护技术的俞蕙老师和有长期留美经历的薛轶宁老师加盟本课题,在每两周的线上会议之时,为学生们的阅读内容进行把关和答疑,这样的阅读方法进行了一年,并形成阅读笔记二十余万字。2021年3月份,我们开始策划本书的撰写框架与细则,并按照陶器研究方法与理论的大框架,形成现在第一章到第八章的全部内容。

三、陶器研究的方法与理论

(一)原料、技术与陶制品本身的研究

陶器作为人类学会用火后第一个发明的人工制品,具有技术层面的开创性意义,最主要的是开拓了人类熟食的领域以及对不同谷物烹饪技术的选择。陶器制作在技术层面的开创性往往关注陶器本身凝练的技术内涵——羼和物、成型技术、装饰性以及烧制技术。而在我们阅读的文献中还可以看到,陶器其实更是土壤学、地质学和矿物学意义上的结合体。由于制陶技术的根本是对这些自然科学知识的认知与领会,也是人与自然结合、人对自然认知并加以应用的成果,因此在我们把陶器作为人类社会中凝聚了人的知识的社会产物时,还需要了解原料层面黏土、掺和矿物以及土壤与矿物的化学属性与物理属性。而对这些知识的了解是我们在观察陶器及碎片时获取技术信息的关键所在。特别是现代科技分析在陶器中的应用,更加迫使我们储备必要的知识,不仅仅是就陶片的岩相学与羼和物分析结果展开讨论,而且应该将陶器科技分析结果置于陶器出土地域的土壤与矿物学知识背景下进行全方位的探讨,因此从这个意义上来说,陶器生产技术的学习首先是对黏土属性、羼和料选择及添加原理的认知,其次才是了解相应成型技术的特点、烧制技术的形式与类型选择。这些看似与陶器研究没有直接关系的知识,其实是决定能否将陶器这一人工制品深入研究,并从技术角度开拓新的研究视野的关键。

长期以来，古代陶器研究中对烧制技术的探讨相对匮乏，除了在陶窑结构与大小、火道形式等方面取得一定成果外，烧制温度、烧制气氛掌控、烧制柴薪类型与自然环境及烧制技术的关联性、是否存在无窑烧制技术等问题，均没有被纳入古代陶器研究的主流范畴，而这一切却都是陶器生产技术不可或缺的环节。同时，我国历来的陶器研究中也很少关注陶器烧制过程中残次品的认定，而作为陶器技术链条中的一环，这些看似废弃的残次品却是我们了解陶器烧制技术的良好资料，一个遗址中残次品的有无又恰恰是在缺少陶窑资料时判断是否存在烧制行为的关键性证据。因而从这两点出发，陶器残次品认定与相关实验考古学的实施，是为了最大限度从考古出土陶器资料中获取相关信息，将陶器这一人工制品的相关技术从大量废弃陶片中挖掘出来，进行多层面、多角度细致分析的重要方法。本书编著者将诸多参考书中的相关部分抽取出来进行梳理，形成一个完整的章节，意在对这些知识进行系统化梳理，便于读者了解相关知识，进而在今后的研究中能充分关注古代陶器信息的获取与分析。而本章撰写者琚香宁已经在本项目预定实习基地——良渚文化保护与研究中心陈明辉的指导下进行陶器制作与烧制等实验，在陶土选择、陶器制作、陶窑烧制和平地堆烧各个环节进行了近一年的实验考古。在烧制环节，他们对柴薪类型、烧制方式、陶器摆放方式等进行了多种设定，期待他们的成果能为本书强调的实践性研究视角提供一个好的范例。

关于陶器的属性特征与功能研究，其实就是现在称之为陶器的科技分析的部分，其中包含与陶器胎土及羼和料等有关的产地分析和陶器功能的科技分析。但是在这一方面的西方经典理论研究中，却将陶器视为原材料的产品关注其力学热学性质；作为容器关注其形制特征和使用性能；作为技术产品考察其制作过程涉及的技术、知识和工具；作为考古材料将陶器的属性特征与相应的人类活动联系起来，进而思考需要关注哪些属性特征，可以借助哪些分析手段，以及如何通过这些属性特征推测其功能和相关使用活动。这种由里及表深度研究的方法不同于以往仅仅将陶器作为考古出土的遗物，来与考古学文化、类型以及所在区域的文化传统相联系，它涉及陶器的显微结构（质地、孔隙率）、机械性能（硬度、强度、韧性）、热性能（导热性、抗热冲击性）、外观属性（颜色、光泽）的测定和评估。而这些方面的信息提取涉及两大分析手段——矿物学分析和化学分析。矿物学分析是对陶器矿物的定量和定性描述，往往关注较大的晶体组成，即黏土中自然存在的包含物或有意加入的羼和料。最常用的方法是岩相学分析，这种方法在国内陶器研究中方兴未艾，也是大家熟知的科技分析手段，这里不再赘述。通过化学分析测定的陶器材料的化学组成，通常可分为主量元素、次量元素和痕量元素。主量元素在陶器中含2%及以上，对常量元素的分析只能对产地进行大致的判断。次量元素含量为0.1%~2%，痕量元素指含量少于0.1%的元素。主量元素与次量、痕量元素在一起才能构成大多数陶器产源分析的基础。而化学数据并不能识别元素的来源或者它们之间的关系，因此化学分析和矿物学分析结合使用才能达到追索陶器产源的效果。而在陶器的功能分析方面，本书第二章第三节对作为容器的陶器形制和轮廓进行了几何学分类，介绍了如何用出土陶片来重建器形的方法，并讨论容量、稳定性、易取性、运输性能、性质与功能的关联特点等陶器研究中最受关注的问题。在第四节中则全面介绍了目前与陶器功能相关的科技分析方法，如有机残留物、使用磨损、烟痕与氧化变色以及相应的生化学分析法、同位素分析方法等。从陶器属性到功能以及由此产生的一系列科技分析方法可详见于本书第二章。

  我自己首次阅读陶器属性与功能特征的相关论文与著作是20世纪90年代末期在日本京都大学留学期间，那是一些关于日本弥生时代陶器研究的论文，首次读来感觉非常新鲜与视野开阔，原来陶器研究不仅仅是器形功能与类型学分类，还可以从它的属性特征进行大量信息解读，这一点对当时如饥似渴地寻求新的陶器研究方法的我启发很大，也曾将日本考古学界的陶器研究方法与成果介绍给国内学术界。其实现在想来，日本学术界从20世纪60年代起就关注西方有关陶器理论与方法研究的经典著作，并实际应用于日本考古学中的陶器分析，因此在20世纪90年代末已经取得了杰出的研究成果。虽然现在国内关于陶器这方面的研究也开始兴盛，但是总有一种科技分析与考古问题分离的感觉，一些科技成果很难解决考古学者需要了解的问题，其原因不在于分析方法，而在于分析目的与问题意识不明确。欧美的科技分析虽然大多由一些科技公司承担，但是分析样本的提取均由考古学家负责，得到的分析数据与结果也多由考古学家撰写论文进行解释，这一考古学研究体制使得考古学家需要全面了解陶器的属性与功能特征，明确样品选取目的，并对分析结果进行充分诠释，因而他们具有这样的知识储备，可以做到表里如一地通过科技分析方法解决考古学问题。也许今后的考古学研究,除了要求我们是一名社会科学工作者之外,还需要我们从大学阶段就学习与科技有关的基础知识,以便为将来的考古学研究积累必要的知识储备,进而可以对考古学分析对象开展全方位研究。

陶器研究的入门首先是陶器分类与定量分析,因为这些工作需要我们在对一手资料的整理阶段进行。而分类作为最基础的操作步骤,是关系到陶器研究能否进一步深入的关键。因为分类可以使分析数据结构化,使得不计其数的陶器出土资料变得易于分析。在文化历史考古学家看来,由分类与排列形成的类型学就像一把时间的标尺,衡量着人类过去的历史。然而来自生物学分类的考古学分类在美国考古学界与文化历史考古学一样受到学术界的批评与热烈讨论,并从分类的本质、分类设计、客位分类、主位阐释等方面进行批驳,认为分类仅仅是考古学家的一个研究工具而不是客观存在。而另一些考古学家则认为类型是数据中固有的联系,考古学家可以通过统计方法发现这些类型。随着考古学研究的焦点从年代学到技术领域等其他多层面的扩展,在分类的方法上,分类者往往基于材料、技术和风格等常见特征及其在文化解释上的显著性为陶器分类,多采用包括颜色、厚度、包含物、硬度、形制等标准。而这些技术特征在陶器分类中具有明显优势,用定量分析的方法如主成分分析法、聚类分析法寻找数据中的结构,可以实现陶器的主位分类。

定量分析方法是陶器研究的一个基本方法,它可以使得陶器研究更严谨科学。考古学家在对考古资料整理时始终要对出土陶器进行测量和统计,并通过数据分析解决考古学的问题。统计数据可以是定性的或者定量的、数值的或者非数值的、离散的或者连续的,而有效性、准确性、精确性始终是数据的三个基本要求。为了确保数据的有效性,必须对所得数据在特定考古情境中的应用进行逻辑论证,这一点的缺失则是目前考古学研究数据分析及应用存在的显著问题。正如我们面临类型学的局限性那样,首先需要拓展知识面,开阔视野,客观判断数据分析的有效性,充分理解数据分析的真正目的,将其置于考古学背景下来理解这些数据分析结果的真正意义并加以应用。本书第三章用大量篇幅,综合多位美国著名学者的研究成果,对分类本质、方法、存在问题及相关讨论进行了详细梳理,并从定量分析及数据应用方面就如何解决这些问题进行了全方位的综述。

以陶器分类为基础的类型学研究，从它诞生之日起就在美国考古学界引起争论，也在这样的学术争论中不断完善与进展，虽然在20世纪60年代新考古学的冲击下，与文化历史考古学一起在学术主流中黯然失色，但是大家已形成共识，认为类型就像一把时间标尺，某种程度上可以衡量人类过往的历史。中国考古学界直至20世纪90年代末，也是以文化历史学的类型学为主，迄今已经形成了中国考古学文化的基本时空框架，因而目前的陶器研究就要求我们在此基础上进行更有深度与多角度的广泛研究。这本著作的出版也许可以在开阔视野上起到抛砖引玉的作用。

（二）陶器与社会演进及技术组织

如果说第一至三章是对陶器本身及陶器资料综合体的具体分析，那么从本书第四章开始则是将陶器置身于人类社会发展进程中，对它作为人工制品的起源机制和蕴含的技术与社会组织结构进行的进一步研究。这一步骤无疑是建立在前三章的基础之上而进行的分析，因此在我们了解陶器本身之后，就需要对其作为社会文化元素的产生契机做深入探讨。

陶器究竟是如何起源的这一课题自始至终都是世界学术界和陶器研究中的热门话题，这是因为陶器的起源是人类社会进程中非常重要的技术变化节点，也是与农业起源、文明化进程、自然社会环境与人类发展演进紧密关联的重要环节。长期以来，学术界围绕着陶器起源"何时何地""如何""为何"三个核心问题，追溯陶器这项人类首创的重要发明之源头。迄今为止，欧美考古学界关于早期陶器起源的理论包括精神暗示说、传播论、适应论、赋能理论等，这些推论或者理论出自具体案例或各自的考古学理论体系，尝试性地阐述了陶器起源的条件与原因。然而这些理论的预设与推论仍然存在诸多疑问与不足，学术界在不断讨论和批评中尝试建立一些新的更有说服力的理论与方法，试图解决这些长久以来人们关心的学术问题。从技术经济与社会关系视角两方面来解释陶器的起源与传播机制就是这一尝试的代表。有很多考古学证据表明，陶器最早出现在流动或半定居的狩猎采集人群之中，就像我国江西仙人洞、吊桶环遗址那样，因而在陶器与社会演进研究中，陶器的采用与人类流动的栖居方式的关系也特别受到学者的关注。但这一见解与长期以来将陶器的产生作为新石器时代革命的三要素而多加提倡的说法有所不同。本书第四章中关于陶器与流动性的探讨主要尝试破除将陶器与定居、农业生产相绑定的传统刻板印象,将陶器起源问题从新石器时代革命的旧有框架中解脱出来,重新进行新的思考,以推进这一研究课题的进展。在打破以往思考进行新角度的理论尝试上,这些内容都值得阅读与参考。

作为日常生活用品的陶器似乎很难与社会不平等、奢侈品交流等上层社会指示器联系在一起,但是宴饮形式的礼仪活动离不开陶器这一载体,因而学术界对考古记录中的陶器作为威望物品能够反映聚落内的仪式活动和社会等级这一点做了大量案例研究,从各种角度揭示了陶器在不平等社会中的不同角色以及与领导权兴起的关系,证明了陶器作为生活中的重要产品和仪式中的关键用具,在解读社会不平等现象上能发挥其独特的功能。作为本书第四章的重要内容,这将为我们今后扩展陶器研究领域提供非常好的借鉴。

看似简单、由随手可得的泥土制成的陶器蕴含了作为人工制品所需要的所有技术要素,而技术则是包含了一系列不同制陶人群的智慧的集合体。陶器制作技术主要由五个方面构成,即原材料、成型工具、能源、技术和操作链。陶工们在长期的制陶实践中,不仅仅发明了单纯的制陶技术,还由此形成了相应的技术组织和生产组织。技术组织研究关注陶器制作的具体过程,关注陶工在这个过程中所做出的技术选择,并试图识别和解释陶器制作技术的变迁和变异。在技术组织的研究中,对陶器制作技术变迁和变异的分析至关重要。因为技术变迁包括技术功能、社会功能和意识形态功能,并受到使用情境中的反馈和制作者的压力影响,因而需要从技术组织的角度进行综合研究。而陶器的专业化则是与陶器的生产组织形式密切相关的重要课题,也是学术研究中多有讨论与争论的话题。一般来说,陶器的专业化可分为生产者专业化和产品专业化两类。但是也有学者根据专业化的表现形式,将其分为地点专业化、资源专业化、功能专业化和生产者专业化四种(或八种)模式。而陶器原材料、制作技术、形制、装饰等的同质性,也即标准化程度则是判断其生产组织的重要依据。但是需要注意的是,标准化与生产组织形式之间的关系只是假设,标准化是一个相对概念,由比较得出,是考古学家用来评估生产组织形式最常用的间接指标。因此陶器技术组织和生产组织形式的研究,是陶器基础研究之后必须加以强调的、不可或缺的课题组成,是考古学家更好地理解人类行为,重建社会组织结构的重要部分。本书第五章就在阅读梳理相关研究成果的基础上,对陶器技术组织进行了全面综述。

(三)陶器与人:身份、交换和陶器的风格与装饰

陶器形态的相似性与差异性到底是如何产生的?这是研究陶器时,学者们都会思考的一个问题。大多数情况下,这被认为与陶工技能学习交流、技术习惯及个人对陶器器形的设计有关。陶器作为人工制品中的一类,与所有人类活动的物质产品一样,都是在社会环境中生产和使用的,而制陶技能的学习在人类开始制陶的早期阶段,多数是在家庭环境下耳濡目染自然习得的。陶器产品形制的相似性则与制陶阶段陶工之间的技能交流、复制或者模仿学习相关。由于根据民族志资料,在以家庭或者扩大家庭为制陶单位的情况下,陶工之间的互动强度和持续时间越长,产品之间的相似性就越大,因此,制陶地点内或地点之间类似陶器的空间集群,被认为是由共享相同学习和居住环境的陶工集团产生的,这些陶工多以女性为主。但是当陶器组合能够显示技术的变化时,解释陶器形态的变化可以为陶器生产的社会组织提供信息——家庭生产与专业作坊生产、作坊的规模、陶工的性别、社会经济地位和产品消费网络等。而陶器作为商品的流通与交换的媒介在传达地域社会组织、精神象征和意识形态秩序方面的意义则不可忽视。

陶器作为社会需求的产物,其使用和使用背景才是陶器产生的原动力,因此陶器的功能对于社会变化程度及其潜在的象征内容都是非常重要的。虽然陶器可以有很多种用途,但陶器的主要用途是日常用品,通常包括食物储存、烹饪或作为上菜与饮食器具。因此,陶器形式与社会成员使用的特定食物种类、食物的特定烹饪方式、盛放方式以及食物消费和分享的文化意义联系在一起,甚至与集团内联络集团间纽带的定期性的仪式活动有关。而这些礼仪活动产生的酒水器、放置食物的盛食器等特殊器形如何与精英陶器、具有社会上层意识表象的礼仪性陶器相区别,则是陶器功能性研究的课题之一。

在人类社会满足基本生计需求后,以陶器为载体来表达制陶者或者制陶群体的精神意识、宗教信仰和艺术追求就变得必要,而作为日常用品的陶器

也常常会被陶工通过彩绘、雕刻、雕塑等形式进行装饰,这样的陶器在西方学者的研究中被称作陶器的风格与装饰。对这些风格的分析研究,是人类学和考古学陶器研究的重要组成部分。陶器风格可以反映其所处社会的经济互动、艺术交流和史前遗址年代测定。由于风格通常被认为是特定时空的视觉表现,至少能传达具备此风格的社会认同以及提供风格出现地域的信息,因此各种对风格的定义都强调交流或信息传递。追究风格的起源和维系,则一般认为可能受到各种社会、心理和环境因素的影响,这些影响变量包括技术演进、历史传播、定居模式、育儿方式、特定性别社会群体的存在、愿望实现和环境压力,而这些变量的综合体则会影响整体社会层面的风格。陶器风格的定义、研究方法与阐释理论日趋多样化,从简单的图案装饰到"技术风格"概念的产生,从粗糙的相对纪年工具到反映意识形态与身份表达,研究者们不断试图探寻究竟是哪些风格要素与人类社会的哪些方面存在关联,这种持续而深入的研究环境使得陶器风格成为陶器研究中非常重要的一个方面。本书第六章和第七章主要集中讨论陶器与人、陶器与社会意识形态等实用性之上的深层次问题。

(四)陶器的稳定性与变化

与考古学文化的其他物质遗存相比,陶器往往表现出一种更明显的稳定性,有可能滞后或超前于政治事件、王朝更迭、文化的意识形态变化等,甚至完全不表现出相关的变化。制陶在学习过程中十分依赖运动习惯的构建,是一种与日常生活高度相关、广泛且高频的重复性实践技术。它在很多方面与更不容易改变的生态环境、农业生产方式和相应的饮食方式密切相关,因而制陶技术在很大程度上显示出了明显的连续性和稳定性。与陶器的稳定性相比,陶器的变化可能是一个更加复杂的主题。作为制陶主体,陶工会不断创造出新产品或新技术,甚至新的工具,而在这些具有创新性的陶工与他人互动交流的过程中,创新技术可能得以推广,为其他陶工所知,而互动交流活动形式会影响信息传递的效果,产生三种不同的技术传播形式:直接学习、间接观察模仿和凭借记忆复制。若在特定需求刺激下和合适的社会环境中,在技术变化和生产组织、经济和社会变动的相互作用下,这一技术将被学习、接受并不断实践,逐渐扩散开来,使新技术的应用得以实现。当技术不断成熟和改进,而需求逐渐细化,则会发生技术的分化,技术的采纳者会针对自身需要对技术进行修改,催生新一轮的发明。这些技术变革催生了陶器在形制、装饰、生产体系以及因内部分工而出现的陶器规格化等方面的变化。而政治性事件的发生、王朝更替导致的人口迁徙等也会在滞后一定时间后,使得陶器风格产生渐进性变化。

综上所述,本书编著的内容从第一章到第八章,正好是从最小个体的陶器具体制作及相关原材料、技术分析,到将陶器置于社会大背景下的宏观理论与方法的探索过程,而这也正是陶器研究的基本程序。因此,当我们决定要研究陶器的时候,首先需要思考陶器是什么、是如何制作的、蕴含了哪些技术与知识元素,进而思考与此相关的陶器的出土环境,以及在人文社会大背景下,作为人工制品的陶器所需要涉及的社会学、文化人类学以及当时社会体制与生产结构在陶器与生产体制上的影响与作用。这也正是陶器研究由基础到深入、由微观到宏观,循序渐进地推进研究的基本程序。唯愿这本书能对热心研究陶器的学者具有一定参考价值和学术意义。

第一章

陶器生产技术

陶器的主要原料是黏土,从黏土到陶器成品的过程分为四个主要阶段:(1)将黏土制备成陶土;(2)陶土成型为初步陶坯;(3)修整、装饰陶坯;(4)烧制。下文将首先从宏观和微观角度阐释黏土的来源和构成,再分别探讨陶器生产的四个主要阶段和生产过程中的主要技术类型,最后总结和讨论陶器残次品认定和烧制技术复原问题。

第一节 黏土的属性

黏土及相关操作是制作陶器过程中最重要的材料和步骤,因此研究陶器制作需要从原材料开始,即关注黏土和它的来源、组成与性质。黏土具有复杂性和多元性,因此它能制作各种各样的物品。

对于黏土的研究主要来自矿物学家、土壤化学家、农学家、陶器工程师(ceramics engineer)和地质学家。目前研究黏土的技术主要包括研究细颗粒物质结构的X射线衍射分析、确定矿物组成并测定样品纯度的化学分析、测定黏土纯度的岩相学、处理非常精细的物质并解释黏土基本性质的胶体化学、研究水在黏土中的作用和鉴别黏土矿物的热分析以及显示亚微观矿物外部形态的电子显微镜分析。

不同的研究会赋予其不同的定义与特质,关注点可能聚焦于黏土的来源、它的化学或矿物学组成、当前在商业或工业领域的应用等,每种定义会根据其特定的视角而涉及黏土的一系列特质。地质学和地球化学的原理是了解黏土来源和性质的基础。

一、地质学背景知识

地球由里及外的基本结构为:地核—地表(由岩石和沉积物组成的地壳岩石圈)—大气层。地壳岩石圈由硅、铝、铁等元素组成,这些元素以化合物的形式存在,最常见的是氧化物,按在地壳中所占比例从高到低分别是:二氧化硅(SiO_2,60.1%)、氧化铝(Al_2O_3,15.6%)、氧化钙(CaO,5.1%)、氧化钠(Na_2O,3.9%)、氧化亚铁(FeO,3.9%)、氧化镁(MgO,3.5%)、氧化铁(Fe_2O_3,3.4%)、氧化钾(K_2O,3.2%)、二氧化钛(TiO_2,1.0%)、五氧化二磷(P_2O_5,0.3%)。

元素、氧化物和其他化合物以各种方式形成矿物(minerals),绝大部分矿物是一种具有特征化学成分和组成原子结构有序的均匀固体(晶体),不具有有序原子结构的是非结晶的。

矿物有多种分类方式,分类原则包括不同的晶体结构、特定成分的比例、硬度、断面、光泽、颜色等。按照矿物是否可以组成岩石的标准可将矿物分为造岩矿物(rock-forming mineral)和矿石矿物。在陶器研究中,造岩矿物是主要关注的对象,因为造岩矿物是组成岩石(rock)的矿物,而所有的黏土都源自岩石。矿石矿物则可以加工成铁矿石、铜矿石等。

造岩矿物有两类,分别为硅酸盐和碳酸盐。最常见的造岩矿物是硅酸盐(silicates),二氧化硅为其主要组成成分,铝硅酸盐、镁硅酸盐、铁硅酸盐、钙硅酸盐、钠硅酸盐、钾硅酸盐是最常见的造岩矿物。硅酸盐矿物的成分为:长石(feldspars)、石英、黏土矿物(铝镁含水硅酸盐)、云母(micas)、铁镁硅酸盐。碳酸盐(carbonates)的主要成分是碳酸根。

岩石通常由多种矿物组成。其来源可分类为:(1)火成岩(igneous rock),变质岩和沉积岩都来源于火成岩;(2)变质岩(metamorphic rock),是火成岩经过高温或高压作用或两者共同作用的产物;(3)沉积岩(sedimentary rock),主要是火成岩和变质岩风化产物的搬运和再沉积的结果,但也有一些沉积岩是贝壳或硅藻压实形成的有机沉积物,占岩石圈的66%,其中65%是泥岩(mudrocks),泥岩主要包含黏土矿物和粉粒黏土。

虽然用于制陶的黏土是沉积物,但是这些沉积物都源自火成岩。火成岩由地壳下的岩浆或熔融的硅酸盐物质形成。根据熔融物质冷却的地点,它们被分为两大类,即火山岩(volcanic)和深成岩(plutonic)。火山岩喷发以岩浆或火山灰的形式挤压到地表,然后迅速冷却,形成典型的细粒岩石,如玄武岩、黑曜岩和浮石。深成岩或称侵入岩(intrusive rocks),形成于地球深处,冷却缓慢,颗粒较粗,如花岗岩(granites)和闪长岩(diorites)。

火成岩的酸碱度有别。酸性岩石(如花岗岩)中二氧化硅的含量较高,通常颜色较浅,密度较低。而碱性岩石(如玄武岩)中二氧化硅含量较低,颜色较深,密度更高,因为在铁镁矿物(ferromagnesian)或含铁、镁的矿物(mafic minerals)中铁、镁元素的比重较大。在酸性和碱性火成岩的连续统一体中,造岩矿物可以分为数个族(families)。其中最常见的是长石,其次是云母、闪石、辉石和橄榄石。它们的酸碱性呈现为:长石类矿物(酸性、中性、碱性)、云母类矿物(酸性、中性)、闪石类矿物(中性、碱性)、辉石类矿物(中性、碱性)、橄榄石类矿物(碱性)……

由于黏土是风化作用形成的,因此岩石在物理或化学作用下对于分解和蚀变的相对抗力对黏土的成因是很重要的。无论是出现在火山岩中,还是经过高温或高压形成变质岩,那些最常见的造岩矿物都会经过磨蚀或化学作用而产生变化。它们的稳定性因其成分和质地的不同而不同。造岩矿物中对高温或高压作用的抗力从高到低分别是:石英、锆石、电气石、磁铁矿、钛铁矿、金红石、白云母、正长石、石榴石、钠长石、钙长石、磷灰石、黑云母、普通角闪石、辉石、橄榄石。

黏土是含有大量氧化铝的硅酸盐岩石的分解产物,抗力小的造岩矿物氧化铝含量低,无法转变为黏土矿物。高氧化铝含量的矿物主要是云母和长石,能最快转变成黏土,但这些矿物族中各类矿物的稳定性也有很大差异。

长石是最常见的地表矿物,占地表造岩矿物的39%。长石是一种硅酸铝(含有二氧化硅和氧化铝,前者变异范围为43%~65%),并含有钾、钠、钙元素,这些元素将长石划分为钾长石或碱长石(含钾,如正长石和微斜长石)、钠钙长石(含不同相对量的钠和钙,如钠长石、奥长石、中长石、拉多石、倍长石和钙长石)和石灰长石(含钙,如钙长石)。碱长石(正长石和钠长石)的二氧化硅含量相对较高,具有酸性岩石的特征。它与石英经常一起出现在花岗岩中,而钙长石或斜长石有更为基性岩(闪长岩和玄武岩)的特征。长石和由其形成的黏土中钾、钠和钙有助于确定黏土的烧制特性。这些元素在判断长石及其产物(黏土和其他矿物)的风化特征时也很重要,这些风化物是在崩解过程中产生的。在化学风化过程中,由于水和游离氢离子的存在,火成岩中除了石英(也许还有橄榄石)以外的所有丰富的矿物都会形成黏土。这种风化作用的产物是黏土矿物、碱和碱土阳离子以及溶液中的二氧化硅。

在化学风化作用中,在饱含水和游离氢离子的环境下,除了石英和橄榄石以外,火成岩中富含的矿物都会形成黏土,不同种类的岩石和分解作用产生不同种类的黏土。风化作用的动力包括物理动力和化学动力。物理动力指风、水、冰川的分解与搬运作用;而化学动力指在溶液、水合作用和氧化作用中的有机酸或腐殖酸、气体、藻类、细菌、根茎的渗透。风化作用受温度和降雨量影响,可以分为两个阶段:先是破碎(岩石力学分解)过程,主要发生在寒冷、干燥的环境下,矿物组成比较稳定,主要产物是云母类;然后是水解(矿物和溶液形成新矿物的化学反应)过程,主要发生在温暖、潮湿(酸性)的环境下,溶解度高的元素(钠、钾、钙、镁)被带走,风化产物是溶解度低的铁、硅、铝(潮湿热带地区的红黏土和高铝含量的三水铝石和铝土矿)。

二、黏土的定义

黏土是一种复杂的材料,可以从多个角度进行定义。总的来说,黏土这一术语通常指一种细粒度的泥土材料,遇湿后会变得具有可塑性或延展性。更具体地说,黏土指的是一组特定的矿物、一类岩石和土壤,其中这些矿物占主要地位,组成这些矿物、岩石和土壤的主要成分呈现出一种特定的粒度。当我们根据黏土的沉积状况、粒度测定、化学成分、矿物学和商业用途来研究黏土的五种定义或描述时,这些区别的重要性将变得更加清晰。

从沉积状况角度看,黏土是岩石在风化和分解作用下形成的相对晚近的沉积。黏土的沉积状况,即被分解的物质相对于基岩的位置,是黏土分类的基础之一。根据这一标准,黏土可分为原生黏土和次生黏土。从某种意义上说,所有的黏土都是次生的,因为它们是岩石分解的产物,而不是原始岩石(基岩)形成过程的产物。原生黏土与其源自的基岩差不多位于同一位置,由地表水渗漉、化学反应和其他风化因素的水解反应生成。由于基岩的分解变动往往不彻底,原生黏土通常包含粗粒度、未转变、有棱角的基岩材料碎片,通常有机含量低(少于1%)、可塑性低。次生黏土存在于距离基岩一定距离的沉积物或地层中,被波浪、潮汐、溪流、风、冰川、侵蚀或其他营力搬运而来,数量比原生黏土多,也因分选和再沉积的过程而变得更为均质。次生黏土的有机含量相对高(5%~10%)。它可分为海相黏土、河相黏土、湖相黏土、风成黏土和冰川黏土。

粒度学或粒度等级的概念是另一种定义和理解黏土的方式。黏土最重要的特征之一是其细小的颗粒尺寸,这使其具有可塑性。一般来说,黏土的颗粒越小或包含的小颗粒越多,黏土的可塑性越强。在地质学、土壤学和农业领域以及工程和建筑行业中,"黏土"指特定的颗粒范围,即直径小于2 um(微米,1微米=0.001毫米)的粒子。黏土的极小颗粒尺寸使其具有胶体的属性。胶体指的是一种非常细小的颗粒(固体、液体或气体)分散或悬浮在另一种物质(固体、液体或气体)中的状态。例如雾状胶体(液体分散在气体中)、血液(固体在液体中)和泡沫(气体在液体中)。胶体粒子非常微小,直径1 um或更小。然而,并不是所有黏土粒径都符合胶体粒径。

沉积物中黏土级颗粒的比例取决于沉积物的形成方式。大多数泥质沉积物含有相当数量的更粗的颗粒,要么是原生黏土或残留黏土风化沉积的原始基岩碎片,要么是次生黏土或沉积黏土运输过程中产生的颗粒。"黏土"这个术语用于固结(岩石)和松散(土壤)沉积物的力学分析,其中黏土粒径级占主导地位。以黏土大小颗粒为主的岩石或固结沉积物称为泥岩,其中包括黏土岩(claystone)和页岩(shale)。

通常在土壤分析中,黏土级颗粒与较大粒径的混合物形成了描述黏土类别的基础,如"黏土壤土""粉质黏土"。被土壤科学家指定为黏土的土壤中,直径小于0.002 um的细颗粒至少占35%,甚至这一比例必须不低于40%。粉质黏土沉积物中粉质级(0.05 mm~0.002 mm)和黏土级颗粒的比例大致相同,占其成分的 80%～100%。土壤材料若表现出可塑性(即黏土的基本特性),可能只需包含 15% 的细粒度颗粒[①]。质地细密的可塑性黏土通常沉积在浅而平静的湖泊、流速缓慢的溪流或河口处,一般不是原生黏土。

从黏土的化学定义来看,黏土是硅酸盐岩的风化产物,因此主要组成是硅和铝(此两者最耐风化),是水合铝硅酸盐[通式(理论分子式) $Al_2O_3 \cdot 2SiO_2 \cdot 2H_2O$]的变体,其中铝、硅和水的占比在不同黏土中差异很大,平均含量是 39.4% 的铝、46.6% 的硅和 13.9% 的水,硅铝比例从 1∶1 至 4∶1 或更高,水的占比也可以高达 30%～35%。

除了硅酸盐黏土之外,还有铁和铝的水合氧化黏土。这些黏土与热带和亚热带地区的酸性风化有关,代表了土壤或岩石材料最晚期的蚀变(红土化)阶段。含水氧化黏土一般为红色或黄色,可与硅酸盐黏土混合,通式为 $Fe_2O_3 \cdot xH_2O$ 和 $Al_2O_3 \cdot xH_2O$(这些黏土中的水合含量是可变的)。

黏土的独特性对于陶器的制作和使用非常重要,这在很大程度上是由于它们的化学成分和结构。我们可以把黏土看作由两种"积木"构成。黏土的三种化学成分中,硅原子与氧结合,铝原子与几个氧或氢氧根组合,每一种都由其中的两种组成。这些单元的排列由上面给出的化学式表示。黏土结构的这些组成部分以离子的形式存在,它们带有电荷,可以根据单个原子的结构来理解。

所有元素的原子都由两个主要部分组成:原子核和电子,每个部分都是带电的。原子核由带正电荷的质子和不带电荷的中子组成,它们一起给原子核带来净正电荷。电子带负电荷,并以一系列嵌套的轨道(也称为壳层或能级)围绕原子核旋转。原子是中性的,因为它们有相等数量的质子和电子。

因为从中性原子到正离子的转变通常涉及失去电子,所以当形成一个正价的离子时,正离子的有效尺寸(离子半径)会缩小。相反,负离子(阴离子)的形成涉及填充最外层,因此负离子的大小比中性原子大。一般来说,负离子比正离子小。

通过原子之间共享电子,带正电和负电的离子能够产生由一种或多种元素按一定比例组合的稳定化合物。当大的负离子排列成一个紧密的结构,而

[①] 根据颗粒大小区分的土壤类别的表格请参考 Prudence M. Rice, *Pottery Analysis: A Sourcebook*, University of Chicago Press, 1987, Fig. 2.3。

小的正离子占据它们之间的空隙时,通常会发生这种结合过程。

就黏土颗粒的结构而言,铝原子和硅原子失去电子,以铝离子 Al^{3+} 和硅离子 Si^{4+} 状态达到稳定,氧原子得到电子,以氧离子 O^{2-} 状态达到稳定。硅离子和氧离子结合,成为中间较小的硅离子被四个较大的氧离子包围的四面体,为了达到电平衡,六个四面体单位分享角落的氧离子而环状联结。这些过程无限重复,形成由六边形组成的片状结构。铝离子与两个氧离子和四个氢氧根结合成为八面体,为了达到电平衡,它们也像上述四面体一样联结形成片状结构。

由此,很多硅酸盐黏土由铝八面体片状结构和硅四面体片状结构的层叠组成。这种扁平片状的晶体结构,每层之间具有弱的键合作用,导致了很多黏土颗粒呈片状,容易开裂。

上述是硅酸盐黏土化学结构的理想模型,其中硅和铝可以在不同程度上被替代,镁离子、二价和三价铁离子可能替代铝离子,铝离子可能替代硅离子。这种复杂性(正离子交换)产生了各种不同的黏土(大约 50 种黏土矿物种类)。并且,由于化学结构边缘的电性不平衡,这些结构也倾向于和其他元素结合,因而含有可溶性盐氧化物的杂质。这些元素和化合物是黏土中常见的微量或少量组分,但会显著影响黏土的特性。

从矿物学定义看,所有黏土都一度被认为是非晶体的胶状颗粒。黏土矿物的概念出现较晚,至今也没有统一的分类标准。晶状结构和特性(形状、可扩展性)是最常使用的标准。分类的困难之处是存在"过渡"黏土,即其特性在某两种类型之间,这表明黏土矿物的变化是连续的,而不能被简单地划分为单独的种类。

从 20 世纪 20 年代开始,学界通过技术改进开展了一系列研究来检查微观的结构和性能。光学岩相学,特别是 X 射线衍射揭示出黏土是极细的结晶固体,而非无定形材料,大多数黏土的内部结构主要来自上面描述的二氧化硅四面体和氧化铝八面体薄片的层状排列(虽然不是所有的黏土都有这种结构)。大多数主要的黏土矿物都属于层状硅酸盐(phyllosilicates),另外一些重要的矿物具有链状或板条状结构。一小部分黏土矿物则是非结晶和无定形的,这使得分析它们非常困难。下文主要关注层状硅酸盐和板条结构黏土(lath-structure clays)。

(一) 层状硅酸盐

层状硅酸盐由上面所述的硅和氧化铝层状结构有序排列组合而成。以这些层状结构排列的差异以及其他元素对铝的替代为基础,层状硅酸盐形成了三个亚类:第一类是含有一层硅四面体和一层铝八面体的双层结构黏土,包含高岭石和埃洛石;第二类是含有两层硅四面体,中间夹一层铝八面体的三层结构黏土,包含晶格膨胀的蒙脱石和蛭石以及无晶格膨胀的伊利石;第三类是不同类型交替层叠的混合层结构黏土,即绿泥石。

1. 高岭石族(Kaolin Group)

高岭土主要由黏土矿物高岭石(kaolinite)组成。高岭这个名字来自中国的"高岭",指的是江西省景德镇高岭村,在那里可以获得制作瓷器的白黏土。高岭石这个术语的使用始于1867年。高岭石代表母岩风化的晚期,通常是一种酸性岩石,如伟晶岩(高长石和石英的花岗质岩石)或云母片岩。这种矿物最常形成于温暖的热带或亚热带地区,那里降雨量大,土壤排水良好,导致酸浸(acid leaching),除去母岩中除硅和铝之外的大多数元素,特别是碱性物质,如钙、镁、铁、钠和钾。高岭石通常含有大量的氧化铝,氧化铝与二氧化硅的比例通常是2:1。该矿物可用理想公式 $Al_2O_3 \cdot 2SiO_2 \cdot 2H_2O$ 表示,平均化学成分含量为39.4%的氧化铝、46.6%的二氧化硅和13.9%的水。当风化作用和酸浸作用达到极端时,特别是在热带赤道地区,更多的二氧化硅被除去,形成含水氧化黏土、高铝矿物铝土矿和三水铝石的沉积物。高岭石颗粒通常呈扁平的六角形,尺寸从中等到较大,直径从0.3 um到10 um,厚度约0.05 um。双层结构之间键合作用较强,正离子交换量低,性质较为稳定。高岭土是原生或二次沉积,广泛分布于温带和热带地区。原生高岭土可塑性低、颗粒粗大、充满杂质,二次高岭土因搬运和沉积中的分选而清除杂质、颗粒细小,根据沉积地点可能有机含量高。古代沉积中,大量见于河相和近岸沉积;现代土壤中,通常见于酸性的红色、灰色白灰土和红黏土中。碱性或钙质(如源自石灰岩)的沉积物往往不包含高岭石,因为钙可能会抑制这种矿物的形成。高岭土通常称为瓷土,是广泛分布的陶瓷器常用原料,属于耐火材料(高铝含量和不容易吸纳杂质),一些杂质少的高岭土烧制后呈白色。瓷土粒度较大(平均0.6 um~1.0 um),可塑性低、收缩率低。工业上可用于纸浆、透明水管装置和瓷器餐具。产品在未经抛光的情况下就具有自然光泽。相较于高岭石,埃洛石(或称多水高岭石)硅层和铝层排列稍有不规律,矿物结构中有更多水,层面容易弯曲呈管状,多通过热液反应形成。

2. 蒙脱石族(Smectite Group)

蒙脱石族是两类具有三层结构的黏土矿物之一。这种三层结构具有许多特性,使这些黏土在各种商业应用中具有价值。蒙脱石由两层硅四面体组成,中间由一层氧化铝八面体隔开,三层结构由弱键合作用联结,各结构间的结合也很弱。各种元素的水分子和原子很容易穿过这些单元层之间的空间。这使得膜层膨胀分裂,或者简单地轻易吸附额外的离子,即晶格膨胀,这种性质被称为高"碱交换"(base exchange)。在大多数蒙脱石中,这种可膨胀性只存在于矿物的结构中,而在膨润土(或斑脱土,即火山灰风化的胶状黏土)中,黏土的实际体积膨胀到肉眼可见的程度。膨润土具有很高的吸水性,在商业上常用作脱色剂,在葡萄酒生产中用作澄清剂和稳定剂。蒙脱石主要由基性岩石和富含钙、镁、铁的矿物(如玄武岩和钙斜长石)的蚀变或火山灰的分解形成。它们是在相对排水差、还原、降雨少、淋滤的条件下,以及风化带中镁、铁、钙、钠、钾等碱基相对丰富时形成的。蒙脱石普遍存在于近期的沉积物中,是干旱区土壤的主要成分,风化程度不如高岭石,蚀变会使蒙脱石变为高岭石。硅铝比例比较高(4:1),碱性金属元素多。铝含量低,相较于高岭石耐热性稍差且易熔。从理论上说,蒙脱石的成分为 66.7% 的硅、28.3% 的铝和 5% 的水,由于晶格膨胀对水的吸收,成分会发生改变,剧烈的正离子交换会形成另外的黏土矿物。相较高岭土,蒙脱石颗粒薄而扁平,但不呈现高岭石晶体的六边形。粒径更小(0.05 um～1 um),可塑性和黏性都较高。在陶器制作上,收缩率高,容易在干燥过程中开裂。胶状特质和吸收其他离子的晶格膨胀使其常用于绘画或涂层,没有明亮光泽。一种与蒙脱石有关的黏土矿物是蛭石(vermiculite)。蛭石与蒙脱石在晶格膨胀上相似,但它的膨胀不如蒙脱石的大。这可能部分是因为蛭石的颗粒一般较大,在粒子层的排序上不那么具有随机性。由于蛭石黏土膨胀后变得轻且多孔,因此在工业上用作绝缘材料和混凝土填料是很有用的。

3. 伊利石族(Illite Group)

伊利石族是另一类具有三层结构的黏土矿物。由于正离子交换主要在硅层的边缘外部，而非如蒙脱石在内部，因而不会发生晶格膨胀。伊利石矿物颗粒细小，结构为不清晰的薄片，但较蒙脱石更大、更厚。伊利石黏土是海相沉积的典型特征，尤其是离岸和深水处，在成岩作用中形成。在碱性海洋环境中，伊利石由于缺少渗漉而有充分的钙、钾、镁元素，可能由高岭石和蒙脱石转变而来。伊利石黏土的细粒度（0.1um～0.3um）和自然光泽使其可用于陶器涂层。海绿石（glauconite）是一类特殊矿物，介于伊利石和绿泥石之间。它在近岸或浅水的海水成岩作用中形成，有机物、钙和钾加速了这一进程，或许是黑云母（biotite）或其他矿物变化的产物。

4. 绿泥石族（Chlorite Group）

绿泥石是混合层结构矿物，因含二价铁离子而呈绿色。绿泥石由交替的类云母黑云母层（micalike biotite layers）和氢氧化镁铝的"水镁石"层组成。这一族中有多种变体，在水镁石层中二价铁离子、锰离子会替代镁离子，部分铝离子会被二价铁离子和铬离子替代。绿泥石非常易于破坏，通常与其他矿物混合在一起，数量少，难以发现。

（二）板条结构黏土

板条结构黏土中的硅四面体不呈片状而呈链式，并含有镁八面体。这种板条结构纤维状的矿物有两种类别：凹凸棒石-坡缕石族（Attapulgite-Palygorskite Group）和海泡石族（Sepiolite Group）。它们常与其他矿物和钙质物质混合，很容易被酸溶液破坏，因而难以分离和研究。板条结构黏土通常与酸性土壤和沙漠地带相关，也是玄武岩的风化产物。凹凸棒石中八面体中的镁离子很大部分被铝离子替代，结构呈现板条状或成捆的板条状，通常有几微米长，呈现弯曲缠结状态。这类黏土有很强的吸附性，可用于脱色剂和止泻原料。坡缕石居于凹凸棒石和海泡石之间，镁离子部分被铝离子替代，替代没有凹凸棒石剧烈。海泡石是一种轻量、浅色的材料，用于制作烟管。海泡石结构是相比凹凸棒石更厚、更短、更密集缠结的板条状。

对于研究陶器的人类学家或考古学家而言，这些关于黏土沉积环境、颗粒大小、化学结构和矿物组成的问题在某种程度上是必要的，但在另一种意义上，它们并不重要。这些不同观点的重要性取决于所提出的问题。黏土的不同定义说明了考古学家和人类学家在寻求地质学家、矿物学家或陶艺工程师的帮助来理解陶工资源的属性时,应该意识到同一主题的不同方法。化学家、矿物学家、地质学家和工程师可以根据严格的颗粒大小、矿物成分或商业用途来定义什么是黏土、什么不是黏土。

黏土是什么?民族志资料表明,传统陶工在相对简单的条件下生产陶器,他们甚至不采用轮制成型技术,也不建造窑炉烧制陶器。尽管这些陶工在选择、淘洗和使用黏土的过程中表现出相当多的专业知识,但是他们对于黏土的要求远不如现代工业那样严格。在大多数情况下,传统陶工必须就地取材。大多数非工艺或非工业陶黏土在矿物学或粒度学意义上都达不到"纯净"的程度,而且陶工们也没有把所有粗的、非黏土的物质从中分离出来。传统陶工有许多方法来净化和提高黏土的细度,如粉碎、筛分,但一般来说,他们的材料是高度不纯净的,除了黏土矿物或黏土大小的颗粒外,还含有各种各样的物质。

从功能上讲,就目前民族志中陶工的选择和使用而言,黏土的定义可能仅取决于其最重要的特性——可塑性。可塑性是使湿黏土能够被压力塑形的特性,是传统陶工和人类学家识别黏土的基础和标准,而不管化学、矿物或颗粒特性如何,毕竟史前陶工不能严格根据蒙脱石矿物而不是高岭石矿物,或者直径为5um而不是1um来选择资源。制作陶土容器最重要的是材料的可塑性或可加工性。

矿物组成、化学组成、粒度等特征决定了影响史前陶工选择的特性——可加工性、收缩性、强度、抗热震性和显色性。因此,黏土的这些特性提供了可塑性的基本限度。尽管古代和当代的陶工可能不会有意地选择蒙脱石黏土,但他们可能会选择蒙脱石黏土的某些特性,如吸水性和可塑性。同样,对一种特定的黏土进行最终的化学分析也可能用处不大,因为大多数黏土沉积物在化学上彼此不同,而且在同一沉积物内部也有所不同。

在研究古代陶器时,必须记住烧制黏土通常会破坏其矿物结构,使其无法辨认。因此,研究古代陶器碎片的考古学家可能会发现,如果问题仅仅基于黏土矿物(或化学物质)的鉴定,陶器技术的研究将是徒劳的。

(三)黏土的商业用途

黏土除了用于制作餐具、瓷砖、砖头、管道、洁具之外还有很多用途,有与特定矿物相关的用途,如绝缘、药用、脱色、混凝土填充、打造纸浆等。此外,黏土还用于炉衬、过滤器、干洗剂、钻井润滑剂、火花塞、假牙和瓷手榴弹。黏土的主要商业用途类别是球状黏土、耐火黏土和重黏土产品(建筑或结构黏土)。

1. 球状黏土:主要由高岭石组成,有些含有蒙脱石和伊利石,通常含有40%~60%的硅和30%的铝以及大量有机物质和可溶性盐(5%或以上),有机物质使其在未经火烧的情况下呈现灰色或黑色。是非常细腻、高度可塑的二次黏土,通常由水搬运而沉积在湖泊或沼泽中。在火烧后呈现白色或奶白色。通常收缩率高,但在不经火烧的情况下,干燥时不易破裂(称为绿色强度)。常用于制造洁具,包括餐具、瓷砖和洁具。球状黏土通常被加入到混合物中以改善其性能而不单独使用。

2. 耐火黏土:通常是原生高氧化铝含量的高岭石(基本在30%以上),碱性杂质含量较低,熔点在1600℃以上。可作为溶剂降低熔点和玻璃化点,通常用于炉衬、高温砖和其他需要耐高温的工业产品。

3. 建筑黏土:3%~8%的铁含量使其燃烧时通常呈红色,它也含有大量钙、镁等杂质。可以作为助熔剂。通常为粗粒度,可塑性变化大,与各类未经分选的原生和二次沉积相关,包括河相黏土、冰川黏土和表面黏土。用于砖块、屋顶瓷砖和下水管道等结构性产品。

第二节 黏土的制备

从自然黏土到用作制陶的黏土需要经过一系列的制备过程,下文将从制陶相关的黏土特征、黏土的选择和获取以及黏土的准备和加工三个主要方面来探讨黏土的整体制备过程。

一、制陶相关的黏土特征

可塑性(plasticity)是黏土的基本特性。黏土的定义是最一般的功能术语,即当一种材料与一定量的水混合时,就会变得具有可塑性。我们必须理解这种添加水的性质,才能理解陶土材料的可塑性以及其他重要特性。这里的水不是蒙脱石矿物的二氧化硅和氧化铝薄片之间的层间晶格水,黏土的化学结构也不是由化学结合的水(氢氧根)或水合作用的水构成的。相反,黏土/水系统中的水是被黏土颗粒吸附的,或者是被黏土颗粒的表面和边缘微弱束缚的。这主要由干黏土与黏土"物理吸附"(而不是作为黏土颗粒的化学结构的"化学吸附")的一部分具有延展性的水组成的。

从黏土的颗粒大小上来说,黏土的颗粒越小或包含小颗粒越多,黏土就越具有可塑性。细腻的可塑黏土通常在浅水、静止的湖泊、缓流的溪水或河口中,而非原生黏土。要使土壤材料表现出可塑性,即黏土的基本特性,可能只需包含 15% 的细粒度颗粒。

黏土需要具有可加工性(workability)。这种可加工性来自黏土矿物和非可塑性材料(即羼和料,又称瘠性原料)的混合。可加工性不等于可塑性。可塑性是允许材料变形并保持其新形状的特性,而高度可塑的黏土单独使用时可加工性会很差。黏土具有可塑性的相关因素包括颗粒细度以及颗粒周围的吸附水层。因为原子结构的不同导致的吸附特性差异,不同黏土矿物的可塑性差别很大——哪怕在颗粒大小一样的情况下。黏土可塑性主要与黏土矿物有关,陶工也可以人为增加黏土的可塑性。黏土的可加工性取决于:(1)足够高的屈服点(yield point),防止其在干燥前意外变形,可以通过加水降低其屈服点;(2)足够大的延展性,使其在成型的时候不开裂,可以通过加水增加延展性。好的陶泥需要同时具备以上两点。

黏土中还包含一些杂质。主要的杂质类型包括:(1)石英和其他类型的二氧化硅,是最常见的杂质,粒度范围从胶体到沉积黏土中常见的细粉砂,再到某些膨润土的粗晶。它们有降低黏土塑性的作用,还可以在高温下发生反应降低熔点,但在原始烧成温度(primitive firing)范围内不会促进玻璃化。(2)铁氧化物,也是烧制陶器主要的着色剂。常见的含铁矿物有赤铁矿、针铁矿、褐铁矿、磁铁矿、黄铁矿等,铁也是各种硅酸盐的组成部分。这些铁质矿物的颗粒从胶体大小到直径一毫米以上不等。它们在燃烧时的反应取决于颗粒大小、化学组合以及与黏土其他化学成分的关系。(3)有机质,是多数黏土都含有的物质,但其种类、条件、数量是高度可变的,如植物、沥青类物质、褐煤和无烟煤。原生黏土中的有机质最少,不同类型沉积黏土中有机质含量差异很大。(4)碳酸钙,包含隐晶状的碳酸钙、方解石、贝壳的碎片等。石灰质黏土常用于做粗制品,但不能制成高级产品。此外,石灰烧成的效果部分取决于其颗粒大小。(5)其他杂质,例如钛和锰化合物,它们偶尔会影响黏土的颜色。需要注意的是,陶工可能会从黏土中去除矿物质、有机物或其他不需要的大颗粒包含物,再添加羼和料以增强可加工性或改善烧成后的性能。

黏土的色泽多种多样。黏土颜色主要受到杂质影响,例如有机物和铁的化合物。有机物使黏土变灰或变黑,这取决于具体数量和环境;完全氧化的条件下形成的赤铁矿,以及氧化铁、针铁矿和褐铁矿的水合物,会使黏土呈现红色、棕色、淡黄色和黄色,而没有被完全氧化的铁化合物,如磁铁矿、黄铁矿和菱铁矿,会产生灰色。特定铁化合物的作用不仅取决于它的成分和含量,而且还取决于它的颗粒度和分布。除了杂质之外,通过着色添加剂(colorants)可以人为控制黏土的颜色,现代陶瓷工业中常用的着色剂包括赭石和各种氧化物,除了颜色外,这些物质对加工性能和烧结性能影响不大。需要注意的是,黏土的颜色不能指示陶器烧成后的颜色(见表1.1)。

表 1.1 常见黏土颜色与烧成陶器颜色对照表

陶器颜色	黏土颜色
白色	白色、中灰、黑色
淡黄色	奶油色、黄色、中灰色、黑色、灰棕色(极少)、棕色(极少)
红色与棕色	黄色、红色、棕色、灰色、黑色
深灰和黑色	所有颜色

* 资料来源:Anna O. Shepard, *Ceramics for the Archaeologist*, Carnegie Institution of Washington, 1980, Table 1.

除了上述主要黏土特征外,黏土还具有以下性能:(1)软化(slaking),指黏土在水中的分解速度。不同黏土的软化时间不同,这一特性影响了它们进入塑性状态的相对容易程度。(2)干燥性能(drying properties),即干燥收缩率。水分蒸发会导致收缩。黏土越细,塑性越强,其收缩率越高。过度的收缩会导致大块的、重的坯泥破裂。干燥时,黏土的强度差异很大,这意味着烧制前处理陶器必须当心。干燥后,细颗粒黏土通常比粗颗粒黏土更坚固。(3)碱交换能力(base exchange capacity),即黏土吸收离子的最大能力。蒙脱石家族有吸附碱的趋势,高岭石矿物似乎只吸附离子。吸附的离子影响黏土颗粒的分散,因此会影响陶衣质量。

二、黏土的选择与获取

制作不同器物所用的黏土不同。几乎任何天然黏土都可以制成低温陶器(低于800℃)。随着烧制温度上升(1 150℃～1 300℃),许多天然黏土就会烧制失败,因为用它们制成的容器在烧制时会发生熔合或变形。只有很小范围的原料适合制作高温瓷器。

陶工也必须要考虑黏土的其他特性。被充分烧制的天然黏土可能就不具有很强的可塑性;具有很强可塑性的黏土,在烧制时过度收缩,就会最终导致开裂。陶工往往对自己需要的材料有所了解。民族志材料中制陶人对黏土质量的判断依据为:(1)可以继续使用已经被开采和使用过的陶土沉积;(2)简易黏土测试,如秘鲁的艾马拉人(Aymara)观察黏土球被压扁形成的裂缝来粗略判断其可塑性,纳瓦霍人(Navajo)使黏土湿润并"测试它的内聚力",萨尔瓦多的瓜塔希亚瓜(Guatajiagua)陶工在混合黏土时关注黏度,并用手指触摸进行测试。但此类记录非常少。

制陶所需的材料可以由陶工或助手从矿床收集,也可以根据不同的文化语境选取合适的材料进行交易或购买。材料的选择可能受到外部因素的限制,如土地的所有权或控制权、季节、覆盖层的深度和运输的距离。随着距离的增加,劳动力的产出和运输的成本使得开采更要考虑经济问题,除非是在只需要少量特殊材料的时候。

三、黏土的准备和加工

(一)去除黏土中的粗粒物质

大颗粒可能会导致陶器在干燥过程中破裂,制陶过程需要分离夹杂物来精炼黏土以及提高可塑性,包括岩石碎片和植物残体。合适的粗糙程度取决于所制容器的器壁厚度——器壁越薄,所需的颗粒越细。常见方法有:(1)手选,它是最简单的技术,在太阳下将黏土晒干,然后压成小块,这样就可以很容易地看到不需要的掺杂物,然后用手挑选出来。(2)筛选,最有效的方法是向黏土中加水,直到它变成液体后用筛子过滤。传统的制陶工人很少能做出孔径小于1毫米的筛子,除非他们使用像布这样不太耐用的材料。(3)沉淀,黏土被制成液体泥浆,然后倒入大桶或容器中。当较粗的颗粒沉淀后,最细的部分可以转移到另一个大桶或容器中。(4)风选(air separation and winnowing),这种方法对于黏土的提炼是不太可行的,当需要较粗的部分时可以利用风选法,较细的成分可以被吹走。(5)水磨(levigation),这是一种复杂的沉淀过程,除了黏土碎片和少量较大颗粒(如木炭)外,它能去除所有物质。将黏土制成泥浆,并让它缓慢地沿着缓坡流动。颗粒较细的部分流过通道末端,较粗的部分则加以沉淀。

(二)准备羼和料

加入非可塑物质的目的是减少陶器的过度收缩,增强可加工性和抗裂性。具体加入数量取决于黏土的干燥收缩率。非可塑物质是指性质稳定、不溶于水的材料,即使与水接触也不会产生可塑性,包括矿物(如石英和方解石)、有机物(种子、植物茎、根碎片)。生物矿物[bio-mineral,如贝壳、焚烧过的树皮、珊瑚、海绵骨针(sponge spicules)]或者其他人造物(陶器碎片)也是非可塑物质。选择颗粒大小合适的非可塑矿物(如天然砂粒),或者将非可塑性材料碾碎后添加。

(三)材料混合与调配

首先加水使黏土变得湿润,直到它具有可塑性,然后再与羼和料充分混合。用脚或手揉捏在古代非常普遍。陶工把陶土揉成一堆,然后有规律地在周围踩动。对于较少的材料可以通过手工揉捏。手揉是一种通用的预成型操作,也有用脚揉来进行最初的混合的。在一些更为复杂的黏土制备技术中,黏土首先被制成泥浆,将羼和料撒在表面或掺入容器内,再搅拌液体。混合均匀后,将其倒入较浅的石头、砖块、灰泥或水泥桶中,或倒在平整的硬地面上,待其干燥至塑化状态,这在温暖的气候或季节比较有效。通常与轮制技术结合使用,一次准备和消耗的材料较多。使用该方法时不适合添加某些羼和料，如有机物质会漂浮在上层，而较重的小颗粒下沉，会在容器底部堆积成污泥。

（四）其他提升可塑性的方法

其他提升可塑性的方法包括：（1）使用增塑剂，如丹宁酸（tannic）和乙酸，青铜时代早期，西西里塔尔苏斯（Tarsus）地区陶器制作就使用了这种材料。（2）将黏土长时间保存在特殊环境中使其变酸。藻类、细菌和其他物质大量繁殖可以增加可加工性。有些已腐坏的黏土闻起来很糟糕，而研究腐坏黏土的行家可以用臭味来判断其是否可加工。（3）把两种或两种以上的黏土混合在一起。通常将易加工性好但收缩率高、烧成性差的黏土与易加工性差但收缩率低、烧成性好的黏土混合在一起。比如，巴基斯坦、秘鲁和尤卡坦陶工会使用这种混合黏土。（4）在水中加入一种类似胶质的植物提取物，并与黏土混合以增加可塑性。北美尤马人（Yuman）使用过两种物质——草药的水提取物和烤仙人掌的汁液。（5）在陶土中混入血液和油脂。

（五）预备成型

如果经过初步加工的黏土已经在潮湿的条件下储存了一段时间，那么需要在使用之前先稍微干燥一下。确保水分和羼和料分布均匀，并消除在前期准备阶段形成的气泡，使黏土达到可加工的状态。民族志中有两种预备成型的方法：（1）楔入（wedging），用一根金属丝把一块黏土切成两半，然后把其中的一半拿起来，翻转过来，再把它压在另一半上。这个过程重复10到20个周期，黏土就会变成一连串非常精细的薄片，并且非常均匀。（2）手揉，黏土被有规律地旋转、滚动和展开。如此循环往复，直到陶工根据手感和外观判断出水分和夹杂物分布均匀。

第三节　成型与精加工

破碎的陶片很少保存有陶器成型方法的信息，但是实验考古（experimental archaeology）和民族考古（ethnoarchaeology）对陶器成型研究都很重要,能为阐释这些破碎的陶片提供新的途径。进行民族考古研究时,要超越熟悉的案例,了解陶工们使用的多种方法和将各种新奇的实践纳入惯常操作的频率。我们看上去不合逻辑或者不切实际的程序,却被陶工们使用着。我们需要认识到,在考古推理中采取"不言自明"(self-evident)的策略是有风险的。通过陶片研究陶器制作技术,需要广泛考虑多种相关迹象来进行判断,这就要求陶片和完整陶器样本量足够大,并且具备合适的参考标准。

一、陶器成型技术

(一)成型技术类型

陶器成型技术的分类多样,如在成型过程中用一块黏土制作还是持续加入黏土制作、完全手工还是用工具制作、一次成型还是二次制作成型、是否轮制等。

陶器成型技术的主要类型包括手制成型(modeling)、泥条盘筑(coiling)、泥板拼筑(slab building)、模制(molding)、浇筑(casting)和轮制(throwing)等。

1. 手制成型:指依靠手部力量使一团坯泥成型,有两种主要的制作方式:(1)捏制(pinching),直接用手将坯泥捏成所用形状,常用于可以握在手上的小而简单的容器,或大容器的底座。(2)拉拽(drawing),用手指、拳头等打开坯泥,然后挤压、拉拽坯泥形成器壁,并使器壁变薄直至成型,常与泥条盘筑结合起来用以制作大型陶器。使用这两类方法,器物的最终成型可以在器物口缘部位完成,也可以在器物底部完成。

2. 泥条盘筑法:指用粗细一致的泥条螺旋盘绕或者层层叠加形成容器。泥条可以通过双手搓制,也可以在平坦的表面上滚动搓制。泥条的长度、直径各有不同,取决于陶器的尺寸、预期的器壁厚度、黏土的塑性和陶工的技巧。泥条盘筑的器物成型有三种方法:(1)圈筑(ring building),单独的泥圈层层叠加,这种方法既用于制造整个容器,也用于制造容器的某部分。(2)分段/组合盘筑(segmental/composite coiling),每一段由几个部分组成,它既用于制造整个容器,也用于制造容器的部分。(3)螺旋盘筑(spiral coiling),用螺旋的黏土条盘筑容器,新的泥条与之前的粘接盘绕而上。这种方法常用于制造整个容器。泥条盘筑法的优点在于既可以在器壁厚度方面保持一定的一致性,也可以使用塑性较低的黏土,因为不需要利用像手制成型(或者其他制陶方法)那种程度的拉伸作用。其缺点在于比手制成型慢,并需要大量的黏合,这种黏合是陶器缺陷的可能来源。

3. 泥板拼筑:指容器由一块或者多块泥板拼接而成,拼接处压紧或用水黏合,可以被用来做矩形容器或大型容器。

4. 模制法:指坯泥被压在准备好的模具上成型,适用于快速制造大量高度标准化的容器,也被用以制作较为复杂的器物,这些器物常常装饰了刻划纹、印纹或浮雕(relief)。模制技术中重要的变化包括:(1)模制程度,是部分模制还是全部模制。(2)一套模具的组成,是单个模具、双模具还是多个模具。(3)模具的形状,是凸模还是凹模。(4)模制成的两部分结合时的状态,是处于模具中,还是从模具中拿下来再结合。(5)结合位置,是水平结合还是垂直结合。另外,在模制过程中,使用透水模具有利于黏土逐渐干燥,使用如沙子、干燥粉末状黏土、灰或其他细颗粒物质等"分离剂"能够帮助分离黏土和模具。

5. 浇筑法:浇筑技术的应用尚未明确,其产品易有缺陷,且工序需要严格控制,但是不能排除使用浇筑法的可能性。

6. 轮制法:指坯泥被放在快速旋转的转轮上成型。轮制陶器的主要制作过程是:(1)湿润(wetting),坯泥被放置在转轮上时需要足够干燥来粘住不动,但开始操作时需要水来作为润滑剂,以便更好地塑形;(2)定中心(centering),泥团需要精准地放在转轮中心,有偏离的话,制作出的陶器器壁会厚度不均;(3)开口(opening),手指在泥团中心压下去,打开一个洞;(4)抬升(lifting),一只手在内、一只手在外对器壁施加压力,逐渐向上抬升,使器壁变高变薄;(5)成型(shaping),器壁提升完成后,施加额外的压力进一步塑形;(6)修颈(collaring),在颈部位置从外向内施加压力,使陶器颈部变细。此时转速如果过快,陶器容易倒塌;(7)修边(leveling),若口部边缘不平,旋转时用一根手指扶住口沿内部可以使口沿更稳固,再用工具切去不平的部分;(8)折叠(folding),器物口沿有时会向外展开,然后弯卷下来贴在下面,制造出双倍厚度的口沿;(9)切取(cutting),塑形完成后,器物需要与转轮分离,常常使用细线或金属丝将器物从转轮上切下;(10)分离(removal),需要尽力保持器物不产生变形。

除以上六种成型技术之外,在陶器成型过程中,陶工们还采用复合技术,常见类型包括:器物下半部分手制或者模制,上半部分盘筑;器体轮制,颈部或口沿盘筑;器物下半部分模制,器体盘筑或者轮制等。

陶器制作过程中的支撑设备值得关注。小的器物在制作时可以拿在手中,大的则需要支撑面:平底容器可以放在平整的垫具或地面上;圜底或尖底容器的支撑物可以是像模具这样塑造底部形状的工具,也可以是托起已有底部的,如大的陶器碎片、篮子、袋子,或者布、草、稻草、树枝或树皮形成的环,这些有时在干燥过程中也保留以防开裂。

陶器筑造过程中的转动,关键在于转动速度是否快到足以形成旋转力和离心力来帮助器物成型。用于支撑容器转动的敞口碗或者篮子无法与陶车类比,因为它们没有中枢轴,转动是间歇性的,转动速度过慢以至于不能形成任何旋转力或离心力。

(二)陶器成型技术痕迹

需要注意,只有在筑造出问题时,泥圈结合处才会断裂。同样的,成型过程中的表面痕迹,常在修刮和光滑过程中被抹掉,能观察到的痕迹最常出现在粗心大意的制作或者粗糙的陶器上(见表1.2)。

二、陶器精加工

陶器成型后,需要对陶器进行精加工(finishing)。其中,有些是改变容器形状的二次成型技术,主要包括拍打(beating/padding)、刮削(scraping)、修整(trimming)和轮修(turning);有些是对器物表面的精加工,旨在改进器表质地、强化审美特性,包括平滑(smoothing)、磨光(burnishing)、抛光(polishing)等。

陶器精加工的具体方法和运用阶段取决于陶器的用途及它是否要被装饰。实际上,这可以在器物成型后马上开始,此时器物还具有塑性(plastic);也可以在器表达到"皮革样硬度"(leather-hard)或者陶器干燥之后进行。

第一章 陶器生产技术

表 1.2 不同制作技术类型遗留的痕迹

痕迹制法	泥条盘筑	捏塑	泥板拼筑	拉坯	轮制	模制
表面痕迹	很少，除非后期没被修整进一步	基本没有，表面倾向于平滑和规则	原始泥板表面痕迹取决于其制作方式	一系列垂直分布的手指印迹，任往被后续步骤掩盖	器底内部在开口时会留下螺旋形的凹槽；半封闭下拾升时的容器内部容易留下凹槽或脊；修须上升的螺旋在颈部留下突脊；切割时若旋转，则会留下贝壳形切痕；将陶器搬走时可能会在底部留下手印；修整时会在器表留下工具痕迹	容器内外两侧不同；一面接触模具，除了浮雕和刻划纹之外，器表质地统一；另一面受到按压或刮擦，可能会产生粗糙痕迹
表面修整	基本没有，连接处没被修掉，会呈现规律褶起	平滑	常被进一步修整来抹平泥板连接痕迹	基本没有	拉坯时用来湿润的水会在器壁表面留下一层泥浆状泥层，器表面上呈现片状泥层横截面	模具侧很少有进一步的磨光、抛光等精修，在模具侧尤其如此装饰的情况下尤其如此
分离模具与表面残余物	基本不变。若连接处没被修掉，会呈现规律的皱起	规律分布的浅压痕	连接处的变化一般会被抹平其他无	制作时手指可能会造成有规律的垂直方向变化	接近底部的器壁更厚	粉末状的黏土、灰、砂及其他被用作"分离剂"的物质可能在连接处残留下来。如果模具表面是规整的，一般模具壁厚变化会出现按压的一侧
器壁厚度变化		无明显特征	无明显特征	无明显特征		
开裂	碎片边缘不规则，轮廓曲折，若叠压时过干，泥条间会分裂开				螺旋线形的开裂很常见，接近器底的开裂反映了拾升时器底受到压力，器底开口可能会出现S形开裂反映了器底受到压力，与颗粒大小及烧成温度有关	各部位连接处可能会分离

| 035 |

续 表

痕迹制法	泥条盘筑	捏塑	泥板拼筑	拉坯	轮制	模制
夹杂物方向倾向性	纵截面上无规律,垂直器壁围截面上显示原始绕原始泥条中心分布	器壁截面上平行于器壁,但倾向性较弱	平行于器物表面	横截面上观察不到变化;纵切面X光照片显示纵向于垂直分布	横截面上平行于器壁分布;正视射线影像显示有规律的对角线型分布,意味着同时受到横向和纵向的力;器底沿螺线形方向显示一种倾向,与打开泥团的动作有关	与器表平行,但若按压力量较弱,则会显示无规律分布
颗粒大小	无明显特征	无明显特征	无明显特征	无明显特征	颗粒大小与器壁厚度,器物尺寸直接相关,5 mm 厚的器壁一般内含物颗粒小于 1 mm,2 cm 厚的器物内含物颗粒一般小于 5 mm	无明显特征
容器形状	圆形较常见	圆底和小型容器较常见	可以用来制作矩形和大型器物	无明显特征	一般不会呈现完美的圆形,这与定中心时的误差有关	可以实现的形状非常多样

* 根据赖伊《陶器技术：原理与重建》第 67—83 页的描述整理。见 Owen S. Rye, *Pottery Technology: Principles and Reconstruction*, Taraxacum, Inc., Washington, D. C., 1981, pp. 67 - 83。

（一）二次成型技术及其痕迹

陶坯的二次成型技术类型包括拍打、刮削、修整和轮修（见表1.3）。

表 1.3　二次成型技术遗留的痕迹

痕迹/技术	拍打	刮削	修整	轮修
表面痕迹	拍打工具会在器表上留下相应的印记；陶垫的痕迹一般在内侧，若垫的曲率与容器接近，其痕迹则较浅且覆盖范围大，若垫的曲率半径远小于容器，容器内壁会留下一系列相互重叠的近圆形凹面	粗粒拖拽痕迹比较常见；其他痕迹与刮擦用的工具有关，梳状工具会留下一系列平行划线，直边工具在每次刮擦结束位置留下突脊；大多数情况下会留下很多较浅的小平面	粗粒拖拽痕迹偶尔可见；若没有后续表面修整，会留下一些边缘平滑的小平面；若陶胎较软，每个切口末尾会出现狭小的开裂；小平面在形状、大小、位置上没有规律	留下的切面常常连续地从器底螺旋下降；当内含物颗粒大于0.5 mm时，粗粒拖拽痕迹比较常见
表面修整	取决于拍击工具的质地，若工具光滑，器表一般也光滑，若工具有纹理，器表也会有纹理	取决于内含物颗粒大小，大颗粒内含物则出现粗糙表面，细颗粒则出现不规则的表面	若使用小刀来削切，器表往往比较平滑，若使用金属丝则器表不光滑并呈现特殊质地	取决于内含物颗粒大小，大颗粒内含物则出现粗糙表面，细颗粒则出现平滑的表面；一般轮修后会有进一步的打磨抛光
分离模具与表面残余物	如果用水湿润过拍击工具，会在器壁上留下很薄的一层片状泥层	无	无	无
器壁厚度变化	每次拍击的中心位置会稍微薄一点；拍砧技术会制造出有规律的厚度变化	无	由于小平面形成产生了一部分变化	轮修旋转中心与初次塑形的旋转中心常常产生偏离，导致器壁厚度不均，器底可能比器壁薄或厚；若器底足够厚，可以制作出圈足，圈足中间器底厚度可能与圈足外不同

续 表

痕迹/技术	拍打	刮削	修整	轮修
开裂	拍击会对器壁造成一种特有的压力,常导致剥片状开裂;在大颗粒内含物周围会形成放射状的裂纹;这些开裂现象在X光影像中更清楚	无	无	无
包含物方向的倾向性	有很强的平行于表面的倾向性	无	无	无
颗粒大小	无显著特征	无	无	无
容器形状	一般为圜底、细颈;尺寸较大的器物更常见,直径小于20 cm的器物很难采用这种技法	无	无	无

* 资料来源: Owen S. Rye, *Pottery Technology: Principles and Reconstruction*, pp. 67 – 83.

拍打指使用工具对器体施加压力,大多作用在器表坚硬的器物上,塑性状态下的器物也可以拍打。拍打技术通常用在由泥条盘筑法制成的器物上,也有个别案例用在轮制陶罐上,用以扩大器体。拍打类型可以根据是否有反向压力(opposing pressure)划分。这种反向压力来自反复拍打器表时使用另一样工具支撑在器物内壁的对应位置:(1)有反向压力,包括往模具里填泥,在器物外侧用工具修整器体时支撑内部。支撑的工具通常是一种光滑的、圆形的石头,也有很多采用蘑菇状的陶质垫具(anvil)。(2)无压力,包括用工具在器物外侧进行小范围精修,在由其他技法(如轮制、泥条盘筑)制作出的陶器上制造小平面,使口沿变均匀规整等方法。拍打的作用包括使各部分联结得更紧密、消除黏土条的痕迹或不规则处、使器壁变薄、紧实陶土、使表面光滑或粗糙、改变或扩大容器的轮廓等。

用工具刮削器表,通常在器表坚硬的状态下使用,也可以在陶泥还具备塑性的情况下使用。刮削是陶器制作过程中最耗时的步骤,可多次进行以使器壁变薄和去除表面缺陷。

修整是使用小刀等工具削掉多余坯泥,多作用在表面处于坚硬状态的器物上。刮(shaving)是修整技法的一种特殊形式,使用黏土刮削能让器表更平整。

轮修指在器物快速旋转(每分钟大约150转)的状态下削除器物的不规则部位。传统制陶者一般将器物倒立在转轮上,并使用一些额外支撑来固定那些没法靠自重保持稳固的小型器物。

(二)表面精修技术

陶坯的表面精修技术主要包括平滑、磨光、抛光以及其他方式。

平滑的目的在于形成更细致、规则的器物表面,多在器物完全干燥前或在润湿条件下进行。平滑器表时,通常使用柔软的工具,如布、皮革、草束或陶工的手;或硬的翻滚工具,如在危地马拉高地使用玉米芯、棍棒和木线轴。当用手或手指平滑时,容器通常有非常精细的平行浅条纹和弧形边缘。平滑处理过的器物表面无光泽。

磨光指用光滑、坚硬的物体如卵石、骨头、角或种子来回摩擦表面,多在器表坚硬或干燥的器物上进行。这一操作压实并重新排列细黏土颗粒,能产生表面光泽。磨光工具的压实动作形成的平行的细线面是这一技术的标志;粗糙磨光会形成无规则且覆盖不均的条纹状光泽。

抛光在干燥器表进行,形成均匀的光泽,没有磨光器表坚硬陶器时产生的平行面。抛光技术可以用于无涂层(unslipped)和有涂层(slipped)的器表。

其他表面精修技术包括纹理化(texturing)、粗糙化(roughening)和图案化(patterning)等。此处仅讨论功能性的精修,如:粗糙表面使沉重、潮湿的容器更易被抓牢,也能改善炊器的热传递性能,因而有时在炊器和运输器上应用。线刻(striating)形成大体平行或其他排列的线条,也能起到刮削和使器壁变薄、变均匀的效果。

三、陶器装饰

陶器装饰有很大的发挥余地。刚刚成型的陶器可以采用多种装饰技艺,如凿(gouging)、刻(scoring)、贴印(stamping)、手塑(modeling)、模制、贴花(applique)和刻划(incising)。表皮变硬的、干燥的甚至是烧制后拥有软的器体的陶器都可以通过修刮(scrape)、刻槽(groove)和雕刻(carve)装饰。

下文将装饰技术分为切割(cutting)、压印(impressing)、粘接(joining)、绘制(painting)、添加涂层(slipping)和上釉(glazing)六大类进行详细分析。

(一) 切割

切割技术包括雕刻(carving)、刻划(incising)、钻孔(drilling)、镂空(perforating)、穿孔(piercing)和釉下涂层刮除(sgraffito)。

雕刻指通过一系列切割的动作从容器上移除黏土,从而形成设计图样。具体雕刻技术包括：(1)简单雕刻/留地剔花(simple carving),剔除黏土的区域为图案,通常在器表湿润或坚硬时进行。(2)减地雕刻(planorelief carving/champlevé/excising),剔除黏土的区域为图样的背景,通常在干黏土或烧制后进行。(3)平面雕刻(flat carving)和模型雕刻(modeled carving),先深入剔除黏土,再对凸起部分精细切割或模制,通常在器表坚硬状态下进行,如普韦布洛的大部分黑红雕刻陶器。(4)斜刻(chamfering),剔去黏土,形成垂直或水平平面,通常呈阶梯形。(5)槽刻(fluting),环绕器壁或上下垂直地[和棱刻(gadrooning)类似]刻出多个宽而浅的槽。

刻划指使用尖头工具在器物表面刻划,其效果与工具类型、施力大小、器物完成状态、干燥情况、陶工技巧有关。刻划之后进行修整会抹去部分刻划纹。施加陶衣(涂层)(slip)之后进行刻划会使陶胎本来的颜色露出来,而刻划之后施加陶衣会盖住或填充掉刻纹。刻划技术根据工具可细分为细刻(fine incising)、凹槽刻(groove-incising);根据刻划时间可分为潮湿或皮硬时、涂层前(preslip)、涂层后(postslip)、烧制前(prefire)、烧制后(postfire),可通过观察痕迹进行判别。刻划技术的其他变体还有棱刻(器壁呈瓜棱状)、梳(combing)和釉下涂层刮除。为了区分具体的刻划技术,需要考虑具体的工具类别。通常来说,沟槽的面貌和线条的卷度取决于工具的有效部位,线条深度取决于施加的压力：(1)尖头的工具比刀子、凿子有更大的移动自由度。它们可以像铅笔一样拿在手里,轻松绘制曲线和长直线。尖头工具形成的沟槽呈一定角度或者弧度,取决于头是锐还是钝。(2)凿子,用骨头或者木头制作,使用时需要和器表有一定的角度接触,以免将泥坯挖得太深。凿子形成光滑的线条,末端是尖锐的断口,槽可以呈一定角度,或者是圆形或倾斜的堆成。(3)刀子,如黑曜石刀,拥有薄而锋利的边缘,其沟槽面貌取决于刀尖形状。

钻孔在器物干燥或烧制后进行。在器物表面呈现圆形,多以圆锥形向器壁内部延伸,有时会出现两面钻。穿孔指使用尖头、圆柱或钝圆头工具穿过器表坚硬的坯体,制造出圆洞。其中的黏土可能被移除,也可能挤压至器壁反面,留下突起的、粗糙的边缘。釉下涂层刮除指先施加不同颜色的陶衣,在上面刻划刮出陶胎本身的颜色,后上釉。

(二)压印

压印,指工具被压进有塑性的或者表面坚硬的器体,留下工具的印痕。一种情况是使用贝壳、竹筒、玉米芯、植物空心茎等自然物体,一种情况是使用织物、绳子、图章、绕满绳的木棍,还有一种情况是用手指和指甲。压印会导致黏土的位移,如果没有背面支撑,压印面积超过1平方厘米就会导致器壁变形。

还存在以下几种特殊形式的压印:(1)滚印(rouletting),使用滚轮或圆筒来压印,滚完一周后留下一条图案带。滚压工具包括有一周图案的圆筒和穿过其旋转轴心的柄。一般在器表坚硬的状态下进行,过黏的陶坯体会阻碍滚轮前进,过硬的陶坯体则很难被印上图案。(2)浮雕(sprigging),压印与贴花的结合,用工具印出突起的立体图案。一般用于装饰部件与容器本身都没那么干的时候,如果过干,连接处会开裂。(3)刻点(punctation),通常指使用尖锐工具使湿黏土凹陷,往往涉及黏土的移除,当凹陷呈线性排列时称为线性刻点(linear punctation)。

(三)粘接

粘接至少有以下三种工艺:(1)贴花(application/applique),将有图案形状的黏土压在器物表面,常见的形状有泥条和泥球。把手、流等功能性部件也用此法贴上去。需要在陶胎处于"皮革样硬度"状态、而贴花可塑状态时进行,否则连接处可能会开裂。贴上后,贴花边缘可能会变形,有时会在贴花及其与陶胎连接处涂抹泥浆,达到更好的、更平滑的连接效果。(2)捏塑

(modeling),在陶胎上添加额外的黏土装饰是一种更精致的贴塑。贴塑往往只涉及简单的几何图案,而模型可以制作出人物或动物形象、花朵、神话形象、复杂抽象图形等。需要在陶胎"皮革样硬度"状态下添加可塑黏土,并用手指或工具调整其形状。(3)镶嵌(inlay),将小片非陶瓷材料(通常是石头)嵌入黏土,形成装饰性图案,如长石、珠子等。

(四)绘制

陶器绘制的相关研究,是从绘制顺序、烧制方法、使用颜料方式和应用细节入手讨论陶器上色(painting)方法。与顺序和加热相关,有三种基本的技术:烧制前上色、烧制后上色、烧制后上色并二次烧制。这些方法适用于不同的颜料。

上色工具是用动物毛发、羽毛或植物纤维制成的刷子。观察画刷使用的细节,会得出各种不同的结果,如颜料黏稠度、颜料颗粒大小(如果不溶于水的话)、刷子种类、持刷子方法和陶工的技巧都会影响绘制线条的质量。

当使用两种及以上颜料时,使用颜料的顺序问题需要研究,尤其是轮廓线和填充色差异明显的颜料序列。先勾画轮廓再用颜料填充和首先绘制图案再勾勒轮廓凸显它们,是完全不同的设计方法,这背后不仅是单个陶工的心理品质,也包含着一种标准风格传统。

当陶器表面的颜色作为设计的整体或者主要部分时,需要使用专门的绘画技术,可以区分为积极风格(positive styles)和消极风格(negative styles)。消极风格指暗色调占据主导地位,或者通常浅色部分是暗色,原本暗色的部位是浅色,当图案和背景明显区分时,这种消极效果最为明显。防染绘制技术(resist painting)是美洲地区常用的绘制消极风格陶器的常见做法。

防染绘制技术的一般做法是:在器表的部分涂上临时保护涂层,上色后通常通过加热去除保护涂层。底色通常是烧制后污迹形成的黑色,保护涂层通常是有机物(蜡)。装饰相对简单,如波浪形线条、圆点或不规则的斑点,防染色保护涂层对于这些图样更方便。

(五)涂抹陶衣(涂层)

烧制前涂上流动的黏土悬浮溶液形成薄层。涂层的颜色、质量、光泽和厚度多样,最终受到使用的黏土矿物的影响。有的在上陶衣之前还施一层粉未起到防止物质粘附在表面的作用。涂层需具备的基本特征包括：(1)良好的附着性能，不会剥落和开裂。剥落和裂缝是由涂层和器身膨胀系数不同引起的。(2)与器身在同一个温度范围内变硬。(3)拥有足够的覆盖能力以遮掩器身。涂层的黏稠度取决于黏土的矿物种类、颗粒范围、吸收的离子和黏土分散度。

施加陶衣有三种技术：(1)浸泡(dipping)，将器物浸到浆料中能均匀覆盖，填满表面的空隙、沟槽和不规则处，须在坯体仍潮湿时进行；(2)倾倒(pouring)，用于过大而难以浸入或只需内部涂层的器物，器物需要平稳快速地转动，否则涂层会很不均匀；(3)擦拭(wiping)，用布料、草垫、动物皮毛或陶工的手将涂层擦到表面，通常覆盖不均匀，可能会在擦拭方向留下细槽。

陶衣干燥和烧制时的问题包括：(1)低温陶器陶衣通常在完全干燥时施加，常在烧制后立即涂上并仔细磨光以增强粘附性；(2)呈白色或浅色的泥浆涂层可能起到和化妆土一样的作用；(3)部分有自然光泽，大多则通过磨光或抛光获得光泽，高温烧制可能破坏光泽。薄涂层尤其可能涂数层以更好地覆盖器表，见于新墨西哥州圣克拉拉普韦布洛(Santa Clara Pueblo)。

需要注意的是，可能被误认为陶衣的现象有：(1)表面光洁层(self-slip)和镘平面(floated surface)，即用与器体同种材料涂层的细致表面，这种涂层很难辨识，有时只是用湿手细致擦拭的效果。(2)涂层(wash)，烧制后涂上的分离的表面涂层，材质可能是颜料或灰泥。抛光过程中，黏土压紧可能会带来一种误导性的颜色变化。(3)部分氧化偶尔也会造成看起来像涂层的颜色区域，其核心为深灰色或黑色，边缘颜色较浅。这种情况主要发生于高碳质黏土。重新烧制使其氧化，可以显示出是否存在颜色有差别的涂层。(4)黏土中的可溶盐在干燥过程中迁移到器表造成的开片(bloom)。

(六) 上釉

釉使器物表面完全不透水，其组成复杂。釉的主要组成是二氧化硅，使用时加入各类助熔剂降低熔点，加入金属氧化物作为着色剂。以钾和无水碳酸钠为助熔要素的灰烬可能形成落灰釉，如埃及、中国和近东最早的釉，植物灰烬也可能是釉的组成，如巴基斯坦的烧结草木灰。有机材料如树脂、糖有时作为黏合剂加入，以增加釉的韧性，防止器物在窑中干燥、堆放和拿取时被破坏,如北美普韦布洛陶工加入蜂蜜,巴基斯坦陶工加入煮过的面粉和水。

四、陶器干燥

陶器干燥速率在一定范围内是均匀的,超过某个特定点,干燥速率会降下来。影响陶器干燥的因素包括羼和料,温度、湿度和空气流动速度等气候条件,质地,陶器形状和尺寸也会影响干燥速率和一致性。

诺尔顿(F. H. Norton)把黏土干燥的原理与过程总结如下:(1)如在塑性的陶坯中,黏土颗粒被可以自由蒸发的水包围。(2)在干燥速率衰减后,颗粒周围的水被蒸发掉,颗粒彼此接触。此时水存在于颗粒之间的毛细空间,蒸发变慢。在这个阶段,陶坯颜色变浅。(3)当颗粒之间接触时,收缩停止。

陶坯的干燥技术多种多样。日光下干燥(sun-drying)适用于相对较粗的陶土的直接干燥和磨光、装饰前器表的快速干燥。紧密的细陶土或壁厚的陶器干燥需要更小心、更慢,放在背阴处。

干燥所需的时间与气候和情境因素相关(如累积在一起烧制)。肖皮克(H. Tschopik)记载秘鲁南部高地艾马拉陶工干燥耗时为几个小时;福克斯(V. J. Fewkes)称北美卡托巴人(Catawba)的干燥时间是几天到一周,取决于干燥条件;罗杰斯(M. J. Rogers)称北美尤马人的陶器从成型到烧制之间的间隔是4小时,当地黏土的性质可能起到了加速干燥的作用。

第四节 烧制技术

一、烧制技术类型

烧制技术类型根据烧制设施可分为露天烧制和陶窑烧制。

(一)露天烧制

露天烧制(open firing)是最早出现的陶器烧制方式,其实践也贯穿新石器时代至今,在陶窑出现后仍与之并存。这样的烧制不需要永久性的建筑设施,在开阔地点将燃料覆盖在陶坯周围平地堆烧即可。但这一过程对技术要求高,需要对燃料有足够的了解,并熟练控制火焰才能烧制成功。烧制中最高温度一般不会超过1000℃。这对特定陶器的烧制是有利的,比如包含方解石或石灰石的陶器在800℃以上会产生损伤。陶工可以通过选择不同种类的燃料来控制加热速率。比如动物粪便可以缓慢而稳定地燃烧,逐渐提升温度,而干草、秸秆、树枝会快速燃烧,迅速提升温度。露天烧制中很难完全控制氛围,通过设计燃料、陶器的摆放位置可以一定程度上影响空气流动,但很难保证严格的氧化气氛(oxidizing atmosphere)。

露天烧制的变体包括:(1)用不可燃隔热材料(如陶片、石头、湿草)将燃料和陶器盖住,在顶部、底部留有维持空气流通的洞,这样可以在防止热量散失的同时保持一种氧化气氛。(2)坑烧(pit firing)是将燃料和陶器放在凹坑中烧制,如果将燃料和陶器放在一个更大的封闭陶器中,可以创造出还原气氛(reducing atmosphere),烧制出黑色的陶器,这样的方法曾在印度、哥伦比亚出现过。(3)更复杂的改动向着永久性建筑设施发展,如墙壁或围合结构。燃料和陶器会被放置在不同的层位,墙壁上会留有孔洞保证空气流通。

这类烧制方式很少涉及永久性建筑或结构,在考古记录中很难被立马识别出来,这也导致学者们对新石器时代的无窑烧制技术知之甚少,只能通过烧后的陶器产品推测烧制方式。但若仔细鉴别,其实仍然有迹可循,例如制陶废品中留下的大量陶片也能标识出烧制地点,以及高温烧制会加热地面,留下明显的红烧土和炭屑等。

(二)陶窑烧制

窑(kiln)是一种永久性的、被反复使用的土制或砖砌建筑设施。一般包括火膛(firebox)和窑室(chamber),燃料在火膛中燃烧,制造出高温气体流通到窑室,加热陶器。相比露天烧制,陶窑烧制的优势在于:(1)烧制温度可以达到1000℃~1300℃;(2)烧制氛围可以被控制;(3)加热速率可以被控制。需要注意的是,提升烧制温度后需要相应地调整陶器制作的其他步骤,包括原材料配比、塑形技术等,来适应温度的改变。

传统社会中陶窑通常使用未烧过的砖或土坯来建造。窑在第一次被使用后,砖或土坯得到烧制,窑壁内外侧往往因为接触温度不同而呈现出不同的颜色和硬度。经过反复使用,燃料产生的灰会堆积在火膛中,并随着加热变成玻璃状的物质附着在炉壁上,厚度一般不超过1厘米。这种痕迹在火膛中常见,但少见于窑室,这可以帮助发掘者识别陶窑的不同功能区。

陶窑烧制可进一步分为直焰窑和倒焰窑。直焰窑(upward kiln)的基本特征是窑室基本处于火膛的正上方。其基础设定是燃料和空气通过炉膛口放置入火膛,火焰与燃烧物质向上穿过火膛的顶部烟道(flues)进入窑室,再从窑室顶部的开口排出。希腊、罗马和地中海周边其他地区的陶器,以及伊斯兰釉陶就是在这样的直焰窑中烧制而成的,烧成温度在1100℃以下。直焰窑中很难制造出还原气氛。黑色陶器一般是在冷却过程中完成的,需要在封炉的同时继续往火膛添加燃料,让碳附着在器物表面。直焰窑的缺点在于不平均的温度分布,从下向上的升温容易造成部分区域过热,从而产生过烧现象。倒焰窑(downward kiln)的温度可以达到1300℃。烟道引导热气到达"挡火墙"(bagwall)并从上向下到达陶器位置,再从窑室的烟囱排出。烧制氛围可以被很好地控制,来制造出还原气氛的炻瓷和瓷器。

民族志记录表明,在具体的前工业时代烧制实践中,存在多样化的设备和技术选择。利文斯通·史密斯(A. Livingstone Smith)认为,烧制技术可能具有许多方面的社会意义,将其简单归入"露天烧制"和"陶窑烧制"两类会损失大量的技术和文化信息。他识别出篝火(bonfires)、用一些碎陶片或金属盆进行轻度隔热的篝火(bonfires with light insulation)、陶片被完全覆盖的高度隔热的篝火(bonfires with heavy insulation)、洼地(depressions)、高度隔热的洼地(depressions with heavy insulations)、坑(pits)、高度隔热的坑(pits with heavy insulation)、没有火膛的直焰窑和有火膛的直焰窑等。有一种倾向是把烧制设施等同于烧制技术,并把其中一些"技术"视为主要技术的变体。但是,这一过程中有许多独立和反复出现的烧制设施,它们不应被视为其他设施的变体。例如,带有较厚隔热层的火坑和篝火通常被视作篝火的变体,或者作为篝火和窑炉之间的中间阶段。虽然高度隔热的坑和篝火与其他类型的烧制设施有一些相似之处,但它们不能被认为是"窑"的变体——它们是由属于不同技术和文化传统的人建造和使用的。

二、燃料

在考虑制陶所需原料时，我们往往倾向于关注陶土、羼和料或颜料等与产品直接相关的材料，然而，烧制所需的燃料也是重要的消耗品，且与烧制技术高度相关，陶工对特定燃料的选择值得仔细考虑分析。古代近东的主要燃料是农业和工业废料，如稻草、动物粪便、秸秆、小枝杈、木屑等。这种选择的好处是这些废料会随着农业生产得到季节性的补充，而木材的砍伐很可能会造成当地木材资源的枯竭。此外，陶工选择燃料时，其燃烧时产生的污染大小也会被考虑在内，特别是在烧制地点离居住区较近的情况下。

某种燃料的燃烧时间长度取决于其包含的挥发性物质比例、碳的密度和形成的灰分的种类，史前陶工使用的燃料的燃烧速率存在很大差异。高温烧制时木材是最适合的燃料，而当温度低于 1 100℃时，可以根据升温速率的要求选择燃料，它们可以简单地分为快速燃烧类和缓慢燃烧类。快速燃尽的燃料消耗快，供热迅速，需要时常添加，如干草［如危地马拉的奇瑙特拉（Chinautla）与秘鲁的艾马拉陶工］和桔梗等。可长时间燃烧的燃料对于需要完全氧化的碳质黏土十分必要。木材燃烧较慢，不需要经常补充，但成本较高。煤也可以长时间燃烧，北美普韦布洛的史前陶工们以其作为燃料。某些木材的灰烬充当木炭上的隔热毯，也减慢燃烧速度并延长燃烧时间。动物粪便可以将温度维持在较低水平并缓慢燃烧。

三、烧制过程中的变量

烧制过程中陶工可以控制的主要变量有烧制时间、加热速率（rate of heating）、最高温度（maximum temperature）和烧制气氛（atmosphere），这会影响陶瓷产品的烧成率、质量和特征。

烧制时间可以分为三个阶段：升温阶段、维持最高温度（soaking）阶段和停止添加燃料的降温冷却阶段。由于温度和时间密切相关，因此用于衡量的是有效热量（work heat），即在一定时间内给定热量的效果，有效热量率可通过高温锥显示。

加热和降温速率会影响陶器质量。一般加热或冷却过慢会造成燃料和劳力的浪费,但若过快则会造成陶瓷器开裂甚至破损。露天烧制时间很短,最高温度持续时间也短,加热速率非常高且通常不受控;陶窑烧制时间更长,最高温更高且是逐步到达。用木头烧制赤陶(terra-cotta)的安全速率是用12小时达到900℃,这种低速率是为了考虑器壁内外的热梯度,陶器中不同的物理化学变化会在不同温度下发生,其压力易造成损坏。

烧制的最高温度可以通过分析陶器组成在矿物学和结构上的变化进行估算,这些变化通常在一定温度范围内发生,也受到气氛的影响。烧制温度是区分陶器种类的重要标准:赤陶烧制温度低于1000℃,史前考古学家关注的无窑烧制的无釉陶器基本都是赤陶;土器(earthenware)烧制温度在900℃~1200℃;炻器(stoneware)烧制温度在1200℃~1350℃;瓷器大约在1400℃,带釉陶器往往需要两次不同温度的烧制。一组熔点不同的高温锥可以用于标示窑内温度。

烧制气氛分为自由氧充足的氧化气氛(oxidizing)和缺乏自由氧的还原气氛(reducing),后者有时产生大量烟。烧制气氛随着加入燃料在烧制的各个阶段频繁波动,气流流动或灰烬层也会改变冷却气氛。在陶窑中控制烧制气氛是通过对燃料的选取和控制内部气流流动实现的,因而在无窑烧制时气氛很难控制,完全的氧化或还原都很难达到,基本处于不完全氧化,完全还原在良好控制或极端条件下可以实现。烧制气氛主要影响产品的颜色和硬度,也对孔隙率和收缩率有影响。

四、烧制主要阶段

(一)"水烟"阶段

"水烟"阶段(water smoking)的温度为0℃~120℃。胎体中的自由水蒸发,烟囱中出现像烟一样的水蒸气。这一阶段加热速率取决于陶胎的紧实程度、是否有陶衣以及器壁厚度,一般两小时是一个比较安全的升温时长。露天烧制情况下,陶器会被放在火源附近来进行预加热。

（二）低温分解阶段

低温分解阶段（low-temperature decomposition）的温度为120℃～350℃。陶胎中的有机物在200℃左右开始分解氧化，形成一氧化碳和二氧化碳；一些黏土矿物开始失去松散的结合水，如蒙脱石（montmorillonite）和伊利石（illite）。

（三）黏土矿物分解、烧结阶段

黏土矿物分解、烧结阶段（clay-mineral decomposition and sintering）的温度为400℃～850℃。此阶段黏土矿物分解，失去化学结合的层间水和晶格水（羟基），颗粒边缘因为离子扩散结合得更紧密，即"烧结"（sintering）。

例如，高岭石在500℃以上时失去氢氧根离子，变成结构相似的偏高岭石（metakaolin），变化有时可逆；三层结构的蒙脱石类矿物失去层间水后，不可逆地转变为双层结构，发生温度较高岭石低，主要的脱羟基作用发生在600℃左右。900℃及以上时黏土矿物失去所有水，晶格结构不可逆地坍塌，烧制时间足够长后，形成新的硅酸盐——高温矿物。蒙脱石的变化大体相同，但各变化发生的温度不同。受到碱交换的影响，蒙脱石的熔点和其中高温矿物形成所需的温度都比高岭石低。蒙脱石的晶格结构可以维持至800℃～900℃，在更高的温度下，铝离子交换量高的黏土中开始形成尖晶石，其他（含铁量低的）黏土中则形成石英。这两类黏土之后莫来石、方石英和堇青石（cordierite）等高温矿物形成的顺序和温度也不同。锂、钠和钾的存在会减少高温矿物形成，并降低了其维持存在的温度上限。伊利石的晶格结构可以维持至850℃或更高，有时可至1 000℃。900℃～1 000℃时形成尖晶石和莫来石。

其他杂质和包含物，如碳酸盐、硫酸盐、硫化物（方解石、白云石、白铁矿石、黄铁矿、石膏）在500℃～800℃挥发；盐类（如氯化钠、碳酸钠或硫酸镁）在干燥中移到表面，烧制中分解释放二氧化碳和二氧化硫造成减重；绿泥石与铁在800℃会形成挥发的氯化铁。碳酸钙的分解反应产生氧化钙，而冷却后氧化钙会发生水和（hydration）反应产生氢氧化钙，会有体积上的变化，对陶胎产生压力，严重时会导致器表片状剥落甚至完全破碎。石英在573℃时会改变晶体结构,从 α 相转化为 β 相,石英颗粒发生膨胀,对陶胎产生压力,但一般由于和大量失水及剧烈收缩同时发生,对器体可能并无影响。若石英颗粒较大,会在其周围产生放射状裂痕。

(四)氧化阶段

氧化阶段(combustion)的温度为 500℃～900℃。传统陶器胎土中几乎不可避免地存在碳基有机物,温度达到 500℃时,器表的有机物开始氧化,随着温度增加,氧化范围延伸至器壁内部。在合适的氧化气氛下,一般到 900℃时全部的碳都会被移除(除了石墨)。黑色陶器的颜色就来源于碳,若碳没有被全部氧化反应掉,陶片中心会呈现出黑色或灰色的夹层。有机物氧化的速度和程度与烧成气氛以及陶器孔隙率有关,多孔的陶器在氧气充足的情况下有机物氧化得更快、更充分。黏土中的含碳量、黏土的细致程度和黏土矿物种类(如蒙脱石含碳能力强且难以烧除)也会影响碳完全反应的时间。

黏土中铁元素在 600℃以上的氧化气氛中会生成三氧化二铁,呈现红色;在 900℃以上,还原气氛中会生成氧化铁和四氧化三铁,呈现灰色或黑色。

(五)玻璃化阶段

玻璃化阶段(vitrification)的温度为 900℃之上。玻璃化是指陶胎中的非晶体物质转变成玻璃样无定形体过程。每种物质的玻璃化转变温度不同,而混合物的熔化温度低于其中每种物质的熔化温度,即"低共熔混合物"(eutectic composition)。对于特定陶瓷器来说,其熔化温度取决于胎土的具体物质组成,一般在 900℃～950℃开始玻璃化。玻璃化开始后胎体上的孔隙被熔化的玻璃态物质封闭起来,胎体更紧实,其体积收缩率最高可达 10%。

釉是一种特殊的玻璃,在坯体上是由高黏性的土料熔化物层迅速冷却而成的非晶体物质,偶然有部分会形成晶体结构。

釉可以施加在未烧制的陶器上一次烧成,但通常需两次烧成:(1)素烧(bisque/biscuit firing),即烧制未上釉的陶器,温度达 900℃～1000℃。坯体具备用于浸釉和装饰的强度,且完成大部分的收缩,有足够的孔隙使釉附着良好。(2)釉烧(glost firing),在素烧、冷却上釉后进行,温度与素烧可能相同,也可能更高或更低。

釉可以根据烧成温度、组成或施釉坯体来分类。

按温度,釉可以分为高温和低温釉:高温(硬),高于1200℃～1250℃,通常含长石、碱土材料如碳酸钙、白云石、碳酸钡;低温(软),低于1150℃～1200℃,碱性组成(如含硼砂或纯碱)或者是铅釉(铅为主要助熔剂),铅釉中有加锡作乳浊剂、加锌为助熔剂以减少毒性的做法。低温釉可用于高温坯体,但高温釉不能/很难用于低温坯体,因为具有过烧和分解的风险。

釉也可以按组成分为两类。第一类由各类原材料组成。这类釉较便宜,对化学和机械破坏更有抗性。部分釉很容易制成:高温灰釉可以简单地通过在表面撒上木灰或窑中气流带来的灰尘形成;盐釉是非晶体、一次烧成的碱性釉,在窑温1100℃～1250℃时向窑中加入盐,即可形成薄而斑驳的釉层,具有橘皮状的如砾石覆盖的质地;铅釉可通过直接在表面刷上粉状氧化铅或硫化铅,它们与黏土贴合良好且在烧制中不易有裂隙。第二类由熔块制成。可更低温烧制,裂隙更少,但更贵。有毒的铅釉常由熔块制成,将二氧化硅和助熔剂事先熔化冷却磨成粉,再与釉的其他材料混合,可减轻铅釉的毒性,但当低温铅釉陶器装入酸性物质时,铅中毒的风险仍然很高。

釉有时具有危险性,因为很多原料是有毒的:灰釉具有腐蚀性,不能用手搅动;盐釉烧制中释放的氯气危害性很大;铅釉中的铅在制釉和烧成器皿的使用中都尤其危险。釉料配方众多,而由于不恰当的组成、施釉和烧制,可能发生各种缺陷,如针孔、缩釉(crawling)、气泡、龟裂和颜色不当。釉料对于烧制温度和气氛也很敏感,会形成不同质地和颜色。存在各类低温、中温、高温釉。错误地使用过高温度会导致釉挥发或从器表流失,过快加热易形成气泡,火候不足会使触感粗糙且无光泽。釉料和器体的适合性(fit)与两者的热膨胀和收缩率相关。大体上,冷却后釉比坯体收缩稍微多一点,能压紧器体,增加强度。

(六)冷却阶段(cooling)

在烧到最高温度后,陶工通过是否继续添加燃料来控制冷却的速率和状态。大多数器物在氧化气氛中完成冷却——露天烧制时可以将器物移走完成烧制;陶窑烧制时会让燃料继续烧完,使冷却时的氛围与空气类似,同时避免器物与新鲜空气接触,导致降温过快而破裂。在还原气氛中冷却可以制作出黑色陶器以及特殊的釉陶。一般窑炉会被冷却到大约700℃,之后在火膛中加入一些燃料(可以与此前的升温燃料不同)并封闭窑炉,燃料在火膛中缓慢焖烧,制造出一氧化碳,碳在400℃~600℃时会沉积附着在器表,产生黑色痕迹,这被称为"碳渗"(smudging)。

冷却速率在露天火源中很难控制,所以一般陶工会选择不易在冷却时损坏的特定器型来制作,如圜底、器壁厚度均匀、没有明显突起的陶器。陶窑烧制情况下冷却速率很大程度上取决于窑炉形制,一般冷却时长在24小时至一周之间。

第五节 残次品认定与烧制技术复原

一、废品与烧制失误

制陶是一种十分复杂的技术。对于陶工来说,烧制失败是十分常见的事情,而识别到失误后陶工会不断调整技术的细节以提升产品成功率。对现代学者来说,通过废品来识别古代的烧制失败事件,对于理解烧制技术的发展变化有重要意义。常见的烧制失误(firing faults)包括欠火、过烧、开裂、石灰剥落等。

对于未施釉陶器来说,欠火的陶器质地较软、酥脆,在潮湿的环境中会与水反应产生熟化作用(slake)而失去形状。若陶片有幸在干燥的环境下保存下来,可以掰下一小块放入水中来验证:若此陶器欠火,碎片会熟化、散碎在水中。极度欠火的情况可以使用X光衍射技术来确认——观察黏土矿物的晶体结构是否被保存下来。

过烧一般会导致胎体膨胀或卷曲,这是胎体过度玻璃化造成的。极端情况下,高温会导致胎体整个熔化、坍塌。长时间烧制或者较高温度范围会导致有机颜料燃尽。

加热、冷却速率也会带来不少问题。一般加热或冷却过慢会造成燃料和劳力的浪费,但若过快则会造成陶器开裂甚至破损。在黏土矿物分解前(300℃~500℃)升温过快会使器表产生一系列细小的裂纹,有时呈现六边形结构。器表突出的大颗粒包含物受热膨胀会导致周边产生向心状的开裂。若陶器没有充分干燥,器壁内部的水分随着快速升温和膨胀产生棱镜状剥落。器物冷却时,降温过快的器物边缘会产生裂纹。

石灰剥落(lime spalling)是胎体中掺入方解石或石灰石的陶器特有的问题。碳酸钙在650℃~900℃分解为石灰和二氧化碳,当钙质黏土加热至850℃或以上再冷却时,氧化钙会吸收空气中的水分形成氢氧化钙并放热,同时体积发生膨胀,造成的压力会使器体破裂剥落,尤其石灰颗粒较大时,会导致器体强度低乃至整体崩裂。对此古代陶工发展出了一系列解决方法,包括:(1)减小石灰的颗粒以减轻其影响;(2)坯体加入海水或盐,可以避免器体的严重崩裂;(3)用水打湿烧制后还有余热的陶器(docking)可以避免碎裂;(4)在还原气氛中烧制,或者在低于700℃或高于1000℃的氧化气氛中烧制,1000℃以上高温中钙多呈液相,且会形成新的钙化合物。

二、烧制夹心层

陶片断面的"夹心层"(firing cores)在考古材料中十分常见,这与烧制过程中胎体各部位的碳是否被移除有关,可以反映烧制和冷却情况。夹心层的几种常见情况见表1.4。

表1.4 烧制夹心层的几种常见情况

序号	示意图	烧制氛围	冷却氛围	是否有有机物残余	详细情况
1		氧化	氧化	无	胎体完全氧化,有机物完全燃烧干净
2		氧化	氧化	有	胎体经过不完全氧化,器壁中间的有机物尚未燃烧尽,呈现黑色或灰色夹心层。这是未施釉陶器最常见的状态
3		还原或中性	还原或中性	无	有机物完全燃烧干净,器壁中心呈现红色或其他浅色。碳在器表的沉积形成了"黑皮"。露天烧制的冷却阶段,陶工会将灰、木屑、干草等物资覆盖在想加黑的陶器表面制造黑皮效

续　表

序号	示意图	烧制氛围	冷却氛围	是否有有机物残余	详细情况
					果;窑制时一般窑炉会被冷却到大约700℃,之后在火膛中加入一些燃料(可以与此前的升温燃料不同)并封闭窑炉,燃料在火膛中缓慢焖烧,制造出一氧化碳,碳在 400℃～600℃时会沉积附着在器表,产生黑色痕迹。若胎体颗粒比较粗糙,黑色可能会从器表延伸至中心;若颗粒较细,黑色部分则只会留在表面一层
4		还原	还原	有	胎体经过不完全氧化,器壁中间的有机物尚未燃烧尽,呈现黑色或灰色夹心层。其他同上
5		还原或中性	氧化	有	在露天烧制中,胎体经过不完全氧化,器壁中间的有机物尚未燃烧尽,呈现黑色或灰色夹心层。冷却时陶器被拿出火源,于是器表与新鲜空气接触,迅速氧化,生成一层非常薄的、边缘清晰的氧化层

* 资料来源：Owen S. Rye，*Pottery Technology：Principles and Reconstruction*，pp. 114 – 118.

三、用实验室方法评估烧成状态与测定烧成温度

烧制温度是陶器的重要属性,借助现代材料学技术和设备,学者们开发了一系列实验室方法来基于出土材料评估烧成状态与测定烧成温度。海曼(R. B. Heimann)将这些方法总结如下。

评估烧成状态可以判断出陶片样本是否经过了烧制,可以使用矿物学温标(Mineralogical Temperature Scale,简称 MTS)、扫描电子显微镜(Scanning Electron Microscope,简称 SEM)和超声波速度测量(Ultrasound Velocity Measurement,简称 UVM)。

烧制黏土时矿物的分解和形成可以通过薄片显微镜、差热分析和 X 射线衍射分析。某些矿物能灵敏地标示烧成温度范围,但是固定的矿物学温标适用性严重受限,因为特定矿物的热稳定性还与窑内气氛、熔融相的量和矿化剂浓度有关。由于分解反应的动力学延迟,矿物的存在远远超出其稳定性范

围，并且埋藏过程中矿物的新生物也必须纳入考虑。

　　用显微镜定量测定质地的不准确性在于不均匀的孔隙分布，并且极小的组分会超出光学显微镜的观察范围，后者可以通过扫描电子显微镜解决。通过扫描电子显微镜观察，可以比较实验烧制的黏土和古代陶片的质地，并将前者的烧成温度与后者通过热膨胀法得出的烧成温度进行比较，从而衡量烧结状态或烧制温度。

　　陶片随升温而变紧实的过程可以通过超声波速度测量，它是材料密度 E 和弹性常数 G 的函数。弹性常数象征烧结状态，因此这一技术可以无损地测量烧结状态。比较实验室烧制的黏土和古代陶片，可以看出古代陶片的烧成温度，900℃以上的陡坡线表明玻璃化程度增高会导致弹性常数的增大。

　　上述方法中烧成温度是派生参数，而测量烧制情况需要在通过上述方法观测到的烧结状态与比较标准的实际烧成温度之间建立关联。

　　测量热膨胀(Thermal Expansion Method, DS-curve)是直接评估古代烧成温度的一种方法。这种技术对陶片再次加热，通过延续古代原始温度之上的烧制过程，推算陶片在古代达到的最高温度。在膨胀计中缓慢加热陶片，直至某一点开始烧结，这个过程能消除材料在埋藏过程中的变化。烧结的开始表明达到了原始的烧成温度，由此得到第一个实际温度的近似值。考虑到再加热速率与未知的原本加热速率的偏差，这一近似值需要通过等效烧结状态(equivalent states of sintering)修正为与原始烧成温度接近的等效温度(equivalence temperature)，校准曲线与温度范围、黏土组分和属性以及加热速率偏差有关。这一方法与其他方法的不同之处在于能够得到确实的温度。

　　电子自旋共振(Electron Spin Resonance，简称 ESR)也可以测定烧成温度。烧过的黏土有大量晶体缺陷，其结构取决于烧成温度。当黏土受到伽马电子辐照时，缺陷处俘获次级电子或空穴形成有色中心(color centers)。被俘获电子的 ESR 信号含有与温度相关的缺陷结构的信息。烧制过的黏土和古老陶片逐阶的再加热会导致电子的释放和基质的重组。因此，此方法是以从低到高的温度逐次对陶片进行再加热，在每次再加热过后进行辐照并得出 ESR 谱，当再加热温度超过原始烧成温度时，ESR 谱会较之前发生显著变化。

　　穆斯堡尔光谱学(Mossbauer Spectroscopy)能够判定固体中一些原子的价态和键合状态，其中最重要的是穆斯堡尔活跃元素铁，其在陶片中的价态和晶体学环境随烧成温度和陶窑气氛而变化。不同温度下穆斯堡尔谱的变化可以体现出铁矿物的转变、脱羟基作用的发生。

还有一种方法是径向电子密度函数(Radial Electron Density Function，简称 RED)。烧制中高岭石失去氢氧根离子，铝由六配位至 800℃时变为偏高岭石的四配位(fourfold coordinated Al)。高岭石及其热分解产物有不同的电子径向密度分布曲线，明显的峰值是结构中的特征键长，通常是烧制温度的函数：随着温度升高，硅氧四面体变形，键距变大；铝氧八面体破裂，六配位铝相关的键逐渐消失。RED 曲线可以反映四配位铝的铝氧键距离，这一距离可以估计 600℃～800℃低温烧制陶器的烧制温度。但这种测量方法受到很多限制的影响，四配位和六配位铝氧键距非常接近，因此需要更好的定量测量来获得更可靠的结果。

四、陶器性能与烧制状态

（一）强度

强度(strength)指陶器的完好和耐用性。强度好的容器应当耐受灼热的火、冰冷的液体、意外的打击以及其他磨损和开裂。强度除了受到烧制影响以外，最重要的决定性因素是质地和微观结构的特性，也包括孔隙率。强度高的陶器需要包含各种大小的和有棱角的颗粒。加入石英以增加强度的最佳量是总重的 25%。极细的颗粒因为促进烧结和融合，能使开始玻璃化的温度变低，从而增强相对高温陶器的强度。黏土体任何的不均匀会减弱强度、增加破裂或烧制失败的风险。将含碳酸钙的陶器烧至 750℃～1 000℃会因分解产物氧化钙的膨胀而减弱强度，除非颗粒极细。如果陶片很容易断裂，产生酥脆的裂口，其烧成温度往往低于 750℃；如果陶片很难折断，而且裂口有贝壳状的、类似玻璃的痕迹，其烧成温度往往高于 1 100℃。

（二）热应力

热应力(thermal stress)指烧制或未烧制的黏土中由于温度变化产生的张力，分为普通温度变化造成矿物的热胀冷缩，和突然或剧烈的温度变化造成的热冲击或热震,如抗热震性(thermal shock)。烧制过程中产生热应力或热冲击可能是因为未预热、升温过快、烧制或冷却中冷气流与灼热的器体接触。

现代抗热震性好的陶器是由热膨胀系数低的组分构成的,如大量包含堇青石或锂矿物,也常加入滑石,而很少含有不连续膨胀的石英和方石英。非工业时代陶工制作的炊煮器能够抗热冲击往往并非因其化学组成,而是因为它们火候低、孔隙率高且质地粗糙。孔隙除了为热膨胀提供空间、阻碍破裂以外,也与炊煮物的味道相关,并且能缓慢蒸发以冷却存放的水。

(三)硬度

是否存在表面处理、盐度变化、废弃状况,以及同一器物中黏土矿物的不均匀分布等因素都会影响陶器的硬度(hardness),所以仅从硬度一个方面很难有效判断陶器烧制状况。不过,硬度可以帮助考古学者判断一个陶器生产单位的大体水平。

五、孔隙率

若可以得到陶器制作使用的黏土,并测定其在各个温度下的孔隙率(porosity),则可以为改变陶器的孔隙率状况提供参考。烧制最开始时自由水蒸发,显孔隙率会随着温度升高而逐渐上升。到500℃～900℃,黏土矿物开始分解,这时会释放此前构成黏土晶体结构的羟基水或化合水(hydroxyl water),此后显孔隙率达到最大值,并在此上数百度的区间里保持稳定,而大多数传统未施釉陶器的烧成温度就在这个区间里,很难通过孔隙率判断具体温度。900℃～950℃,黏土开始玻璃化,非晶体熔化封闭了一些开放的孔隙,从而降低表面孔隙率。若温度继续增加,开口气孔几乎完全消失时显孔隙率接近0,而封闭气孔的数量增加。此后,气孔气压随温度升高而升高,非晶体的可流动性也变得更强,致使封闭气泡体积膨胀,孔隙率再次上升,有时大气泡会出现在器物表面,这在传统陶器生产中被视为过烧的结果,往往伴随着陶胎的弯曲变形。综合各种因素,单考虑显孔隙率与原始烧成温度的关系是不明确、不可靠的。

六、复原烧制技术时的注意事项

（一）不应当把烧制效果的描述和烧制方法的推断混淆

如"过烧"和"在高温下烧制"，又如"没有氧化"和"在还原气氛中烧成"。相比烧制方式，器物烧制效果的好坏（how well）能够更容易地确定，原因在于同样的烧制条件下，烧制不同类型的黏土会产生不一样的效果。

（二）温度估计很难用来识别和比较过去的烧制技术

由于不同的烧制程序或"技术"可能导致相似的热特性，不可能将一组特定的热特性（持续时间、最高温度、升温速率和保温时间）与特定的烧制过程联系起来，温度估计不能用来识别和比较过去的烧制技术。例如，升温速率低可能是因为采用了可控制升温速率的烧制设施，也可能使用了缓慢燃烧的燃料（如粪便或谷壳）。长时间的保温可能是定期投放燃料造成的，也可能在封闭的烧制设施中采用缓慢燃烧的燃料。

（三）区分现代实验室技术与古代陶工实际情况

从技术角度研究古代陶器，常以现代商用陶器的标准和状况作为理解和评估相关变量的基础，然而史前及无窑烧制陶器的生产状况并不能直接与现代工业生产状况相提并论。尽管在实验控制下的时间、温度和气氛中了解黏土的表现毋庸置疑是有用的，但这些条件几乎不能模拟非工业陶器制造的多变特征，对于手制、无窑烧制的村落中的陶器，其生产条件和整体行为的目标可能与现代生产非常不同。

黏土或黏土混合物的受热和热化学变化在测试实验中是根据平衡（equilibrium）条件描述的：慢速加热和长时间维持在特定温度，通常使那个温度下系统组分中所有矿物学和化学的变化或反应都能完全完成。这种平衡性的重要结果是烧制材料内外的热梯度被完全消除了。此外，这能够实现那些需要长时间持续加热才会较为显著的非常迟缓的反应。

而古代陶器烧制对温度、加热速率和气氛的控制远不能达到上述平衡条件，器物内外和对侧会出现热梯度。比如，在露天烧制或简单陶窑中烧制的陶器通常烧制不均匀；无窑烧制通常加热速率大且不可控，达到最高温度后几乎不会长时间保持，通常停止加入燃料而迅速降温；露天烧制中的气氛往往起伏不定，在最后阶段可能故意达到氧化（扫除灰烬或燃料残余）或还原（用粪料或木屑闷熏）。

  古代的陶工制作低火候、孔隙率高的容器以及其他看似某些不合理的操作，并非因为他们无知或者无法达到某些条件，而是出于以特定资源符合特定需求的适应逻辑（adaptive logic），这是研究陶工与社会关系时不可忽略的。

第二章

陶器的属性与功能

陶器的分析涉及许多维度：作为人工硅酸盐材料，我们可以关注其原材料和力学、热学性质；作为容器、炊具等工具，我们可以关注其形制特征和使用性能；作为技术产品，我们可以考察其制作过程涉及的技术、知识和工具；最后，作为考古材料，我们需要寻找合适的参考框架，将陶器的属性特征与相应的人类活动联系起来。本章将简要介绍，面对一件出土陶器，我们需要关注哪些属性、特征，可以借助哪些分析手段，以及如何通过这些属性和特征推测其功能和相关使用活动。

然而，借鉴多学科、多维度方法的同时，我们也要时刻关注不同分析对象和结论的实际意义，即迈克尔·希弗（Michael Schiffer）提出的生命史/行为链、活动与互动、技术选择和性能特征。辨识技术（形制）属性是理解器物性能的基础。工匠的技术选择给予了物体某些属性，这些属性原则上可以在实验室中进行定性或定量的测量，与制造物体所用的材料有关。技术选择还决定了人工制品的形状、大小、重量等可测量的特征，即形制属性，通常需要对整个物体（而非材料样本）进行操作。活动性能评估了一个人工制品参与特定互动的合适程度，是一种参与互动和进行特定活动的行为能力，必须根据特定的互动来定义，需要在实际使用中（而非实验室）来测量。前两节涉及的材料学属性和成分属于"材料属性"范畴，第三节讨论的形制与功能则是根据形制属性推测活动性能。

同时，用以上方法测定考古出土陶器时，我们需要时刻注意考古推理和解释的限度——某些属性确实与使用需求存在关联,但并不意味着制造器皿时有意实现这种关联,对特定性能的需求在多大程度上影响陶工的技术选择是需要额外评估的;此外,出土陶器是经历了使用、再利用和废弃埋藏过程的人类活动遗存,其属性与烧成时可能不同。

第一节 陶器的材料学属性

在考虑陶器相关的制作技术和使用活动之前,我们需要意识到"陶瓷"是一种至今仍在使用的人工材料,在工业、艺术等诸多领域仍发挥着重要作用。现代材料学发展和工业陶瓷研发已经建立起一系列材料描述和分析框架,这些标准化方法可以成为考古学家分析和比较古代材料的重要参考。

考虑到陶容器的原始使用功能要求其能够盛装物、承受冲击和快速温度变化,陶器的显微结构、机械性能、热性能和外观属性可以在某种程度上提供有关原材料、制造和使用的信息。例如,用于炊煮的陶器需要良好的抗热冲击性能、低渗透性和良好的导热性;储存液体的陶器在冷气候中需要低渗透性以减少渗漏,在热气候中需要足够渗透性冷却盛装物。本节将分别介绍陶器的显微结构(质地、孔隙率)、机械性能(硬度、强度、韧性)、热性能(导热性、抗热冲击性)、外观属性(颜色、光泽)的测定和评估。

一、显微结构

陶瓷器的显微结构就是其各"相"(phase)的复杂排列,即单个颗粒、玻璃化材料和孔隙的性质、排列与边界关系。在低温陶器中,原材料和制备技术主要决定其显微结构,烧结过程中的相变起一定作用;高温陶瓷中不同相之间的平衡关系及玻璃化和高温矿物形成引起的变化更为重要。

(一)质地

质地(texture)这个概念借自地质学,用以描述岩石结晶度(crystallinity)、颗粒尺寸和构造。在陶器研究中,主要关注三个方面:首先是陶器的玻璃化程度,即玻璃状物质(glass)、晶体(crystals)、孔洞(voids)以及黏土基质(groundmass)的比例;此外,关注胎体中的颗粒大小和均质程度,主要是包含物(包括原有包含物和羼和料)数量、形状和粒径的影响,黏土基质的粒径和孔隙率也影响质地;最后,关注包含物和孔隙的分布方向。陶器质地与羼和料类型和胎土制备方法直接相关。

在描述胎土颗粒大小时,来自地质学的伍登-温特华斯粒级标准(Udden-Wentworth scale)是一个可以借鉴的参考系。我们可以根据黏土或非塑性包含物粒径大小,将陶胎质地分为粉砂(silt,直径 1/256 mm～1/16 mm)、极细砂(very fine,直径 1/16 mm～1/8 mm)、细砂(fine,直径 1/8 mm～1/4 mm)、中砂(medium,直径 1/4 mm～1/2 mm)、粗砂(coarse,直径 1/2 mm～1 mm)、巨砂(very coarse,直径 1 mm～2 mm)、细砾(granule,直径 2 mm～4 mm)、粗砾(pebble,直径 4 mm～64 mm)等级别。

对于考古材料,陶胎质地可以通过直接观察、显微镜观察、制作岩相切片测量、在酸中溶解观察(对于石灰石、白云母、贝壳等钙质羼和料)等方法得到。需要注意的是,受到制作时的表面修整以及使用、废弃状况的影响,陶器器表和内壁质地或许存在差异,观察断面可以获得更完整的质地信息。

对于高温陶瓷器,除了上述信息外,玻璃化程度也是描述质地的一部分。高温陶瓷器往往有更细的胎土,在高温中胎土熔化程度更高,颗粒间黏合更紧密。

(二)孔隙和孔隙率

根据与器表的位置关系,孔隙可分为开孔(open pores)和闭孔(closed/sealed pores)。开孔指可以通至器表的气孔,闭孔则相反,指胎体内的封闭气孔。形成开孔的原因包括:胎体内单个颗粒堆积、烧制中释放水和气体、干燥和烧制中收缩或膨胀造成的破裂,以及有机物燃尽或碳酸盐分解等。闭孔可能自然形成,也可能在加热中由开孔在收缩和玻璃化时密封形成。孔隙大小和形状受到黏土中颗粒大小、形状和排列的影响,均匀的细粒黏土会使孔隙更少、更小。

孔隙率是孔隙空间体积与样品总体积之比,分为真孔隙率(true porosity)和显孔隙率(apparent porosity),分别是全部孔隙的孔隙率和只有开孔的孔隙率。显孔隙率往往是分析史前陶器时更关注的对象。孔隙的大小、形状和数量可以通过显微、翻模、紫外光敏感溶液等方法进行观测。测量显孔隙率的方法主要有烧煮浸泡法和压汞测孔法（mercury intrusion porosimetry method），后者不常用于考古研究。在此处简单介绍烧煮浸泡法：首先，称重干燥的试验样品，并测量其体积。在此之后，将样品在沸水中煮两小时，使水填入孔隙，这一过程中要避免样品与容器底部接触。样品在水中冷却以后，用湿海绵擦拭饱和的陶片，并迅速称重避免水分蒸发。水煮前后样品重量差即为孔隙填充水分重量，将水换算成体积并除以陶片样品体积，即为样品的显孔隙率。

决定孔隙率的主要因素是黏土类型，这决定了黏土混合物开始玻璃化的温度点，及其在不同烧制温度下的状态。[①] 耐火黏土，如高岭土、燧石土（flint clays）和几乎不含助熔剂的硅质土，可以在陶窑烧制的常规温度范围内依然保持多孔状态。在945℃烧制后，它们可能依然有45%～50%的显孔隙率，甚至在1300℃时有30%～40%的显孔隙率。相对的，有的黏土在低得多的温度下可以获得良好的玻璃化效果，且玻璃化进程足够缓慢，避免气泡结构的形成。这类黏土在945℃时可能具有20%～40%的孔隙率，而在1200℃时仅具有1%～5%的孔隙率。

在陶器烧制过程中孔隙也会产生变化。陶坯在烧制前，几乎所有孔隙都是开孔。烧制早期阶段，孔隙随着有机物和挥发物烧尽而增加，孔隙率在约800℃时达到最大，并在1000℃前都维持在30%以上；通常在800℃以上，随着整体收缩和玻璃化，胎体颗粒熔化，结合更紧密，孔隙率开始下降。此时很多开孔消失或者变为闭孔，当孔隙率降至5%时开孔通常消失，闭孔的体积分数增加。孔隙结构（平均大小和分布）与烧制温度或升温速率的反比关系，可与其他因素结合起来推断其原始烧成温度。

"渗透性"（permeability）与孔隙率相关，指液体或气体穿过器体的一个表面至对面的比例。往往器物孔隙率越高，渗透性也越强。除了控制孔隙率外，在器表施加涂层或涂釉也能限制液体的渗入。例如，陶工可能在器表施

[①] 关于典型黏土在烧制过程中孔隙率变化曲线，请参见 Owen S. Rye and Evans C., 1976. *Traditional Pottery Techniques of Pakistan: Field and Laboratory Studies*, Smithsonian Contributions to Anthropology, No. 21, 1976, Smithsonian Institution Press, Fig. 1.

加树胶、树脂和沥青涂层,有经验的厨师在拿到一口新锅时会用动物脂肪或血液在锅内外摩擦,或者将土豆浸泡过的水(淀粉糊)煮沸倒进去,这些过程有助于封闭陶胎孔隙。后文将详细叙述孔隙率以及渗透性对陶器强度、韧性和热导率等属性的影响。作为陶器的基础属性,孔隙率(以及相应的渗透性)会影响陶器的密度、强度、渗透性、抗机械和化学侵蚀能力、染色程度、导电性、耐火性、隔热性等,后文将详细讨论孔隙率如何影响陶器的机械性能和热性能。

在实际应用中,需要考虑到考古埋藏环境对孔隙率和渗透性的影响。原本施加的器表有机涂层可能在长时间埋藏过程中消失。多孔陶器的孔隙可能在埋藏过程中受到土壤和水的影响,孔隙被结晶或沉积物填上。传统制陶的技术问题或偏好也可能造成陶器不同部位孔隙率的不同。

二、机械性能

(一) 硬度

硬度指对渗透、吸收、划损、压伤的抗性,指对影响表面的变形的抗力。影响硬度的主要决定性因素是胎土成分和烧制状况,其他条件相同时,更高的温度、助熔剂的加入(促进烧结和玻璃化)能增强硬度。此外,使用细粒且低孔隙率的材料、压实并使表面平滑的技术操作,以及特殊表面涂层或釉也能增加硬度。硬度虽然与烧成温度有关,往往被作为田野工作中初步判断陶器烧制情况的标准,但分析时也必须考虑陶器原料组成对其硬度的影响。此外,无窑烧制的手制陶器由于塑形和受热不均匀,器表不同位置硬度很可能存在差异。

最常用的硬度测定方法是莫氏硬度法(Mohs' scale of hardness),即从软到硬使用莫氏硬度表中的矿物刮擦陶器表面,进行划痕实验,最开始用滑石,最后是金刚石。尽管有粗糙和分级刻度不均的缺点,莫氏硬度仍因经济快速而适用于精度要求不高、硬度范围大的情况。此外也存在布氏(Brinnell)、努氏(Knoop)和维氏(Vickers)硬度测量技术,但古代陶器分析很少涉及。

（二）强度

强度(strength)指材料的刚度或弹性系数,指和整体相关的抗压力,承受各种机械应力(拉伸、剪切、压缩、横向、扭转和冲击应力)而不破裂、断裂、变形、磨损的能力。这在陶器上往往表现为承受持续载荷或压力的能力,即作为器皿能够保留盛装物的能力。影响强度的因素很多,包括原料组成成分和显微结构、陶器物理性质、器体大小和形状、制备和成型方法、干燥和烧制条件、使用时的受热状况等。一般来说,组成相对均匀的高温陶器比低温陶器更具耐用性。

断裂强度(fracture strength)或断裂模量(modulus of rupture)指材料发生断裂时的拉力与断裂横截面积的比值,可以衡量强度。与强度相关的属性概念还有弹性模量/杨氏模量(the modulus of elasticity/Young's modulus),即衡量抵抗机械应力而不变形或抵抗破坏的能力,用 E 表示,可以测量应力应变比；泊松比(Poisson's ratio),表示为 μ,测量横向应变与纵向应变之比等。断裂强度还受到与裂纹相关的用来度量韧性(toughness)的固有断裂能影响。

断裂强度或断裂模量的测量一般通过在没有缺口的杆形样品上进行三点或四点弯曲试验来确认。此外,一种"三球实验"(ball-on-three-ball)可以测定有曲度的、不规则形状的样品,常被用于测试考古出土陶片。

（三）韧性

韧性指材料在变形和破裂过程中吸收能量的能力,即材料对裂纹增长的阻力。韧性越好,则发生脆性断裂的可能性越小。陶器的韧性强意味着它们能够经受物理冲击和温度的快速变化而不破裂。陶器的韧性与胎土成分、烧成温度(即玻璃化程度)、羼和料种类和形状、孔隙率等因素有关。陶器的强度、韧性两种属性结合起来共同影响其耐用性。

一般使用固有断裂能(intrinsic fracture energy)来衡量韧性。断裂能通常是通过有缺口的杆形样品的三点或四点弯曲试验确定的,即特定尺寸的缺口切入杆形样品的底面来引发开裂,并进行观察与测量,估算陶瓷材料的断裂能。

非塑性包含物（包括羼和料）、孔隙与陶器韧性、强度的关系很复杂。首先，强度往往随包含物和孔隙的增加而降低——包含物在烧制中膨胀、收缩，或被烧尽，容易制造裂缝和孔隙，因而此处是不能承受力的相，是压力的集中点，在干燥或烧制过程中孔隙可能变为裂纹而降低强度。但是同样的，孔隙可以吸收膨胀收缩率大的包含物（如变相的石英）[①]产生的应力，即减少内部应力带来的影响。同时，孔隙和包含物在陶器承受热应力或有裂纹时，能中断裂纹的路径，阻止其继续扩展。高温下生成的玻璃相虽然可以增加陶瓷的强度，使之能承受更大的变形而不破裂，但这样的胎体更均匀，缺少不规则性，因而裂隙容易蔓延，降低韧性。

三、热性能

考古材料中，陶器最重要的功能之一便是作为炊器加热食物，这便要求我们仔细考虑陶器在高温下的表现，即热性能。首先，陶器的热导率（thermal conductivity）是与加热食物效率直接相关的属性。此外，陶器材料的热膨胀系数（coefficient of thermal expansion）和热导率都会使陶器接触火源或高温物质时内部产生热应力。热应力的产生通常有两种情况：（1）温度整体变化下，胎体内不同成分以不同速率膨胀收缩；（2）器壁温度梯度使陶器内、外表面不同侧温度不同，以不同速率膨胀收缩。如果热应力超过了陶器的承载能力，则会制造出裂纹，甚至使陶器完全破碎，失去功能。作为炊器，陶器需要具备一定程度的抗热冲击性（thermal shock resistance），即陶器在温度快速变化时不破裂的能力。

（一）热膨胀系数

热膨胀系数衡量样品随着加热而增加的长度（α）或体积（β），以每摄氏度的单位变化量表示。一般陶器材料在低温下会有快速增长，随着温度的升高而逐渐趋于平稳，温度范围因不同矿物而异。一般对于复合材料来说，整体热膨胀近似于各个组成相膨胀的平均值。此外，单个矿物颗粒在不同的结晶

---

① 详细论述见后文"热膨胀"部分。

方向上可能具有不同的膨胀系数。

大部分考古所见陶器都是复杂的复合材料,包括黏土、原生包含物和羼和料等,很难通过矿物种类明确其整体的膨胀收缩状况。[①] 同时,对于质地不均匀、多内容物和孔隙的陶器来说,当遭遇温度变化时,其胎体内不同成分以不同速率膨胀收缩,会产生内部应力,在韧性不足的情况下,陶器可能会产生明显的裂纹或整体破碎。对于器表施加釉层的陶瓷,以及"绞胎"陶瓷,胎、釉间以及不同材料胎体之间热膨胀系数差异过大,会导致不同材料在烧制、冷却时开裂甚至脱粘剥落,这也是中国陶瓷手工业进入精细瓷器阶段后工匠重点处理的问题之一。当对胎、釉材料性质有了非常充分的掌握后,工匠也会利用热膨胀系数差异有意制作釉面裂纹,形成一种特殊的审美取向。

(二)热导率与加热效率

热导率指在特定温度梯度下,热量通过物质的速率。影响热导率的各种因素中,最重要的是陶瓷胎体的成分及其微观结构。陶瓷通常是不良导体,特别是多相、包含晶体的和多孔陶器,它们传递热量的速度很慢,这会带来两方面的影响——一方面,较低的热导率意味着较高的热阻性,陶瓷可以成为良好的热绝缘体,满足特殊需求,比如"小火慢炖"的烹饪方式,或者作为耐火砖达到隔热效果;另一方面,由于器壁不同侧到火源距离不同,升温速度不同,器壁内部很容易产生热梯度,进而产生内部应力,对器壁较厚的器物来说格外明显。

与热导率相关的概念是加热效率(heating efficiency),即容器加热其盛装物的速率。加热效率是一种"性能特征",除了陶器材料本身的导热性,容器的形状、器壁厚度、与火源的距离、烹煮内容物等具体使用细节一起决定了陶容器的实际加热效率,这些要素在实际应用情境中的组合效果非常复杂。如果只是希望提升陶器的加热效率,陶工可以通过减少羼和料、减薄器壁和降低孔隙率等方式达成目标。然而,现实往往更复杂,改变一个变量往往会造成多维度的影响,有时降低孔隙率、减薄器壁在提高导热效果的同时会降低

[①] 常见陶器内容物的热膨胀曲线见 Owen S. Rye and Evans C., 1976. *Traditional Pottery Techniques of Pakistan: Field and Laboratory Studies*, Smithsonian Contributions to Anthropology, No. 21, 1976, Smithsonian Institution Press, Fig. 3。

韧性以及抗热冲击性，使炊器不耐用，故而工匠的选择往往是折中的。

孔隙率和渗透性究竟如何影响加热效率尚无定论。首先，在材料本身导热性上存在开孔、闭孔的性质差异——如果孔隙是封闭的，均质体的导热性会因高孔隙率而降低，因为空气比固体绝缘性好，有很多小闭孔的材料是良好的热绝缘体；但是，大的开孔、连通孔又可以使热气体通过器壁，有可能会增加热导率。而陶器作为炊具在实际使用中情况又有不同——一般认为，在用陶器盛装和烹煮液体盛装物时，高孔隙率意味着高渗透性，液体填满孔隙并蒸发的过程会降低加热效率；不过，也有学者提出，以前活动的残留物使容器中的液体、有机物浸渍填充器壁孔隙时，孔隙反而可能实际上提高热导率，并有助于在使用过程中减少容器壁的温度梯度。前文提到过，烧制之后的表面处理可以封闭陶胎孔隙，降低渗透性，关于这一点希弗进行过一系列的实验，证实了各类表面处理的有利影响：器表施加树脂、陶衣，甚至烧灼表面都可以提高加热效率，同时仍然保留多孔陶胎的潜在好处。

（三）抗热冲击性

胎体内不同成分的性质差异，以及器壁内外侧的温度梯度两方面带来的膨胀收缩差均会使陶器内部产生热应力。在分析需要常常接触火焰或高温物质的炊器时，我们需要重点考虑抗热冲击性对工匠技术选择的影响。影响陶器抗热冲击性的要素可以从两个方面来考虑：在材料属性角度，胎体固有性质影响陶器抗热冲击性；在器物整体角度，容器形状和加工也影响其抗热冲击性。

在材料上提升抗热冲击性有两种路径。一是避免裂纹的产生，需要材料具有高断裂强度和热导率、低杨氏模量和低热膨胀，这要求低羼和料比例和高温烧制。二是避免裂纹的扩展，需要材料具有低断裂强度、高杨氏模量和总断裂能，这要求高羼和料比例和较低温烧制。但是，考虑到有限的胎土原料种类和火焰温度控制的难度，前一条路径是古代工匠难以自主选择达成的。于是，古代工匠往往选择第二条路径——大部分考古材料中，同文化陶器组合中，炊煮器相对其他用具来说往往夹砂且更为粗糙。

在材料属性角度测定抗热冲击性有以下几种思路。一种方法是测量热冲击前后纵向超声波传播速度变化，超声波速度的减小表明热冲击使微裂纹密度增大。第二种方法是测试热冲击前后容器透水性变化,水渗透率的增大表明较大裂纹的形成。第三种方法是通过测试热冲击后的强度退化来推断抗热冲击性,这可以通过摆锤冲击实验(pendulum and falling weight systems)和三点弯曲法(three-point bending)等方法测定。

在影响抗热冲击性的诸多因素中,人工添加的羼和料是最受考古学家关注的。事实上,羼和料对抗热冲击性的影响较为复杂。韦斯特(M. S. West)使用三点弯曲法测试了不同羼和料陶器在600℃热冲击后的强度退化,其结论揭示了不同形状和种类羼和料的不同效果——强度损失最小的是添加板状或纤维状羼和料的样品,如云母(损失23%)、硅灰石(损失26%)和贝壳(损失45%);强度损失较大的是添加棱角分明的或球状羼和料的样品,如大理石(损失55%)、石英(损失58%)、砂(损失59%);损失最大的是陶渣(损失69%)和未添加羼和料的样品(损失86%)。这些结果可以从羼和料-黏土热膨胀差,以及羼和料形状阻碍裂纹扩展角度来解释。这提示我们,羼和料的加入确实会提高陶器材料的抗热冲击性,而且不同种类羼和料的效果略有区别——板状、纤维状的羼和料最为"理想",最大限度地增加了韧性,同时倾向于最小化断裂强度的降低,而石英、沙子一类羼和料效果存疑。

此处石英类羼和料需要额外考虑。石英具有一种特殊性质,即在573℃左右发生从α相到β相的相变,体积急剧增大。关于这一性质,有学者指出,作为羼和料的石英热膨胀系数明显高于典型的黏土,其与黏土基体之间的压力会加大陶器破损的风险。同时,在烧制后冷却的过程中,恢复原体积的石英会与黏土脱粘,制造出孔隙,可以有效阻止裂纹扩展,增加韧性。而且,石英(或沙子)在全球范围内的古代陶器,特别是早期陶器中是十分常见的羼和料,这再一次提示我们要关注具体使用情境。伍兹(A. J. Woods)指出,掺杂石英的陶器如果能在温度变化剧烈的露天烧制中保持完整,其抗热冲击性便或许足以支撑后续温度更低的炊煮用途。

除了羼和料,烧制温度、黏土类型等因素也可能影响抗热冲击性。达什凯维奇(M. Daszkiewicz)等学者探索了烧制温度的影响。他们研究了近东帕尔迈拉(Palmyra)产的罗马脆陶,测量热冲击前后的渗水性以评估抗热冲击性,并通过孔隙率估算各类陶器的烧成温度。用于烹饪的双柄锅和砂锅(casseroles)在反复淬火后仍然保持完整,渗透率没有明显变化;而大多数陶壶、碗渗透率明显提高。他们认为两组器物的差别在于烧制温度——双柄锅和砂锅分别在 900℃～1 000℃和 1 000℃～1 050℃烧制,而壶和碗在 800℃～900℃烧制。黏土种类方面,非钙质黏土似乎更受青睐,因为热膨胀系数比钙质黏土低。爱琴海青铜时代陶工似乎故意选择非钙质黏土,并加入各种各样的石灰石、片岩(schist)、千枚岩(phyllies)和玄武岩用于制作炊器,当钙质黏土同时被用于制作其他陶器类型时也是这样。

  除了材料属性之外,在器物整体角度,容器大小、形状、厚度、表面加工都影响其抗热冲击性。表面均匀与否十分重要,小缺陷在加热和冷却中会延伸到内部,重复的温度变化会积累性地削减强度,磨光或上釉可以减轻这一问题。容器尺寸方面,器体越大,器壁越厚,热梯度越大,于是热应力越大。此外,器壁厚度一致、没有锐利折角,都会最小化热梯度,减轻器壁内部压力,所以大多数烹饪类陶器底部呈圆形,器身轮廓简单。

  上述结论得到了部分考古材料的支持。戴维·布劳恩(D. P. Braun)研究了北美伍德兰期陶器的变化,认为器壁变薄、羼和料平均粒径的减小、整体器型的圆润化,都源于食谱中对淀粉类种子炊煮烹饪的需求越来越大,对陶器导热性和抗热冲击性的需求更高。斯蒂波内迪斯(V. Steponaitis)等人研究了美国亚拉巴马州芒德维尔(Moundville)地区炊器中使用的羼和料类型的变化——从植物纤维依次转变为粗石英砂、细石英砂、粗陶渣、粗贝壳,指出板状、热膨胀率低的粗贝壳羼和料是一种最有效的选择,他认为这代表了陶器抗热冲击性逐步增加的路径。

  我们需要注意的是,实验室现象和结论在现实中的应用情况往往更为复杂。除了材料属性之外,古代陶工的知识结构和行为传统、不同材料和器型的非功能性文化意义,以及材料的丰富性均会影响技术选择。特别是在我们无法直接与古代工匠对话的情况下,就算其选择符合我们的实验室预测,其间的逻辑关系也只能是推测。例如,伍兹基于考古材料指出,罗马和中世纪时期西欧广泛使用夹石英类羼和料的平底烹饪锅。她的研究表明,几乎没有证据能够证明炊器中特意使用某类羼和料,因此认为炊器的关键特征在于粗糙的质地而非特定羼和料。此外,在民族志文献中,也经常记录到烹饪锅有相对较厚的壁。这提示我们,不管陶工是否意识到了热冲击问题,出于各种原因,最"理想"的解决方案并没有得到普遍应用。如果希望进一步探索陶工的选择,我们需要进一步探索陶器生产和使用的具体情境。

四、外观属性

(一) 颜色

陶器颜色可以分为陶胎颜色以及器表涂层、颜料和釉的颜色,此处只讨论陶胎的情况。陶胎颜色产生的主要原因在于黏土成分、烧制气氛、温度和时间,这些变量会以复杂的方式影响陶胎颜色。成分方面,颜色主要来源于杂质(主要是铁化合物和碳类物质),杂质与黏土的属性都会影响呈色。烧制条件下成分的反应也以各种方式影响呈色。一般认为,氧化气氛下陶胎中的铁充分氧化,整体会呈现暖色,如橙红色,而封闭的还原气氛中陶胎则会呈现青灰色。在烧成后的使用和埋藏过程中,陶器颜色也可能发生二次改变。

考古学家普遍采用了孟塞尔(Munsell)颜色标准进行颜色的描述。这一体系中,颜色由三个视觉变量符号指定:色相(hue),即该颜色在色谱中的位置;明度(value),即明暗关系;色度(chroma),即颜色的饱和度。尽管存在这样精确的量化方法,但由于器表粗糙或呈色不均等情况,实际操作中往往很难识别和记录陶器的颜色,大多只是记录大体颜色区间,更为精细的记录可能需要实验室测定。

只通过颜色单个变量,我们很难得出有效信息。田野操作中,通常可以经验性地根据颜色来初步判断陶器的氧化程度和内含杂质,例如识别和解读"烧制夹心层"。

(二) 光泽

器表光泽源于器物表面的镜面反射光,其形成的条件是光射入的表面平整、光滑、紧致。陶器可以通过烧制前打磨、烧制中可熔材料形成光滑致密的涂层、烧成后涂上涂层或类似于清漆的物质获取光泽。此外,有些黏土无须特殊处理,干燥后就会产生光泽。器表光泽的来源可以通过简单的观察和测试识别,而不同的因素会影响各类光泽的效果。

第二节　陶器的成分

　　陶器成分分析是陶器科技分析的重点关注领域。与其他所有方法一样，在分析之前，我们首先需要明确分析的目的，即究竟要解决什么样的考古学问题。对于成分分析来说，其最大的潜力在于产地问题，进而可以探索区域间交换贸易等相关问题。陶器产地分析主要基于对陶胎的分析——根据最低成本原则，前工业化社会中，陶器原料中的大体积的部分（黏土和羼和料）不太可能从远距离的其他地点获取，而小体积的、用于装饰的黏土或颜料的采办范围可以更广一些。根据目标问题，我们进而可以确定测定的对象和方法，如：定性还是定量分析？在宏观层面还是微观层面分析？测定黏土矿物成分还是化学元素构成？分析陶土、羼和料、陶衣还是颜料？

　　陶器成分的分析主要包括矿物学分析和化学分析两大类。在选择具体的分析方法之前，要了解不同方法的基本原理，理解其应用场景、采样要求、优点和局限性，进而大体知道采用具体方法所需的投入和产出。必须指出的是，在分析完成后，不仅要描述分析结果，还需要做出进一步的解释，即能否回答研究提出的问题。

一、采样

　　采样可以分为对陶器采样和对黏土采样。

（一）对陶器采样

　　采样时，需要了解各种技术的采样要求。首先，该方法是有损还是无损分析，如果是有损分析，要考虑损坏程度如何。此外，该方法的敏感性、准确性、时间、花费均会影响采样的范围和数量。另外，采样之前要注意陶片在烧制、使用、废弃埋藏过程中产生的变化，如钙质地下水会造成酸性颜料的溶解，钙质沉积物可能会掩盖颜料或者陶衣。

　　最重要的是，采样程序将根据具体的研究问题而有所不同。重建区域性交换系统时,需要将尽量多的不同的陶器出土单位(地点)纳入分析范围。如果抽样的主要目的是区分"当地"和"外地"生产模式,那么应更密集地抽样;如果研究的重点是当地可利用资源的采购模式(不考虑其他地区),那么必须同时考虑文化风格和组成成分,关注两者的关联;如果技术人员本身不是考古研究者,那么应尽量事先了解考古研究问题和研究目标,比如何为考古意义上的"典型器物",并在分析中关注文化属性与组成成分的相关性。

(二) 对黏土采样

对黏土采样也有一定意义——对黏土的采样分析是制陶研究的参考,理想条件下可以在原材料和陶器之间找到一种成分上的"匹配",对这些黏土的分析可以为考古材料中陶胎的变化提供矿物学和化学参考。不过,这种匹配可能只适用于特定范围内的某些属性,我们应充分利用和参考已有的地质调查资料来设计采样。例如,判断几个地点的黏土是否属于同一个黏土矿层(即具有某种程度上的同质性),避免重复采样或得出误导性的结果。并非所有黏土均适合制作陶器,了解黏土的可加工性等特性有助于判断取样点。例如,蒙脱石和钠长石烧制时会产生过度膨胀和收缩,它们往往需要与其他黏土或羼和料混合才能被有效地利用。

黏土的分析在史前陶器的分析中通常处于次级地位,因为颗粒细小、含有杂质和烧成改变,黏土时常难以分析。分析未烧制的黏土(生土)与研究烧成陶器截然不同,因为烧制后,黏土会变成另一种材料,很多用于生土的测试并不适用于烧成后的陶器。如果有民族学的样本和数据,那么可以测试生土,研究陶工的方法如何适应其特殊性。

值得指出的是,在产地分析方面,除了一些原料特异性强、矿床和作坊位置明确的特殊案例,迄今为止黏土尚未能与陶器达成比较有意义的对应。而矿物羼和料往往比黏土更有用,特别是地表来源有限的矿物。

二、矿物学分析

矿物学分析是对陶器矿物组分的定量和定性描述,往往关注较大的晶体组成,即黏土中自然存在的包含物或有意加入的羼和料。最常用的方法是岩相学分析(petrographic analysis)。

岩相学原理是通过矿物的光学性质来识别它们。岩相学方法的优点是相对廉价,该方法使用岩相显微镜(petrographic microscope)或者偏光显微镜(polarizing microscope)进行分析,可用于大量样品。需要分析人员具备光学晶体学的知识储备,并且制备切片标本。

岩相学可以识别矿物的种类、大小、形状、方向和相互关系,提供关于涂层、颜料、表面处理、器表或器内孔隙的信息,既可以用来做定量分析,也可以做定性分析。陶器研究中,岩相学主要关注陶器的质地和成分。质地前文有过详细介绍,主要包括陶器的玻璃化程度、晶体物质的颗粒尺寸,以及矿物和孔洞的分布方向。成分指矿物组成比例及具体状况,主要关注每种矿物的数量和比例、烧制时矿物的变化情况,以及高温矿物的保存状况。

开始分析前,分析人员首先需要对陶器或陶片进行初步分类,以挑选进入岩相观察步骤的样品。通过肉眼观察,将样品陶片根据包含物进行粗糙分类,比如"夹砂陶""夹炭陶""泥质灰陶""含云母陶器"等,并可以根据光学显微镜观察结果,对照标准化陶片参考系继续修正、完善这一分类。若研究目的是观察矿物组成与陶器类型的关系,也可以按照类型学结果分类取样。根据研究设计、经费和时间预算,在每一类陶片中挑选一定量的样品制作薄切片(thin section),用以进行后续的微观研究。

岩相学分析的第一步通常是制作陶器切片,这样的切片能够永久保留。制作切片时,将从陶片或烧土块上取下的薄片贴附到玻璃片上,研磨至0.03 mm后再覆上玻璃,正交尼科耳棱镜(crossed Nicols)下石英颗粒呈淡黄色,长石呈灰色或白色。考虑到原始陶器往往有柔软、易碎的特性,需要特殊处理以加固。大多数切片与容器纵轴平行(即垂直于孔口平面),在盘筑容器的各圈及接合处,切片有时在颗粒的组成或方向上显示出微小的差异。

制作好切片后可以开始观察。首先,对切片中黏土基质、玻璃状物质及特定矿物的相对数量进行计算。根据颗粒物的形状和尺寸,可以区分矿物是黏土本身包含的还是后来加入的羼和料——形状圆滑的一般是黏土中自然风化、搬运的矿物,边缘尖锐粗糙的一般是人工磨碎添加的;胎体颗粒物尺寸呈现正态分布的话可能是自然形成的,若呈现双峰分布则可能存在人工添加的粗糙颗粒。

利用岩相学可以分析陶器制作痕迹。平行于孔口或平行于表面的切片，可用于研究具有细长或扁平形状的包含物和孔隙，这些材料通常通过成型过程而具有倾向方向（preferred orientation），可以帮助判断成型方式。例如，库尔蒂（M. A. Courty）和瓦伦丁·鲁（Valentine Roux）对不同成型方法遗留的器表痕迹进行了系统研究，利用岩相学和扫描电子显微镜分析陶器微观结构，区分出轮制陶器和先用泥条筑成再在慢轮上成型的陶器。

在特殊情况下，通过岩相学还可以获得产地信息。例如，在北美格兰德河（Rio Grande）流域陶器研究中，谢泼德将考古学和岩相学分析结合起来研究陶器贸易，把格兰德河周边各地区彩陶羼和料百分比、羼和料产地分布以及年代学联系起来。她还识别出了陶器产品交换的痕迹：查科（Chaco）地区一些陶器包含粗面岩（trachyte）和安山岩（andesite）羼和料，这些岩石不产于查科峡谷，而来自约70千米以外的地区；同时，陶器的红色胎土也来自查科峡谷以外相当远的地区——这些陶器是在外地制作完成后进口，而不是进口羼和料后在当地制作的。后续研究者更仔细地区分了陶器来源。如果陶器羼和料是粗面岩，则来源于查科峡谷西部；如果羼和料是安山闪长岩（andesite diorite），则来源于北部。

三、化学分析

化学分析测定陶器材料的化学组成。化学数据并不能识别元素的来源或者它们之间的关系，因此化学分析和矿物学分析结合使用效果更佳。化学分析可以是定性的，也可以是定量的。定量分析可以形成化合物的质量、使用溶液的体积、吸收或发射辐射的波长和强度等数据，前两种方法是经典化学分析方法的基础，后两种方法涉及化学分析的物理方法。

材料的化学组成通常可分为常量元素、微量元素和痕量元素。常量元素在陶器中含2%及以上，对常量元素的分析只能对产地进行非常笼统的判断，如用二氧化硅、三氧化二铝来区分中国南北方的瓷器。微量元素含量为0.1%～2%，痕量元素指含量少于0.1%的元素。痕量和超痕量元素包括地球化学的稀有元素，如铯、铷、钒、铀、钽、钪、锂、金、硒、锑、锶、钴和稀土或镧系元素，它们是个别黏土和黏土制品的独有特征。常量元素与微量元素、痕量元素一起才能构成大多数陶器产源分析的基础。

目前应用在古代陶瓷器研究中的成分分析方法，包括 X 射线荧光光谱法（XRF）、质子激发 X 射线荧光法（PIXE）、仪器中子活化分析（INAA）和激光烧蚀电感耦合等离子体质谱法（LA-ICP-MS）等。

（一）X 射线荧光光谱法

X 射线荧光光谱法（X-Ray Fluorescence Spectrum Analysis，简称 XRF）的原理是：当样品被置于原级 X 射线的路径上时，样品中各种元素的原子被原级 X 射线照射，并发出各自特征的 X 射线，即荧光 X 射线。荧光 X 射线的波长只取决于材料中每个元素的原子电子层的能级差，因此物质的元素组成可以通过荧光 X 射线的波长来确定，而物质所属元素的含量可以通过该波长的荧光 X 射线的强度来量化。

XRF 分析可用于测定约 80 种常量、微量和痕量元素，并且对周期表上原子序数 12（镁）以上的元素效果最佳。众多的 XRF 变体可用于专门的分析，包括用于点分析的能量色散（EDXRP）和波长色散（WDXRF）光谱仪检测系统设置。此外，现在还有便携式 XRF（pXRF）光谱仪。

用于 XRF 的样品可以通过几种方式准备。对于台式 XRF，如果文物尺寸不是很大，可以将整个物体置入仪器中扫描样品元素，达到完全无损。便携式 XRF 测试技术近年来有了很大发展，便携式设备的稳定性和准确性有了突破性的发展，能够满足大部分古代陶瓷样品的测试要求。不过，上述方式只分析文物的表面，能够有效地分析陶瓷器的表层，如釉料、陶衣或涂层。若要分析胎体，则必须将陶器的少量样品（从 100 毫克到 2 克不等）取出，制成粉末进行有损检测。

X 射线荧光光谱法的优势是成本相对较低，对可移动文物来说基本上是无损的。该技术具有相对较高的精度，分析速度快，对于大量的样品，它可以完全自动化。同时，其主要缺点是，定量测量对试样的厚度和形状极为敏感。此外，INAA 和 pXRF 分析陶片成分的对比表明，INAA 有着更大精度，更适合于陶瓷产地分析。

(二) 质子激发 X 射线荧光法

质子激发 X 射线荧光法(Proton Induced X-ray Emission,简称 PIXE),是一种质子束与样品中的原子相互作用的技术。与 XRF 类似,其原子内层的电子受质子束撞击而被逐出,外层电子向内层空穴跃迁时,发射 X 射线。根据 X 射线的能量(波长)来确定元素。这种多元素方法不能用于比钠(原子序数 11)更重的元素,而且对 ppm 级敏感。

对于陶瓷,PIXE 特别适合于分析表面材料的成分,如陶衣、颜料和釉,而且光束可以集中进行点分析。该技术实验操作方便,调换样品快速,对样品形状和大小的要求比较低,而且能量强,数据准确。最重要的是可以无损分析。

(三) 仪器中子活化分析

中子活化分析(Neutron Activation Analysis,简称 NAA)又称仪器中子活化分析(Instrumental Neutron Activation Analysis,简称 INAA),它是一种用于元素和核素分析的放射性分析化学方法,通过识别样品中由中子引发的核反应所引起的放射性核素的特征辐射进行化学分析。通过测定放射性核素的半衰期或者所发出射线的能量,便能做出定性鉴定,而通过计算射线强度,可以估计浓度。

中子活化分析在 20 世纪 50 年代末应用于考古学,很快成为陶瓷成分研究中的一项重要技术。分析结果通常以具有类似元素组成的样品分组的形式呈现,这些分组是由复杂的多元统计转换产生的。基于这些分组,考古学者可以进一步比较分析。例如,分析可能仅仅是为了简单的特征描述,以了解在一个遗址中最常见的陶器组成。在这种情况下,通过成分数据创建的组别可以与类型学分类进行相互比较。此外,这些分组也可以作为鉴别陶器产地的基础。

INAA 对于陶器的成分分析有许多优势。该技术可以进行多元素分析,理论上可以分析 80 种元素,对一个样品可同时测定 40 种~50 种元素的含量。尤其是对微量元素和痕量元素,能同时提供样品内部和表层的信息,突破了许多技术限于表面分析的缺点。此外,该技术灵敏度高,准确度、精确度也高。NAA 法对周期表中 80% 以上元素的灵敏度都很高,一般可达 6^{-10} g~10^{-12} g,其精度一般在±5%。对于考古材料分析来说,十分重要的是可实现无损分析。送检的一般样品不需要进行破坏性处理,可以直接送入反应器进行测量和分析。此外,样品量范围很广,可以对 μg 到 kg 量级的样品进行活化分析。可检测元素种类多,能够检测 75 种。该方法的主要缺点是需要较大的具有放射性中子辐射的装置,检测仪器也比较昂贵,而且不能被中子激活的元素及其含量无法检测,半衰期短的元素也无法测量。

(四) 激光烧蚀电感耦合等离子体质谱法

激光烧蚀电感耦合等离子体质谱法(Laser Ablation Inductively Coupled Plasma Mass Spectrometry,简称 LA‐ICP‐MS),是将电感耦合等离子体质谱法(ICP‐MS)与激光取样相结合而形成的一种高灵敏度的多元素快速分析新技术。

在质谱法(MS)中,样品中的元素原子通过几种方法中的任何一种转化为离子(通常是正离子)。这些离子在高真空分析器中按其原子质量和电荷进行分离,然后测量其质量与电荷的比例,以确定所含元素。在电感耦合等离子体质谱法中,氩气等离子体被用作电离源。ICP‐MS 对痕量和超痕量元素的定量分析很有用,并且能够比 INAA 分析更少量的样品和更多的元素。当前研究中它已逐步取代 INAA,成为原产地分析的首选技术。

激光烧蚀(LA)是一种使用激光束从样品表面去除薄层的技术,去除的颗粒由 ICP‐MS 系统进行分析。对于陶器,LA‐ICP‐MS 最适合分析表面材料(釉料、陶衣、颜料)。该技术很灵活,很容易优化以解决特定问题。然而,目前一个潜在的困难是分析时需要知道业界内部标准。

四、成分数据的解释

在使用上述方法完成对陶器的成分分析后,我们不应止步于描述分析结果,还需要对结果做出进一步的解释,回应考古学问题。此时,首先需要关注从样品中取得的数据在多大程度上是精准的,以及如何与其他数据集进行对比,这就牵扯到特定仪器和方法的有效范围,即灵敏度(sensitivity)、准确度

(accuracy)和精确度(precision)问题。而且,我们也要仔细考虑,样品能否代表我们希望研究的对象。在整理和筛选数据后,需要基于特定研究主题设计数据解释方案,下文将介绍其中一种研究路径——基于成分数据的产地分析方法,以及这一过程中的注意事项。

(一)灵敏度、准确度和精确度

在进行成分分析时,研究者需要使用一种足够灵敏的分析技术来测定成分差异,这种有区分性的差异往往在于十分细微的差别。灵敏度指的是在现有实验条件下可以测得的元素浓度的最小值。在上文提到的化学分析方法中,INAA相较于XRF来说更灵敏,能够测定的元素浓度低至十亿分之几,因而INAA对地球化学过程中微量元素浓度的细微差别很敏感,能够得出一种黏土资源的高度特异性的"指纹"。灵敏度是对实验最基础的要求,确保这项分析测量的可行性,而准确度和精确度则能表明这项测量有多优质。

准确度用于评价在特定条件下,样品的测定值与假定的真值之间的符合程度。XRF和INAA是相对技术,不直接测量组分的丰度,而记录在一定条件下组分的一些物理性质。通常以相同条件下已知元素浓度的标准来衡量准确度。大多数实验室使用一种或几种分析良好的标准物质,将未知样品浓度参照标准物质进行计算,例如AP标准陶器(AP Standard Pottery)和USGS标准岩石(Standard Rocks)。为使实验室之间的数据具有可比性,需要使用相同的标准材料或者进行标准化转换。

精确度表示在特定条件下,用同一种方法对同一样品重复测定得到结果的一致性或分散程度。分析方法测量过程的随机误差越小,结果越精准,精确度数值越小。精确度十分重要,它对测得的元素差异有显著贡献,也是分析中最可控的因素之一。随机误差会影响后续数据分析的有效性,比如在分析产地时,误差本身可能会超出用以区分产地的参数范围,超出越多,越可能模糊原本可用以区分资源来源的成分差异,带来无效的甚至是误导性的结果。调查所需的分析精确度取决于提出的问题,但一般来说越精确越好。通过观察美洲陶器区域间和区域内的研究,比舍普(R. L. Bishop)等学者指出了测定化学元素的不同精确度对研究有效性的影响:分析精确度小于5%时,对研究来说是有用的,而且当数据用于描述和区分短距离或区域内交换时,这一精确度要求通常是必要的;分析精确度在5%~10%是非常灰色的区域,可满足特定的研究,如识别区域间或远距离贸易产品,特别是在不同陶器资源区地质条件不同的情况下,但对另一些研究则精度不足;分析精确度超过10%时,我们应谨慎对待数据,不能高估数据对推理的有效性。

(二) 选择分析的化学元素

我们希望通过考古材料探索陶器的生产状况,但是值得注意的是,考古材料往往经历了各种复杂过程和转换,部分元素在烧制、使用、废弃埋藏过程中会产生变化,如果所分析的样品没有经过处理,不应直接作为产地分析的指标。

在生产和烧制过程中,学者们识别到了许多元素变化。制作精细陶瓷需要对原料黏土进行淘洗,这或许也会改变微量元素组成,与天然黏土对比时应考虑到这一点。烧制中最明显的是碳会产生沉积或被移除。氯、氟、溴是挥发性物质,其含量与烧制温度相关。部分金属如铜、镉在高温下不稳定,铷、铈、钐、铕、镥、钍、钽、铬在烧制后比例下降。这些元素变化报道的有效性以及在其他烧制条件下的适用性值得重新考虑,这提示我们不应直觉性地认为元素在烧制过程中是恒定的。

在使用和埋藏过程中,元素会更明确地发生改变。碳常成为使用残留物。磷的分布在使用过程中会发生改变,与容器具体功能有关。埋藏过程中地下水浸透也会导致某些特定元素的浸出,如钠、钾、镁和钙,而同时锰可能会增加,两者的改变均与埋藏深度相关,钠和钡可能也存在相似的状况。如需确认埋藏环境是否对样品产生影响,分析时应对埋藏时器物周围的土壤进行取样,并同样加以分析,用来对比排除淋溶作用(leaching)对陶器的影响。

(三) 基于成分分析的产地研究方法

原料和产地研究是成分分析能最大程度发挥潜力的领域。此处将介绍一种基于成分分析数据的产地研究方法,这一方法由比舍普等人总结,适用于多种仪器、实验得出的成分数据,十分有参考价值。

1. 假设和基本主张

尽管难以在原料-成品间建立化学成分关联,但根据成分不同将使用不同来源的原材料生产的陶器区分开来是可能实现的。这一主张基于"源地假设"(Provenience Postulate),即原材料来源之间存在可识别的化学差异,分析人员可以识别这些差异。一个源地内部的组成变异小于不同源地之间的变异。该假设最初在绿松石溯源研究中被提出,后扩展到陶器研究领域。但陶器领域存在更复杂的情况,包括陶工对原材料的调整和处理、多个陶器生产地点共用一种原料的情况、区域内和区域间的商品交换行为等均会影响成分的化学差异。

在没有化学方法介入的情况下,判断陶器产地有以下两种思路。一是处理单个遗址的材料时,"丰度标准"(Criterion of Abundance)认为,遗址中最常出现的陶器种类被认为是本地出产的,而很少出现的可能是外地出产的。二是处理更大范围的材料时,"单调递减律"(Law of Monotonic Decrement)认为,某一器物出现频率随着与产地距离的增加而减少。

加入化学分析之后,根据化学元素判断产地的方法是,关注被分析遗址出土陶器的化学"重心"——本地生产陶器的化学成分数据会聚集在一起,而非本地的陶器则可能向多个方向发散。这也符合丰度标准的原理。不过也存在例外情况,比如,若一个地区大量进口某一特定地点生产的陶器,则此遗址的化学"重心"反映的是该陶器生产地的信息。这提示我们需要在分析前仔细考虑考古背景。

2. 赋值(Ordination)

在处理化学分析所得的多元数据集过程中,将化学和非化学数据关联起来,可以有效地显示出化学数据与非化学变量的相关关系,在尚未完成数据离散分区的情况下对数据进行初步分析,为后续研究提供指引。比如可以将化学数据与岩相学或考古学数据对应起来,绘制 x-y 轴散点图或三角图。

3. 参考单元(Reference Units)

作者建议使用一种能够识别不同级别的数据集的分析方法。如果数据产生了统计学上理想的差异区分,就意味着此次化学分析是非常有效的。若需要更进一步的研究(如区域内产品交换),可能需要从数据集的某一子集入手继续分析。

一般初级的分析都直接基于对基本数据的处理,我们将得到的分组称为陶胎成分化学参考单元(Chemical Paste Compositional Reference Units,简称 CPCRU)。为了方便起见,可以区分"全局 CPCRU"(表示整个数据集的最优划分)和"细化 CPCRU"(在从数据集中去除异构性之后获得最优划分)。可能会产生不同级别的细化而形成"细化 CPCRU"的层次结构。

面对复杂的陶器化学分析数据时,需要随时参考岩相学、考古文化现象资料,为化学数据的分组、解释提供指导和反馈。不过同时也要明确分析步骤,避免循环论证。通过将非化学数据(包括岩相学和考古背景信息)对 CPCRU 的拟合,可以得到一个在考古分析中更有用的单元——陶胎成分参考单位(Paste Compositional Reference Units,简称 PCRU)。一个 PCRU 是针对特定问题而产生的,可以由两个或多个相似但可分离的 CPCRU 根据某一个或多个非化学数据变量合并产生,与非化学数据达成一致。PCRU 和 CPCRU 可以相互补充,有时适用于不同的分析方法。如果可以识别和评估羼和料等对化学成分影响较大的因素,一些 CPCRU 可以依据相似性合并成单一的 PCRU,即代表单一生产地区的产品(无论是否添加羼和料)的新单元。

4. 数据分组与细化

可供考古研究使用的数据分析软件包括 SPSS、BMDP、Clustan、NT-SYS 等。[1] 选择数据分析方法时应关注产生的相应数据结构。

分析数据时应当考虑到,化学元素其实是黏土中各类矿物成分的反映,比如长石、云母、黏土等。这些成分在数据分析中可以作为理想的"端元"(end-member),辅助建立分类规则。例如,某一样品中,羼和料只包含硅、铁、钙、镁,黏土只包含硅、铝、钠、铁。这样的话,样品中钙/镁的比例(限于羼和料范围)、铝/钠的比例(限于黏土范围)将会保持恒定,不随羼和料、黏土比例变化而变化,而硅和铁则会产生变化。

与描述化学变量之间的关系相比,Q-mode 因子分析等技术手段更适合用来描述样本之间的关系。对这些方法的应用有助于从矿物学、化学分析中最大化地获取信息。

5. 单一中心集群的构建

一些研究中只存在一个参考集群,而在这一集群范围外的样本被认为属于"外围集团"。

---

[1] 近几年,R 软件(The R Project for Statistical Computing)逐渐成为数据分析首选软件。

构建参考组的方式有两种。一是基于对某一已知（或推测得知）的本地产品的分析数据，此类本地产品可以是陶器作坊出土的废品，或基于"丰度标准"推测出的某类本地陶器。二是基于化学"重心"，这在洪都拉斯科潘（Copan）玛雅遗址的陶器研究中得到了成功应用。研究者从该遗址每类陶器中挑选样品，除去火山岩、夹炭陶样品，采用中子活化技术对夹石英类陶器进行分析，所得数据经统计分析得到一个中心集群，作为参照单元以供比较。随后，该参考集群被用来确认，科潘达（Copador）彩绘陶确实产自科潘河谷。

如果只建立一个参考组，必须认识到被排除在外的样品可能来自同一遗址内的另一个生产单位，但其原料变动超过了数据集允许范围。这种方法对研究产品交易问题不是很有效，"群内-群外"划分只能判断陶器是不是外来的。

6. 多集群的构建

与单一集群方法相对，多集群方法是使陶器基于化学组成上的相似性聚类形成多个集群。

聚类方法主要有层级方法和迭代方法两种。层级方法是将相似的样品/样品集连接起来，这种连接一层一层不断地进行，直到所有的标本合并成一个大的簇，最后形成一个树状图。这种方法的优点是它可以快速地提供样品关系的概述，但是很难进一步解释树状图的结构。迭代划分方法不给出派生集群之间的层次关系，而是通过一系列迭代来搜索确定样品间相似性的内部差异，划分出不同的集群。不过，此方法得出的集群划分可能过于笼统，很难满足陶器产地分析要求。

在初始的"全局CPCRU"形成后，需要在各个单位内部进一步划分出不同单元，形成"细化CPCRU"。细分单元的过程需要借助单变量或多元统计分析技术。需要指出的是，这仍处于CPCRU级别，不涉及对群组的合并、删除等。例如，在对帕伦克（Palenque）地区陶器的分析中发现，相比原始集群，岩相数据在许多细分得到的单元中呈现更大的同质性。

外部信息（如岩相学）可以帮助研究者决定何时结束进一步划分。

7. 本地使用或交换

根据上文所述的产地原则（一个地方的陶器产品更有可能在当地消费），CPCRU或PCRU这类参考单元与样品陶器产地之间应该存在对应关系。在实际研究中，基于化学成分的参考单元可以用来检验"某一陶器是本地生产还是外来的"这类假设。

例如，陶器研究中CPCRU方法在危地马拉和墨西哥的乌苏马辛塔河(Usumacinta)流域得到了成功的应用。该研究主要关注古典时期晚段到后古典时期早段橙色和灰色陶器，这些陶器陶质十分精细。化学成分分析得到了5个CPCRU，其对应的陶器出土地点在地理上沿着帕西翁河(Pasion)和乌苏马辛塔河分布，每个CPCRU单元都集中在一个比较封闭的地理区域。在分配给这些参照组的50多个陶器样本中，只有5个样本不属于本地生产，似乎经过了跨区域的交换。这一结果反驳了此前学者们提出的单一共同生产地点假设，也展示了成分分析在产地研究方面的潜力。

不过，成分分析方法也存在局限性。不同群体占领和开发的区域往往是紧密相连甚至重叠的，在这种情况下可能存在对资源的共用现象，会使化学参考单元及其生产地点的相关性变得模糊，在地质沉积条件相似的区域尤其如此。而且，羼和料的加入会使化学成分变得更复杂。上文所述乌苏马辛塔河流域陶器的陶胎很细，不存在羼和料问题，给研究创造了有利条件。如果研究者面对的是羼和料丰富的样本，数据可能需要更多处理。

第三节　陶器的形制与功能

前两节涉及的材料学属性和成分多属于"材料属性"范畴，不需要考虑陶器作为器物的性质。本节开始讨论陶器作为一个完整器物的"形制属性"维度，并基于形制推测活动性能。下文将首先探究对陶容器形态进行描述分析的方法与分类框架，继而聚焦器物形制与功能之间的关联。

一、容器形态的描述分析和分类

（一）容器的组成部分

容器有三个必要组成部分：口部(orifice)、器体(body)和底部(base)。根据比例不同,对容器组成部分的定义也有所不同。赖斯提供了各部位的名称和描述,并对容器轮廓进行了详细的分类。

口部可分为非束口和束口。非束口口径大于或等于器物最大径。束口口径小于最大径,器物最大径和孔口之间称为肩部或上半部(upper body),有时最大径单独称为肩,最大径和底部之间称为下半部(lower body)。口部可能复杂化而具有延伸结构。颈部(neck)从器体最大径上的某处开始,收束容器开口,与器体以弧线或棱角相接。领部(collar)通常从最大径(或与其很接近的收束区)开始,相对于最大径,并不显著地减小开孔,与器体以棱角相接。喉部(throat)指颈部或领部的底部,或最大收束点。

器体或器腹(belly)是口沿和底部间的部分,包括容器最大径或最大封闭体积区域。

底部或器足(foot)是容器的底面,即正常放置的接触面。圜底器底面可能通过弧度变化或棱角区分,即便不全接触放置面,也成为底部。

在不改变容器主要形状或比例的基础上,这三个容器区域可以发生进一步的形状变异。它们往往具有重要的使用和装饰功能,可视为容器的一项属性或变量而更具体地进行描述,可能具有功能性、风格性、年代性和社会或族属意义。

孔口的两个基本变量是与容器侧边轮廓有关的方向和厚度,与之相关的两项次要形状特征是口沿和唇。口沿(rim)是唇和壁/颈之间方向变化的区域,仅当与器壁或颈部呈弧形或棱角时才易区分。直接口沿(direct rim)的口部轮廓平滑度和器壁厚度都没有变化。唇(lip)指器口边缘(edge/margin)或口沿的边缘,是口沿的一部分。当不存在上述方向变化时,两者是等同的。

缘(flange)或脊(ridge)指从容器壁向外延伸的带状物或突出物,凸起程度不同(缘大于脊)。它们通常是附属的,不作为器壁和轮廓的一部分。

附加物(appendage/attachment)包括用于底部的容器支座(support)或器足,用于器体、颈部或领部的把手(handle),和用于孔口、颈部、领部或器体的流(spout)。

(二)容器轮廓的几何分类

容器器形基本特征可作为分类的通用框架,关注器形比例和轮廓

(contour)主要通过两种途径：分析轮廓的一般特征，以及将特定器形和几何图形进行比较。

分析容器轮廓是指通过以下四个"特征点"区分器物轮廓类型和轮廓的复杂度(不包括边缘修饰和支座)[①]：(1)端点(end points,简称 E. P.)，器壁轮廓的顶端和底端，标记于口部和底部。(2)切点(tangent points/point of vertical tangency,简称 V. T.)，与器体或颈部或两者的曲率切线呈垂直的点。(3)转角点(corner point,简称 C. P.)，器壁方向发生突然变化或不同部分相接处的明显棱角点。器壁和底部的接点仅当底部上升与器体相接时是转角点，否则只是端点。(4)拐点(infection point,简称 I. P.)，容器轮廓上标记两部分曲率方向变化的点，位于两个垂直切点之间。

存在对称轴的容器可以基于几何轮廓的结构分类，可分为：(1)非收束容器；(2)简单和依赖性收束容器(simple and dependent restricted vessels)；(3)独立敛口容器(independent restricted vessel)。

此外，转角点和拐点也是容器轮廓的结构性分类的基础，可分为：(1)简单形(simple shape)，平滑、连续的直壁或曲壁，缺少棱角和拐点；(2)复合形(composite shape)，仅有一个转角点；(3)屈折形(inflected shape)，仅有一个拐点；(4)复杂形(complex shape)，有两个或以上转角点或拐点，或者各有一个或以上。

另一种陶器器形的分类思路是以立体几何形态进行描述与分类。此种分类包括：三种立体图形，即球形(sphere)、椭球型(ellipsoid)和卵形(ovaloid)；以及三种表面，即圆柱(cylinder)、圆锥(cone)、双曲面(hyperboloid)。可用于描述收束或非收束孔口的容器，颈部或领部也具有几何形制，由此复合和复杂的容器形状也可用立体几何形状描述。采用几何形态分类和描述的具体方案也为计算容器容量提供了基础。

比例记录也是描述容器形态的要素，常见的是整体比例——非束口陶器关注高和口径的比值，束口陶器关注高和最大径的比值。对陶器比例的分析程度取决于轮廓的复杂性、样本量和范围、分析的目的，整体比例仅能描述少

[①] 关于通过"特征点"区分器物轮廓的图示，请参见 Anna O. Shepard, *Ceramics for the Archaeologist*, Carnegie Institution of Washington, 1980, Fig. 18。

数特定形状,形态越复杂,该方法的缺陷越明显。

二、用陶片重建器物形制信息

考古出土的陶器大多数是破碎而不完整的陶片,就地破碎、可以拼对黏合如新的陶器是少数。大部分情况下,我们需要基于陶片尽量重建器物的形制信息。

包含口沿的陶片为分析原器的大小和形状提供最多信息。了解口沿信息十分重要,可以估测陶容器的最小个体数、测量容量、确定遗址中进行的活动类型,甚至估测容器可嵌套(nestable)而易于运输的程度。复原口沿最便捷、最常用的方法是曲线贴合法(curve-fitting method),将陶片口沿与带有刻度的一组同心圆贴合,可用于确定容器的口径和器壁方向。但是,这种方法在不同测量者之间往往会存在差异。另一种方法是百分表测量法,测量内在差异更小。其原理是圆周上的三个点可以确定一个圆。如果三点之间是等距的,那么测量两点之间的弦长(AC)和弦高(BD,D 为垂足),就可用公式计算圆的直径。该方法的测量内在差异更小,不同测量者基本上会得到相同的数字。

精致的口沿可用于判断陶器风格,口沿的多种成型、加固、装饰方式在分类体系中具备一定的研究价值。

关于其他部位的陶片,底部陶片通常比口沿陶片含有的信息更少,碎片包含部分底部时,或许可以确定器壁与底部的方向、底部形制和底径。是否含有器高和最大径的信息取决于陶片的大小。大多数考古出土材料主要由最难识别的器体陶片构成,对于这些陶片,附件、器表装饰和表面处理可以帮助识别器类。如果能将陶片定向到垂直和水平平面,就可以了解其在容器上的位置。

如果陶片属于近似球形的容器,则可以通过测量其弧度估算完整容器尺寸。例如,一种常见的方法是使用三角公式根据弧的高度和弦来计算圆的半径,导出的半径可以代入相应的几何公式来计算一个球形、半球形或圆柱形容器的体积。哈格斯特鲁姆(M. Hagstrum)和希尔德布兰德(J. A. Hildebrand)提出了一种复杂的定量模型,根据陶片在两个方向上的弧度估计其完整形态。另一种方法是将模板或圆规贴在碎片的内表面上,得到由碎片表示的点位置上容器直径的估计值,再通过几何方式估算容积。该方法虽然精度稍低,但具有应用简单、速度快的优点。

三、陶器形制所见功能

陶器的用途可以从实用性和非实用性两个角度考虑。从实用性(utilitarian)来说,陶器可以用于存储、食物制备、烹饪、盛食、辅助个人饮食等。从非实用性(nonutilitarian)来说,陶器可以作为礼物建立人际或社会群体之间的联系,精美珍贵的陶器还可以被当作显赫物品(prestige object)收藏和炫耀,显示拥有者的特殊身份。实用性和非实用性可能同时存在于一件器物之上。此处,我们将重点讨论陶器的实用性,关注陶器形制与功能的关系。

(一)容器的功能

人类生活对于容器的需求大体可以分成三个领域:一是储藏,可以进一步细分为长期/短期储藏、储藏液体/固体等;二是加工,可分为受热/不受热、内置液体/固体、置入/移出、需/不需照管等;三是运输,可分为盛满运输/空体运输、长距离/短距离、内置液体/固体、内置物是冷/是热等。

与其他材料容器相比,陶器这一材料的主要缺点是在掉落或意外碰撞时易破碎,但其好处也有很多。在储存中,陶器比篮子、葫芦等其他容器更持久,更适用于存放液体,对啮齿动物、昆虫和潮湿环境更具抗性,可以密封以防止害虫。在混合、浸泡、研磨以及涉及加热的加工活动中优于其他容器,可以容纳液体、直接加热而不被破坏、承受相当的盛装物摇动而不破损或变形,可以短距离(盛放食物)或长距离(隐含储存功能)运输,特别是在盛储液体类物品时。

工匠在制作陶器时,需要根据使用目的选取特定的形式和尺寸,甚至特殊原料。但我们也要注意到,古代存在大量同时具备多种用途的陶器,因此容器设计须在可用资源限制下,在不同属性方向上折中选择。

此外,我们也要注意到不同材质的考古材料之间的功能互补或重复关系。例如,日本学者宇野隆夫介绍了一种针对食器研究的分类方式。他首先将"食器"定义为"人们在获得食物到用餐结束之后所使用的工具的总称"。基于这一定义,按照相关人类行为以及每一步骤涉及的工具,他首先将食器按用途分为用餐工具(食膳具)、储存食物器具(貯藏具)、非加热(調理具)和加热用的厨具(煮炊具),接下来则按照材质(種类)和器类(器種)区分,最细的分类(細別)则是按照具体使用对象或盛放物品来进行的。同时,他指出也要关注遗物出土环境的性质,以及这种性质反映的不同人类活动和人群属性,比如关注遗址内不同年龄和阶层人群、所处理的不同食物以及不同食物加工和烹饪方式等。在考虑这类问题时,从住所和仓库、水井或者火塘这类遗迹的规模、数量、配置复原村落结构,对各个地区的食器组成进行演绎性分析,往往会得到更好的结果。这种分类方法将关注的焦点转向了人类使用食器的一系列行为,同时利用了材质-制作技术分类的成果,可以在类型学编年研究的基础上,进一步探讨饮食文化以及饮食作为社交手段的宗教性、社会性意义。

(二)判断考古器物的功能

对于考古学家来说,器物功能不是直接可知的信息,形制和功能之间的关系其实十分模糊。这首先使陶器的定名问题重重。陶器的定名基于与现代器物的功能类比,或者从历史文献中获知的信息,比如将金石学记载中的青铜器名称用在更早的史前陶器上。这种推断用途的分类命名法时而是矛盾、重叠的。有时,尽管考古学者尚未确定容器的实际功能,但为了便于称呼、编号和分类,再加上撰写考古报告的需求,往往暂时给予器物一种大众熟悉的、包含功能信息的名称,比如簋或尊,这也再次加强了形式和功能的隐含关联。实际上,在无明确标准的情况下,识别碗和盆、罐和瓶是很困难的,不同学者可能会在各自的考古报告中给予同类器物不同的名称。

上文提到的宇野隆夫的研究针对日本中世纪(约12—16世纪)食器,这一阶段日本已是成熟的稻作农业社会,其主要食物与烹饪方式与今天类似,当代考古学家能比较轻松地判断器物的使用方式。但对史前时期,特别是农业尚未成熟时代的考古遗存,我们需要多角度分析,以帮助我们解读器物用途。

陶器功能研究的第一步,是仔细评估器物出土的考古学背景和形成过程。例如,在生产场所被废弃的陶器可能是未经使用的、工匠不满意的废品,而在日常生活区的陶器可能是在使用中损坏或意外废弃的,在墓葬中的陶器则更为复杂,可能是日用陶器随葬,也可能是专门制造的"明器",权贵墓葬中精美陶器也可能是显赫物品。这一过程中,陶器使用产生的表面痕迹也会帮助我们判断陶器的性质,如磨损、器表的烟灰沉积、附着在陶器内壁或者被陶器吸附的有机残留物等。上一节我们介绍过材料属性对材料性能的影响,可以作为功能判断的辅助参考之一。对于有历史文献和图像材料的遗址,古人的叙述和表达是我们了解特定器物用途最可靠的信息源。

不过,最常用的功能判断方式还是基于形制的。对于实用器来说,器物的形制和目标用途之间确实存在一定关联,我们可以基于形状、尺寸等推断器物功能的大致方向。

(三)容器的活动性能

陶容器在使用过程中,以下活动性能与形制属性直接相关:容量、稳定性、易取性和易运输性。

容量(capacity)取决于容器的形状和大小,以体积单位表示。值得指出的是,我们也需要仔细考虑器物储存内容的具体方式。例如,是否有盖,存储时容器是静止的还是运动、颠簸的,储存的是固体还是液体,甚至使用者的握持能力等均会影响实际使用中的容量。

稳定性(stability)指抗倾覆的能力。不过,在需要倾倒内容物时,陶器的低稳定性对倾倒是有利的。稳定性由形状、比例、重心和底的宽度决定,主要以重心位置和底、高之比为衡量标准。稳定的容器通常有宽而平的底座且低重心,通常被描述为低(low)或矮胖(squat),需要提升重心来倾斜的容器是稳定平衡的;不稳定容器的特征有重心高(器高大于器宽,肩部高),为窄底或圜底。扩大放置面的容器支座能增加稳定性,但也提高了重心。

易取性(accessibility of the contents/access to the interior)由孔口决定,可以用器物孔径与腹径或高的比值来衡量。如果容器孔口显著收束(如窄颈)或容器又大又深,就很难取得盛装物;浅的、敞口的碗或碟就很易取。产生阻碍的并不总是颈或领,有时是孔口的收束(口沿或喉部)或极高的颈部,但也能增强倾倒液体的准确性。

易运输性(transportability/ease of movement)主要与困难情况下的可持

性（graspability）有关，比如容器高温、沉重或表面湿滑时是否容易抓牢，是纯粹的定性和主观属性，只能以相关次要形状特征衡量，如提供把手或柄、大型底部或支座等。

当然，除了容器形制属性以外，其他影响容器功能的属性还有耐用性（durability）（对机械和热应力的抗力）、重量和厚度、密封性（containment security）和渗透率、孔隙度、密度等。这些特性都在陶工的制造决策框架之中。

（四）常见形制特征的功能意义

上述活动性能常常是通过特定形制实现的。此处从形制的角度，介绍口部、口沿和底部常见形态的功能意义。

非束口使器皿使用者易接触到盛装物，手或器具可伸入其中混合或搅拌；便于放入材料，因此适合存放经常使用的物品，或用于临时储存；能让人看到盛放的食物以便食用。器口沿部时有涂层，便于清洁。束口主要用于盛储物品，尤其是液体。束口可以防止物品在运输、食用和加工过程中溢出，在炊煮的长时间加热中，还可以阻止物体蒸发。对于储存器，束口易于用盖子或塞子闭合。小口表明不常取用，或者使用盛装物前的长期存放。颈部是收束孔的特殊适应方式，用于放置液体，或是发挥特定储存和转移功能：细颈可以防止水在运输过程中溢出并控制倾倒；高长颈可以作为填充时的漏斗；宽颈适合储存有时倒出、有时舀出的物品，这时决定盛放物品易取性的不是口径，而是喉径。

口沿或唇部的调整也可具有功能性。用衬垫或缘加厚唇，可以加强口沿，防止意外撞击破裂，但可能会降低抗热冲击性。唇形也可有助于提起容器或便于倾倒。颈上的唇部延伸使容器更容易加盖子或塞子，如内脊可以作为盖子放置处，外部的唇部延伸有助于用绳子将布或毛皮绑在缘上以作覆盖，尤其适用于长期储存的物品。

容器底部对稳定性很重要，宽平的底部通常最稳定，但某些活动可能青睐其他形状。平底与器壁的角度不利于炊煮，抬升器体的足、凹底、圜形或圆锥形底可能更合适，尽管圜底或尖底可能需要悬挂或支撑物，但其轮廓能更有效地受热。对于混合加工，当容器转动时，齿形（indented）底或环形

(annular)底可实现较少的阻力和摩擦力。放在人头顶上运输的水罐会使用凹底。

附件可用于多种目的。移动容器（尤其是大容器）时，把手或"耳"可能不是用于直接握持，而是用于装上盖子，或在倾倒盛装物时用于移动和倾斜器物。

（五）不同功能器物的常见形制特征

为了实现上述活动性能，陶工会基于产品预期用途挑选和强化特定形态属性，在专器专用（或至少存在主要用途）的前提下，我们可以总结出各类不同用途器类的形态特征。亨里克森（E. F. Henrickson）和麦克唐纳（M. M. A. McDonald）以民族志记录作为参考，整理每一个容器主要功能类别的形态参数，在史前陶器形态和功能之间建立相关性。下文将基于这一成果，总结储藏器、炊煮器、盛食和饮食器，以及长距离运输器的常见形制特征。

1. 储藏器

首先可以按盛装物分为固体储藏器和液体储藏器，进而在每个分类下又可以分为长期（即几周或几个月）和临时（即几小时或几天）储藏器。

固体储藏器都倾向于有足够宽的开口，可以舀出盛装物。长期储藏器和存放不常取用的盛装物的容器通常很大，装满时太重而不易移动。长期固体储藏器往往有一定深度，有时有附件，如耳和把手。在亨里克森与麦克唐纳参考的民族志数据中，容积变化范围较宽，最大直径为 17.8 cm～100 cm（平均 49.3 cm），高度为 11 cm～150 cm（平均 52 cm），然而，宽高比变化较小，为 0.5～2（平均值为 1.2）。几乎所有的长期容器都有翻转或外翻的边缘，可能是为了便于在开口处绑上盖子，以阻拦昆虫和污物。临时固体储藏器最大直径往往大于最大高度。很少有附着物。最大直径范围为 19 cm～22 cm（平均 20 cm），高度范围为 19 cm～25 cm（平均 22 cm）。径高比为 0.8～1.06（平均值为 0.92）。

液体储藏器形状可能比固体储藏器更多变，大多数用于存放常见液体（水、油、牛奶和奶制品、啤酒等）。液体储存容器相对较瘦高，通常有圆形或外翻的口沿，有流，有柄或耳，这些特征有助于倾倒。长期液体储藏器通常都很大，以至于装满时不能移动。最大直径范围为 14 cm～55 cm（平均

39.6 cm),高度为 10 cm～125 cm(平均 54.9 cm)。宽高比 0.5～2 不等(平均 0.82)。因此,长期液体储存容器平均比任何一种类型的固体储藏器更高、瘦,以帮助倾倒。临时液体储存容器明显小于任何一种长期储存类型,最大直径为 8.5 cm～75 cm(平均 28.4 cm),高度为 8.6 cm～70 cm(平均 28.1 cm)。宽高比也有很大的变异范围(0.47～2.1,平均值为 1.06)。

值得指出的是,储藏器不一定像许多学者预期的那样有收束孔口或颈部,这是为了防止损失盛装物或更易覆盖和闭合器口。

2. 炊煮器

炊煮器是一个总称,指利用火或者高温物质的热量加热食物的器皿,不同文化炊煮模式的多样性导致了炊煮器种类和形态种类的多样性。从理论上来说,对于直接接触火焰的炊器,其轮廓通常呈球体,而无棱角、折角,以避免热损伤,同时充分与热量接触。但实际上,并不是全部民族志和考古学材料均显示出这样的倾向。

我们可以将烹饪方式大体分成煮和煎烤两类。煮食器皿大多较矮,有一个较大的器底可以有效地传热,且通常有一个较收敛的口沿,以防止沸腾的食物快速蒸发。锅壁相对较厚。大多无彩绘。柄和耳的数据特征不明确,这种有助于倾斜、提起和搬运的部位是可选的,而不是必需的。尺寸差别很大,但总的比例是相当稳定的。煮食器皿高度范围为 6 cm～41.5 cm(平均 17.8 cm),最大径范围为 12.7 cm～56 cm(平均 24.1 cm),宽高比为 0.8～3.4(平均值为 1.4)。煎烤器皿主要用于烘干(drying)、烘烤(toasting)或烤干(parching),如烤盘(griddles 或 comales)。它们通常是扁平的,边缘几乎没有弯曲,因为无须考虑溢出。往往无陶衣。有一个大的基面,很少有把手或耳。非常矮,最大直径远小于高度。最大直径为 14 cm～55 cm 之间,变化很大(平均 33 cm),高度为 2 cm～13 cm 之间(平均 4 cm),宽高比非常大,为 3～18 不等(平均值为 7.5)。

3. 盛食和饮食器(包括短距离运输器)

盛食和饮食器皿是在盛放和食用食物过程中利用到的器皿,本质上是一种短距离运输器。它们通常是敞口的,以方便看到和取用食物。可能有平坦底部或支撑物,以保持稳定性。由于此类容器通常在和别人一起时使用,因此常常经过细致的表面修整和装饰。表面磨光或涂层也可以降低渗透性。

可能有多种形式的附件,如把手和流。把手可以进行装饰,也可以用来辅助握持热的容器。流有利于盛送液体和防止溢出。

根据饮食活动参与人数,其尺寸差异很大。可以大体分为个体使用和家庭使用:个体容器的高度为 6 cm～8 cm(平均 7 cm),最大直径为 10 cm～23 cm(平均 14 cm),个体碗的宽高比为 1.3～3.1(平均值为 2)。家用容器的高度为 4.4 cm～23.4 cm(平均 10 cm),最大直径为 8.4 cm～95 cm(平均 24.6 cm)。家庭碗的宽高比为 1.7～5.8(平均值为 2.5)。家用容器的体积大约是个体容器的三倍。

专门短距离运输液体的容器和水壶往往有多个提手或耳,器壁较薄以减轻重量。尺寸多样,最大直径范围为 10 cm～38 cm(平均 23.5 cm),高度为 12 cm～50.5 cm(平均 26.2 cm),宽高比 0.56～1.42 不等(平均值为 0.86)。所有容器大致都是球状的,可能是为了达到相对于表面积的最大容量。大小和形式在很大程度上取决于人类活动的地形和日常运输液体的距离、运输工具以及供应的人数。

4. 长距离运输器

长距离储存运输器可能与家用陶器很不同,例如用于船运、进贡或贸易的容器。它们往往闭合严密,同时强调易取性。厚壁带来的重量增加可能是缺点,但有助于增加稳定性和强度。

本身被交易和移动的空器物,需要尽可能在一次运载中叠加更多的器物。可堆叠性取决于形状,这往往使此类器物深度较浅且采用非束口形式,便于堆叠或嵌套,尤其是在重量较轻时。此外,通过添加侧缘或脊可以强化这种属性。长颈罐往往因为占空间过大而不适合交易,除非内置葡萄酒、橄榄油、蜂蜜等重要交易物。

在了解形制与用途的大致对应关系后,考古学家可以对考古出土器物进行更系统的标准化分类和定名。例如,中美洲考古学家常用的分类体系用高径比和孔口类型定义了盘(plate)、碟(dish)、碗(bowl)、罐(jar)、瓶(vase)五类容器形制,另有壶(flagon)、杯(beaker)作为变体。盘形态浅,非收束孔口,器高小于 1/5 最大径。碟形态浅,非收束孔口,器高大于 1/5 最大径,小于 1/3 最大径。碗收束或非收束孔口,器高从 1/3 最大径到等于最大径,可有领但无颈。罐有颈(收束孔口),器高大于最大径。瓶收束或非收束孔口,器高大于最大径,因其颈部定义不清晰,因而有替补术语"壶"(即相比器高和周长,颈部很窄的容器)。杯器高大于沿径,且形状和大小适宜饮用。这类标准有助于研究同一文化区的学者之间使用统一标准,以便更顺畅地交流学术成果。

需要指出的是,前文重点叙述的储藏、运输、炊煮器的分类是十分粗略的,只涉及人类基础维持生计的活动。除了这些之外,全球范围内不同地域、不同生业模式、不同技术组合下人类食物加工方式千变万化,常常存在一些特殊器皿能够成为特定生活方式和特定活动的指示物,例如专门用来制作奶制品的镂孔陶容器、用于制盐的盔形器、用来研磨食物的刻槽碗/盆等。除了食物之外,陶容器还可以加工和盛放其他材料,比如矿物颜料和漆;可以用作油灯,或者保存火种;可以作为匣钵,在窑烧过程中为精细的瓷器创造密封环境等。这提示我们,为了更好地解读器皿,我们需要更深入地了解各种各样人类活动的具体过程和方式。

第四节 陶器使用的改变

陶器功能推断可以采用多种手段,前一节讨论了如何通过器物形状、大小等形制属性推断其目标用途。不过值得指出的是,器物使用的具体情境应与工匠生产意图分开来考虑。本节将关注陶器实际使用活动留下的痕迹,这是判断器物使用方式的直接证据。

一、陶器使用改变

陶器的使用改变(use alteration)主要研究过去的人在使用器物过程中留下的痕迹,主要包括残留物、使用磨损和烟炱(烟熏痕迹)三类。另外,氧化变色(oxidation discoloration)和破损模式也属于使用改变。理想条件下,通过研究使用改变,研究者可以:(1)确定人类群体的食品制备和消费模式;(2)确定在遗址或遗址内特定地点进行的活动类型;(3)评估特定食品的引进时间;(4)调查生计策略和资源开发的转变。

(一) 有机残留物

残留物是指陶器中保留下来的曾经的有机物,这在炊煮器、储藏器研究中格外重要。广义来讲,全部有机物都属于残留物范畴,例如淀粉粒、蛋白质、脂类、碳化物,甚至 DNA 等。但我们在提到有机残留物分析时,往往指一种狭义概念,即考古遗址中无具体形态的有机残留物,与其他动物、植物考古学研究领域区分开。狭义有机残留物缺乏其他生物材料(如骨头、种子、淀粉粒、植硅石等)的清晰可辨的形态学特征,故其必须依靠化学分析。

根据采样位置,残留物可以分为可见表面残留物和吸附残留物。表面可见残留物(visible surface residues)是容器的内壁和外壁上可观察到的各种各样的残留物、沉积物或硬壳——器物内壁多为烧焦的食物或其他生物材料,外壁多为火烧过程沉积下来的煤烟等,容器边缘残留物可能是用来在容器顶部固定盖子的密封剂(sealing agents),也可能是用于修复的黏合剂,如桦树皮焦油和其他树脂物质。吸附残留物(absorbed residues)指无釉容器的孔隙中保留下来的有机物质。在容器使用过程中,容器内的物质接触并被吸附到器壁的孔隙中残留下来,包括分散在无机基质中的微量有机组分,以及残余生物聚合物(biopolymer),需要使用免疫或扩增技术来揭示它们在考古标本中的存在。吸附残留物又进一步分为:食物残留物,即储存、加工、烹饪过程中的食物残留;非食物残留物,即生产过程中对陶器的处理(如施加涂料)残留,以及使用时留下的密封剂等。

1. 食物残留物

有机残留物的保存状态与其化学本质、埋藏环境的物理化学状态有关。食物特性与考古保存状况存在天然矛盾——要使一种食物成为可以被消化的人类饮食,其物理化学状态在消化道中应可以被轻易改变,然而符合这些标准的物质也更易受埋藏环境中活性微生物的降解。不同有机物被保存下来的概率不同,蛋白质、碳水化合物和核酸的保存可能性低于脂类。然而,脂类在埋藏过程中也有可能会发生不同程度的变动和降解,这对以脂肪酸作为指示物的研究构成了挑战。各类生物分子的溶解度也会影响其在水浸埋藏环境中的保存状况。非食物类物质(如树脂和蜡),由于其高化学稳定性或难熔性，更可能在考古遗存中保存下来。

脂类是目前研究最广泛的一类化合物，种类繁多，在活体组织中起重要作用：甘油三酯(triglycerides)作为能量储存物，是主要的植物油和动物脂肪的组成部分；磷脂(phospholipids)是细胞膜的结构组成部分；固醇(sterols)是细胞壁的结构组成部分和激素的前体；长链烷基化合物(long-chain alkyl compounds)是植物和动物蜡的常见成分。赫伦(C. Heron)与埃弗谢德(R. P. Evershed)注意到，各类生物分子的溶解度会影响其在水浸埋藏环境中的保存状况。脂类的疏水性(hydrophobic)将极大地限制其在地下水中溶解，从而限制其通过溶解和扩散而损失。蛋白质和碳水化合物溶解度高，容易在烹饪过程中从生物组织中被释放出来，并被吸收到陶胎中。多糖和蛋白质在老化过程中水解，分别产生单糖和氨基酸，容易在饱水埋藏环境中溶解、扩散而从陶片中流失。

目前，脂类残留物分析已十分成熟，为我们提供了大量有关古代食谱的信息。例如，莱恩哈特(R. Lanehart)利用气相色谱质谱法对龙山时代两城镇遗址的陶器脂类残留物进行分析，发现两城镇地区的消费模式从早期到晚期发生了显著变化。鱼类在早期阶段非常丰富，而晚期阶段几乎消失。被认为是人类首选食物的猪和稻米，主要发现在晚期的祭祀坑中。粟和植物存在于各个阶段，但在晚期阶段很少出现在祭祀坑中。观察这些数据可以了解各类食物如何被用作施加影响和显示权力的工具，这也提示我们龙山时代晚期社会等级分化进一步加剧。

2. 酒类残留物

残留物分析的一个重点关注主题是酿酒。应用残留物生化检测寻找酿酒痕迹最重要的生物标识是酒石酸。麦戈文(P. E. McGovern)等人对贾湖遗址出土的陶片进行多方法结合的残留物分析，包括气相色谱质谱、液相色谱、傅里叶变换红外光谱等，检测出陶片上残留有酒石酸。此外，其他酒类标记物也逐渐被识别出。加尼尔(N. Garnier)等人利用热辅助水解甲基化气相色谱质谱法，对罗马尖底瓶进行多种酚类标记物的检测和识别，指出聚合物单宁是一类稳定酒类标记物。巴纳德(H. Barnard)等人采用固相萃取(SPE)、氢氧化钾碱处理法结合液质联用，发现了公元前4000年亚美尼亚东南部铜器时代洞穴出土陶片残留上的丁香酸，证明了酒的存在。

3. 非食物残留物

除了储存和加工食物外,许多其他活动也需要使用陶制器皿。这些活动包括酿酒(brewing)、制革(tanning)、制作乳制品、染色、织物洗涤和制盐等。这些过程涉及的非食物物质(如树脂和蜡),由于其高化学稳定性或难熔性,更可能在考古遗存中保存下来。它们往往被用来涂抹在陶器表面以降低渗透性,或者在保存过程中用来封口,如果使用陶容器收集、储存或加工这些材料,那么应该很容易检测到这类有机残留物。例如,陶器可能很早就被用作蜂箱——来自英国布里斯托大学等机构的数十名研究人员通过气质联用分析了6400多件新石器时代陶器上的脂质残留物,确定了蜂蜡的存在。

(二)使用磨损

对容器表面的损坏最常来自加工盛装物的过程,如搅拌、刮削、混合、研磨或捣碎,重复进行会在内表形成疤痕。最易形成磨损的位置是内底(interior base)、内壁(interior sides)(尤其是口沿下)和外底(exterior base)。容器内部使用磨损会导致涂层或表面磨损,留下条纹、点蚀或斑片状磨损区域,这些现象可细微也可显著。用砂子冲净内表时,也可能留下细腻的疤痕或磨损。外底的磨损可能表明容器在其放置表面上的刮伤,例如在搅拌期间转动容器。

表面被严重腐蚀的出土陶器上很难看到这些现象。此外,由于图案很有局部特征,因此很难对陶片进行使用磨损分析,分析相当量的完整器才可给出更可靠的推断。

(三)烟炱和氧化变色

烟炱(soot deposits)的存在和位置、容器外底和外壁的烟熏痕迹是炊煮或其他用火活动的标志。其中,烟炱沉积是燃料的副产品,主要由蒸馏树脂(distilled resins)、氧化树脂(oxidized resins)和游离碳(free carbon)组成。为观察这类痕迹,需要注意在发掘现场或实验室中不能去除烟炱残留。

烟炱位置可说明容器如何使用。首先,如果烟炱主要出现在容器的侧面,至底部接近最大径,那么火焰很可能是在容器底部正中燃烧。烟灰作为燃烧产物出现在火焰边缘,容器通常在底部中心有一个氧化区,处于火焰当中。这种容器可能用于煮(boiling)。此外,如果容器没有这样的氧化区,反而在底部(以及侧面)有烟灰沉积,那么它很可能是被悬挂在火上,而不是放在火中。这些容器可能用于炖(simmering)或炸(frying)。值得注意的是,使器体变黑的烟炱会在一定程度上增加它们的保温性能。

与烟炱类似,器壁上含碳物质的氧化会导致变色,这同样涉及物质的燃烧过程。低温烧制陶器常由于陶土中含有游离碳和有机物而呈现出黑或灰色,在氧化气氛中加热时,其中的有机物质将在200℃以上分解,约500℃时氧化释出。器壁中含碳物质的完全氧化可使陶器颜色从白色到浅黄色、红色不等,而在炊煮中可以达到这些温度,特别是距离火焰非常近的部位。

氧化变色(oxidation discoloration)和烟炱沉积的组合可以用来识别用于炊煮或加热的器皿,并指示容器与火源的相对位置关系。例如,有烟炱沉积但没有氧化变色可能表明器物置于火上一段距离;氧化变色区只在容器一侧延伸,这种模式可能是由于容器放置在火的边缘附近,因此只有一侧暴露在高温下。氧化变色和烟炱沉积的组合还可以指示特殊的容器用途,比如用作烤架。

二、研究方法和技术

(一)目视检查

有的使用痕迹可以用肉眼直接观察到,有的需要在放大镜或者显微镜的帮助下观察。目视检查对初步分析,并挑选参考材料供进一步实验室检测来说非常有用。需要指出,目视检查发现的痕迹是静态的,需要进一步的解释。

考古材料的使用痕迹研究可以只凭借目视和光学显微镜检查进行。例如,格里菲思(D. M. Griffiths)观察了餐具使用、清洁、存储过程中产生的划痕,分辨出刀切痕(knife cuts)、叉或勺划痕、搅拌划痕和击打痕迹四种可以判别器物功能的痕迹特征。安德森(S. Andersen)和马尔姆罗斯(C. Malmros)对泰布林德维格(Tybrind Vig)地区埃特博莱(Ertebølle)中石器时代遗址的三个容器中的碳化沉积物进行了显微镜检查,还从鳕鱼身上找到了未烧焦的骨头、鳞片和鳍条。

（二）民族考古

民族考古可以用于研究陶器使用改变形成的动态过程，为解释考古材料提供重要参考。例如，阿瑟（J. W. Arthur）注意到了埃塞俄比亚加莫人（Gamo）所用陶器内壁由食物和酒类发酵所引起的腐蚀，并进行了深入的民族社会经济地位的考古研究，探索社会复杂化等相关主题。

（三）实验考古

与民族考古一样，实验考古是对于陶器使用改变形成过程的研究。例如，洛佩斯·巴雷拉（S. Lopez Varela）等人借助显微镜观察和实验复制分析陶片工具的磨损痕迹，发现了玛雅低地地区不同形制工具的功能。

（四）生化分析

1. 化学元素分析

与前文对陶胎的化学元素分析类似，此处使用扫描电子显微镜和X射线能谱仪（Energy Dispersive X-ray Spectroscopy，简称EDS）等仪器对残留物进行定量元素分析。但是这种数据在区分不同食品方面的价值有限。使用这一方法，杜马（G. Duma）证明了陶胎会从水溶液中吸收磷，检测陶器基质中是否存在高浓度的磷可以作为确定器物是否含有有机物的一种方法。科凯特（M. Cackette）等人发现用于烹饪的锅中的磷浓度比未使用的容器或用于沸水的锅中的磷浓度高。但是，由于陶器可能从埋藏环境中吸收磷，以上判断可能不准确。

2. 红外光谱学

红外光谱学（Infrared Spectroscopy，简称IR）用于分析可见残留物，不需要预先提取有机成分。但除非在沉积物中保存了大量的有机组分，主要由磷酸盐和碳酸盐引起的无机吸收可能主导光谱。此外，它还被用于研究残留物或陶片的溶剂提取物。红外光谱可以提供一个独特的成分"指纹"，然而，由于有机物在容器使用和埋藏过程中的降解，红外光谱趋向显示一系列结合类型的合并状态。红外光谱法已成功地应用于软木树脂和加热衍生物的鉴别。该方法若与气相色谱分析或气相色谱-质谱分析结合效果会更好。不过这一方法也存在局限性,检测复杂混合物的有机成分时缺乏必要的选择性(selectivity)和灵敏度。

3. 核磁共振光谱法

核磁共振(Nuclear Magnetic Resonance,简称 NMR)在自然产物化学中被广泛用于阐明有机物质的结构。例如,通过核磁共振光谱法(nuclear magnetic resonance spectroscopy),学者们得以确认叙利亚出土的一种玻璃瓶内的深褐色液体是降解的石油。不过,由于可供研究的有机物量较少,核磁共振在有机残留物研究中的应用相对有限。

4. 薄层色谱法

用溶剂萃取法提取陶器碎片和残留物可得到脂类萃取物,可用一系列的色谱分析技术进行研究。薄层色谱法(Thin Layer Chromatograph,简称 TLC)已被用于有机残留物分析。薄层色谱法的局限是,与 IR 一样,由于衰变的影响,有机物通常会产生一系列结构略有不同的化合物,故基于 TLC 的分析非常复杂。通过使用 GC 或高效液相色谱可以提高选择性和灵敏度,这两种方法都可以解决单个分子种类的问题。

5. 高效液相色谱法

高效液相色谱法(High-Performance Liquid Chromatography,简称 HPLC)成功地证明过可可生物碱的存在。人们在三个玛雅容器中发现了咖啡因和可可碱,该发现与其中一件容器上的象形文字相符,这些象形文字暗示了可可的用途。

6. 气相色谱法和气相色谱-质谱法

气相色谱和气相色谱-质谱法(Gas Chromatography-Mass Spectrometry,简称 GC - MS)是用于分析脂类提取物首选的技术。此方法可以实现对陶器中有机残留物的无损提取,但仍需进一步评估。气相色谱法的价值在于它能够分辨出陶片中复杂的脂质混合物中的个别成分。毛细管气相色谱(Capillary GC)更容易与质谱比色法(mass spectrometry)连接,因此可以分离和识别从气相色谱中洗脱出来的单个化合物。液体色谱-质谱法(LC - MS)具有类似的优势,可以分析更多的极性物质,正如上面讨论的关于可可残留物的研究。

7. 热解法

热解法(pyrolysis methods)包括居里点热解质谱法(Curie-point

Pyrolysis-Mass Spectrometry,简称 CuPy-MS)和居里点热解气相色谱-质谱法。优点是不需要样品制备,可以对非常小的样品进行分析(20μg~30μg)。另一个显著优势在于,它们能够同时评估样品中的蛋白质、碳水化合物和脂质含量,尽管很难进行更具体的分配。

8. 分子标记

分子标记(molecular marker)方法建立在特殊的化合物结构或成分与动植物制品的化学性质相匹配的基础上。需要从陶片中提取脂质残留物进行分析。

常用的分子标记包括:(1)脂肪酸,区分一般类别的食物,如乳制品、鱼类和海洋哺乳动物脂类、动物脂肪和植物油。(2)固醇,通常需要 GC/MS 来检测其中的微量固醇。甾醇是植物和动物产品的次要成分(通常少于1%),但它们的结构是对食物来源性质的诊断。动物合成胆固醇(biosynthesis)和高等植物合成烷基化甾醇[alkylated sterols,如谷甾醇(sitosterol)]使得动物和植物衍生的残留物或两者的混合物能够被鉴定。由于胆固醇存在于我们的指纹中,收集和检测时应注意避免对样品的污染。(3)叶蜡,在英国北安普敦郡西科顿的一个中世纪小村庄的一些陶片中,发现了与芸薹属(*Brassica*)蔬菜的表皮叶蜡成分相同的长链烷基化合物。这些陶器可能被用于烹煮芸薹属蔬菜,大概是卷心菜或者芜菁叶。这种通过叶蜡识别蔬菜成分的方法具有广阔的应用前景。

9. 同位素分析

传统稳定同位素分析主要测试碳化有机物遗存中碳-13、氮-15 同位素的比值,可以区分 C3(如块茎植物、小麦)、C4 植物(如玉米、粟黍)和豆科植物等。近年锶、氧等同位素也有了更多应用。此外,测试脂类单体的碳同位素比值可进一步细化脂类单体的生物来源,这可以利用气相色谱-燃烧炉-同位素质谱等方法测定。例如,根据脂肪酸的稳定碳同位素,可以区分反刍动物(牛、羊)和非反刍动物(猪)的脂肪,还可以区分反刍动物的牛奶脂肪和肉类脂肪。

三、使用改变研究注意事项

赫伦和埃弗谢德指出,小样本分析存在缺陷,对单一器物的分析不能判断该器物是典型的还是非典型的,除非结合一般使用模式的背景知识来判断。需要有关有机物取样、分析和解释的完整方法。抽样过程中,实验室、现场工作人员应保持密切交流合作;在解释数据时,必须考虑研究的补充领域,特别是来自植物和动物群的环境和饮食证据。分析时,应多种分析技术结合分析有机残留物。另外,随着技术的发展,化合物类别的研究范围可能会扩大,以涵盖碳水化合物和蛋白质。

帕特丽夏·克朗对美西南陶器的使用磨损研究做了一个综述,提及了十余项研究,并进行了进一步的探讨:使用磨损可能受一类陶器的类型、形态、尺寸,器物部位和设计的影响,研究时需要详细记录相关特征。关于磨损程度的度量,通常4级至6级的量表就足够了。而且,不仅要了解陶器的生命史、实际使用情况,也要了解不同形态、类型陶器的用途,以及不同群体如何看待使用和未使用的陶器,如墓葬出土陶器与埋葬个体的关系。

第三章

陶器分类和定量分析

分类是人类认识和理解世界的基本方式。通过识别、组织和归类多种多样的事物，分类能够帮助人们理顺杂乱无章的数据，找到出口。在陶器研究中，分类是最为基础的操作步骤之一，为更深入的研究奠定了基础。在文化历史考古学中，分类与排列结合形成类型学，并由此成为一把时间标尺，度量着人类社会的过去。在过程考古学中，定量分析则是一把金钥匙，是模式识别的重要手段。引入适合的定量分析技术以解决特定研究问题，能够让陶器研究朝着更严谨、更科学的方向完善。

第一节 陶器分类

陶器分类早已成为陶器研究的基本操作流程。面对堆积成山的陶片，多数人的第一选择是根据陶质、陶色进行分类。文化历史考古强调分类和排序在考古学研究中的基础作用，尤其关注分类标准，却少有关于分类的理论讨论。考虑到分类是为了更好地推进考古工作，有必要审视美国考古学界过往陶器分类上的理论探讨和实践，为我们手头正在进行的工作提供借鉴。

一、分类的本质

在对分类本质这个问题的看法上,美国考古学界大体分为两派:一派认为分类是研究者的分析工具,研究者创造分类并将物品归入各自的类别;另一派认为分类是物品固有的数据结构,能够被研究者发现。

约翰·布鲁(J. O. Brew)在1946年发表了题为《分类学的使用和滥用》(The Use and Abuse of Taxonomy)的论文,抨击了美国西南部考古学界不加批判地使用分类的做法,突出强调类型(type catagories)是主观的,取决于分类者的目的;对于一个组合来说,没有正确的分类,而是有多种分类方式,其中每一种都可能对考古学家有用。

由于考古学的分类体系借用自生物学,布鲁考察了当时生物学领域的分类现状,发现大量生物学文献正在试图解决分类方法问题,并确定分类学适用的学科。这暗示着考古学中生物分类方法的使用肯定是存在问题的。对于人们提出普韦布洛Ⅱ期(Pueblo Ⅱ)并将一系列文化特征归入其中的做法,布鲁认为是一种概念而非"客观真实"(objective realities)。考虑到在人们的日常思维和实践中,理论无处不在,布鲁认为必须分析和理解理论,并批判性地检验研究中的思维方式,审查那些被视为"基本的"或"已确立的"考古学概念。因为在考古学研究中,不论是建立理论,还是提供论据,抑或是历史重建,研究者都必须做出假设,必须把某些事情视为理所当然。布鲁强调研究者必须要意识到自己在做出假设,不仅知道假设的内容,还要陈述这些假设,否则就会误导读者或者带来误解。

在布鲁看来,分类学研究可以得到一些明确的成果,但是有些结果是不可能通过分类学研究获得的。也就是说,分类学研究具有局限性——对此缺乏认识为美西南考古研究带来了大量完全没有必要的麻烦。对此,布鲁强调,分类体系仅仅是工具,是研究者创造和使用的分析工具。由此,文化和类型不是"被发现的",研究者没有识别一种类型,而是建立类型,并将考古材料放入类型,所以考古材料是由研究者放进类型的,它们并不属于该类型的原有本质。进一步说,没有一种类型学体系是材料固有的。系统分类(systematic classifications)是对自然概况的简化和概括,类别(classes)是研究者思维中的实体（即概念），而非客观现实，因此不存在人工制品所属的类型。也就是说，不存在一个自然或者神造的分类系统，让所有人工制品都可以在其中找到位置。试图设计一个包罗所有陶器的分类学系统，会遇到一系列无法克服的困难。对于一组人工制品的分类必须以研究者想要获取的信息为依据，这样就会产生若干不同的类别，通常情况下，这些类别不会重合。如果只使用一种分类方法，研究者所能获得的信息将大大减少。故而，布鲁主张对包括陶器在内的一系列人工制品进行更多的分类，分类方式取决于研究者及其研究问题，并受限于研究者想要获得的信息的性质。

布鲁还讨论了考古学分类中一个常见的误解，即文化物品（cultural objects）和文化复合体（cultural complexes）之间的关系与生物体之间的遗传关系，要么是一样的，要么是相似的。之所以如此，是因为现有的分类体系是借用生物学的，美西南考古学中多数杰出分类体系的创立者要么曾经是生物学家，要么曾接受过生物学的学科训练。在这样的背景之下，考古学家们用生物学的方式认识和讨论诸如陶器等文化材料时，就有一种忽视某些确实存在的关系和现象的倾向。比如在生物学中，分类学体系能够正确地体现实际遗传关系这一假设就受到了严重的挑战，而通过类似的分类体系来展示人工制品之间关系的做法是荒唐的，因为人工制品之间实际上并不存在遗传关系。做出这一反驳意味着必须抛弃人类学家和考古学家在陶器分类上正在普遍使用的"谱系树"（family-tree）概念，因为被认为代表着进化发展的分类不一定可以描述有机体的系统发育关系。系统发育分类并不适用于人工制品和文化的分类，哪怕人工制品和文化是人类创造的，并与人类密切相关。而且，人工制品的形制和制作者的体型、肤色没有关系；人工制品的制作者和分类者并不是同一个人，考古学文化的"生活者"和命名者也不是同一个人，大多数分类想法并不存在于人工制品制作者和文化拥有者的思维中。这其实暗示着分类是"客位"的。

如果承认分类是一种分析的工具，那么就可以评估各种分类系统的有用性，研究分类系统可以为研究者做什么、如何做，以及分类系统是否带来了比它能解决的问题还多的新问题。在一套最终的、理想的生物分类方案永远无法企及的情况下，考古学家不可能凭借人工制品或者诸如陶器等文化碎片资料获得理想的分类方案。布鲁认为美国东部地区使用的麦肯恩分类体系

(McKern System)是一种"理想的完整分类",学界对其评价不一。对此,布鲁认为理想的完整分类并不能达到它们的设计目的,必须在使用时加以修改或者补充。

詹姆斯·吉福德(James C. Gifford)对 20 世纪五六十年代提出并被美国考古学界沿用了相当长时间的类型-变体(type-variety)方法做了理论层面的阐述。其主要观点包括:(1)社会中的个体或者小社会群体(small social group)发生了变异(variation),变体是陶器表现的近似值和可靠指标,这一点已经被持续的研究和变体性质、变异范围等知识的增加证实。(2)陶器类型代表了由许多属性组合而成的抽象概念,是个体或者小社会群体变异的综合,这种变异与社会层面个体相互作用实践的边界一致,并由社会中存在的操作性价值体系(operative value system)所决定,因而类型是文化现象的代表。(3)陶器类型是文化衍生品,可以通过时间和空间关联在一起。这种关系被视为"陶器系统"和"陶器序列"。其实,类型-变体分类方案预设了这样一个前提:文化现象不是随机分布的,数据中存在着可以发现的规律。通过陶器和其他分类记录的社会行为法则,可以发现明显的人类行为规律。这意味着类型-变体方法的主张者发现陶器具有固有的规律,其立场与吉福德截然不同。

阿尔伯特·斯泼尔丁(Albert C. Spaulding)认为类型是数据集中固有的属性联系,考古学家可以通过统计方法发现这些类型。小沃尔特·泰勒(Walter W. Taylor, Jr.)、亚历克斯·克里格(Alex D. Krieger)也持类似看法。谢泼德对分类的性质也做了一定的探讨,认为"人工"和"发现"这两种截然相反的观点都是极端立场。不过,将分类视为数据内在结构的观点在后续的几十年间继续得到考古学家的欢迎,尤其是在 20 世纪 60 年代,那时定量技术在考古学研究中得到了相当的重视。

对于类型是被研究者发现的这一观点,有一种解释是:在文化上和历史上,类型反映了制造和使用这些器物的古人的思想和价值观。然而,詹姆斯·希尔(James N. Hill)和伊文思(R. K. Evans)则认为,通过将两个或多个属性关联起来而形成的任何人工制品类别,无论是通过统计确定的还是通过视觉区分的,都可以被认为代表了史前人类的模式化行为。

二、分类学上的分类

在实践中,考古研究者基于材料、技术和风格的常见特征及其在文化解释上的显著性为陶器分类,通常关注的属性包括颜色、厚度、包含物、硬度、形制等。但是,分类本身也能够就其特点进行划分。

(一)设计分类与民间分类

赖斯讨论了设计分类(科学分类)和民间分类(民族分类)之间的区别与联系。设计分类是最典型的考古数据处理方法,由分类研究者创造。根据布拉什菲尔德(R. K. Blashfield)和德拉贡斯(J. G. Draguns)的观点,设计分类通过提供一个描述和命名科学研究对象的系统来构建该学科的研究领域,共享术语和命名法则以促进科学内部的交流,允许预测分类项目与科学中其他研究对象的关系,并作为该科学中使用概念的扩展和经验证明。分类并不是任何科学的最终目标,而是一门学科及其数据结构的基本程序。在考古学中,分类具有重要的地位。美洲考古学史上的一个主要阶段正是因为强调描述和组织考古数据,被戈登·威利(Gordon R. Willey)和杰里米·萨布洛夫(Jeremy A. Sabloff)称为分类描述和分类历史时期。

考古学中大多数分类操作的目的是创建类型,类型定义的差异源自它们的创立者。有的学者认为,类型由人工制品的属性组成(或者建立在人工制品属性的基础上),由此,类型可以被简单地定义为非随机属性群,如斯泼尔丁所言。有的学者将类型视为物品的集合,罗伯特·惠伦(Robert Whallon)和詹姆斯·布朗(James A. Brown)进而将类型定义为"一群或者一类物品,具有内聚性,可以通过一个或多个不连续的属性状态与其他群(类)区分开来"。赖斯认为这两种定义所体现的以物品为导向和以属性为导向的立场并不是对立的,因为类型的定义依旧依赖于若干属性。

意义不同的各种类型源于决定群体的特定属性。尽管研究者通常声称有效的分类应该考虑所有属性,但这显然是不可能的。用不同属性构建分类会产生不同的类型,如形态的、历史索引(historical-index)的、功能的和文化的。在设计分类中,属性本身的分类建立在其角色或用途的基础上。例如,出土陶器的属性既包括固有的成分、形态、装饰,也包括外在的年代、出处、考古学家赋予的功能,还可以根据其在设计分类框架中的重要性和实用性分为关键的、必要的、非必要的。

罗伯特·邓内尔(Robert Dunnell)依据分类的阶段性定义了群体(groups)、类别和类型。群体由像陶片一样的实际物体组成,存在于现象世界或者经验领域;类别和类型代表着语言模型或是对物品的描述,是概念性的,正如分类和类型学的区分。依据克莱德·克拉克洪(Clyde Kluckhohn)的界定,"分类只不过是出于方便的考虑而创立的一系列经验性分组,而类型学是一种理论导向的分类,旨在解决一些问题"。

赖斯引用了邓内尔的分类划分方案,判断用于划分类别的标准是等效而无序的,还是非等效而有序的,或者是等级性的。[①] 在概念领域,创建等效单位有时候被称为范例分类(paradigmatic classification),如通过特定特征将陶器分为碗、罐、碟、杯等,这一程序产生的是形态类型。有序的或者等级结构分类是系统分类(taxonomic classification)的基础,如类型-变体系统。根据欧文·劳斯(Irving B. Rouse)的界定,模式是"控制一个社群的工匠行为的代代相传的标准、概念或习俗"。人工制品的所有属性并不都能够代表模式,如原材料的化学成分和矿物学组成就不是。目前,有两种识别的模式:一种是与器物形制或风格相关的概念模式(conceptual modes),如红色陶衣和三足支撑;另一种是与制作技术相关的程序模式,如特定羼和料类型或泥条筑成方法。模式这一概念代表着研究者们努力使设计分类和古代陶器的制作者、使用者的分类达到某种同构性(isomorphism),也即复刻民间分类。

民间分类是根据当地人的、非科学的分类来分组和命名实体。民间分类的创建可以使用单一的或组合的特性,但是组合的结构通常难以捉摸。土著分类(native classification)长期以来是陶器制作民族志研究的传统兴趣点所在,并被研究者记录了下来。研究这些分类是启发性的,因为考古学家通常希望重现民间分类。在调查陶器的当地术语时,最显著的跨文化特征是:它们几乎总是用其预期用途(如烹饪、储存或盛食)来命名,而不是用考古学家传统上认为重

---

① 通过分类和分组过程对对象和事件进行排序的不同方法的模型,参见 Robert C. Dunnell, *Systematics in Prehistory*, New York: Free Press, 1971, Fig. 9。

要的属性(如表面处理、颜色、组分或装饰)。这些陶器通常被赋予特殊修饰语,用于指代它们的大小或其预期盛装物。在民族志研究发现的相对简单的分类里,陶器名称通常结合了大小、形状、具体功能和盛装物等维度。因大小不同而命名不同的容器,其功能通常不同。然而,有的情况下,不同的大小有不同的功能,但根据盛装物命名时却不具有明确性。许多研究者因为发现这些当地类别而感到沮丧,它们要么难以理解,要么难以复制。人类学家和考古学家通常关注的属性有时会随着当地分类的变化而发生显著的变化。乐观地说,对陶器大小和比例的精确测量有时与形态分类有关系,这对传统的考古学来说是好兆头。考虑到容器的民族志命名标准具有相对灵活性,陶器特征中的任何一个发生改变,容器名称就可能改变。也就是说,名称是视具体情况变化而变化的。在设计分类的术语体系中,这些当地分类是现象的、经验性的、范例性的分类,分类标准是用途,而非概念性、分析性的类别。

赖斯列举了两个关于陶器民族分类学的研究,以从不同角度考察墨西哥高地陶器的民间分类。研究者的发现对于理解传统社会中陶器分类的本质尤为重要。一个是肯普顿(W. Kempton)的研究。肯普顿想要解决的问题是在连续变异中定义类别的边界或者区分类别。肯普顿采用了"原型和级别扩展模型"(prototypes and graded extensions)。该模型认为个体不仅通过原型来识别事物的类别,还通过将概念扩展到其他非理想型(或非原型)但仍基本相同的对象来识别事物。该模型还承认,在识别原型所依据的属性或维度中,不可避免的变异将理想的类别范畴扩大。肯普顿将这一模型运用于墨西哥的特拉斯卡拉(Tlaxcala),发现容器的定义(原型和扩展型)随着被调查者的年龄、性别、职业、社会经济地位变化,男性更重视形状的相似性,而女性更重视功能附件的相似性。另一个是卡普兰(F. S. Kaplan)和莱文(D. M. Levine)的研究,他们对墨西哥普埃布拉85位陶工及其助手制作的陶器特征和类型名称进行了研究,用聚类分析和多维标度分析数据并做出解释,从而揭示了分类的结构。结果显示,普埃布拉陶器的主要特征有两个:一是敛口或非敛口,二是多个器柄的有无。

(二)经验单位和理论单位

邓内尔(R. C. Dunnell)区分了经验单位和理论单位,并探讨了这两种单位背后的理论基础。经验单位被视为自然的有界现象（naturally bounded phenomena），具有可指明的、功能性的特性，是研究者测量、观察和研究的东西；理论单位是用于测量、观察的离散单位（discrete units），是建构出来的工具，目的在于认识和描述物。这两种单位是区分群组和类别的基础。

考古学家经常要和经验实体（或群组）打交道，其中最常见的是离散对象（discrete object），这些对象常常是通过操作性标准（manipulatory criteria）识别的，但许多其他的对象既可以通过这一度量之上的活动区域（activity areas）、地点（occupations）、遗址（sites）等识别，也可以通过其下的原子、分子等识别。无论哪一类，都需要标准来识别它们。在实践中，经验实体通常同时具有类似群组和类（class-like）的属性，取决于识别它们的标准。构建组的最终参照物都是经验性的，是归纳性质的。

考古学家使用各种测量尺度进行陶器考古学研究。常见的四类测量尺度是定类（nominal）数据、定序（ordinal）数据、定距（interval）数据和定比（ratio）数据。定序、定距和定比数据被视为研究者的工具，并非经验实体，其应用在近年来有所增加。但是，定类数据仍然在考古学中占据主导地位。有的测量尺度是针对某一特定维度（如长度）的，还有许多测量方法具有更加复杂的理论结构，故而通常被称为分类。分类中的个别元素，即特殊的类（particular classes），表面上与群组的似类因素（class-like elements）相同。由此，在定类数据上，可能会出现测量尺度上与经验实体相关的混淆。

分类，或者说测量尺度，不是从经验现实中提取的，而是人为施加的科学工具。分类为研究者提供了识别、描述、测量和比较现象的术语，允许研究者以特定的方式和目的来模拟显示。民间分类也有这样的功能。但是，在科学中，分类的基础应该是明确的，并以演绎的方式植根于该学科的理论。考古学分类的问题比生物学分类更为复杂，因为人工制品是人类活动的产物。我们有理由假设，人工制品的制造者和使用者使用类别（categories）来内化经验（internalize experience）。另外，主位类别（emic categories）使得经验单位和理论单位的解释更为复杂。

邓内尔认为构建单位时没有绝对的对错之分，但不同的构建方法在使用时存在差异。引用莱温廷（R. C. Lewontin）的阐述，物质主义者的本体论立场是研究变迁的前提，而对于变迁的研究是考古学的主要关注点和独特贡献。在本质主义的框架里，解释被限定在"它如何运作"这类提问中；在物质主义的框架里，可以解决"它为什么存在"这类问题。这两种框架的效用取决于时间在其中所扮演的角色。如果时间是定距数据，本质主义者的立场是无伤大雅的；如果时间是定比数据，本质主义的立场就存在问题，因为它消除了先验的变化[①]。物质主义将类型看成暂时的，允许差异关系（relations of difference）和时间维度上的变迁。在本质主义框架里，经验实体和测量工具之间的区分没有那么显著。而在物质主义框架里，两种类别的单位截然不同，只有测量工具具有定值，正是这种恒常性为描述转瞬即逝的经验结构提供了手段。

相比赖斯，邓内尔的理论思考更为抽象，但后者正是在这个基础上审视了美国人工制品近百年的历史，以解释在缺乏可比较的理论阐述的情况下对技术的迷恋，以及在纲领性（programmatic）文献和实际研究之间存在分歧的现象。后来，邓内尔进一步反思了美国文化历史考古的兴衰，其理论出发点与当前文章中的单位类型一致。

三、分类的方法

（一）概念框架及其应用

布鲁认为分类具备概念框架（conceptual schemes），经过概念框架组织的数据更易于理解。在操作层面，处理材料的方法必须与材料的某些本质属性相关，因为研究者处理的是一系列的人类行为和关系。在这个框架上的重建，不能仅凭借将人工制品（组）放入时期（periods）、复合体（complexes）等就算作达成目的。同时，布鲁认为分类框架的简化和系统化带来了一种对考古材料的扭曲，要纠正这种扭曲，需要的是使用叙述方法（narrative approach），而非表格和图表——它们本身就是简化的形式。不恰当的解释与对分类理解的缺乏会阻碍研究。在主要的概念框架之外，次要的分类框架若是得到正确使用和理解，也是很有用处的。在分类的实践中，最大的困难来自分类标

[①] 原文为"it eliminates change a priori"。

准的确定,布鲁以当前的美西南考古实践为例,指出判断标准是存在权重的。例如在美西南,陶器类型是主要的分类依据,房屋类型是第二位的,却是最显著的标准。在分类的过程中,大量人工制品往往不能够被恰当地放入特定类别,材料越多或者分类者的相关知识越多,这种问题越明显。分类过程中的麻烦还见于这两种情形:为人工制品细致分类时,所谓的"中间类型"会带来很多麻烦,创造新的类型并不能解决这一问题;给文化分类更宽泛的概念,其困难来自判断标准在不同遗址间的变化并不同步,而是出现滞后和重叠。布鲁认为不应当忽略中间类型,因为研究的是文化发展的恒定流,是人类活动的连续体,而非遗传意义上的进化。

(二)技术、风格方法及其影响因素

谢泼德从技术专家的角度对陶器分类存在的问题进行了分析,并讨论了材料和技术能够为陶器分类提供的帮助,以及对陶器分类目的扩展后的成果进行了推测。

谢泼德认为有两个主要的步骤,第一步是识别特征,为一组陶片建立假设性关系。考虑到陶片破碎的现状,这一步具有难度,如陶片的表面特征不仅体现着工匠的个体差异和生产事故,也受到使用和磨损的影响。第二步是通过确定变异特征的标准,收集和解释形态(shape)和设计的碎片,为每个组确定统一的面貌(unified picture)。不过以技术特征作为陶器分类的标准,有三个显著的困难:(1)材料的识别通常需要实验室设施;(2)一些重要的技术证据要么难以识别,要么没有留下证据;(3)陶器的物理性能通常受到陶器成分和制作技术的双重影响,由此导致解释的不确定性。尽管如此,技术特征的研究在陶器分类中具有三个明显的优势:(1)通过让人们思考陶工做了什么来关注人文因素,有助于从文化因素角度定义分类单位;(2)能够区分偶然性变异与源自材料或技术的重大变异,从而减少了对随机标准的依赖,这些随机标准多因其显著性、易识别性或传统做法而被注意到并使用;(3)它为界定类型提供了简单的标准,而这正是分类的主要困难之一。

谢泼德讨论了人为因素受到限制的原因,认为类型之间的过渡往往是渐进的,这种过渡与类型的界定标准没有关系,而是源于材料本身的性质。明显的持续变化被解释为文化早期的缓慢进步,这一速度是由贫乏的基础知识和个人的主动性受到传统限制所决定的。一个特征的突变往往是稳定的突出特征变得不够明显,由此仅表现出标准化程度的缺乏和个人技能的差异。但是,如果从材料和过程的角度来考虑陶器变迁,研究者会发现很多定性和非连续定量变迁的特征,这些变迁标志着分类学家识别出的限制,并非分类学家自行设置的。

至于具体的判断标准,谢泼德先讨论了材料特征。羼和料被看成定性变迁的案例。沙子、陶片、贝壳、石头等不同类型的羼和料是有明显界限的,如果陶工混合两种及以上羼和料,更可能意味着习俗的变化。某种羼和料的质地非连续的变化体现出自然的区分。然而,在某种羼和料质地连续变化的情况下,羼和料就不适宜被用来做分类的标准。需要注意的是,羼和料的变化并不具有绝对年代学或文化意义,也不一定与风格的变迁一致。黏土,既有定性的变化,也有定量的变化。质地、杂质、性能范围的重叠使得黏土更难被用作分类的标准。在陶器的物理性能中,颜色是范围交叉的典型案例,因其受到烧制技术的影响。颜料,其主要种类的差异是定性的,但是两种以上颜料的混合可能会显示出连续的定量变化。纵观陶器材料,既存在定性差异,也存在连续和非连续的定量差异。陶器筑造和成型技术的变化是定性的。一件陶器可能同时采用泥条筑成法和模制法,这会使得分类更加复杂,而这还只是技术的多样性,没有涉及渐进的变化。表面处理方法,因为其痕迹的不确定性难以识别,不过每种技术都涉及不同类别工具的使用和不同的操作,从而产生某种机械效果,这些效果能够或多或少地标识出技术。烧制方法则面临完全不同的问题,更难被用作分类标准。烧成陶器的物理性质不仅呈现大范围的连续变化,而且还受到黏土组成、烧成温度和烧制气氛的多重影响。因此,不能简单直接地从物理性质研究中推导烧制方法,需要对分类进行多重考虑与仔细分析。材料和技术的某些变化标志着所谓的自然限制(natural limits),但它们未必是有用的分类标准。这些变化并不总是明显的,并且其中细微的定性或不连续定量变化可能会使分类再度具有任意性。不过,同时发生若干这样的变化,这种分界就会更加清晰,且可能在陶器史上具有重大意义。

谢泼德认为技术方法为陶器分类提供了未开发的可能性,而且在大多数情况下,技术证据不像形态和装饰的证据那样受到碎陶片的制约。在谢泼德看来,技术或者风格都是基础性的分类手段,两者不能相互替代。不过,与风格相比,材料的选择受限于自然资源,材料的性能则影响技术,而形态和装饰风格没有这些限制。故而,技术特征不能被误认为是无拘无束的文化表达。技术和风格在分类中的相对有用性,有些时候是在假设它们变迁速率的基础上进行比较的。风格比技术变化得快这一点,具有一定的理论基础。例如,当发现了一个地方最好用的黏土、羼和料和颜料后,人们就不会再去尝试其他材料。技术的主要控制因素是实用性,因此陶工的选择是有限的。不受这些限制的风格,稳定性可能更低。

与技术分类法相比,用风格为陶器分类的学者面对的主要问题是如何获得足够多的样本。当前对陶器类型最严厉的批评是陶器类型的定义主要以碎陶片为标本,从而导致许多次要的物理性质特征比风格特征更为显著。不过,多年的发掘可能应景地改变了只能使用陶片进行分类的情况,新发现的完整标本可以对以碎片为标本建立的类型进行修正。谢泼德认为,目前只采用类型这一个概念主导陶器的分析,对其造成了极大的局限。考虑到陶器标本的选择及风格数据的不完整,陶器类型是一个尝试性的暂定分类,随着标本的积累,这一分类可以不断再检查、修正和完善。而且,当前已经命名的陶器类型需要重新审视,因为它们的命名规则和标准描述没法保证同等的可靠性和重要性。描述所依据的类型在样本量和时空代表性上有着很大的差别,不是所有被赋予类型地位的陶器类别都具有易于区分和阐释的技术专业化程度或风格复杂度,考古学家依据其不同目的而提出的不同类型概念也因此缺乏统一性。这带来的结果是,尽管有些类型已有长期积累的代表性标本且有不同研究者的独立研究,这些类型以外的类型仍然需要批判审查以确立其可靠性。特定特征为研究风格史和技术史提供了有效方法,因为它们直接标志着发展的原因,这种特征也比更泛化的、多特征定义的类别更为敏感。

特定特征是类型或任何其他分类单位所依据的标准,在陶器解释中具有重要地位。理解影响特定特征的因素同样重要,能够确保这些特征选择的系统性。对影响因素性质的区分也相当重要,具体来说包括:(1)自然资源,包括黏土沉积、适合的羼和料和颜料以及燃料。这些因素的限制性程度(或环境提供的选择范围)是因地而异的。材料选择主要影响物理性能。(2)陶器材料的性能。主要影响物理性能,但黏土烧制时所经历的物理和化学变化的多样性使由同一黏土制成的陶器也可能有很大差异。(3)陶工手艺、既定技术、对陶器的实际要求、陶工所属社区的公认标准及相关知识。这在很大程度上决定了材料的选择、生产的常规方法、工艺质量以及容器形状和装饰的范围。(4)陶工个人的能力、经验、技能、品味、独立性和独创性。这是造成容器对称性、表面处理细致度、装饰线条确定性和烧成均匀性等次要特征波动的原因,也是材料选择、生产方式、形态或装饰概念创新的可能来源。(5)生产事故。这会导致零星的变化,主要是物理性能的变化。这种影响有时被视为偶然,有时也看似与正常产品毫无关联。(6)外部技术和风格的直接、间接影响。这些可能带来各种各样的永久性变化,对外来技术和风格的采用可能伴随着或多或少的试验和各种修改。总体而言,稳定因素既有环境的,也有文化的。持续变化或发展的原因可以追溯到个人对新材料、新方法的应用,新风格元素的创造,或者与外部的接触。微小变化和无意义波动的原因可能是个别的生产事故、影响物理性能的技能差异和未被社群接受的创新。这意味着分类主要关注的是文化因素,而非不能被当作有效标准的偶发因素。

(三) 数据方法

根据邓内尔的论述,在斯泼尔丁的启发下,考古学家们逐渐使用定量方法来研究分类,以便寻找数据中的结构。引起这种兴趣的原因包括统计方法的客观性、计算机的广泛使用、考古学方法论的要求等。尽管斯泼尔丁强调类型是通过相关联的属性发现的,但随之而来的定量分类并不总是按照数据中固有的类型结构来解释。在20世纪60年代末70年代初,由于能够同时利用多种属性的相似性和差异性对大型数据集合进行分类,数字分类(numerical taxonomic)和多元统计技术获得了越来越多考古学家的关注。这些类型通常被认为是被创造的而非发现的,例如利用因子或者主成分分析来提取数据变异中的主要潜在维度。聚类分析的应用更为常见,这种技术能够根据大量相似属性对实体进行分组,其产物通常是一个树状图。但是,验证这些分类的质量是相当困难的。

在分析过程中,属性和特定过程的选择相当关键,因为不同技术可以产生不同的分类。虽然这些方法在某种程度上能够重现考古学家实际的人工制品分类,但它们并不总是能准确地呈现数据集的考古分类。统计方法对陶器分类的吸引力在于，它们为(此前困难而任意地)划出类别的边界提供了解法，可以识别出看上去是连续变量的不连续性。陶器可以用大量的属性来描述，其中一些属性是定性的(不连续的)。对于定性变量(颜色、包含物等)，研究者很容易确定类别，但同时这种变量的渐变地带迫使研究者在分类时做出艰难的决策。借助计算机程序对属性进行分层排序，或是考虑分组中的混合数据，或许能够提供帮助。最后，需要注意的是，用统计方法为陶器分类，更重要的是对发现的类型做出解释。

(四) 其他分类概念

谢泼德对美国考古学界使用的其他分类概念进行了讨论。

1. 器类(ware)

器类是一个较老且比较为人们所熟悉的群组术语(group means)，有多个定义：(1)基于颜色、装饰技术、功能等显著特征的粗略分类，这种用法不暗示常规的地理位置、年代、文化关系或特征相似性。(2)类型的同义词。之所以这样用，除了研究者的粗心大意，也在某些情况下体现了研究者对仓促或者较早命名的陶器类型的不信任。近年对于陶器类型的批判有助于修正这个问题。(3)一组或多或少相似的类型，或者一组采用相同制造方法的陶器类型。这一定义来自科尔顿(H. S. Colton)。这些器类特征包括烧成气氛、成型方法、羼和料类别、表面处理技术和颜料成分。(4)陶土和表面处理的所有属性都一致的一组陶器。该定义最初来自古德(C. E. Guthe)。尽管器类始终比类型更广泛，但只要用于定义的技术在地理分布和专业化程度上不同，那么它就不能代表一致的归纳。

2. 陶器风格

陶器风格是另一种分类，它总结了陶器某个特殊方面的相似性和差异性。在艺术关系的研究中，陶器风格比陶器类型更具优势，因为陶器类型参考了所有的显著特征，可能对风格进行不必要的细分。为了追溯陶器发展史上技术方法和审美标准之间的相互作用，必须对陶器类型和风格进行独立分析，如果同时采用两者定义的类别，就无法认识到它们之间的相互作用。谢泼德指出，尽管"风格"一词广泛用于陶器讨论，但其内涵、描述标准和方法却很少受到关注。形制风格通常意味着一组相关的形状，而非共有的轮廓和比例性质,而设计风格通常被定义为组成元素和母题。与陶器类型不同,几乎没有研究者关注风格描述的标准和方法,风格识别和阐释也相应地滞后。但这种情况并不完全是坏消息,在分析基础确立之前,明智的做法是谨慎、尝试性地进行风格分类。谢泼德还指出,尽管陶器制作的特定特征已经在解释中起了作用,陶器分析并没有引入风格的技术对应物(一组相关的或者相互依赖的技术)特性。这种缺憾可以归因于技术分析方法刚刚兴起和陶器研究的趋势。技术传统的意义仍需未来的研究来检验。

在上述提到的陶器分类标准以外,科尔顿还提出了许多用于陶器分析的概念类别。其中,系列(series)指在时间上前后相连的一系列已知陶器类型,陶器组(ceramic group)指在限定区域内短期居住遗址中出现的同时代陶器类型,这两个概念被用于通过组合和地层数据来判断相对年代。索引器类(index ware)是一个解释性类别,被定义为"某史前部落特有的"用于烹饪和储存的在某种程度上相似的类型。相似陶器类型(analogous pottery type)指同时代中具有相同设计风格但属于不同器类的类型,这表明一个跨类型的风格类别,对这一术语的定义还引入了族属内涵。

此外,戈登·威利定义的两个概念激发了对风格的文化和功能性解释。一个是水平风格(horizon style),这是一个宽泛的概念,所有技术呈现出广泛的艺术影响力。其优点在于能够将陶器与其他艺术文化表现形式联系起来。另一个是陶器传统(pottery tradition),该定义参考了长时段的历史关系。与仅表现同时代空间关系的范围风格不同,陶器传统概括了时间关系,专用于陶器,并且不限于风格。威利认为,"陶器传统包括陶器发展的一条或若干条线索,这种发展在一定技术或装饰常量范围内随时间发展"。

四、分类的目的

在不同历史时期和不同理论范式下,分类的目的是不同的。邓内尔指出,美国最早的人工制品分类是出于沟通的目的制定的,并将美国人工制品分类的历史分为三个阶段,分别讨论了各阶段分类的目的及其方法。

布鲁强调分类的工具性,即分类是服务于特定研究问题的,因而类型学本身有其局限性。与布鲁不同,吉福德认为类型学概念分析能够为考古学家提供其他方式得不到的信息。类型,是一类特定的陶器,这类陶器体现了可识别的不同属性的独特组合,是某种文化形态的产物,具有明确的地理分布和时间意义。借助类型学,可能发现大量变化过程的规律或法则。而类型学并不是目的本身,分类是描述和解释文化过程的一种方法。

随着20世纪60年代考古学方法和理论的变化,随之而来的对规范取向的排斥和对演绎和实证模式的推崇得到了加强。与此同时,测年技术精度的提高削弱了用陶器类型建立年表的需求。

谢泼德认为,类型学不仅是为了建立相对年代。研究陶器或者陶器风格和技术的传播及影响,都可以使用陶器类型。但是,陶器类型并不能服务于陶器研究的所有方面,因为一系列类型是以跳跃式而非阶梯式的方式贯穿陶器史的。过渡期往往比稳定期短,过渡期的代表性标本少且难以辨识。在陶器研究中,真正的过渡期总是被忽视的。习惯性地用规范来思考,会使研究者忘记样本多样性的重要性及其可能含义。所以,类型学分类充其量只是一种研究期别的手段——在该期别里,新技术被引进,风格不断变化,变化的原因和过程可能被类型学模糊。另外,谢泼德还指出,陶片分类能够提供宝贵的训练机会。通过对大量陶片进行分类,考古学家会逐步熟悉那些判断特征的变异范围、方式和幅度。即便不对这些变异进行分析和解释,考古学家也能体会到同样的制造方法做出的陶器潜在的多样性。这意味着考古学家可能在分类过程中发现并解决研究问题。

赖斯则认为,随着考古学的发展,陶器分类的目的不仅限于年代学,陶器功能、陶器生产、居住模式和社会经济关系等新的研究目标的出现,都使分类和以问题为导向的类型学生机焕发。

五、分类的历史

邓内尔认为有关分类方面的文献存在两个问题:一是几乎只关注技术和方法,而不讨论分类存在的理由;二是尽管承诺采取一种通用考古学分类模型,但在实际的分类过程中方法迥异和古老。由此,他选择回顾美国考古学中人工制品分类的历史,以便了解造成现在这种局面的过程和原因。

19世纪早期,对人工制品进行分类并非强制性操作。当时标本数量不大,足以让人们逐个研究。而且,可移动文物分类从属于大型纪念碑的研究。这种对可移动人工制品系统性兴趣的相对缺乏一直持续到19世纪末。到了19世纪晚期,有组织的考古调查增加,人们采集了大量可移动人工制品,逐个研究标本的方法不再适用。分类的较早尝试见于约瑟夫·麦圭尔(Joseph Deakins McGuire)对美国土著烟斗的研究,他也讨论了美国土著的吸烟习俗。邓内尔认为麦圭尔的分类不系统,类别之间使用的标准具有高度可变性,既无穷尽,也不排他,不是现代意义上的分类或者类型学。以劳(C. Rau)和威尔森(T. Wilson)为代表的史密森工作人员的分类在系统化程度上更高。他们根据箭头和矛尖的平面形态,将其分为部分(division)和类别两个层级,其中部分包含从Ⅰ至Ⅳ的更为细致的划分。劳和他的同事们之所以把箭头和矛尖作为分类对象,是因为它们在北美地区广泛分布,是数量最多的完整人工制品,并且可以通过民族志的解释了解它们的制作和使用方式。当时,从事分类研究的学者明确地假定只有完整的人工制品适于研究。出于这个原因,陶器的比较分析研究相对较晚,直至大量完整及近似完整器的出现。另外,早期分类学者不相信考古学类型具有考古学的意义,那些分类只是方便人工制品交流的标签。在分类研究者看来,石制品的变异性产生于操作和测量过程中的误差,没有任何解释的价值。在民族志观察中,这种观点被进一步合理化。福克(G. Fowke)批评甚至贬低劳等人的分类。从今天来看,包括邓内尔在内的多名学者认为福克的问题源于他无法区分两种不同的相似性,即类比相似性(analogous similarities)和同源相似性(homologous similarities),以及早期分类者任意选取缺乏任何考古学或者民族学合理性的标准。事实上,单位建构和解释原则发展是一个互动的过程,19世纪末期的美国考古学家采用的是一种盲目的归纳策略。另外,由于人工石制品过于简单,以至于没有诞生成功的分类体系。

劳-威尔森分类体系在修改后沿用了数十年。不过考古学家对这种有条理的、系统性分类的兴趣逐渐减弱,直至进入20世纪。美国考古学家对人工制品变异性的立场与欧洲形成鲜明对比。在欧洲,人工制品分类被当成年代学工具,在考古学的发展中起着关键作用;在美国,考古学家面对的是使用中的人工制品,他们拒绝了欧洲的做法,这种情况也见于世界上其他有大量民族志记录的地区。

分类材料的差异直接导致了石器和陶器分类历史的差异。霍尔姆斯（W. H. Holmes）被视为早期陶器分类的领军人物，他的工作对陶器分类有着巨大而持久的贡献。在《陶器艺术中形制和装饰的起源与发展》（Origin and Development of Form and Ornamentation in Ceramic Art，1886年）一文中，霍尔姆斯试图为文化变迁提供一种综合性解释。他把时间问题看成头等大事，围绕解释形制起源和改变（modification）的机制展开讨论。其中，与起源相关的机制包括偶然性的出现、模仿和发明。改变可以是偶然的，也可以是有意而为的。霍尔姆斯同时识别了变异性的来源。霍尔姆斯的实际工作和其理论主张明显不同，他首先集中研究陶器制作和使用的民族志文献，得到一系列可以描述陶器变异性的维度，这些维度大多是技术性的，羼和料、表面精加工、烧制气氛和硬度成为霍尔姆斯分析的工具。霍尔姆斯同时从功能和风格上处理装饰。形制这一石器分类中最关键的维度，被霍尔姆斯当成一个不充分的分类标准。与其他非欧洲学者拒绝将发展观念作为年代学工具一样，他也不愿意做出强有力的年代学分析。邓内尔指出，尽管霍尔姆斯并没有将主要努力放在陶器分类上，但是他的工作使分类不再是促进学术交流的简单工具，而是成为一种可能用于空间和时间测量的分析工具，他的分析也为最终实现这些目标提供了条件。

19世纪末20世纪初，分类的主要缺陷表现在缺少可以评估人工制品变异性年代学意义的经验手段。但随着乌勒（M. Uhle）、克罗伯（A. L. Kroeber）等人的工作，在人工制品分类方面处于领军地位的美西南地区开始重点关注陶器。美国东部和中美洲追随着美西南的脚步。用以建立人工制品组合年代的独立手段，在时空范围内安排人工制品形制的做法，使得考古学家能够用时间片段识别特定的特征和形制。这种方法是归纳性质的，不需要严格的分类，其最终结果不是分类的发展，而是出现了过多的临时类型。与19世纪晚期的分类不同，20世纪的人工制品分类有两个特征。首先，19世纪在形式分类（formal classification）上的努力，主要是为了发现或至少使用通用标准（universal criteria），20世纪的分类学者则聚焦于发现或者解释一种通用过程或者分类的方法。其次，19世纪的分类学者从先验的分类学原理入手，用这些基本原理构建类别；20世纪的学者则采用了相反的方式，分类的主题趋向于方法合理化。陶器形制和年代学的关联带来了陶器类型的激增，日益复杂的物理分析进一步强化了这种局面。邓内尔认为这些临时特征类型造成了严重的交流问题,导致学者们关注建构分类的方法,这种方法最初表现为系统化陶器类型的命名和描述。美西南地区的考古学者再次起到了领头作用,学者们引入了以物种命名为模型的双名法。关于恰当描述陶器类型的呼吁直接源于霍尔姆斯确定的变异性维度,从而为确立有效沟通所需的术语体系提供了基础。由此,20世纪的美国人工制品分类,尤其是陶器分类,具备较强的维度特征。但是,由于类型描述实际上是特定陶器组合的描述,增加了操作的模糊性。在这一阶段,学者们不仅就陶器类型的命名和描述达成了一致,还认为可以给考古学类型赋予实质性含义(substantive meaning)——形制和年代学的综合在其中起着关键作用,即一旦可以独立确定人工制品类别的年代价值,基于经验的隐含选择标准的基础也就确立了。在最高的层次上,这一新型的共识导致了文化历史学者对年代学的关注。对分类而言,这意味着类型就是"风格"(styles)。年代学和文化形制之间的联系同样使考古学脱离了推测性、描述性的格式,考古学有了分析工具,能够得出可以在经验上验证的结论。但同时,以多样性为特征的美国早期考古学也就陷于坍塌状态,考古学实际上成了年代学研究的同义词。也正是这种狭隘的目的,最终导致了新考古学的产生。在早期美国分类学者的带领下,20世纪的考古学家在他们认为的统一功能分类内部发展出的形式分类把功能排除在外。仅有少数考古学家,如布鲁、邓内尔、希尔和伊文思、斯图尔特(J. H. Steward)等,呼吁分类的多样性,并将分类和问题联系起来。直到20世纪60年代,考古学家们才开始探索构建其他分类,代表案例有宾福德夫妇(Lewis Binford and Sally Binford)、邓内尔、耶利内克(A. J. Jelinek)等人开展的研究。

福特(J. A. Ford)、克里格和劳斯这三位学者综合了年代学和形制,并成为文化历史分类的核心。只不过,这种综合产生类型-变体方法是美西南地区的其他学者率先提出的。欧文·劳斯在对海地史前史的研究中完整地提供了文化历史方法对人工制品分类的解释。他虽然意识到了变异性的存在,但仍然聚焦于年代学。劳斯分离了一组或者多组代表特定类型的人工制品,成为他最深远也最微妙的学术贡献。他认为,模式(modes)是考古学家对人工制品描述不当的产物,且模式和类型都是考古学家创造出来的,用于明确指定衡量标准,这些衡量标准则是用来描述器物组合的。文化就是变迁本身,在成长和发展。针对变迁,类型和模式提供的衡量标准之间的互动产生出一种独特模式及出现频率。劳斯提出了一个简单的文化变迁理论,该理论包括起源、灭绝和替代三个过程。这一理论不是演绎性质的,而是对形制分布的总结。显而易见,文化历史类型是定类测量的单位,并不是经验实体。他认为模式代表着变异性的多种维度,类型则是年代工具。那些有着地域性分布特征的模式则被小科林斯(H. B. Collins, Jr.)、福特等学者视为风格,进而用于类型的定义。由此,类型变成了历史的或者遵循年代顺序的类型。类型的定义基础与后验(posteriori)解释性陈述之间的二分法至关重要,因为随着时间的流逝,后者逐渐成为对文化历史类型的理解,尽管它们与类型的构建无关。这种二分法致使文化历史文献中出现了许多明显的矛盾。

  克里格关注的是程序和实践,即考古学家和人工制品之间的互动关系,在很大程度上补充了劳斯的研究。在提出类型学概念之前,克里格对分类学分类(taxonomic classification)提出了批评。批评的立足点在于分类学分类的两个特征,一是标准权重(criteria weighting),一是通用标准的使用。克里格认为,标准权重是考古学的目标,而不是假设基础的一部分,并认为通用标准这种方法在解决考古学问题上是没用的。克里格为类型列出八项标准,体现出他在应用类型这个概念时的实际考虑。他的类型是多维度的,其维度源于早先时候建立的描述传统。克里格的主要贡献在于他明确地提出了确立类型意义的经验性检验,即历史意义检验。他认为类型形成过程是归纳性的,其检验则是演绎性的,这种检验需要所有的类型展示出时空连续性(temporal-spatial continuity)。他还提出了亚型(subtype)概念。克里格的类型依旧是考古学家建构的用于测量和观察的工具。与劳斯类似,克里格将类型解释为"真实的"(认知或者行为意义上的主位),并持有一种本质主义者的立场,认为类型内部的差异是噪声。也就是说,克里格在视类型为分析工具的同时,也将类型看成过去文化标准的体现和行为模式的物质结果。对此,一个简单的解决方案是在构建类型时把类型当作测量工具,在解释年代序列时把类型看作源于过去文化的经验实体。到了20世纪40年代,形制-年代学综合方法变得非常普遍,以至于没有其他的分类依据,建立年代学成为考古学的主要目的。福特在形制和年代学综合方面的贡献是长期的、实质性的,所持的方法论也受限于他在美国东南部和秘鲁建立年代序列的工作。基于他的工作，类型是考古学家为描述器物组合建构的考古学工具这一观点得到了很好的发展。福特致力于年代学和一系列方法，其基本立场在《路易斯安那河密西西比印第安村落遗址遗存分析》（Analysis of Indian Village Site Collections from Louisiana and Mississippi，1936 年）一文中得到了详细阐述。福特概述了具有历史意义的文化元素（即风格）的定量特征及其在确定年代顺序中的作用，还介绍了用于陶器类型的分析术语，这些术语被用来描述美国东南部地区的陶器。与劳斯不同的是，福特从来没有明确区分作为类别的类型和被归至该类型的物品，这最终导致了他分类工作中的混淆。显然，福特的类型是考古学家的分析性建构，使用了克里格的模型中的分布信息，并在反复试错的过程中形成。其分类决策的年代学效用在地区年表建立过程中经受了反复检验。需要指出，虽然福特重视时空变异相互联系的复杂性，但他的研究很大程度上是直觉性的，遭到了克里格和斯泼尔丁的批判。需要注意，福特定义的类型拥有相当长的时间跨度和空间广度。美西南的考古学家在有了绝对年代信息后，倾向于定义狭窄时间段的类型，把类型当作索引化石使用。这两种用途的差异指出了文化历史分类方法中另一个不为人注意的缺陷，即不能保证所有类型具有严格的可比性。类型-变体方法则解决了这种度量问题，是当前人工制品分类的主要方法。

在历史意义方面，类型-变体方法在克里格的基础上向前推进了一步。总的来说，类型-变体系统还是一个陶器分类系统。

人工制品形式分类的第二次尝试建立在 20 世纪初期研究者工作基础之上。年代学是分类的目的，类型分布提供了检验类型含义的手段，在类型基础上构建的年代序列接受了检验。这样的成功也使得考古学研究问题缩小到与年代学有关的方面，从而使文化历史类型成为描述人工制品的方式。随着年代学的确立，考古学家的兴趣逐渐回归到社会重建上，文化历史分类就存在问题了，因为关于类型的主位断言缺乏经验依据，在这些类型基础上的重建其实是没有根据的。到了 20 世纪 50 年代，考古学家引入了新的单位建构方法，不过，福特-克里格-劳斯方法，尤其是类型-变体方法，仍然在美国考古学中占据优势地位。

文化历史分类方法是一种定性方法，关于分类的当代纲领性文献是关注单元构建的定量方法,这导致人工制品分类的区别在于其单位构建技术,而单位构建技术的变化代表着考古学家对考古记录分类新的看法。在新考古学诞生之前,斯泼尔丁就做出大胆尝试,把统计学方法用于人工制品的类型分析中。在分类单位问题上,马文·哈里斯(Marvin Harris)和布莱恩·海登(Brian Hayden)对主位分类和客位分类的区分能够帮助用新的视角理解分类的本质。主位分类是从主体特征中提取的分类,客位分类是研究者设计并运用于主体的分类。也就是说,文化历史学构建的是一种用来解决年代问题的客位分类,但其解释性陈述明显是主位的。主位分类必然蕴含着前面讨论过的本质主义本体论立场,客位分类则可以同时在物质主义或本质主义有关变异性的概念框架内使用。这种差异也暗示了认识论层面的差异,在主位方法中,考吉尔(G. L. Cowgill)和邓内尔识别出两种大致相反的处理方法,一种是属性关联(attribute association),一种是对象聚类(object clustering)。

斯泼尔丁将类型定义为"一组展示一致属性组合的人工制品,这些属性组合起来显示出一种特征模式"。一致属性组合与特征模式都被理解为积极的(positive)、非随机的属性。斯泼尔丁进一步给出了三个形成反差的说法:(1)类型的创建是一个发现过程;(2)类型表示行为模式;(3)组合或者成分是合适的参考框架。斯泼尔丁坚信类型和数据有关,而不是考古学家想象的或考古学理论上的关联,这也导致他不得不使用一种严谨的归纳法去寻求关联。显然,统计分析是为归纳量身定制的方法。在具体操作上,斯泼尔丁首先按由维度组织起来的特征类别模式描述数据集,进而划分范例分类,并采用边际总计[marginal totals,也即属性类别频率(attribute class frequencies)]和随机组合的假设生成预期属性组合频率模型,随后将这些预期频率和实际观察到的频率进行比较,进而用卡方检验评估两者之间差异的显著性,以估计观测率代表一个不同于随机组合的模型组合的总体概率。通过反思斯泼尔丁方法中的非随机组合,邓内尔认为在实际操作中,没有办法构建一套完整的归纳方法,而且斯泼尔丁分类方法和文化历史分类法在分析层面上是同一种建构(都是基于属性联合的),只是分类标准不同。

斯泼尔丁的最初构想很少被其他研究者使用。研究者们采取了两条不同的路径来延伸斯泼尔丁的方法论,一条路径是遵循斯泼尔丁的看法,认为类型构造是一种明确的、定量的过程,以惠伦为代表;另一条路径侧重于类型中的主位元素,里德和斯泼尔丁等都做了尝试。然而,由于主位性质(emic quality)与定量方法联系在一起,以上两条路径也就紧密地交织在了一起,例如惠伦在两条路径上都做过尝试。

在第一条路径下,惠伦试图改进斯泼尔丁方法,并采取了不同的策略。首先,惠伦的单一划分方法没有创建类型,它是一种类型构造方法,用于识别现有人工制品。出于厘清现有文化历史类型基础的目的,詹姆斯·布朗和哈梅尔(E. A. Hamnel)等研究者用成分分析法解决问题。而许多研究者选择了第二条路径,克拉克(G. A. Clark)使用了多元线性分析,该技术目前占据着主导地位。R模式因子分析,尤其是更稳健的主成分分析,成为数值分析的代表手段,本弗(R. A. Benfer)、科吉尔(G. L. Cowgill)等学者做了尝试。

对象聚类方法和属性关联方法存在表面上的相似度,但它们是截然不同的。对象聚类方法始于一系列操作性分类单位(Operational Taxonomic Units,简称OTU),这些OTU是分类对象。所有对象之间的相似度使用某个相似度系数计算,多种算法被用来构建联系。联系模式通常表现为树状图。对象聚类是聚类分析方法的应用,聚类分析通常被称为数值分类法(numerical taxonomy)或数值表型学(numerical phenetics)。聚类分析在美国考古学中有悠久的历史,早在1932年,德赖弗(H. E. Driver)和克罗伯就在其工作中使用了聚类分析,中西部分类系统(Midwestern Taxonomic System)虽然不是数值性的,但是其分类策略与OTU相似。属性关联方法和对象聚类方法的共同点在于采用了通用归纳策略,对定量数据集的特征做了描述,并形成了由样本组成的单位,这些单位都是主位单位。

至于两者的不同,多名学者进行了讨论,定名变量(nominal variables)和定距变量(interval variables)之间的差异是一个关键点,属性关联方法显然是限定在定名变量使用上的。从方法论的角度来看,美国人工制品的分类经历了三个阶段,每个阶段代表不同态度和分类方法,也继承了其先辈的成果。从19世纪70年代开始,早期学者寻找通用标准生产通用分类,以将所有人工制品归到合适的类,所用的标准来自常识。学者们用本质主义的方式看待变异性。主位单位和客位单位之间没有明显的区别,也不存在足以保证这两种单位划分的理论和程序。这种方法在还没有得到发展之前已经被放弃。其分类结果之所以没有价值,原因在于没有以考古学或者文化上有意义的方式组织数据,这使得许多考古学家相信正式的分类系统毫无价值。由此，20世纪初分类的特征是大量的临时人工制品类别，它为系统性分类建构提供了基础。系统分类采取的策略是去寻找构造时间敏感性分类的通用方法，而不是通用分类。在这个背景下发展起来的文化历史类型是镶嵌在物质主义的变异性概念中的客位分类。文化历史允许对变异性进行定量描述，并通过历史意义的检验来评估选择。系统分类的有效性通过它们生成的可独立验证的年代序列证实。系统分类的成功导致了折中考古学（eclectic archaeology）成为只是狭隘地关注时间和空间关系的考古学。考古学家往往不会进一步研究由时间和空间联系起来的概括，也没有为这种概括提供基础。类型被认为是"行为标准"，这其实与历史类型的实际建构方式相悖。在这种情况下，类型既是主位单位，也是客位单位；解释性的概念缺乏经验依据。人工制品分类的第三阶段，源于考古学家想要得出的结论种类与他们的分类基础之间的差异问题。该阶段以斯泼尔丁的研究作为开始。斯泼尔丁类型及它的后继者是根植于变异性本质主义概念下的主位单位，也即研究者们假定经验世界中存在各种种类（kinds）。这时的类型是归纳策略的产物，归纳技术选择的优先级高于属性选择的优先级。作为主位单位，这些类型是结构的描述，不能独立于构造技术验证。已有文献中"分类"和"类型"两个概念的混用为理解带来了困难。

随着考古学的研究倾向从年代学转向其他领域，主位分类方法取代了客位分类方法。但是，从海登等学者从事的磨损分析和斯佩思（J. D. Speth）等学者的石器技术研究中，可以清晰地看到客位分类方法的发展潜力。当前主位分类最明显的问题在于它们缺乏特异性（specificity）。以斯泼尔丁分类为例，没有理由假设功能属性的关联结构与风格或技术属性的关联结构相同。如果从理论上控制属性选择，那么属性关联和对象聚类方法都可以为数据结构提供更有意义的描述。

第二节　陶器定量分析

从事计数和测量工作是为了更好地理解过去。定量化和统计分析帮助考古学家对材料进行有意义的观测，并将结果数据简化为一套准确的、可以理解的特征，以评估差异性和相似性。具体到陶器研究，陶器形态分析、类型学和地球化学分析等都会产生大量复杂的数据集合。要想回答考古学问题，必须处理和解释这些数据，这就需要借助各类描述和分析工具。

一、数据

数据是一切推理和解释的原材料。因此，统计分析的第一步是确定需要回答的问题并收集相应的数据。接下来要做的是描述数据。在这个过程中，使用适当的统计模型及分析来识别数据集中的模式。最后，利用统计数据，做出推断，预测结果，并回答研究问题。需要指出，统计数据尽管重要，但它们只是工具，需要服从于理论，是理论告诉人们哪些观察是重要的及如何构建解释。同样，也需要认识到使用统计分析方法并不等于科学。缺乏理论的统计分析仅仅是空洞的描述。

（一）数据类型

数据是事实性信息，用来描述对象、过程、行为与观察到的现象，以多种形式存在，可以是定性的或定量的，也可以是数值的或非数值的，还可以是离散的或连续的。其中，只有数值数据可以进行统计分析。用于描述性质的定性或者分类数据可以观察，但不能测量，陶片颜色和质地就是典型的定性数据。定性数据可以数值化。定名数据是用数字代码作为定量数据观察标签的数据，如使用孟塞尔色卡数据编号来表示陶器颜色。定性数据可以是有序的，研究时可以依据观察结果或者性质进行排名或定级。定量数据处理的是数量关系，可以被测量，它永远是数值型的，用数字表示。数值型数据可以是离散的，也可以是连续的——离散数值数据用于描述独立的、不同的对象和事件，它们要么是整数，要么是离散数；连续数值数据指的是可以在区间内任意取值的数据，如高度、长度和重量。

（二）测量尺度

范普尔（T. L. VanPool）和莱昂纳多（R. D. Leonard）重点讨论了四种测量尺度。

1. 定类数据

定类数据有两种容易被混淆的用法。一种是将其用作标签,如公交线路名、运动员编号。考古学家通常用数字作为编码的标签,如用"1""2""3"代表不同的陶器类型。这种数据只是一个代号,没有数学意义,也没有分析的必要。另一种是用它来代表一类现象的丰度(abundance)。例如,为了评估制陶技术和遗址的功能,考古学家可能对整个景观中八类陶器的烧成特性感兴趣。如果遗址间或者同一遗址不同地点的陶器类别存在差异,那么多数研究者会试图解释这种差异。在考古学中,定类数据通常是定性变量(也被称为离散变量或者不连续变量)的特性。计数是唯一适用于离散变量的方法。以陶器为例,常见的离散变量类型包括羼和料类型、坯体氧化程度、颜料类型、装饰元素有无、文化历史类型。

2. 定序数据

定序测量意味着一个可以观测的顺序,或者一个变量沿单个维度变化的程度。只有在观测变量区间内任意取值的情况下,才可能进行定序测量。定序测量将其暗含的连续体划分为不对称的部分,亦即不可以假定度量单位的值相等。定序数据常带有类似于小、中、大、特大这样的标签。但是,不能说小和中之间的差异与大和特大之间的差异是相同的。定序数据在考古学中经常运用。萨林斯和塞维斯提出的游群(bands)、部落、酋邦、国家就是以等级序列描述社会复杂化程度的。

3. 定距数据

定距测量将连续体对称分割,并有一个任意的零值。在考古学中,定距数据主要用于绝对年代数据里的公元纪年。公元1年和公元2年之间的时间间隔等同于公元900年和公元901年的时间间隔,且公元1年并不意味着时间的开始。

4. 定比数据

除了添加真正的零值以外,定比数据和定距数据是一样的。这个真正零值的存在有助于研究采用更广泛的数学统计方法。几乎所有采用公制(metric)度量的数据都是定比数据。以陶器为例,常见的定比数据包括高度、宽度、厚度、容积、重量等。

需要强调的是,测量尺度与观测相关,与变量本身无关。这意味着可以使用不同的测量尺度测量同一变量。为特定分析确定合适的测量尺度需要仔细考虑分析目标、研究方法、学科实践（disciplinary practices）和数据本身。没有"正确"的度量尺度，只有"合适"的度量尺度，这一尺度由研究设计决定。最后，许多统计分析预设了定距和定比数据的度量。不幸的是，考古学家有时会用定名或者定序尺度构建数据并进行统计分析。这种做法固然令人敬畏，却是不恰当的，且往往没有意义。

（三）数据要求

有效性、准确度、精确性是数据的三个基本要求。其中，数据的有效性是产生有用数据的核心。但是，对于考古学家来说，证明有效性往往是最困难的任务之一，因为人们常常用一个变量代表另一个变量，如用刮削器边缘角度度量刮削器的功能。对人工制品、特征和考古记录的其他方面进行测量，主要是为了理解过去人类的行为，而非对材料本身进行研究。例如，用墓葬随葬器物的数量来衡量社会地位。但是，我们必须评估这一措施的有效性。即便是在研究人工制品的特征时，数据有效性的问题也是显而易见的，毕竟确认有效性并不像看上去那么简单。例如，陶罐的出现频率和容积可以用来衡量储藏的重要性吗？是否有充分的根据或者正当的理由？为了确保数据的有效性，必须对其在特定考古情境中的应用进行逻辑论证。这种确立有效性的论证是逻辑论证，不是数学论证，也不是通过引用权威意见就能实现的。

在解决了有效性的问题之后，必须聚焦于工具的准确性和精确度。根据索卡尔（R. R. Sokal）和罗尔夫（F. J. Rohlf）的定义，"准确度是测量值或计算值与其真实值的接近程度，精确度是多次重复测量数据的接近程度"。通常来说，出于对有用数据的渴望，我们希望同时获得准确度和精确度。而如何确定适当的准确度或精确度则取决于理论和分析结构。研究者选择的测量单位要使数据中有意义的变化变得明显，但也不能太细，以免造成时间和金钱的浪费。根据惯常的经验，测量的单位可以在30～300之间。

（四）数据获取：抽样

在推断统计中，当研究者接触不到其所感兴趣的全部材料时，可以借助统计抽样技术从一个较小的样本群体中推断出整个群体。抽样是从一个群体中选择个体子集来估计整个群体的特征。统计抽样的第一步,也是最重要的一步,是定义研究问题和抽样群体,这需要研究者自己考虑和定义。考古学中常用的是概率抽样,在这种抽样中,统计群体中的每个个体都有机会(概率>0)被选为样本。由于个体被选择的概率可以被确定,因此概率抽样可以通过个体选择的概率对抽样个体进行加权,从而产生对总体的无偏差估计。考古学家最常用的三种概率抽样是简单随机抽样、分层随机抽样和系统抽样。

1. 简单随机抽样

简单随机抽样是最直接的抽样方法。简单随机抽样时,以从 5 000 片陶片中挑选 100 片样本为例,在抽样时先将序列号分配给每个陶片,而后使用随机数生成器或者随机数指标抽取 100 个样本。

2. 分层随机抽样

多数考古研究问题都涉及数据集的比较。在这些数据集中,差异是明显的。为了确保得到一个具有代表性的样本群体,有必要对每个子集进行抽样,这时候就需要分层随机抽样技术。分层随机抽样与简单随机抽样非常类似,只是样本数是根据该子集在统计总体中的相对比例确定的。分层随机抽样的优点在于其成本效益,它提高了从异质群体中抽取样本的准确性,提供了关于统计总体更高的分辨率,而且由于代表性样本数量较少,更具成本效益。

3. 系统抽样

系统抽样类似于简单随机抽样的地方在于,统计总体中的每个个体都有已知的、相等的抽中概率。进行系统抽样时,必须确定取样间隔,抽样者只需将总体大小除以所需要的样本数。确定间隔后,就可以进行快速抽样。

二、数据描述

数据描述的重要性不言而喻。描述方法的选择,取决于数据类型和想要回答的问题。数据可以用图表描述,也可以用数值数据描述。通过数据描述,研究者可以了解到与数据分布、趋势有关的结果。

(一)定性数据的描述

定性数据通常需要转换为定名数据或类别数据,以便在描述前计数。例如,容器类型(如瓶、罐子和碗)是定性的,分配给每个类别的容器数量可以被计算,从而可以进行统计描述。组织和描述定性数据最有效的方法是频率表、条形图和饼图。

1. 频率表

在统计学中,频率指事件发生的次数。频率表或频率分布列表是用于记录或者描述事件、值发生频次的简单表。在陶器分析中,频率分布表通常是理解陶器组合的第一步,通过描述遗址不同部位不同类型陶器的相对频率,可以确定活动区域;也可以通过描述不同地层中陶器类型的相对频率,揭示遗址随时间而发生的变化。

2. 条形图

描述频率分布的数据可以用条形图或者饼状图表现。条形图是最常见的视觉表现形式之一。条形图可以是水平的,也可以是垂直的,条形的长度与其所代表的值存在比例关系,可以直观地描述数据集的频率和分布。与频率表一样,条形图可以用于描述陶器或陶器类型在考古遗址中的总体分布,确定活动区域,以及(或)比较不同考古遗址中陶器类型的消费情况。

3. 饼状图

饼状图也被用于直观地描述分类数据的相对频率分布。饼状图用圆圈代表一个研究或者测试群体的观察总数,该圆圈被分为若干段,其中每一段都代表研究群体的数据类别。每个分段的面积与该类别中的观测数存在比例关系。饼状图总是将数据描述为百分比分布,不能用于描述频率计数。这使得饼状图在比较总体数不同的数据集时非常有用。另外,饼状图也可用于描述总体组成。饼状图的最大缺点是一次只能描述少数类别的数据,否则数据段会变得太小而无法使用。并且,饼状图只能用来比较具有相同数据类别的数据集。

(二)定量数据的描述

定量数据是用数值表示的数据。但是,在进行统计描述之前,连续数据通常需要分为不同类别(见下文对直方图的讨论)。描述少量定量数据最简单的方法是数值表或测量表。大量定量数据通常被组织为表格,被描述为直方图和条形图、茎叶图(leaf plots)、箱形图和散点图,此处重点介绍前两种方法。

1. 直方图和条形图

直方图和条形图的共同点在于使用矩形来代表频率。不过,直方图被用来描述连续数据,条形图被用来描述离散数据。离散数据通常是已经分好类的数据,是观察对象的计数或计量值。定性数据分类和量化的过程也是它们被转换成离散数据的过程。一个组合中的陶器类型分布是离散数据的典型案例。连续数据是可以在区间内任意取值的数据,例如长度或高度。只有在转换成离散类别后,连续数据才能用直方图来描述。通常,用直方图来描述连续数据的类别是测量的区间或范围。区间所包含的所有观察都被视为该类别的一部分。用直方图和条形图描述数据,一个重要的观测点是分布行为或数据分布的形状。分布行为在推断统计中尤为重要。数据分布可以是单峰的(可以看到一个清晰的趋势或模式),也可以是多峰的(在数据中看到两个或者多个趋势)。数据的分布通常符合四种基本形状的一种,这四种形状是均匀的、对称的、左斜的、右斜的。

2. 茎叶图

茎叶图也是一种用图形方式表示定量数据的方法。与直方图不同,茎叶图为原始数据保留至少两个有效单位,从而可以在显示数据的相对密度和形状时保留大部分原始数值的完整性。茎叶图是图表形式的。数据的茎,即数值的第一个或者多个数字,以最小值到最大值的顺序,排列在表格左边一列;叶子通常是最后一个数字或小数点后的数字,被组织为水平行,从最小值到最大值排列,并其茎对齐。创建茎叶图的第一步是依照从小到大的顺序组织原始数据。接着,将数据四舍五入到最接近的整数,并分成茎和叶。茎叶图对大型数据集特别有用。在这些数据集中,很难通过标准表格分辨数据模式。比较茎叶图或者连续茎叶图能够让研究者快速确定数据集之间分布的相似性和差异性。背靠背的茎叶图意味着两个数据的茎相同,将该茎绘制在中间列,两个数据集的叶子放置在茎两侧,这样就可以进行更为明确的比较。[1]

---

[1] 例如,比舍普就曾展示了一幅陶器高度的茎叶图,参见 Gulsebnem Bishop, "Statistical Modeling for Ceramic Analysis", in A. M. W. Hunt, ed., *Oxford Handbook of Archaeological Ceramic Analysis*, Oxford University Press, 2016, pp. 58-72, Fig. 5.6。

(三) 数据的数值化描述

数据的数值化描述可以用来描述分布,并比较两个以上的分布,最终允许我们做出想要的推论。这些数值特征被称为统计数据或者参数,统计数据是统计样本特征的描述,参数是统计总体的特征。统计样本是统计总体数据的子集。范普尔和莱昂纳多介绍了四种数值化描述定距和定序数据的方法和两种描述定序和定比数据的方法,前者包括集中趋势度量、分散度度量、变异系数和箱线图;后者包括离散指数和定性变异指数。

1. 集中趋势的度量

集中趋势的度量(measures of central tendency)也被称为位置度量,常用的指标是平均值、中位数和众数(mode)。在数据分布完全对称的情况下,平均值、中位数和众数是完全一样的。一般来说,处理对称分布时,平均值是最有用的测量集中趋势的方法,中位数次之,众数再次之。均值在方差分析和回顾分析中相当实用。但是,均值可能会受到极端值的影响,由此在描述严重偏态分布时,人们更青睐中位数。

2. 分散度的测量

集中趋势的度量不能提供有关分布形状的信息。两个位置相同的分布,其形状或者分散度的差异可能相当大。这时候,就需要用分散度(dispersion)来识别这些差异。常用的分散度衡量指标是极差、方差和标准差。极差是数据集中最小值和最大值间的差异,但是样本范围几乎总是低估总体范围,因为样本同时包含最大值和最小值的可能性很小,在考古学领域,这一问题可能更为明显。另外,极差始终受到极端值的影响。四分位范围(interquartile range)与极差紧密相关,但它试图测量变量向分布中心的变化,反映着中间50%的范围或者说分布的主体。方差和标准差是用来描述并比较分布形状的统计数据。方差的用处很广,但是它不是用来测量分布的原始单位,没有太多直观的意义。通过取方差的平方根标准差,可以将平方值返回其原始单位,从而获得另一种更加直观的离散度的度量方式。

3. 变异系数

方差和标准差受被测量物体尺寸的影响,故而不适用于比较群体内均值差异很大的器物的变异程度——在这种情况下,它们不是高估变异的程度,就是低估变异的程度。变异系数(Coefficients of Variation,简称 CV)的引入可以解决这个问题。变异系数是标准偏差的表达方式,反映的是平均值变化的比例。变异系数之间的比较才是有意义的。统计学家确认变异系数是小样本总体参数的有偏估计,不过这种偏差很容易纠正。变异系数在考古学中有广泛的应用,尤其是考古学家用变异系数来评估手工业生产组织。对于陶器生产来说,"标准化假设"认为小的变异系数表明产品更加标准化,而这又标志着专业化生产,高的变异系数可能反映着家户层面的陶器生产。

4. 箱线图

箱线图对于同时描述多个分布非常有用,因为它们以非常简洁的方式提供了有关数据变化和集中趋势的信息。箱线图反映了中位数、四分位数和范围。制作箱线图包括三步:首先,计算分布的中位数和四分位数;其次,绘制中位数和两个四分位数的位置,并在四分位数的范围内画一个方框;最后,加上最大值和最小值。

5. 离散指数

借助非对称类别,离散指数能够度量定类数据和定序数据的离散度。离散指数(index of dispersion)测量的是一对独立选择的变量来自不同类别的概率,其计算公式为:

$$\hat{D} = 1 - \sum (n_i/n)^2$$

离散指数可以用来描述定类或定序数据中的变异幅度,以及比较不同样本所反映的多样性——离散指数高意味着类别的多样性高,离散指数低意味着类别的多样性低。需要注意的是,离散指数随类别的增加而增加。以墓葬随葬陶器为例,考古学家希望利用多个报告的公布数据来确定随葬陶器的多样性是否随着时间的推移发生了变化。有的报告公布的陶器类别是多个文化历史类型,有的报告公布的陶器类别仅仅是素色陶器、双色陶器和多色陶器。显然,公布了多个类别陶器的墓葬具有更高的多样性。这样的情况会使得随葬陶器分析复杂化,并可能导致研究者得出错误结论。

6. 定性变异指数

定性变异指数(index of qualitative variation)能够解决离散数据随分类增加而增加的问题。定性变异指数的计算公式为:

$$IQV = [I/(I-1)]\hat{D}$$

定性变异指数允许直接比较定类数据和定序数据的变异,哪怕使用的分类完全不同。与离散指数类似,定性变异指数高意味着多样性更高。离散指数和定性变异指数可能对考古学家非常有用。例如,考古学家借助定性变异指数比较一个区域内不同遗址陶器组合的多样性,可能会发现某个遗址体现出更高的多样性。那么,这个遗址可能是一个重要的贸易中心,可能是用于宴飨及仪式活动的圣地,也可能是某些移民群体加入了一个业已存在的社群。考古学家接下来要做的就是检验这些假设了。

三、数据分析

考古学家非常依赖样本。仅有一小部分代表着人类行为的人工制品、特征和其他物质表现进入了考古记录。资金、时间的限制,对保存考古记录的重视,进一步决定了考古学家通常只能恢复保存下来的材料的一小部分,也即考古学家研究的材料样本,仅仅是进入考古记录的材料样本。考古学家被迫使用不完善的、有限的数据来理解和解释过去。在这种情况下,只有通过统计推理,才能从考古记录的细节中形成一般结论。古尔塞伯内姆·比舍普(Gulsebnem Bishop)介绍了五种考古学家最常用的方法,依次是多响应置换法(Multi-Response Permutation Procedure,简称 MRPP)、核密度估计(Kernel Density Estimation,简称 KDE)、主成分分析、t 检验、卡方检验。

(一)多响应置换法

多响应置换法检验群体间观察到的变异是源于不同的群体,还是源于单个来源群体内的自然变异。MRPP 方法的零假设是:群体间不存在差异,也即它们具有相同的来源。通过计算群体内的欧氏距离的加权平均值 δ,并确定所有群体内个体的随机蒙特卡罗排列(群)的概率小于已经观察到的 δ,MRPP 可以区分"自然的"和"人为的"变异。零假设的接受和拒绝通过 p 值确定:如果 p 值等于或者小于显著性水平,则拒绝零假设,这意味着组件差异源于不同的群体。MRPP 方法的主要优点在于能够比较个体数不同的群体,

因为 δ 是一个加权平均距离。MRPP 方法是比 t 检验等更稳健的替代方法，它不需要考古数据满足多元正态性和方差齐性等假设——考古数据往往极少能满足这些假设。

（二）核密度估计

核密度估计是随机连续变量概率密度函数的非参数估计。直方图所用参数（组宽度和起始位置）的任意性导致它存在缺陷。而且，直方图只描述已有数据，常常存在不连续性，这为发现数据中的底层结构带来困难。与直方图相比，核密度估计不仅可以生成连续的概率曲线，揭示并预测数据结构，而且能够消除分组宽度的任意性。核密度方法受核的宽度或者群体大小模式的影响，这会影响数据的解释。

（三）主成分分析

主成分分析使用正交变换将一组可能相关的观测值转换成一组线性的不相关变量，这种变量被称为主成分。主成分的数量总是小于或等于原始变量数。主成分分析主要被用作探索性数据分析的工具，以揭示导致其方差的数据内部结构。在陶器分析中，主成分分析可以用于多种目的，如对陶器形态变异的认识。主成分分析方法的固有性限制了它在考古研究中的应用：一方面，主成分分析对原始变量的相对尺度相当敏感，每个个体或样本变量必须取值，以便让主成分分析正确确定变异的分布和数据结构；另一方面，主成分分析是一种纯粹的描述性技术，不能用于预测数据和观测结果。

（四）t 检验

t 检验是一种统计假设检验。如果零假设是正确的，检验统计量遵循 t 分布或者正态分布。通常，t 检验被用于估计或确定两个数据集之间是否存在显著差异。t 检验包括独立样本检验和配对样本检验两种类型，这两种类型的用法不同。当数据集通过 t 检验公式时，会产生一个统计量 t，该统计量是方差的度量。用于检验的 p 值通常是 5%或者 1%。t 检验的局限之一是在数据集之间找不到统计上的显著差异性并不一定意味着样本群体是相同的。t 检验对于待检验的数据有一系列要求，这些要求考古数据往往难以满足,它在考古学中的应用常见于比较宏观数据、陶器形态或者情境。比如,t 检验可以用来了解整个景观中的人工制品分布。但是,有效 t 检验所需的限制和假设严重制约了它的有效性。

(五) 卡方检验

卡方检验也是一种统计假设检验。如果零假设为真,检验统计量服从卡方分布。卡方检验可以用来确定一个或者多个变量的预期概率和观测概率之间的差异是否具有统计学意义。考古学中常用的卡方检验是皮尔逊卡方检验(又称卡方拟合优度检验或独立性卡方检验)。皮尔逊卡方检验能够评估大量未配对数据,以确定观察到的群体间差异偶然的概率或可能性。与 t 检验一样,卡方检验的零假设是"无差异",并根据显著性水平 p 值接受或拒绝该假设卡方检验,不能提供预期概率和观察概率之间关系强度的信息,也不能提供这种关系在人群中的实质意义。另外,卡方检验对样本量很敏感,计算出的卡方值与样本大小成正比,这制约了其在考古分析中运用的有效性。

第四章

陶器与社会演进

陶器是人类历史上制作和使用最为广泛的物品之一，显示出人类对不同领域的知识和经验的复杂融合，更新世末期陶器的出现是人类社会最重要的变革之一，它不仅是人类历史上的重要技术进步，更在文化史领域受到广泛的关注。陶器的起源以及其在各个社会中的采用与人类社会的演进密切相关，在生活方式和生计经济方面，陶器与定居生活、农业起源的关系持续受到关注，同时也有更多研究开始探讨陶器在社会交往和社会分化中所扮演的角色。作为社会中的一种新兴容器，根据陶器的性能特征、使用功能等，我们能够对采用陶器前后的经济与社会状况进行分析。此外，陶器作为一类考古遗存在区域内或遗迹内的分布情况，也是探究人类日常活动、社会组织方式和社会分化程度的重要证据来源。

第一节 陶器的起源

陶器最初是在何时何地出现的？人类是如何发明陶器的？为何要发明陶器？类似的"何时何地""如何"和"为何"的问题在对各种技术起源的探讨中都会被提及，而陶器则因其复杂的加工程序、极早的发明与广泛的应用而备受关注。考古学对陶器起源的研究首先立足于对事实的探索，即早期陶器出现的时空位置、使用功能，以及使用人群的生活方式，这些具体信息为进一步解释陶器如何与为何起源的问题打下基础。当然,从逻辑上与方法上,我们不可能确实地找到人类制作的所谓"最早的"陶器,但是考古学解释仍然能够通过早期陶器信息的不断丰富而日益向真相迈进。

一、陶器起源研究的技术性问题

对早期陶器出现的时间和地点等基本信息的获取,很大程度上是考古学上的技术问题,这些事实来源于考古发掘的成果和科学的取样测年技术。吴小红等对中国江西省上饶市万年县仙人洞遗址早期陶片的测年研究就是一个典型的技术案例,其中详细说明了陶器测年研究的过程与得出的结论。此项研究对仙人洞遗址出土陶片的年代进行了重新测定,陶器本身不能作为测年材料,因此陶器的绝对年代测定有赖于对同层位的木炭、骨骼等有机材料的测年。在测年材料的选取上,吴小红等选取了以往发掘和此次发掘中出土层位明确的、1 cm 以上大小的骨骼遗存作为主要测年样本,选取兽骨作为样本主要是考虑到它们的生存年代相对短暂,而选取在一定尺寸规模以上的样本是因为它们在沉积中不易被扰动,从而具有地层上的完整性(stratigraphic integrity)。除了对东、西两个区域进行采样与对照以外,研究中着重通过地层显微结构分析等各类证据,论证了取样区地层是原生的,并且未经严重扰动,以确保陶片位置和测年样本的科学性。

结合仙人洞遗址原有的测年数据以及东、西两区的新测年数据可以得出,这里至少在距今 29 000—17 500 年和距今 14 500—12 000 年两个时段中被使用,最早的陶器出现在测定年代为距今 20 000—19 000 年的地层中。此项研究证实了东亚的狩猎采集者早在距今约 20 000 年前的末次盛冰期就已经开始使用陶器,比先前被认为与陶器起源相关的定居生活和农业的出现早了约 10 000 年。结合出土陶片的质地、烧制温度、形制与器表的烧灼痕迹等,研究人员初步推测,仙人洞遗址陶器最初的功能可能与烹饪相关,由此可能在人类适应气候变化上起到了重要作用,并成为导向定居生活和栽培野生稻的因素。

从这一研究中可以看出,对陶器测年的研究是高度严谨的,不仅需要科学的测试手段、合理的样本数量,更要关注地层中的陶片标本和测年样本取样的科学性。研究质疑了东亚地区陶器起源与新石器时代农业革命的相关性,而支持陶器最初是在晚更新世由流动或半定居的狩猎采集者所使用的,为东亚地区的陶器起源情境研究提供了新的可靠事实。

二、世界范围内的陶器起源情况

陶器在世界范围内是多起源的,尽管在很多的具体案例中,陶器技术是外部传入还是本土创造的仍然存在争议,但在几个地理位置相隔遥远的区域,陶器的独立起源是毋庸置疑的——世界各地的人们在不同地点、不同时间创造出了非常相似的容器技术,这也是陶器起源令人惊叹之处。赖斯在《陶器的起源》(On the Origins of Pottery,1999 年)一文中曾对几个陶器起源区域进行了简单的梳理。

(1) 日本:距今 12 700 年以前,日本可能已经出现了素面圜底的陶罐。进入绳文时代以来的日本陶器更广为人知,它们广泛分布于日本群岛的东北地区,分布的遗址从最早的洞穴和岩厦扩展到整个沿海地区,但即便是半定居的住所也没有发现农业存在的证据。绳文时代最早发现的陶器是日本九州岛南部两个洞穴遗址出土的带贴塑纹饰的陶器,其年代分别为距今 12 700—10 000 年和距今 10 000—6 000 年,陶器表面纹饰变为压印或滚印绳文,同时还发现了小型陶塑像。整个绳文时代,陶器装饰大部分位于口沿部位,并在绳文时代中期达到顶峰。绳文时代常见的陶器是小而深的尖底或圜底罐,均为手制,多为泥条盘筑,烧成温度在 600℃～900℃,可能为炊煮用具,羼和料从早期的植物纤维到晚期变为矿物。

(2) 中国:中国最早的陶器出现在距今14 000—10 000 年间。[①] 东南部的江西省仙人洞遗址、吊桶环遗址的陶器测年在距今 14 000—11 200 年间;北方内蒙古地区可能存在距今约 11 000 年的陶器,但证据并不充分;黄河中游地区的南庄头遗址的陶器测年为距今 10 800—9 700 年,是壁厚、多孔的素面陶,器型可能为陶罐;珠江流域的陶器测年大致在距今 9 000—8 000 年,陶器是粗砂、低温烧制的压印绳纹陶。这些陶器中,有些的出现被认为可能与贝类的

---

① 此文发表于吴小红等人的论文之前,故采用了早期发表的年代数据。

强化利用有关,另一些则可能与定居程度、对谷物的依赖和动物驯化的增强有关。至新石器时代,陶器在中国的沿海、沿河流域被普遍发现,在这些地点,贝类捕捞在生计中具有重要地位,内地河谷中可能出现了简单的农业。这一时代的陶器通常器壁较厚、低温烧制、掺和矿物,陶器表面经过塑形处理与装饰,主要器型有碗、罐和三足器等。

(3) 西亚:西亚地区最早烧制的陶器出现于距今 8 300—7 900 年,陶器主要分为粗砂陶和细腻的装饰陶两大类,其中掺和谷壳等有机物的陶器可能是用于炊煮、加工或储存食物的实用器。西亚地区早在陶容器出现之前的数千年就开始将黏土作为建筑材料,后来制作陶器时广为使用的成型技术"序列板状构建法(泥片贴塑法)"(sequential slab construction)就与建筑的砖层结构有关。同样远早于陶容器的是未经烧制或略微火烤的黏土装饰品、塑像等其他用具,这些被称为"软陶"的物件通常具有重要象征意义而非实际用途。而陶器的出现则与新石器时代早期到晚期的变革有关,陶器起源的情境是在定居的农业社会中。

(4) 非洲:非洲最早的陶器可能出现于距今 9 500—8 000 年前的撒哈拉沙漠南部边缘与尼罗河流域中部,出土陶器的遗址很可能是半定居的狩猎采集者的季节性营地,并且与对河流资源的强化利用有关。但这些最早的陶器与食物炊煮无关,大多形制简单但装饰复杂(extensively decorated)。非洲的早期陶器外表精致,泥条盘筑成型,器壁日渐趋薄,羼和料主要是矿物,有时使用谷壳,烧成温度在 800℃~900℃。部分地点出土的陶器体现出在社会和象征意义上的重要性,而另一些地点出土的球形罐、敞口碗、盘、大口杯等圜底器则更体现出日常使用的意义,尤其是用于储存油脂和加工软体动物。

(5) 南美洲:在整个美洲大陆上,发现最早陶器的年代从南至北大体呈现从早到晚的趋势。南美洲发现的最早陶器位于东部热带地区。亚马孙河流域的特佩瑞娜遗址和佩罗拉·平塔达洞穴遗址(Taperiha and Caverna da Pedra Pintada)的贝丘中发现了低温烧制的小型夹砂碗,未校正的碳-14 测年为距今 7 580—6 300 年,采用泥片贴筑的成型方式,部分器物有烟炱。这两个遗址的生计方式以强化利用小型淡水物种为特征。同在亚马孙河流域,还发现了略晚于这两个遗址的距今 6 000 年以降的陶器。陶器来自贝丘中,大体是掺和了贝壳和砂子的素面陶。南美洲北部加勒比海沿岸的马格达莱纳河下游盆地也发现了早期陶器,距今约5 940年,羼和料最初为植物纤维,后被贝壳、砂子和陶渣取代。陶器大部分为素面,极少数有多样化的装饰。这些陶器同样与作为狩猎采集者季节性营地的贝丘有关,但应不是用于石煮法的容器。

(6)中美洲和北美洲:陶器技术从南美洲通过中美地峡和中美洲向北扩散,巴拿马太平洋沿岸帕里塔湾出土早期陶器的莫纳格里约遗址(Monagrillo Complex)的年代约为距今4 900年,哥斯达黎加北部阿雷纳湖(Lake Arenal)周边的陶器年代约为距今3 700年,在更北部的中美洲也发现了年代最早在距今3 800—3 600年的早期陶器。部分学者支持各地区陶器的独立发明,但由于美洲地区陶器年代的南北递增特点,更多学者考虑到了传播所起的作用,如克拉克与戈瑟(D. Gosser)提出"从属创造"(dependent invention)。北美地区的美国东南部、西南部和中西部的早期陶器最为知名。美国东南部的陶器发现于东南沿河沿海地区,年代约为公元前2500年,是掺和植物纤维的敞口平底盆,和当地的皂石盆(soapstone basin)相似,至公元前2000年,陶器在东南部的墨西哥湾沿岸被广为使用。美国西南部与西亚地区相似,在亚利桑那州南部,公元前400—公元150年陶容器被采用之前,存在未经烧制的塑像等黏土制品,而这一地区陶容器的出现与地穴式房屋(pithouse)和季节性定居有关;陶器主要为在大型房屋中发现的无羼和料的小型碗和瓶,以捏制和盘筑为主,民族学材料中另有用于仪式的陶器记载。美国中西部的陶器出现于公元前700年左右,在形态及表面处理上表现出与东部和南部陶器的关联。北美洲北部的陶器则与亚欧地区旧石器时代晚期的陶器更为相似。

尽管赖斯的总结较为简练,且已经过了二十余年,但是从中可以看出,世界各地陶器起源的情况各不相同。目前为止,最早的陶容器的绝对年代在距今2万至1万年之间,在流动的或半定居的狩猎采集社会中就已经有陶器出现,但另一些地区的陶器起源也可能发生在数千年内,诞生于定居的农业群体之中。各地最早陶器的具体功能、陶器起源的社会情境,甚至陶器的装饰复杂程度都存在很大的差异。当然,赖斯也试图从中归纳出一定的相似性与规律性,她对陶器起源机制的观点将在下文中进行具体介绍。

三、早期陶器起源理论

考古学研究当然不止步于对陶器起源的具体时间、地点等信息的了解，解释陶器如何起源、为何起源才有助于我们了解史前人类社会的情况与演进过程。陶器如何与为何起源这两个方面密切相关，而对这些问题的探究是循序渐进的，从猜想式的逻辑推论、解决表面问题的传播论，到针对具体生计活动的适应论，再到将陶器起源置于整体的社会情境和社会演进过程中进行考量。早期的很多推论与理论并不一定是错误的，它们也并不一定矛盾互斥，甚至也不能简单地认为它们是片面的，相反，这些大多来自具体案例的推论与理论从各种视角为综合性的探讨打下了重要基础，在此对其中的一些进行简单的介绍。

（一）精神暗示

最初对陶器起源的关注聚焦于其开端，其中精神论的方法由来已久，这种观点认为在新技术的潜在采用者中，通过"精神暗示"（suggestibility）的效应会激发出这种创新，因此它聚焦于某地最早的陶器和当时已经存在的其他容器的相似性。其中，篮筐最常被作为陶器的原型（prototype），陶器被认为是模仿篮筐的造型而发明的；皮制袋有时也被认为是陶器的模仿对象；此外，黏土砌成的地坑（clay-lined pits）也可能是陶器的前身，后者仿佛是构建了独立式的地坑。这种精神上的暗示观点隐含着创造新技术的必要性，即认为需求和已有习惯相结合而产生了陶器，因为陶器模仿了已有的技术或是将已有技术延伸到了新的表现领域。

（二）传播论

19世纪开始盛行的进化考古学就将独立发明与传播和迁移视作文化变迁的主要原因，此后社会中对工业社会进步性的幻灭和对人类创造性的悲观导致进化考古学尤其是独立发明论的式微，以及传播和迁徙解释的流行——考古记录中的文化变迁被主要归因于传播与迁徙，同一类器物多次发明的可能性在很大程度上被否定。陶器研究中的传播论思想也是这一潮流中的一部分，倾向于以人群交往中的技术传播和人口流动迁徙来解释陶器材料在考古记录中的出现，而以文化抵制来解释采用陶器速度和技术水平发展的差异。但是传播论显然不能解释陶器技术的最初发生。

（三）适应论

适应论认为陶器的出现是因其功能的优越性而能满足某种未满足的需求，即这种需求在一定意义上不能够被已有的容器所满足。适应论者也将陶器的采用或发明看作对提升效率需求的回应，包括时间效率、劳动效率和土地利用效率。这一观点的基本假设是存在时间、劳动力和/或土地的短缺，从而促使人们进行创新以突破技术上的制约。这一理论中隐含了复杂的预设，包括存在生产要素的短缺以及陶器功能相比已有容器的优越性，这些预设也往往受到后来研究者的质疑。

（四）赋能理论

赋能理论（enabling theory）认为农业和定居的生活条件致使陶器被采用，即陶器起源与新石器革命的广泛社会转型有关。尽管最初对陶器和农业的跨文化研究曾经为此提供过支持证据，但是越来越多的发现表明流动的狩猎采集群体已经能够制作陶器，并且对陶器生产和定居生活关联性的跨文化研究也证实了两者的关联性不大，这些都为赋能理论提供了反证。再者，赋能理论等类似观点往往将相关性视作因果关系，但是仅仅以农业生活方式作为先决条件，显然不能完整构成陶器发明或采用的可能性和原因，也无助于对技术采用过程的探索。

上述这些推论与理论从各种视角对陶器起源的方式或原因进行了尝试性回答，有一些至今仍然是陶器起源研究的重要参考，而随着各个地区陶器起源研究的进一步发展，陶器起源的更具体、更完整的社会情境越来越受到关注——各地的早期陶器都具有其独特的背景情境，陶器的出现与气候变化、定居形式、食物生产的关系各有不同，那么究竟是什么因素、什么机制在陶器的创造上发挥了决定性的作用？目前对这一问题的解释大体上有两个新的综合性视角：技术经济（techno-economic）视角和社会关系视角。

四、供需模型

詹姆斯·布朗在 1989 年提出的供需模型（supply-and-demand model）无疑是从技术经济视角解释陶器起源的代表性理论，他以经济视角研究陶器技术的采用过程，将起源问题视作采用过程的一部分，并将研究的关注点从采用陶器的近端原因（proximal causes）转向工艺生产的总体情境。

（一）技术史研究的问题

布朗首先指出陶器起源研究实质上是技术史研究上的一类典型，这种典型性体现在需要解决的两个问题：(1)陶器的制作工艺如此复杂，为何依然在世界各地先后兴起？(2)陶器的使用如此广泛、功能如此多样化，在环境限制可以被克服已被证实的情况下，又为何长期没能传入某些区域？

同时，解决起源问题还必须纳入以下考虑前提：欠发达状态的陶器长时间存在。这意味着：(1)它们尚无后来人们所了解的明显优势，因此不能将陶器的早期历史视作其潜力逐渐自动展露的过程；(2)这一状况不支持陶器是适应某种只有相对复杂的工艺才能实现的专门功能而出现的观点，陶器技术达到专门功能的要求之前也能满足其他功能，即陶器的不同发展阶段会有不同的生态位（niche），其中技术形成阶段才是陶器起源要关注的问题。

针对这一前提，布朗从以下四个方面进一步反驳了长久以来认为"人类采用陶器是因为其可以预见的潜力而非直接好处"的观点：

第一，陶器技术的采用和演进过程有时是断续的、漫长的，与植物种植和谷物加工的步调也并不一致；并且研究表明，原始陶器也适应于当时社会情境下的功能，而不是模仿已有工艺而勉强凑合的产物，如北美中西部最早的陶器在各个方面很好地适应了间接炊煮法，而随着向直接炊煮功能的转变，陶器的材质、形制等也发生了适应性的调整。

第二，很多情况下，原始的试验性陶器与已经过长时间发展演化的、更为精美的其他容器类型同时存在，其他容器类型也能很好地完成它们的功能，后来有一些被陶器取代了，而有一些甚至连性能更佳的陶器都没有完全取代。在世界各地，陶器与其他容器都达到了一种动态和谐的状态。

第三,近东地区烧制陶塑像的时间远远早于陶器的出现,如果熟悉加工和烧制黏土的技术是陶器起源的充分先决条件,那么近东地区早就应该发明陶器。

第四,无论是间接炊煮法还是直接炊煮法,陶器都不是唯一可以使用的容器,尽管陶器在直接炊煮中占据优势,但也有其他类型的容器可用于直接炊煮。

总之,这种潜力模型(respond-to-potential model)的缺陷在于既不能解释从原始陶器到潜力充分发挥的成熟陶器之间的漫长发展时间,也不能说明在已有成熟容器技术的同时还要发展新的陶质容器技术的原因。而要解释陶器起源的机制,就必须将上述事实都纳入考虑。

(二)从现有理论出发的经济学角度见解

布朗回顾了现有的陶器起源理论,并从中寻找灵感。其中一方面着重提及了詹姆斯·梅拉特(James Mellaart)在反驳基于陶器潜在先进性而进行的逻辑推理时所使用的恰塔霍裕克(Çatalhöyük)遗址的案例。恰塔霍裕克遗址的陶器在最初引入后又一度消失,至公元前6500年左右以改进的形式再度出现。传播论者将这种现象视为恰塔霍裕克对南方地区创新的抵制,但这不能解释为什么最初引入了陶器,为什么早期试验阶段的采用过程失败了。是因为文化上的限制,还是仅仅因为对陶器没有足够的需求?当然,布朗认为偏好和实用性这两方面是相辅相成的,社会和文化上的限制可以被现实需要所克服,但是反过来,如果新技术的采用过程会破坏已有的社会分工(social arrangements)而与既定的工作模式发生冲突,那么它就很难被这个社会采用。

总之,社会和经济因素在所有工艺的采用中都扮演了重要角色。布朗指出,就陶器而言,决定这种技术被采用与否的显著因素有时间预算、时长、定居季节、劳动分工和制作容器的可用资源等,同时,陶器的使用与否还必须置于整体的经济情况下,对其他类型容器也进行相似模式的考虑。在这种视角下,早期陶器的引入与放弃可能与其他容器在生产和消费上呈现出互补性的波动,这受到社会对所有容器的总体需求影响。

与此同时,布朗再度对适应论进行了考察,尤其是从效率提升的方面。

他认为在各个案例中,往往无法证实适应论所预设的存在时间、劳动力或土地的短缺,尽管技术发展不一定直接地应对某种短缺,它也可以解决季节性定居的狩猎采集者和定居的农民在人力调度和时间安排等其他方面遇到的问题:相较于其他类型容器,陶器在炊煮上的显著区别是不用时刻照料,用陶器炊煮时可以从事其他工作——布朗认为,正是这种对时间和劳动力的影响使得陶器作为一种容器而具有先天的优势。

由此,布朗从经济学角度进行了进一步思考,并提出了新的见解:对隔水、耐火容器的需求不断增长,而在满足这一需求上存在制约因素,这种关系中一方或者双方的压力都可能是采用陶器背后共同的刺激因素。在这一观点中,需求处于重要的地位,它随着社会、经济和环境变迁而变化,总体需求的增长既可能源于直接使用容器的需求增加,也可能由于容器加速消耗而导致使用寿命减少。但这里讨论的需求并非适应论下的特定需求,即陶器不是为满足一种独特的功能,而是需求的一般性特征。

在布朗的供需模型中,介于供应和需求之间的两个变量是生产和消费。需求又分为老的需求和新的需求,满足不同需求的容器往往是不同的、不可互换的,因此新需求的出现往往造成一系列储藏、加工和盛食功能都需要相应的新容器,例如牛奶和乳制品就需要从加工到储藏、盛放的一系列特定容器,而其他食物处理链上的器具则很难满足牛奶和乳制品的需要。由此,新需求的出现会促使整体上的容器供应大幅增加。

(三)供需模型的进一步分析:供应限制、时间预算、规模效应与使用影响

在与需求侧相对的供给侧,所有容器类型的供应都受到资源距离(proximity to resources)和制作要求(requirements of fabrication)两方面的限制。相较于篮筐、皮囊等其他容器,陶器是在制作时唯一需要数日照料而不能移动的,因而在制作要求方面对流动性的限制最为显著。

而反过来从栖居方式的角度看,在流动性社会中,任何容器原料的获取都可以很容易地嵌入为了生计而进行的族群移动,并在获取后留待使用,但是在季节性定居的条件下,合适的容器制作资源就有所限制,因为这些资源的获取地点与时节可能与其他活动相冲突,尤其当与在特定时间集中劳动的

生计活动相冲突时,容器的生产就会受到极大限制。例如,获取季节性制作篮筐的植物原料,就可能与生计活动发生时间冲突。这也就是供需模型的核心概念:时间预算,关键性的活动根据季节和地点主导着时间的分配,时间资源同时限制着供应和需求两方面,不同复杂程度的社会都依据其生活方式而受到时间分配的限制。在肯特·弗兰纳利(Kent Flannery)以系统论对中美洲植物种植和驯化进行的研究中,就已经使用了和预算类似的概念"规划"(scheduling),他认为季节性(时间)规划是调节生计-栖居(subsistence-settlement)系统的两种机制之一。

相较于其他容器工艺,陶器制作有重要的时间预算优势,同时,陶器工艺的多方面特征与一定定居程度下的兼职(part-time)工作、季节性工作和家户形式组织的劳动力是相适合的,如陶器制作需要储存黏土、羼和料和燃料,制造过程中的稳定性(accessibility in fabrication),烧制前后还需要相对干燥和安全的存放地点。布朗赞同迪安·阿诺德提出的看法,认为妇女在这种生活生计方式下主要活动于定居点附近,可以在其他工作的间隙完成陶器的生产,在这种情况下劳动力成本很低。由此,尽管陶器对生产地点稳定性的要求很高,但在一定程度定居的情况下,陶器生产对时间、劳动力和资源的需求较少,也能很大程度上避免与其他生产活动的冲突,因而成为应对容器需求增长的极佳选项。

陶器制作相对低廉的成本有助于其产量的增加,而它相较于其他工艺的显著优点还在于能够将劳动力集中投入到任何一个阶段而大幅增加产量,尤其是干燥和烧制阶段的批量作业能够以相对较低的成本大大提高时间效率。而且,在定居家庭的劳动环境中,陶器制作的经济情况能够借助少量的技术提升和生产组织的微调增加陶器产量。从经济学角度来说,在陶器技术投入更高的情况下,陶器生产的边际成本①会随着陶器的产量增加而相对减少,也就是说,陶器产量越高,每件陶器的生产成本就越低。由此,在容器需求和损耗整体增长的情况下,可以通过转向成本低廉的陶容器制作技术而控制生产成本的增加,同时陶器生产还能缓解新的需求所需的更多的生产时间。最后,陶器终将成为工匠们为满足容器需求整体增长而所能选择的唯一非权宜

---

① 边际成本(marginal cost)指每一单位新增生产的产品(或者购买的产品)带来的总成本的增量。

性的技术。

在容器使用方面,定居(或半定居)生活无疑与陶器生产关联密切,很大程度上是因为这种生活方式强化了对食物的追求。在没有谷物种植的情况下,这种强化会增加食物获取的边际成本,因此生计活动会给时间预算带来更大的压力。而食物的强化获取与利用不仅意味着相关工作所需容器的整体增加,同时,用火处理技术的增加,小颗粒粮食资源的采集、加工和储藏活动的增加,以及随着人口的增加而增多的社群内和社群间的社会互动,这些都会导致容器的损耗率和对容器的需求有所增长。其中,在一定程度的定居生活中,加工坚果、谷物等不仅是一种新的需求,而且要求炊煮容器能经历热胀冷缩,也会不可避免地加速容器破损。总之,定居程度必定是人们采用陶器的刺激因素之一,因为其制约了食物采办系统(procurement system)应对容器整体需求增长的灵活性,而陶器具有填补供应不足和需求增长之间缺口的潜力,就算没有第一时间被采用,时间预算上的压力总会促使它作为解决方法而被发明。同时,一定程度的定居生活下的多项需求都增加了容器的使用、损耗等整体消费,尤其是小颗粒植物性食物的加工,即直接炊煮法的采用——但这种促进作用并不是因为陶器的性能优越性与之相适应。

总而言之,布朗从经济视角提出的供需模型建立在对以往陶器起源理论的批判性回顾之上,认为陶器的创新是需求与供应的不平衡情况的产物。在定居或半定居的栖居系统下,食物相关因素导致的需求增长与容器生产供应上的更多限制并存,在这种情况下,相较于其他容器,陶器制作相对宽松的时间和劳动力分配、对效率的提升与易于获取的原料相结合,成为采用陶器的决定性因素。因此,陶器的创造与采用并不是对特定功能的适应或对某种具体资源短缺的反应,而是由容器需求和供应上的整体效益所决定的,其中时间和劳动力的预算是关键性要素。

(四)供需模型的应用与再思考

克朗和威尔斯(W. H. Wills)在对美国西南部陶器起源的研究中也采用了技术经济的视角,对布朗提出的供需模型进行了应用与检验。

正如上文提及的,美国西南部陶容器的出现远远晚于农业的起源和对制陶技术的了解,但通过相关的遗迹遗物现象与科技分析成果可以确证的是,最早制作陶器的人群正历经对食物生产具有更大依赖性的明显转向,而陶器的时空模式又清楚地表明,陶器起源与建立在植物栽培基础上的居住稳定性的提升,而非食物生产本身密切相关。对美国西南部陶器起源的已有解释主要是以篮筐为原型的本地起源和从中美洲引入的两种观点,与布朗对早期理论的批评以及对"人类采用陶器是因为其可以预见的潜力而非直接好处"的反驳相似,克朗和威尔斯同样认为这两种解释不能解决美国西南部的陶器起源问题,而应当关注定居程度的日益加强下经济强化的背景,正是这一背景使得陶器在日益定居的社会中能发挥其所长。为解决这个问题,研究对布朗提出的关于陶器起源的经济模型进行了分析,并评估该模型在解释美国西南部陶器起源问题上应用的前景。

首先,研究对供需模型的供应和需求两方面进行了考察,如果布朗模型里的供应和需求适用于讨论美国西南部的情况,那么应当存在的事实是:(1)陶器替换其他劳动密集型的容器;(2)在出现陶器之前,由于现有容器消耗速率加快或新的工作需要新的容器组合,对容器的总体需求增加。

在供给侧,美国西南部的早期陶器主要用于烹饪,也用于储存食物、水和种子,以及作为饮食器。在陶器出现之前,篮筐、袋子、葫芦和土坑曾起到了这些作用。其中袋子和大多数篮筐是劳动密集型的,这四种"容器"平均都比陶器有更长的使用寿命,但它们都不具有陶器生产所能实现的规模效益[①]。在需求侧,他们则讨论了容器的具体用途以及它们如何随定居程度的加强而改变:第一,在觅食仍作为主要食物来源的同时,栽培作物在食谱中的占比显著上升,这与定居程度的加强相关,它们都要求更安全的储存设备,这时隔水且防虫的陶器就明显优于土坑和篮筐,其中保存用于未来播种的种子是早期陶器尤为重要的功能;第二,早期陶器的形制与使用痕迹证实它们很可能用于直接加热,相比陶器出现前的间接加热,直接加热是新的食物制备技术,而且这类容器能够实现的浸泡、湿煮、长时间烧煮、发酵等食物处理方法都能够以增加谷物营养产量的方式强化食物生产,这也是陶器的重要优点。存储需求的增加和愈发强化的食物加工既增加了容器的使用,也导致更多的损耗和破损,同时很可能出现了新的食物加工方式。总之,在供给和需求方面,美国

---

① 规模效益指在一定的产量范围内,随着产量的增加,平均成本不断降低。

西南部早期陶器出现的社会背景与布朗的供需模型有相当高的契合性。

但是，研究从劳动分工的角度考察供需模型，却对模型中将这种新技术的成本视为微不足道的假设提出了异议。美国西南部人群在开始陶器生产的时候处于觅食和园圃农业（horticulture）的混合经济的社会中，相关的民族志记录让我们能够了解制造陶器的决定是在什么情况下发生的。在混合经济社会和农业社会中，妇女不仅在食物获取和生产上承担了大量的工作，且几乎全权负责了屠宰和点火之外的食物加工和制备工作，以及纺织、缝纫、编织、照料儿童等其他家务。当制造陶器以供家庭使用时，妇女同样承担着主要的生产工作，相关的民族志描述和分布于成年女性墓葬中的制陶工具都证实了这一点。而新发展出来的陶器及其相关的烹饪技术也对劳动力有相当的需求，妇女在觅食/种植社会中已经付出了相当多的劳动，她们现有的工作量绝非能很容易地再加入陶器生产，加入陶器生产及相关食物加工活动的成本也绝非微不足道的。并且在时间预算上，美国西南部的气候因素也会导致陶器生产和生计活动之间的时间安排冲突，高地寒冷刺骨的冬天可能使陶器生产活动也被安排在生计活动集中的春、夏、秋季，而这种气候因素却并不会限制篮筐和纺织物。这一地区的陶器生产可能也因此最早出现于亚利桑那沙漠南部，这里冬天的气候较为温和，能减少这种冲突。

就美国西南部地区古代期（Archaic）末段的历史进程而言，公元前300年至公元300年，流动小群体是这一时期的主要社群形式，他们采用觅食与种植的混合经济，在冬季有定居点，妇女已经承担了繁重的工作。在公元元年至公元400年间，人们开始建立更大的村落，强化了居址的使用，妇女的工作在原有基础上又加入了陶器生产和强化的食物制备，这需要新的技能、新的工具、对新加工技术的学习，以及在食物加工和水与燃料收集上的额外时间付出。克朗和威尔斯认为与布朗的供需模型相悖的是，陶器生产在这时并不能轻易地加入美国西南部妇女的生产生活之中，这也是陶器生产的出现远远晚于农业起源的原因，它造成的时间安排问题增加了妇女的工作负担并与农业和采集活动相冲突。

那么既然如此，美国西南部地区人群为什么最终还是采用了陶器呢？克朗和威尔斯认为可能存在许多独立的或者互相关联的原因。第一，随着对种植业依赖的增加，觅食、种植和食物加工之间的时间安排冲突加剧，这时出现的陶器及由相关食物加工技术制成的食物产品有助于更早地引入固体食物而使婴儿断奶，使妇女能够在生计活动中起到更多作用，这也可能缩短生育间隔，增加生育频率，从而导致人口变化。第二，大致与陶器同时出现了新的玉米品种，其加工工艺可能与早期品种不同，这促使烹饪技术发生转变。第三，使用陶器的烹饪技术可能使人们消费食物的营养值更加平衡，尤其是妇女能获取比以往更多的关键营养物质。第四，陶器实现的新的食物加工方式能够加强对已有谷物的营养获取，在定居程度日益提高的阶段，扩大种植面积、提高种植密度和改进食物储存加工技术是增加对作物有效营养获取的三种方法，第一种方法在人口密度和居住地规模都很小的情况下很难实现，基因证据证明第二种方法已被采用，以陶器和食物加工新方式为代表的第三种方法在考古记录中有丰富的案例，与此同时，用于提取营养物质的工具也日益专业化。这些在栽培种植、食物加工和烹饪等方面的强化以提高产出为目标，而不计劳动力成本增加的代价。

总之，美国西南部陶器生产的案例支持供需模型中认为定居是陶器生产的关键社会情境的观点，但是这一时期经济强化的证据表明妇女对生计活动的贡献大于前陶时代，与模型中提出制陶的低成本并不相符，不过，社会、经济情况发生的变化使得这种需要更多成本的容器及相关食物加工技术最终被史前美国西南部的妇女所接受。

可见，从技术经济视角解释陶器起源问题，必须将其置于整体的社会情境之中，从经济学视角的供应和需求两方面进行考量，而探讨又是哪些因素导致了供给侧和需求侧的变化，则必须建立在对特定社会的气候环境、生计方式、社会分工以及社会演进进程的全面理解之上，来剖析具体的原因。然而，另一类观点却没有完全从社会经济活动的视角来看待陶器的使用，而是认为陶器起源的创新性变革主要与社会关系的变化有关。

五、陶器起源的社会视角

从社会关系的视角解释陶器的起源与采用过程已经受到了广泛的关注，其中，肯·萨萨曼（Ken Sassaman）对美国东南部史前陶器采用进程的研究聚焦于不同社会群体之间的关系，而以海登为代表的竞争宴飨理论则主要关注社群内部的关系。

（一）萨萨曼对萨凡纳河谷陶器起源的研究

萨萨曼与詹姆斯·布朗等学者都注意到了陶器起源与生计活动变化的不一致性，以及陶器逐步采用的漫长时间和早期粗糙陶器的长期存在这些问题，但是萨萨曼却并不从技术经济的角度看待这一系列问题，他认为这种观点拘泥于人类社会的结构性、统一性发展，而没有将技术从维生经济和社会结构中区分出来——他对美国东南部的研究不赞同陶器技术与维生经济和社会本身的一体性，因为陶器起源在最初几乎没有对生计组织带来变化，并且陶器的采用与改良历经了极长时间。

此前对美国东南部早期陶器起源有两种解释。第一种解释认为，在流动性下降导致的经济强化的广泛变革之下，生计活动需要更多的时间，也因此出现了贝类捕捞和陶器生产，后者出于提高食品加工效率的需要。但萨萨曼指出，美国东南部对效率提高的需求并不明显，无论社会内部还是外部都缺乏促成技术变化的动因。第二种解释则反向行之，探讨在狩猎采集的社会背景下，采用陶器所节约下来的时间和精力被用来做什么。如果我们认为狩猎采集者面对经济压力时首先想到的是社会策略，那么这种"社会强化"（social intensification）增加了生产所需的时间和精力，从而可能导致技术变革，但是成功应对经济压力的社会策略尽管可能致使个人劳动增加，却也可以阻碍技术变革——这种观点因此呈现出矛盾的对立统一。萨萨曼试图避免过度概括技术变革，而聚焦于具体的地区和历史情况，对这两个模型进行整合，他选择萨凡纳河谷（Savannah River Valley）作为研究对象，不仅因为它是北美最早的陶器制作场所之一，也因为人们对这一地区其他烹饪技术的充分了解提供了丰富的背景信息。

在距今约4 500年前，萨凡纳河谷最早的陶器出现于沿海平原的内陆地区，这类掺和植物纤维的陶器被发现于流动的小规模狩猎采集者群体短期重复占领的淡水小贝丘中。最早的陶器大多是浅盆，底部较为平坦，并且通常唇部加厚或有凸缘。另一类常见的最早陶器是圆底半球形碗，碗壁竖直或微内收，它在最早期组合中占比很少，但在距今约4 000年时开始增多。在早期组合中，碗是用于直接加热湿煮法（direct-heat moist cooking）的容器，盆则用于间接加热湿煮法(indirect-heat moist cooking),从而作为地面上的、可携带的"坑"来使用。

间接加热湿煮法烹饪的食物主要是坚果油、肉和骨脂、腹足动物三类,对它们的间接加热烹饪都远早于陶器和直接加热法的出现。就沿海平原的情况而言,陶器出现前的处理技术就应当能够满足处理这些食物的需求,于是萨萨曼推测,推动技术创新的动力可能来自前陶时代的间接加热湿煮技术所面临的两个问题:加热媒介石材在温度快速变化下容易破碎,因而十分消耗石料资源;烹饪技术将大量的沙砾引入到饮食中,导致牙齿加速磨损。这就涉及陶器发明前就已存在并且进入陶器时代后仍然延续的石煮技术。

距今约 5 000 年前,在萨凡纳河流域中部的河谷山麓,性能优异的皂石(soapstone)开始取代其他石料而被用于制造穿孔烹饪石板[①],它是解决石材消耗和牙齿磨损的天然方法,但是石料的地域性限制使它的扩散较为有限。皂石石板在被引入沿海平原后也长期作为重要的烹饪工具之一。然而,萨凡纳河谷最早的陶器首先发现于离皂石原产地很远的沿海平原,随着陶器的发明与改良,直接加热的烹饪方法日益流行,皂石的使用就很少了。总之,萨凡纳河谷食物烹饪的技术选择似乎遵循着效率不断提高的逻辑轨迹,从普通石料间接加热到性能较好的皂石的间接加热,再到使用陶器的直接加热——但是萨萨曼指出,这种阐释又存在两方面的问题:第一,没有发现萨凡纳河谷的住民对烹饪效率的需求持续增长的内在原因;第二,投入和产出的分析单元是个体或个体生产单元,而未考虑社群之间的社会关系,而这对从萨凡纳河谷山麓地带交易到沿海平原的皂石尤其重要。

为了解决这些不足,萨萨曼借用了"社会再生产"的概念,即指个人为再生产所必需的条件而采取的社会行动,包括相互交换、建立联盟、防御、边界维持、婚姻等,这些个人之间涉及义务的任意行为往往会导致或抑制技术变革。就萨凡纳河谷的烹饪技术演进过程而言,使用传统石料几乎不涉及个人的社会义务,而皂石的采用可能导致一套完全不同的社会关系,离产地极远的沿海平原使用皂石的经济效益未必高于采购成本,那么皂石的采用可能并

---

① 石板上的穿孔用于把火中的石板用棍子或鹿角尖从火中转移到容器中,参见下书中的介绍:Travis Hudson and Thomas C. Blackburn, *The Material Culture of the Chumash Interaction Sphere*, vol. 11: *Food Preparation and Shelter*, Menlo Park, California: Ballena Press, 1983。

不在于其材料优势,而是作为一个广泛的、分散的贸易伙伴网络中的一种交流媒介,象征着当地居民之间的互惠关系。

这里就呈现出一对矛盾的对立统一:沿海平原的居民为留住贸易伙伴而不得不从事非维生生产,这增加了对个人时间和能源的需求,因而产生了采用陶器技术的动机;而在这个贸易网络之下,至少两个世纪之内,沿海平原的皂石使用者都只将陶器作为间接加热的工具,而生产皂石的山麓地带居民也始终没有采用陶盆作为间接加热的容器。萨萨曼认为,在这个相互依存和相互承担责任的网络中,选择不使用更高效的容器技术所带来的个人损失被社会效益所抵消,在这方面的社会再生产优先于个体生产。

那么,在距今约4000年以后,陶器直接加热烹饪最终在整个地区被采用时,这种技术是否威胁到了以皂石交换为基础的社会义务的延续?尤其是在皂石的交换网络下,直接接触皂石的个人比其他人更能够操纵联盟、控制劳力,这种实际利益或地位权力也会在公共仪式的背景下合法化。

这里值得注意的是,新技术的传播与整体性采用的过程存在一定的滞后性。距今约4000年后,萨凡纳河流域中部的定居模式出现了变化,出现了相对较大规模的聚落,同时一些高度装饰性的陶器在公共仪式和宴飨的情境下被使用,而表面的烟炱痕迹表明人们正是采用了直接加热烹饪技术——尽管这时新的烹饪方式已经出现,但其被用于在宴飨的公共情境中重新确立社会义务和声望地位,而绝大多数容器都仍以传统方式使用,个人劳动分配中的需求并没有因技术变革而得到满足。在这一社群交流频繁的时段,传统关系和新兴技术的矛盾从两个方面得到了解决,从而使陶器技术开始传播:一方面,陶器和直接加热烹饪技术的创新可能为分散群体之间的广泛联盟提供了条件;另一方面,陶器上个性的、高度多样化的风格表达可能也是对于实现联盟的一种努力,因为那些能够向他人展示积极形象的人更有可能在对经济安全至关重要的延迟互惠关系中取得成功。

而距今3500年前后,萨凡纳河流域中部的向心力消失并导致社会景观彻底重组,人群交往的密切程度降低,分散的联盟网络取代了原本集中的网络,而这种社会状况同样促进了直接加热烹饪创新的传播:随着传统社会秩序的解体,个体生产模式也发生了转变,个人开始寻找新的解决劳动力需求的方法,陶器风格作为个人表达的媒介而迅速发展;不久之后,陶器上的精致装饰消失,这也许反映了社会秩序的稳定时期,或者陶器的表达媒介功能消失。同在这一时期,美国东南部的其他地区也开始使用陶器,萨萨曼认为,向西的交流和萨凡纳河流域中部与沿海地区的情况相似,皂石贸易同样起到了抑制技术创新的作用,因为直至距今 2 500 年左右支持波弗蒂角(Poverty Point)交换网络的社会结构解体后,陶器才在美国东南部地区广泛使用。

总之,萨萨曼对萨凡纳河流域及美国东南部整体的陶器起源问题的探索,将社会关系,尤其是社群之间的交往与联盟作为生产的先决条件,而反对从孤立的生产单元来评估其投入和产出的观点,由此社会再生产成为经济性内因和气候等外因以外的决定因素。在特定的社会背景下,个体劳动的生产率屈从于对社会义务的延续,并受到权威个体的操纵。

(二)海登的"威望技术"理论

同以社会关系作为切入视角,布莱恩·海登则着重于社群内部的社会关系变化而促成的新技术采用,他的出发点更与布朗的供需模型恰恰相反,前文提到供需模型是为了解决早期原始性陶器的长期存在问题,而海登的"威望技术"(prestige technology)相关理论则是针对某些地区最早出现陶器的精致性和高技术水平而做出的推论。

海登区分了实用技术和威望技术:实用技术所基于的原则是以尽可能高效的方式执行任务,花费的时间和劳动越少越好;威望技术所基于的原则是展示或炫耀自己的财富、权力或对劳动力和资源的控制,花费的时间和劳动越多越好。在人类漫长的历史中,直至旧石器时代晚期才出现"威望"的物质证据。海登反对威望技术的出现与晚期智人的基因变异相关的观点,因为不是所有智人群体都产生了社会经济的不平等和威望技术,并且发展出的威望技术也会一度消失,晚期智人以前的群体也有相当的复杂性。因此,他基于文化唯物主义和文化生态学意义上的经济学思想来解释威望技术出现,并主要关注一般的(generalized)狩猎采集者和复杂的(complex)狩猎采集者在经济竞争方面的重要区别。

对普通的狩猎采集者来说,资源的稀缺性、难预测性和脆弱性使得分享食物是绝对必要的,唯有当生产和储存技术提高,才有条件出现私有化、定居或规律流动的栖居方式、经济竞争和因此而产生的社会不平等——在这些状况下,威望技术才会在狩猎采集者中出现。农业的出现通常放大了复杂狩猎采集者的这些行为,因此复杂的狩猎采集者和简单的园圃农业者具有很强的相似性。当达到上述条件后,每个社会都会出现为自己或家庭获取利益并用于炫耀的"野心家"(aggrandizing individual),他们发展威望技术来宣传他们的成功并吸引拥护者,这种趋向或许是人类社会所固有的。

海登着重考察了金属、奴隶制与手工业专业化以及食物生产与宴飨,说明陶器是威望技术的铺垫。金属最早在复杂狩猎采集者中出于威望目的而使用,在金属作为威望技术发展到一定程度后,人们才开始意识到一些金属混合物比石质工具更具优势。金属是一种理想的威望媒介,非常适合用于展示经济权力,原因在于:最常见的金属是柔软而具有可塑性的,能在常温下捶打成各种装饰形状,最初这种柔软性也使其不适用于大多数实用目的;金属相对稀少,在获取和加工上需要相当的时间;金属闪闪发光的外表很能吸引人的眼球。奴隶制和手工业专业化,最初很可能也是作为展示权力与威望的机制而出现在了复杂狩猎采集者中。最早的专业加工珠宝、棉毛织物、精织的篮筐、黎凡特的磨制石器,以及最早的砖石建筑、石灰、拱门等都可能是用于展示财富和权力的劳动密集型产物。

驯化植物和动物也可能是在互惠性或竞争性宴飨中使用的威望技术。竞争性或互惠性宴饮起源于债务操作下的权力获取,除了准备的食物本身,盛放食物相关的技术同样与展示威望有关,使用的容器应当也是想要表达其特殊性和吸引力。海登认为,这也是世界通行的文化特征——在世界各地都出现了早期工艺精致的陶器例证。

在此前没有陶器的复杂狩猎采集者和早期园圃农业者中,陶器与金属作为威望技术的起源更为近似,很多属性都使其适用于展现威望,例如它同样作为一种新奇的事物,磨光后表面闪亮,在制作上需要高度的专业性,是劳动密集型工艺且工序复杂,并且陶质也具有高度的可塑性而能实现独特的形状,对陶器的故意破坏行为也能成为对财富的显示。陶器的发展也为威望食物打下了基础,如需要长时间煮、酿造或过滤(straining)的食物产品。

如果陶器作为威望物品的起源成立,那么会有一系列逻辑预期:第一,最初的陶器功能是加工或盛放食物,陶器应当迅速发展出劳动密集、专业化生产的高度装饰的形式,并且这种生产受到控制;第二,威望陶器应当在各类重申交换关系、宣传群体财富和成功的场合出现,包括婚礼和葬礼;第三,陶器技术的起源和最初传播应发生在出现社会经济不平等现象的社会中,这类社会包括复杂狩猎采集者和多数的农业群体,他们可能举办竞争性或互惠性的宴飨来创造盟友或财富交换伙伴。其中,宴飨仪式在不平等的社会经济体系中起到重要作用,组织者以娱神为目的举办宴飨,获得社群中大量家庭的协作来进行额外的劳动生产,以准备精致的或不同寻常的物品。对仪式有掌控权的宴飨组织者能在各种意义上操纵参与者。尽管粗糙的陶塑像是否用于仪式仍有争议,但陶器的可塑性适用于表达仪式中的意识形态,这使宴飨假说始终具有可能性。

虽然一些考古记录显示陶器最早是作为实用技术而出现的,但海登认为通过将威望技术的动态发展过程纳入考虑,这些情况同样可以被纳入陶器作为威望技术的起源解释。威望技术出现后的技术进步可能发展出在实际领域的显著用途,这种进步后的新技术在周边地区推广,而接受实用性新技术的地区完全可以不具有威望技术起源的竞争性宴飨结构。就陶器而言,即第一批陶器作为威望物品出现,随后的技术改进创造了用于烹饪或储存的实用陶器技术,这种技术很可能首先在外围那些社会经济系统不支持威望技术的地区出现。也就是说,在每个社群各自的进化视角下,陶器作为威望物品和实用物品都可能是独立出现的,但威望陶器在整个地区内可能率先出现。威望技术动态发展过程的另一个方面是,当很多人能负担得起威望技术时,贵族阶层就会放弃原先的威望形式,转而开发其他多数人无法承担的技术和产品,或者对原有的威望技术进行改良增值。

海登将陶器的起源视作一种威望技术,在社会经济不平等的情况之下出现,因而产生了充足资源下的经济竞争和由此而来的野心家,为了以仪式、宴飨的形式稳固地位与权力,一些获取或加工成本高的物品、技术、生产形式被发展为威望物品或威望技术,陶器可能像金属一样因其技术复杂、新奇和美观而被作为威望产品,或者作为食物加工和盛放的重要媒介而成为宴飨系统中的一部分。海登与萨萨曼都关注到了个人在新技术传播中的作用,萨萨曼主要关注社群之间的社会关系与义务对技术传播的影响,而海登更强调社群内部社会关系的变化,即社会经济不平等之下,作为野心家的个体对新技术的促进作用。

（三）赖斯的多元化分阶段框架

上述研究从技术经济或社会关系的角度对陶器起源问题进行了理论性的解释，它们实际上更偏重于陶器的采用过程，布朗明确地将陶器的最初出现作为采用过程中的一部分，萨萨曼和海登关注的是社会关系对陶器这种新技术的抑制或促进作用，这些理论都呈现出更强的包容性和概括性。赖斯对世界范围内早期陶器起源的总述与研究则主要关注陶器作为容器的创始，即将重点放在起源的事实与途径上，因而为研究"为何起源"打下基础。

赖斯首先关注的是陶器"何时起源"与"如何起源"的问题，她从这个角度回顾了关于陶器起源的概念与理论。在概念上，陶器技术本质上是由黏土的使用、火对黏土的加工、使用黏土与火制成容器这三个因素实现的，而至少在旧石器时代晚期的初始阶段，黏土原料和容器形式仍然分属威望技术和实用技术这两个不同领域。在陶器起源的理论上，她汇总了那些更具有可证明性的假设，包括建筑、烹饪假说、资源强化和社会/象征性阐释，而这些理论并非完全互斥的。

继而，赖斯梳理了世界各地已知最早陶器的具体发现时间和地点，其中包括日本农业时代之前的绳文陶器、中国全新世早期各地区的陶器、西亚地区从新石器时代早期至晚期转变中出现的陶器、非洲北部距今一万年以降出现的陶器、南美洲亚马孙地区和哥伦比亚地区的早期陶器，以及中美洲和北美洲自南向北年代渐晚地出现的陶器。她总结认为：未经烧制或低温烧制的黏土制品常见于中纬度地区而形成了"软陶带"（software horizon），欧洲的这类软陶制品可早至旧石器时代晚期；早期陶器多发现于低纬度沿海或沿河地区的非定居栖居模式、非农业生计模式的群体中，这些陶器通常经过表面装饰，也有些有彩绘或陶衣。接下来要解决的问题是，早期陶器共有的环境和外形特征是否为陶器起源提供了线索？在这些情况下，为何陶器以外的其他容器不能满足相关活动？陶器起源与采用过程中，"软陶带"的现象又是如何与其他假说和模型相关联的？

为了回答这些问题，赖斯详述了世界范围内早期陶器出现的背景与使用情况。在自然环境的背景方面，第一，早期陶器出现的自然环境多位于温暖湿润的亚热带或热带地区并濒临水域,虽然必须要考虑海岸线的变化和低温陶器的保存问题,但是这种分布规律仍然是值得关注的:低纬度热带与亚热带通常比高纬度地区有更多样化的环境,温度及降水的季节性变化较小,在陶器起源时期旧大陆的这些地区趋于温暖干燥而新大陆则趋于暖湿,滨水环境通常也是资源丰富且高度多样化、相对可预测的地区;河流也提供了通往内陆的走廊。第二,早期陶器往往出现于以狩猎采集、渔猎或贝类捕捞为生计方式的群体中,有些兼有简单种植业,多样化饮食的加工可能出现对容器的额外需求,有力的生计环境也会促进资源强化利用和定居。最后,早期陶器往往出现于接近半定居状态下的社群中,他们很可能在水边和内陆的营地之间进行季节性的迁徙:水边营地的丰富可利用资源和适于种植或驯化的土壤条件使得这里的定居程度开始加强,而转向以季节性迁徙为代表的半定居,并促进了食物的强化利用和储存,同时人口压力成为推动社群内和社群间社会经济复杂化的重要因素——各种社会要素的共同作用刺激了社会经济强化、身份差异与技术强化的发生,而陶器的产生就是技术强化的一种。

在陶器本身的使用发展情况方面,首先,早期陶器的形态上有一定共性,常见平底的圆形或方形敞口碗、深腹碗、有颈和无颈罐、盘和烤盘通常器型较小,质地包含植物成分、沙土或砂砾,外表有纹饰,罕见有彩绘和陶衣。这些陶器的原料容易获取,器物本身的相对优点是抗热震性较好、容易制造且易于搬运,这表明制作地的黏土具有较高的生坯强度,或者制陶者对黏土进行了选择或制备以保证/提高生坯强度。其次,早期陶器在非定居、非农业狩猎采集群体中被使用,尽管流动性在生产时间、原料获取上限制着陶器制作,仍有很多案例表明这些人群制造与使用陶器。最后,对早期陶器具体用途的研究是很重要的,早期陶器的性能特征适用于烹饪,但并非在火上直接加热,而是间接加热的石煮法,装饰方式适于在烹饪状态下的搬运,缺少烟炱证据也表明早期陶器更可能用于石煮法,同时烹饪时不需要时时照料带来的时间和劳动解放也是一项优势。因此,烹饪可能是早期陶器的主要功能,而相应的沿海/沿河生计环境中,陶器加热赖以存在的大量贝类能降低烹饪过程中的劳动成本,并保留营养,器皿还可能被用于保存种子和水煮植物根茎,以及获取油脂和制作发酵饮料。在储存方面,早期陶器则可能用于储存经过干燥处理的贝类、种子与谷物,但赖斯更支持这种功能倾向于宴飨活动所需的短期积累而非长期储存。在盛食方面，陶器可能的功能体现在社会性储存的两个方面，即展示或炫耀身份信息和作为在社会交换中衡量物品容积的工具，因此早期陶器也可能作为家庭或公共宴飨的盛食容器。

  由此，赖斯对陶器起源问题进行了讨论，她指出对黏土的强化利用开始于世界各地的各个时段，因此陶器起源应当表达为一种包含各种技术水平、技术阶段或技术进程假设的模型，而不是简单的直线发展过程，在世界范围内的人类历史中，这些阶段在时空上可能有所衔接，但没有一个遗址或地区能呈现出模型所包括的所有发展序列；不同地区也存在不同的促进机制，这取决于优势资源的丰富程度和环境条件——因此在方法上，陶器起源与农业起源问题是如出一辙的，赖斯也试图将以上提及的理论整合为一个多元化的分阶段框架。

  首先是软陶的出现与发展过程，就目前的发现而言，世界范围内的软陶生产分为两个阶段。黏土/陶器的"早期软陶阶段"指未烧制的、晒干的或低温烧制的非容器黏土制品，尤其是塑像，主要分布于旧石器时代晚期的欧洲，多位于资源丰富、人口相对密集的沿河、沿海地区，它具有威望技术的性质而无实用功能，这种对精神世界的客体化（objectivations）很可能代表其季节性定居和积累下的社会复杂化现象。软陶的第二个阶段指未烧制或低温时烧制的掺和纤维的黏土制品，主要分布于西亚的前陶新石器时代和新大陆前陶古代期，包括标志物、吊球（sling balls）、珠子、塑像等产品，它们被发现于定居的复杂狩猎采集群体中，这些陶制品仍作为威望物品。

  其次是从黏土制成的非容器威望物品向黏土容器的实用产品的转变，即早期烧制陶器的起源，对这一转变的多种解释也并非互相排斥的。第一，民族志记录显示一些软陶可能作为保存火的容器，从而令人获得了烧制黏土制品的实用知识，根据其发展出不同的功能，这种起源方式既契合于烹饪假说，也可能导向仪式/社会理论。第二，里德提出原始的陶质炖肉锅是此后陶炊煮器的技术先驱，后者是在适应资源强化的需要下出现的，西亚、中国、日本和美洲大陆的部分材料与这种解释相符，这些地区发现的陶器在材质上更关注抗热应力和机械应力；部分容器上的装饰表明其可能延续了展现威望的功能。第三，就为何在已有的篮筐、葫芦、石碗等容器之外还出现了形态相似的陶器的问题，海登提出的经济竞争下野心家的炫耀行为或许刺激了竞争性的技术创新，大型的、长期使用的耐用陶器可能也是其中的例证。

最后考察的是陶器被从前不使用的群体广泛接受或者再创造与依赖性发明（dependent invention）的过程，这又是区别于陶器最初起源的下一阶段进程，发明与广泛使用往往存在长时间的间隔。布朗针对这一阶段提出了供需模型，认为陶器的采用是由容器供需的不平衡促成的，奥尤埃拉-凯塞多（A. Oyuela-Caycedo）持相似观点，指出这主要应用于资源贫乏或不可预测的环境中。另外，根据陶器装饰的流行和几乎没有烟炱现象，也有观点认为陶器仍是作为威望性或仪式性的技术而被广泛采用的。陶器技术在威望性质和实用性质之间的转变，正如上文海登所述具有动态的变化过程。

总之，赖斯指出"没有一个特定的答案可以解决所有时间、所有地点下的陶器起源问题。与此同时，陶器的最初发明与后来的广泛传播也很可能有不同的原因"，尽管广为接受的观点是物质性视角的，陶器作为烹饪容器被视为解决经济/生计问题的途径，然而终极答案似乎仍在于社会/象征领域。在这种意义上，赖斯与海登的观点和皮埃尔·莱蒙尼耶（Pierre Lemonnier）把技术视为社会或文化的建构，并总是某种符号系统的一部分的阐释是一致的。赖斯最后强调了需要更加关注早期陶器的共同环境背景与社群生活生计方式、晚更新世至早全新世时期热带地区遗址在研究陶器起源问题上的潜力，以及早期陶器数据化的具体情境和实际用途。

正如赖斯所总结的，陶器的起源并没有遵循单一的进化路线，而更可能发生在不同环境、不同生计方式及不同时间下的多元发展路径中，不同时空下的陶器起源的过程也有多样的、非必经的阶段。无论从技术经济视角还是社会关系视角对陶器起源做出阐释，都必须从陶器所处的具体社会情境出发，而相比于对已有理论的直接套用，建立在整体社会情境之中的陶器起源研究，对这一特定社会来说才是合理的、科学的。

第二节　陶器与流动性

考古学在研究陶器起源机制的整体框架之外，也在不断探索陶器的采用与人类社会演进的各个方面的关系。陶器的生产过程和物理特性迥异于人类此前使用的篮筐、葫芦、皮囊等容器，与这种差异直接相关的一个方面就是人类的栖居方式，而栖居方式也在很大程度上与人类的生计方式有关，因此陶器的起源与采用和人类社群定居程度的相关性长久以来受到关注。就人类的演化进程而言，人类社会整体上是从流动的狩猎采集者或称"觅食者"，向定居的农人或称"园圃农业者"逐渐转变。在很长一段时间内，陶器被认为是全新世伊始时"新石器过渡"(Neolithic transition)整个系统转型中的一个环节，而与定居、动植物驯化等栖居和生计方式相绑定。然而如上节所述，越来越多的证据表明狩猎采集群体是陶器的最初使用者，在这种情况下，将陶器与新石器相关联的先入之见往往倾向于将流动人群中出现的陶器视为原始的、粗糙的或者不达标的，而忽视其在技术发展和社会交流中的重要意义。由此，陶器在流动社会中的发明与采用过程受到了更多的关注：既然陶器与定居生活的关系并非牢不可破，那么值得探讨的问题是，陶器的生产和使用究竟是如何与流动的栖居方式发生关联、相互影响又共同进化的？

一、北美洲早期炊煮陶器的研究

拉尔夫·林顿(Ralph Linton)是研究北美洲早期陶器形态与功能的先驱，他是最早探讨陶器形态、陶器功能与人类相关行为之间关系的研究者之一。在《北美洲的炊煮罐》(North American Cooking Pots，1944年)一文中，林顿将炊煮罐定义为：任何结构上适用于通过将器物接触火的过程来煮沸食物的陶器，这一定义被广泛引用和讨论；林顿基于他广泛的民族学背景所建立的推论也在后来通过民族学的具体案例及综合分析而被考察，其中就涉及了早期陶器与北美洲流动的狩猎采集群体的一些关系。

（一）米尔斯对陶器形态与生活方式关联性的再探讨

林顿的研究对北美洲炊煮罐形态和人类行为的相关性进行了推测，芭芭拉·米尔斯(Barbara Mills)在其基础上重申了烹饪容器尺寸和形态变异性研究的重要性：器物形态是推断器物功能的重要依据，研究者试图为陶器功能类别的形态标志建立跨文化的识别模式，通过民族学数据得出炊煮、盛食、液体储存和干货储存等功能类别，再尝试以口径、器高、容积、最大径及相关比例作为衡量标准。一方面,不同器类通过形态学变量的识别度有所差异;另一方面,形态学变量最大的变异性却出现在同类功能的器物中,炊煮罐和储水罐的变异性极高——这都表明进一步的研究是必要的。米尔斯以林顿的文章为起点探讨了是什么导致了北美洲炊煮陶器形态的差异,尤其是这些形态差异标志着哪些不同的人类行为。

林顿在《北美洲的炊煮罐》一文中讨论了北美洲炊煮器的平底花形型、尖底伍德兰型和圜底圆形型三种基本形态与分布差异,指出尖底和平底器的陶器功能、炊煮技术以及分布区域都表明了其与流动生活的关联,而在炊煮上具有更高效率的圜底器则可能只被部分农业群体所采用。米尔斯则用具体的民族学数据对林顿的推论进行了评估。

第一,在陶器底部形状与加热方法的对应关系上,与林顿的推论相一致的是,圜底器的确多置于火上,使用石头支撑,平底和尖底器置于火上的较少,但也有用火加热的案例,而非如林顿所说只有圜底形态以这种方式受热。第二,在容器形制与社会的流动性方面,林顿的假设是,农人总是定居的,而狩猎采集者总是流动的,这并不总是正确的。尽管大多数平底或尖底容器由相对流动的人群使用,但并不是所有流动人群都使用平底或尖底的容器,而且使用平底和尖底器物的群体在流动程度上有重要差异,平底器分布区域的人群大体是半定居或循环定居(rotating settlement)的,流动性较低,而尖底器大多发现于高度流动的狩猎采集群体中。圜底器则用于各类栖居模式中,它们被发现于定居的群体中,但同时也在半定居半流动的群体中被发现。可见流动性并不是器物形态的直接相关变量。

于是,米尔斯注意到烹饪容器中的具体内容物与器物形态的关系:平底器似乎更适用于大型哺乳动物肉类的烹饪,偶然也会用于小型哺乳动物、鱼类和新鲜蔬菜;而圜底器则与更多样化的饮食有关,尤其是用于种子作物,但不一定是农产品;尖底器的数据缺失。

米尔斯的研究不仅重申了流动的狩猎采集人群使用陶器的事实,而且考察了陶器形态与流动性之间的关系,从中可以看出,人群的流动性并不直接决定烹饪方法和陶器形态与功能,但是其中的关联媒介是生计方式,更具体地来说是烹饪的食物在很大程度上决定了北美洲陶器的形态,而获取的食物与人群流动性的关系似乎是另一个命题。

（二）里德对食物烹饪方法与陶罐性能的研究

里德(Kenneth C. Reid)对林顿所提出的炊煮罐的定义进行了重新解构与修正，将未烧制的或极低温加热的亚陶器(underfired subceramics)和烧结的赤陶(sintered terra cottas)从烧制的、玻璃化的陶器中区分出来。里德的观点建立在林顿对北美洲早期陶器烹饪肉类功能的关注与对定居和陶器生产关联性的质疑之上，他提出史前的烹饪需求和相应的陶器损耗过程是相互影响的，应该从这一角度理解北美洲早期陶器的考古发现。他结合三个方面的证据来论证这一观点：首先是烹饪食物所需的温度和加热类型，其次是民族志记录中的陶罐作为烹饪工具的使用情况，最后是考古遗址中陶片的分布与陶器烹饪功能的一致性问题。

陶器在狩猎采集的生计模式之下就已经出现，那么要理解陶罐的功能，就需要先考察在这类社会中食物的烹饪方法。里德脱离了传统烹饪方法描述的狭隘性，重新对狩猎采集群体的主要食物和烹饪方法进行了陈述，其中烹饪方法主要分为干、湿两类，前者包括烤(broiling)、烘(roasting)、焙(baking)和炙(parching)，温度范围从150℃至550℃—625℃，后者包括石煮法使用的炖和煮，以及地灶(earth oven)中进行的蒸(steaming)，温度范围从85℃~88℃至100℃以上。其中里德关注的是最早发明的陶器所起到的炖的功能，它适用于烹饪肉汤、从淀粉种子或坚果中提取油脂、从碎骨中提取脂肪，在这些功能上，炖甚至比温度更高的煮更具优势。这预示着在以肉类食物为主的地区，炖所起到的功能是重要的，尤其是在北部狩猎者需要度过寒冬之时。

在民族志记录的炊煮罐使用情况方面，里德对陶罐的原料、形制、干燥与加热、表面处理和用途等进行了概述。其中重要的是，大多数最早的陶罐都是晒干或烤干的而非烧制的，这一操作仅能够去除黏土中的水分而不能分解有机质，也不足以达到陶器的构造，但在每次使用前后，会对陶器内外表面涂油润滑，有些则在内部加衬动物毛皮或膈膜以实现防渗透的性能。此外，在所有案例中的陶器都是用于肉类或鱼类的烹饪以及油脂或脂肪的提取，而没有用于种子或块茎类的烹饪，烹饪方法大部分是湿煮，也就是炖。另一点有启发性的是，尽管这些陶器脆弱易碎，但它们在流动人群中往往被视作完全可携带的珍贵财产,这表明定居和陶器的关联性是不可靠的。

最后,里德对早期陶器的性能特征与保存特性进行了考察。根据火候,陶器及其前身被分为亚陶器、赤陶、土器(earthenwares)和真正达标的陶器,它们在隔热性/导热性、裂纹起裂(crack initiation)和裂纹扩展(crack propagation)、孔隙率等方面各有不同,这也就导致了它们适用于不同的湿煮功能,具有不同的保存特性。其中低温制成的亚陶器和赤陶相对于后来高温烧制的陶器,在石煮法中具有其独特的优势:首先,这些低温陶具有更高的孔隙率,隔热性好而导热性差,结合早期陶器敞口、直腹或斜腹、平底、厚壁的形态特征,它们适用于需要保存维持内部热量的石煮法,而不是置于火上的直接烹饪法;其次,对于需要携带陶器的流动的狩猎者来说,这类低温陶器对裂纹扩展有更好的抵抗性,而对于不常移动但偶然会在家庭环境中遭受应力的陶器,防止裂纹起裂的高硬度就显得更为重要。然而在保存特性方面,冻融循环是北美气候的一大特征,高温陶器在有机物分解后具有的高显孔隙率并不会影响它们在这种环境下的保存,但是低温陶器较高的总孔隙率则很容易使其在冻融循环中损坏,也就是说,北美洲狩猎采集者所使用的这类陶器,在季节性的寒冷环境下很难在考古记录中被保存下来。

里德的研究结合了民族学数据与陶器的性能分析,论证了北美洲狩猎采集人群的烹饪方法以及适用于这种方法的陶器技术,也为这类低温陶器在考古记录中的保存情况提供了解释。

二、中美地峡的陶器起源与流动社会

以上对北美洲早期炊煮器的研究以一定数量的民族学数据为依据,主要关注的是陶器形态、性能特征、具体用途和生产生活方式的关联性,并从这些关联性中得出相关的推论。那么流动社会中的陶器起源可能是怎样一种具体机制,流动的生活方式在什么意义上促成了陶器的发明或采用,从中美地峡陶器的独立起源说中可以窥见一斑。

对中美洲陶器起源的解释以传播论为主,从地理上和时序上看,中美地峡似乎是陶器从南至北传播的桥梁,这种传播论强调美洲各地陶器的相似性,认为中美洲的陶器源自早期园圃农业者的移民扩散,陶器的优越性在于能够增加玉米、树薯、豆类和其他种植物的食物价值,也因此与这些外来食物一同传播。整体上,传播论将陶器的出现视为人口扩张的附属品,认为随着外来农业人口的增加,中美洲本地的狩猎采集者减少了。然而,约翰·胡普斯(John W. Hoopes)认为,简单的传播论模型不能解释陶器技术和风格上的变异性,也不能解决为何使用陶器的问题。1955年,他发表了《狩猎和采集社会中的互动作为中美地峡陶器出现的背景》(Interaction in Hunting and Gathering Societies as a Context for the Emergence of Pottery in the Central American Isthmus)一文,探讨了陶器技术在这一地区独立起源的可能性。他将陶器生产从种植社会扩张、种植传统扩散的背景中剥离出来,而将之与另外两个重要过程相关联,即对季节性丰富的野生资源的强化利用和定居与流动人群的共生关系。

中美洲的早期陶器于距今4500—2500年间出现于多样化的环境中。胡普斯详述了四个地区集中发现的早期陶器,按照目前陶器出现的先后时序排列为:巴拿马中部,尤其是帕里塔湾和圣玛丽亚河流域;哥斯达黎加北部,包括大尼科亚(Greater Nicoya)和圣克鲁斯区(San Carlos)的部分地区;哥斯达黎加中部高地;哥斯达黎加南部的太平洋流域。

巴拿马中部从沿海贝丘到内陆遗址都有陶器发现,以莫纳格里约陶器为代表,测年数据为距今4 800±100年至距今3 180±80年。极度简单朴素的特征表明陶器的生产可能是非正规的(informal),主要形制为大型薄唇深碗,无颈部、领部、支撑部或特殊的底部造型。早期没有装饰,晚期出现了极少的唇部红色彩绘和雕刻图案。

哥斯达黎加北部的早期陶器也发现于多样化的生态环境中,以特罗纳多拉(Tronadora)陶器为代表,测年数据为距今约3 700年。大部分陶器结构简单,主要形制为大型敛口厚唇碗(massive, incurving-rim bowls with heavily bolstered rims)、敞口厚唇碗(wide bowls with comma-shaped rims)和有颈矮罐(squat, necked jars);装饰有雕刻带和精致的贝壳缘压印装饰的平底圆柱形高杯是一种用于盛放饮料的特殊功能器皿。典型的装饰是较厚的红色陶衣和彩绘结合各种各样的塑形装饰技术,包括穿孔、贝壳压印、芦苇压印、宽带雕刻、模制、刮削、凿的复杂应用。

哥斯达黎加中部高地的陶器以拉蒙塔纳(La Montana)陶器为代表,发现于土壤肥沃的大河流域,测年最早为距今 3 465±160 年,最晚为距今约 2 300 年。这类陶器与特罗纳多拉陶器相似,主要形制为大型敛口厚唇碗,也发现了精致的平底圆柱形高杯,但不同之处在于未发现陶衣和彩绘装饰。器型还包括适合用于烤苦木薯饼的陶制烤盘。

哥斯达黎加南部的陶器以科里(Curre)陶器为代表,也发现于土壤肥沃的冲积平原,尚无直接测年数据,据估计年代在距今 3 500 年左右。这类陶器和莫纳格里约陶器相似性很小,而与巴拿马中部的萨利瓜(Sarigua)陶器最为相近,同时也具有很多北方陶器的特征。器型以有颈罐为主,同时也发现了平底圆柱形高杯与烤盘,装饰上较多见以按压与贝壳压印为主的塑形装饰,未发现陶衣和彩绘装饰。

其中前三个地区都证实有前陶时期的人群活动,且与陶器时代的人群具有一贯性。另有证据表明,哥斯达黎加北部陶器为定居或半定居的园圃农业者制造的。

继而,胡普斯评估了陶器出现的文化背景,为理解陶器出现的原因打下基础。中美洲只有巴拿马西部和中部古代期(Archaic period)的社会信息较为丰富,距今 7 000 年左右巴拿马西部的热带森林开始有人类活动,早期的波克特(Boquete)阶段以小股的狩猎采集者为特征,晚期塔拉曼卡(Talamanca)阶段出现了以磨制石器为代表的森林砍伐工具。巴拿马中部丰富的河岸资源则支持人们半定居的生活方式,块根植物、棕榈和其他木本作物是饮食的重要组成。中美洲范围内的普遍现象发生在距今 8 600 年以后,人们采用了焚烧植被的方式促进有用的棕榈品种的扩散,并最终导致了棕榈的高度多样性和广泛分布——总体来看,对本地的块茎类和棕榈等木本植物的强化利用很可能是中美洲种植业之伊始,这一过程早于且迥异于以玉米等外来作物为主导的种植系统。距今 4 000 年左右陶器的出现可能与这种本地长期发展的早期种植而非玉米种植相关,因为专业的玉米种植当时很可能尚未出现,人们使用的资源、石器的形态也没有发生显著变化。与陶器出现发生共变的是居住方式,例如随着莫纳格里约陶器的出现,当地遗址数量变多、规模变大,且有泥笆墙①出现,表明人类活动对土地需求增长,而减少了迁移的机会。胡

---

① 指抹灰的篱笆墙。

普斯认识到巴拿马西部和中部在前陶时期晚段表现为两种迥异的适应状况：(1)在"侵入性"的玉米种植者住在较为干燥的山麓地带时，仍有孑遗的（土著的）密室群体生活在海拔 800 米以上湿润的山地森林中（这种环境对原始玉米品种来说太过潮湿）；(2)原本相同的本地群体出现了经济/生态分裂，在季节性干旱的太平洋沿岸中海拔较高的坡地出现了潮湿森林觅食生活方式和"当地农业"或园圃农业色彩较浓的生活方式的共生关系。由此来看，中美地峡的流动人群和定居人群的动态关系可能在陶器的出现上具有重要作用。

那么陶器与玉米种植业出现以前的生计经济有哪些联系呢？对前种植时代生计基础的进一步分析表明，热带森林中前种植时代觅食社会的生计是略显艰难的，由于富含营养的可食用植物资源少且分布分散，多品种的产量也具有不可预测性，因此在觅食社会中高度分散的小规模人群是明显有利的，后来发展出的一年生作物、玉米和豆类的种植也强烈依赖于以棕榈和阔叶果树为主的传统饮食模式。因此，在中美洲前陶时代晚期强化利用的、周期性采获的木本作物中，胡普斯以棕榈为主进行了深入考察。毛瑞桐（*Mauritia flexuosa*）的淀粉西谷米（sago）不仅为热带雨林中的觅食者提供主食和油脂，也吸引着对人类来说重要的动物资源。这种生计形式也能够平衡传统性别分工下的劳动投入，在这方面甚至优于妇女劳动负担沉重的农业经济。棕榈油对觅食者来说具有很高的营养价值，在棕榈油的生产中，陶器不仅能提供更大容量，在间接和直接炊煮中也都更具优势。以棕榈为原料的饮料，如棕榈酒、吉开酒（chicha beer）与可可（cacao）同样在早期中美洲的社会系统中扮演着重要角色。在供应和储存以外，容器在发酵过程中的使用也是至关重要的。陶器的使用能够极大促进这些食物的生产和消费，并与这些食物的强化利用相辅相成，相较于此前使用的葫芦容器，陶器能够在木本植物资源丰富的时节显著提升利用这类资源的能力。在煮沸、酿造、酸洗和贮藏等方面，陶器既能够加强食物准备的规模，也增强了社群对发酵产品的控制和规划，从而显著影响木本植物对人类生计做出的质和量的贡献。

胡普斯将上述对木本作物的开采利用置于由不同定居程度的各类社会所组成的社会景观中来考量，并结合海登的竞争性宴飨模型，提出了中美洲陶器起源在传播论模型以外的另一种模型。海登在解释农业起源中提出的竞争性宴飨模型同样能为中美洲陶器起源提供内生（本土）因素

(autochthonous genesis)上的解释,认为在资源丰富环境中对 r 策略资源的强化利用催生了竞争性宴飨的现象,而早期陶器则从储藏和处理方面促成了人们对季节性丰富的 r 策略资源的利用能力的提高与面向大群人的供应。胡普斯认为,陶器技术对宴飨活动的价值重点在于:(1)准备大量的特殊食品,如高油食物或酒精饮料;(2)积累和储存这些食品,以供短期大规模消费;(3)为宴飨的参与者提供有效的盛食器皿;(4)作为容器给参与者留下宴飨举办人富裕和慷慨的印象,这种印象对于陶器风格的形成及与之相关的身份识别和竞争十分重要。即便不以宴飨活动为媒介,当从天然丰度中获益的技术提高时,也会极大促进人群的一体化和野生资源的使用效率。在中美洲前种植时代的流动人群中,棕榈等季节性高丰度的木本作物是宴飨活动和食物强化利用的前提,陶器技术可能作为社会整合的促进技术产生于这种背景之下,而相比于陶器,玉米、可可等新作物的引入可能是继发性的。

胡普斯进一步考察了社会交流的动态过程对生计策略、竞争模式和陶器起源的影响,重要的社会交流过程包括食物生产者和觅食者之间的交流,以及此前可能发生的同时期的早期陶器社会和前陶社会的交流。生产可靠的碳水化合物资源的人群能够支持与之相互依存的、半定居或流动的人群,后者更善于利用远离定居地的野生猎物和季节性水果,两类人群的交换能够更广泛地利用整个热带生态系统。这种交换应该是季节性的,取决于两方可获取的资源。从这个角度上看,陶器也有可能是定居人群的技术贡献,它们为与流动人群的交换提供了地点和设备,也提供了共同宴飨的机会。陶器在食物处理和储藏方面的功能随着食物的增加而愈发重要,尤其是为了以后的不时之需而有动机留存食物之时。

有观点认为热带森林的生态系统所提供的营养并不支持纯粹的狩猎采集社会,绝大多数案例显示他们与种植社会存在以资源交换为主的互惠关系,但是哥斯达黎加和巴拿马等国家内的雨林景观并不是均质性的,小范围内就具有多样化的生态环境和生物群落,尤其是河流、湖岸、湿地的资源使得流动人群不太可能具有生计压力。

在巴拿马中部,前陶时代晚期人群似乎同时存在流动的狩猎采集者和早期园圃农业者。流动人群自距今 4 000 年起以森林采伐的方式种植块根作物,在增加碳水化合物资源的同时也能利用广泛分布的热带森林资源,并保持流动的栖居方式。而早期的玉米品种来源于干燥的高地而并不适合于热带森林,因此早期园圃农业者降低风险的一种方法就是通过与流动人群达成互惠关系,而考虑到狩猎旺季与收获季节是同时的,这种互惠关系能在定居和流动两方面策略中实现。在这种情况下,举办宴飨的重要动力之一就是增强两方的互惠关系,从而促进交换、鼓励集中劳动力(pooled labor)。陶器可能就出现在定居和流动人群的动态关系之中,尤其是在生计策略迥异的群体之间需要维持关系的情况下,定居人群可能以新技术来准备和供应大量食物与饮料以报答流动群体的贡献。对不同群体注意力的争夺和社会景观的多样化,很可能是区域器物风格和生存策略多样化的持续驱动力:定居人群对木本作物和块根作物的高效处理和制备多余的碳水化合物、脂肪和油脂的能力,都能吸引本身所有资源容易被过度开发或较为稀少的流动人群;当流动人群获取动物蛋白的盈余时,有利的互惠就能够实现——这种资源交换能够对种植生产的增加和陶器技术的传播实现正向反馈,会促进狩猎者和渔猎者使用陶器来制备和运输用于交换的蛋白质资源。

  据此,胡普斯提出了陶器出现的一种假想情境(hypothetical scenario)。随着人口的增加,栖息地出现了更多棕榈树和果树,这种"种植园"是流动的早期园圃农业者为了增加碳水化合物和脂肪的来源而建立的,这种资源会受到不同群体的争夺,因此出现了在种植园附近建立的半永久性的居地,这有助于保护它们免被侵占,同时出现的还可能有对特定景观及其相关资源的所有权意识,而社群中的另一部分人为了利用分散的资源而保持着流动性,整个社群定期聚集在一起消费块根和木本作物的产品。陶器增强了对具有很强季节性的棕榈与其他木本作物的制备、食用和储存,也促进了诸如油脂和酒精饮料的生产,它们对群体间的社会交流具有重要意义。在多种生计策略并存的情况下,根据海登的宴飨模型,通过陶器实现的对季节性 r 策略资源的大量生产和消费,能够加强社会交往,从而扩大生计基础,而这种宴飨既是竞争性的,在维系定居与流动人群的关系方面又是互惠性的。宴飨活动和陶器使用也促成了外来威望食品的引入,如中美洲的玉米和可可两类更为劳动密集的引入食品,它们在引入后也和其他作物和特色食品一同构成了竞争性宴飨的基础,同时宴飨中陶容器的设计也变得日益重要。

  胡普斯对中美地峡狩猎采集社会中陶器本土起源的研究基于本地流动

社会传统的木本种植业，采用了海登关于陶器起源的宴飨模型，并强调多种栖居方式、多种生计策略的混杂与交往，以及早期陶器社会与前陶社会的交往，为流动社会中的陶器起源提供了十分具有参考意义的解释思路。

三、非洲森林中的陶器传统与流动社会

胡里奥·梅卡德尔（Julio Mercader）等学者对非洲伊图里森林陶器传统的研究结合了科技考古与民族志证据，同样支持了陶器技术在混合群体、混合生活方式之间的采用与深入交流，流动群体也是其中的组成。

梅卡德尔等人研究的对象区域是伊图里（Ituri）雨林，它位于刚果盆地东北部的中非森林带东北角，也是非洲裂谷和西部盆地之间的自然和文化边界。伊图里地区大部分为常绿或半常绿森林，分布于森林区的北部和东部，是与稀树草原景观的过渡带，在这里常见的是森林和稀树草原相间的景观。这一地区的文化高度复杂，此处曾经同时居住着分别使用乌班古语、中苏丹语、班图语和尼罗语的四个语言群体（linguistic groups）。目前，中苏丹语和班图语人群仍然定居在伊图里森林，而没有发现尼罗人的存在，森林西部分布着非常稀少的乌班语人群，森林内部的现代人口密度很低，而森林东北部的生态交错带则有密集的定居人群。伊图里森林中现在的狩猎采集群体（如 Efe、Sua 和 Asua）和农业群体（如 Lese、Bira、Baali、Mbo、Mdaaka、Budu 和 Nande）的经营与生计活动是互动的，从而产生了广泛的庇护关系（patron-client relationships）。在中非低地森林的地貌方面，在离东非大裂谷西支裂谷带最近的森林东北部，地堑、嵌岩、突岩和岩厦都很常见，这些地点从古至今都吸引着人类栖居。

测年数据表明这一地区在距今 10 530±50 年的晚更新世开始被人类占据并持续至今，在农业定居发生之前，狩猎采集者已经在森林中栖居了很长的时间。然而现在往往倾向于将热带雨林视为一个统一的区域，而将其作为单一的相互作用区和栖居地，也因此目前主要由班图语族群栖居的中非伊图里森林就普遍被认为是在"班图扩张"的过程中迁入的定居人群。然而从晚更新世直至近代，刚果盆地东北部的外围高地事实上都是赤道非洲各类栖居地的十字路口，该地区连接着非洲大裂谷的区域边界地带：刚果流域的森林

低地、森林-稀树草原交错生态区、裂谷高地、大湖区以及裂谷本身及其外围的稀树草原林地。根据迄今为止的考古学证据，伊图里森林的人类似乎并非源自西部盆地及以西，而是来源于大裂谷，当地居民与裂谷居住者中发现的技术相似性证明了这一点，这种相似性就包括了随时间而不断发展陶器技术。

伊图里森林的农业定居是在几次迁徙浪潮中发生的，最古老的陶器出现于1000年以前最早的农业定居者中，此后各类人群的不断加入与农人和狩猎采集者之间的广泛互动形成了目前的复杂多种族背景。在伊图里森林，陶器引入较晚，刚果盆地中西部的大部分遗址以及整个西部裂谷的遗址在距今2500—2000年就开始了陶器制造，而刚果盆地东北部的陶器起源可能发生在铁器时代晚期，距今大约1000年，农业与定居生活方式的出现也存在同样的时差——在这种背景下可以推测，铁器时代的中非森林可能存在不同的移民模式，而伊图里森林地区可能因为没有适宜农业的环境和资源，而长期作为狩猎采集的传统区域。在这一地区狩猎采集者制造陶器的直接考古学证据与陶器出现的高频率和多样性的间接证据，表明这些地点出现的陶器必然已经超出了与农人偶尔交换的范畴。

梅卡德尔及其同事的考古学数据来自伊图里森林中马伦比（Malembi）、恩杜耶（Nduye）和埃普卢（Epulu）以及三个地点附近的四个狩猎采集者岩厦的全新世晚期地层，民族志数据则为三地各三个现代制陶家庭的制陶原料和制作程序描述，以及在这九个农业村落收集到的现代废弃陶片，这些现代陶工出自两个长久以来在森林定居的群体以及一个最近到达该区域的群体。研究者对采集到的样本进行了切片分析，以识别矿物学组成、进行质地分析，从而了解制备过程，同时在显微镜下进行颜色评估；此外，还通过X射线衍射分析识别矿物相，从而评估烧制温度。

对黏土样本、现代陶器和古代陶片的矿物学识别和比较结果表明：伊图里陶器是由本地黏土制成的，但偶有区域外流入的个例；黏土制备过程较少，天然含沙量高，因而古代时仅有陶渣和有机物可能作为羼和料，人为操作也没有改变陶土的质地；盘筑的成型技术和环状装饰工艺在古今具有一致性；陶器为明火烧制，最低温度范围约为600℃。由此可知，伊图里森林的现代和古代陶器技术具有显著的连续性，因此民族学研究中观察到的行为特征对于推测古代的制陶技术是有意义的。梅卡德尔等继而介绍了现代陶工从原料获取与制备到烧制完成,再到销售的全过程。

在这一研究中最重要的文化意义上的启示是,伊图里森林古今的陶器在分布和制造上都处于多民族的环境中,陶器由不同种族的刀耕火种的农民和使用弓/网的狩猎采集者使用,而大约从10世纪直到现在,伊图里森林的陶器传统都持续地呈现出时空上的一致风貌,在原料获取、黏土制备、成型、干燥和烧制方面具有颇多共同之处。梅卡德尔等认为,狩猎采集者自晚更新世以来的漫长栖居奠定了区域性特征的基础,而1000年前迁入的农业社群带来了陶器和金属等多样化的技术,然而,包括农人与觅食者在内的所有当地人口之间的广泛互动实现了区域内工具的同质化,并且在不同的社会经济和文化背景下长期保持了这些同质化技术。这意味着无论交流是跨越了不同种族还是不同的社会经济行为,狩猎采集社会和农业社会都可以没有明确的技术差异,混合的经济和技术、觅食和耕种群体结合互动的社会是可持续的长期生活方式,而不是向全面农业社会发展的过渡阶段。

由此可见,流动的生活方式并不必然会限制陶器的使用。同时,尽管研究中并未涉及狩猎采集者从农业群体中引入陶器技术的动机,但可以明确的是,流动群体采用陶器也并不意味着他们会改变生活方式而转化为农业定居者,使用陶器的流动社会可能是长期存在的。

四、解决陶器技术与流动生活方式的矛盾

上述三个地区的具体案例不仅表明世界范围内很多地区的早期陶器首先出现在流动的狩猎采集群体中,也为流动社会创造或采用陶器的机制提供了一定思路。以往将陶器使用与定居生活的绑定已然站不住脚,陶器生产的技术、陶器的性能特征并非绝对不适用于流动的生活方式。耶尔默·埃尔肯斯(Jelmer Eerkens)从流动社会与陶器生产和使用的矛盾入手,以北美大盆地西部为例,研究使用陶器的流动群体是如何解决这些矛盾的,从而进一步探讨陶器与流动性的互相影响关系,以及这种技术创新背后的动机。

埃尔肯斯的研究区域是包括莫哈韦沙漠(Mojave Desert)部分地区和内华达山脉西部在内的北美大盆地西部地区,对象是史前时代晚期(距今约

700—100年)的人群。选择这一区域作为研究对象的原因首先在于区域内各人群单一的生计模式和多样化的栖居模式,这里的原住民是流动程度有所差异的各个狩猎采集群体,如欧文斯(Owens)山谷的社群接近定居状态,而莫哈韦沙漠的社群则是高度流动的;其次,对这一区域考古出土陶器广泛而深入的研究基础足以支持考察陶器的生产、使用与流动策略之间的一般关联模式。

埃尔肯斯首先指出了阻碍流动社会使用陶器的五个因素:

(1) 陶器相比其他容器很沉重,在季节性迁移时到处搬运很费力,尤其对于没有驮畜、必须自己背负物品的社群。即使有驮畜,牲畜搬运要付出更多劳动就意味着需要更多的营养和放牧时间。以至于在能量消耗的角度上,其他的轻量容器显然比陶器更占优势。

(2) 陶器容易破损,尤其在居址搬迁的过程中有很高的破损率,虽然可以通过包在柔软材料中以实现缓冲,但包裹与拆开的行为本身也会增加破碎率,更遑论运输等活动中的偶然事故。这些风险尽管小,但也使陶器在流动生活中不如其他容器方便。

(3) 陶器的整个生产周期可以延续数日至数周,尤其是重要的干燥过程往往在需要数日时间的同时,还必须人工进行照管以保证均匀彻底地干燥。流动人群在一个地方的停留时间有可能不足以完成陶器的生产周期,尤其是在一年中的某些特定时节。

(4) 与第三点相关,最适于生产陶器的旱季,也是许多种子、坚果、浆果等成熟而可以采集的时节,并且它们也仅在短期内可以采集,而陶器生产与这种短期采集活动的时间冲突的代价是高昂的,尤其是在必须收获和储存这些大量的植物产品以供未来消费的情况下。解决时间冲突的一种方法是性别分工或其他社会分工,但是即便在狩猎采集者中,植物采集和陶器生产通常也是由女性完成的。

(5) 布朗在供需模型中指出陶器生产相比于其他容器的一大显著优势是经济规模效应,而狩猎采集群体通常人口规模很小,限制了对陶器的需求,从而无从发挥这种优势,尤其在大盆地这样的干旱地区,有限的燃料也使得小规模的陶器烧制的成本相对较高。

总之,陶器技术似乎的确不能适应流动的生活方式,但是北美大盆地的考古学和民族志材料也都表明陶器技术在这种情境下的起源。更值得注意的是,相较于目前看来存在各种"缺陷"的陶器技术,大盆地西部的狩猎采集群体已经能够高水平地制作适应于流动生活方式的篮筐,编织紧密的篮筐可用于盛水,也有足够的耐久性和强度以用于烹饪、储存和盛放(serve)食物——篮筐基本可以完成陶器可以完成的所有工作。那么接下来就需要回答三个密切相关的问题:这些流动群体为何制作陶器?社群的流动性与陶器的生产组织和使用方式是如何互相影响的?这些流动群体如何解决上述五方面的矛盾?埃尔肯斯仍然主要从解决这些矛盾出发,逐步展开这些问题。

首先,解决陶器沉重和易碎问题的一种方法是通过贮藏来避免季节性的搬运。大盆地西部的考古信息也已表明贮藏是一种重要策略,岩厦和洞穴遗址的考古发现中偶见贮藏于低地位置的陶器。此外,陶片在整片区域中的分布相当不均衡。统计显示,尽管这一时期的考古遗址分布于从谷地到高山的各种景观之中,陶器遗存却主要分布于山谷地带、河岸、湖岸的遗址之中。这表明谷地是人们弄碎大部分陶器的地点,同时也可能是人们使用大部分陶器的场所,这些陶器不常被搬运到其他地方。谷地可以获得制作陶器的所有原料,尤其主要的优势是可靠的水源。这种环境也决定了这里的食物资源在时间和空间上是相对可预测的,尤其相较于大盆地西部的其他资源,如松子(pinon nuts)和旱地种子。可见贮藏行为仅发生在相对具有稳定的、可预测的食物资源的地区。

贮藏解决了陶器沉重和易碎问题,同时也会很大程度上影响人们的生活方式,尤其是它将人们束缚于特定地点,从而导致了高频率重复占据和偶尔长久占据的遗址的出现,并可能加强了对这些地点相关食物的依赖,促进了土地所有权(landownership)和领地(territoriality)意识。贮藏行为还可能推动人们调整陶器技术使其更适用于在淡季进行存储,更厚、更坚固的陶罐可能就是这种调整的结果。

其次,对于需要长期停留在一个地点以完成陶器生产周期的问题,可以通过在某地停留更长时间或者更为频繁地占据这些地点来解决。这种做法恰恰导向与束缚和贮藏行为相关的正反馈循环,加强了对陶器生产和存储地点的资源依赖。如果尚无足够的陶器用于未来的贮藏而要进行生产,人们可能需要在收获贮藏资源之前数日(或数周)到达制作地点完成该项活动。而为了解决第四项矛盾,避免陶器生产和采集活动在季节上的时间冲突,作为生产主体的妇女甚至可能在资源丰富的采集时节之前或之后的几个月来到这片土地制作陶器,并存储起来以备将来使用。

而这样的生产状态会促使人们限制陶器生产的时间投入,从而决定陶器的制作方式——大盆地西部陶器的制作技术情况与最小的时间投入原则是相一致的:这里的陶器鲜有装饰,也缺乏大面积的表面精加工,不关注对称性和均匀性,这些都表明陶器是匆忙制造的;陶器使用砂和碎岩石作为羼和料,很大可能来自黏土原料的原有环境中,也体现对生产活动投入很少。此外,如果陶器是在雨季制作,就需要使其快速干燥以避免在干燥时再次被打湿,加入纤维羼和料、将器表制作粗糙、将器壁做薄都能有效减少干燥时间,而大盆地西部的陶器也基本都具备这些特征。其中纤维羼和料虽然不是主要的羼和料,但在大多数陶片中都有发现,这方面也佐证了将陶器制作的时间投入最小化的努力。

最后,关于人口密度低而无法利用陶器生产的规模效应优势方面,考古学和民族志数据的确证实了大盆地西部的人口密度很低,并且统计显示,区域内人口密度和流动程度的高低与陶器生产的多少并没有直接关联,一些陶器密度高的地区反而是人群流动性较高的地区,而一些陶器密度低的区域则具有更高的定居程度。同时,也没有证据表明陶器生产有更高等级的区域层面的组织,如一些专业制陶者利用规模经济的优势为整个区域供应陶器,大盆地西部的陶器生产规模不大,停留在本地家庭或村落层面。但是这也不意味着没有弥补生产成本的其他策略,例如低温烧制以节约燃料、修复裂隙以增加陶器使用寿命等,就可能是对陶器生产成本的适应策略,而这都是为了使陶器与篮筐一样物有所值。

当人们一旦对陶器生产进行投入后,陶器的用途可能越来越广。对研究区域中陶片的分析表明,陶器的形态和尺寸随着时间而日益多样化;人们对这种技术日渐熟悉后,也改变了设计以提升加热效率,并继续做薄器壁,把所需原料降至最少。史前时期,制陶技术在进入大盆地西部人们的生活之后,也逐渐促使日常活动发生了其他的变化。

以上从解决陶器技术与流动生活方式的矛盾出发,解释了流动人群是如何能够制作和使用陶器,陶器技术又是如何与生活和生计方式相互影响的。

贮藏的策略、"束缚"的生活方式、高度预见性的时间规划和对成本投入的控制都是其中的重要部分。而群体的流动程度与生产的陶器量之间几乎没有规律可循，这表明一旦人们解决了与陶器生产有关的矛盾而能够将陶器的生产和使用融入他们的生活方式中，那么他们就可以自由地从事所需要的任何程度的陶器生产，而不受居住流动性程度的影响。不过流动的生活无疑会影响制作陶器的方式，有利于快速干燥、更高的烧后强度（postfiring strength）、整体轻量化和耐用性的设计显然更受青睐。

在可行性的基础上，埃尔肯斯也论述了流动人群为何要制造陶器的问题，与克朗和威尔斯的观点相近，他也认为这一变化主要与妇女对时间和劳动的需求有关。对各遗址植物种子遗存的统计显示，公元 3 世纪以前食用种子的数量极少，而约 1350 年开始，食用种子的密度大大增加，对其烹饪活动已经成为一项重要的生计活动。早期很可能主要使用石煮法，它的效率较低，因为它需要妇女不断地用加热的石头代替冷却的石头，并注意避免烧穿篮筐，陶器则可以置于火上而不需要更多照管，提高了种子的处理能力与效率。

埃尔肯斯也就上述流动人群采用陶器的模型提出了一些考古学上的预期。流动的生活方式对技术的限制很可能会体现在产品的尺寸、形状和重量等物理特性和整体创新性的局限上，并且整体上的技术投入时间很可能较少，只有当人们变得更加定居，工艺变得更成熟后，技术被应用于其他目的，才会在形状、尺寸和风格上精雕细琢。最初用于贮藏的陶器可能没有太多装饰或其他修整，尤其当装饰的目的是传达社会信息时，在这种一年中大部分时间都看不见的器物上进行装饰显然是白费力气。

埃尔肯斯的研究主要探讨了采用陶器作为一种新容器技术时的取舍（give-and-take）过程是如何发生的，在人们改变技术以满足自己需求的同时，也被技术从根本上改变。这种过程有时是快速的、有意识的，有时则是缓慢的、无意识的。流动社会对陶器的采用过程就是对流动与定居的取舍，对各类食物资源和时间规划方式的取舍。在根本原因的问题上，他的观点则与布朗的供需模型和克朗、威尔斯对妇女劳动的关注一脉相承，主要是从技术经济的视角关注妇女对提升效率的需求。

总而言之，陶器的采用与人类群体的栖居方式并没有一定的对应关系，而流动的狩猎采集社会中陶器的出现则是一种耐人寻味的现象。尽管陶器似乎并不适合流动的生活方式，但是流动社会对栖居与生计策略的调整完全可以使之成为可能，而对其背后原因的解释同样存在社会关系上的竞争与互惠和技术经济上的效率提升这两个视角。正如上节所述，世界各地陶器起源的发展路径是多元的，流动社会生产陶器的促进机制也可能是高度多样化的。在采用陶器技术后，一些流动社会逐渐转变为半定居的、定居的种植业或农业群体，而另一些流动的狩猎采集社会仍然长期存在，尤其是在与定居社会的广泛交流情境之中。这些定居社会可能是外来的移民，也可能是由本地流动群体转变而成的，这种各类人群与经济方式在同一片区域的混合状态，也可以作为一种独立而平衡的社会形态而长期存在。

第三节　陶器与领导权的兴起

在对早期陶器技术的起源和采用问题的探索中，以海登的宴飨模型为代表的理论已经成为一条重要的解释思路，这种理论以社会不平等的起源和"野心家"的出现为核心，关注在一定自然环境和人口背景下社会内部关系的变革，以及相关的社会竞争、宴飨活动等现象。陶器的起源被视作社会分化过程的一部分，即一种威望技术或威望产品。从相反的角度来说，陶器研究也成为揭示领导权兴起这一社会演进过程的极佳途径，陶器作为一类数量庞大、分布广泛、功能重要的人工制品，其生产、分配与使用过程能在一定程度上表现人类的各种活动，尤其是与领导权兴起相关的仪式性活动，本节将介绍一些相关的具体案例。

一、社会不平等的起源与陶器扮演的角色

约翰·克拉克（John E. Clark）和迈克尔·布莱克（Michael Blake）对于社会不平等的起源与发展提出了一个具体的、多方面的模型，并且将这一模型应用于中美洲马扎坦（Mazatan）地区社会不平等发展中的技术变革和人口变化问题。

（一）社会不平等起源的模型

克拉克和布莱克首先关注的问题是，为什么人们会自愿服从于非平等的政治制度？他们不认同把社会变革看作对现有社会问题的反应，而将之视为许多个人促进自我强化所导致的意想不到的长期后果。也就是说，从平等主义社会向等级社会的转变是在特殊的历史和技术环境条件下，在区域范围内发生的一个过程，变革的动力是政治行为体之间争夺威望或社会尊重的利己竞争，这类政治人物被称为"野心家"（aggrandizers）。随着时间的推移，一些野心家成为拥有制度化权威的酋长，暂时的威望转化为合法的权威。

在他们所提出的模型中，最主要的假设在于个人行动和社会结构方面。在个人行动方面，行动主体对其所处社会制度的了解使其能够在某种程度上为了个人利益而操纵社会系统的各个方面，而在许多人都要追求自我利益的情形下，他们之间互动的特点是频繁的利益冲突、社会内部的紧张气氛和对行为的社会约束。具体来说，在新兴的酋长国或反平等主义的社会中存在雄心勃勃的男性（"野心家"）争夺威望，但是"野心家"只是努力变得更有影响力而非努力成为酋长——政治竞争的最终结果是制度的参与者所无法预见的。这一论点基于一种特殊的人格类型"野心家"的存在，具有这种心理特征的个体在大多数社会中都可能存在，他们是向非平等系统过渡的必要不充分条件。在社会结构方面，克拉克和布莱克认为所有的平等制度都存在基本的结构性矛盾。平等制度只是以平等机制掩盖了这种矛盾，也即是说所有社会都涉及等级制度和社会评价体系，并为社会不平等奠定了基础。即便是平等主义的社群中，一定程度上对他人劳动成果的控制和对威望的获取也是可能的，区域性范围的生物繁殖和父系血统也在这种社会系统中起到了一定的作用。

与此同时，资源和劳动力的成功配置确保了"野心家"的社会和政治生命，只有特定的环境才能够在区域范围内长时间维持社会竞争与威望获取。资源和技术在社会不平等的发展中起到对个人行为的限制作用，资源可用性和生产力决定了社会炫耀和竞争的潜在积累水平，只有达到一定生产率的、较为可靠的资源或存在这种资源的环境，才能支持通过强化利用而快速增长的劳动力和不断升级的社会竞争。克拉克和布莱克认为任何向非平等制度的过渡都需建立在较长期地获得重要资源的基础上,这些资源支持着迥异于以前制度的新的社会行为,使这些新做法成为习惯。虽然资源的生产率和可靠性对个人行为起到了一定约束作用,但它们本身无法解释社会发展的具体地点、时间或程度,因此另一因素是资源的地理配置和物理特征,它们引导着群体间的互动。

更进一步来说,这涉及人口与社会交流在等级出现方面的重要作用。人口规模的增长并不直接决定等级社会的出现,而是作为复杂社会互动的必要前提。而社群内部和社群之间的互动是建立派系所必不可少的推动力量,这种互动包括贸易、联姻、战争等。为了在竞争中占据优势,"野心家"就需要他人的支持,他们利用创新和冒险来提高声望,说服潜在的受益人相信其创新的能力与价值。反过来说,竞争也是为了维持或扩大这一合作团体或利益集团。最初的强化与竞争很可能发生在社区内的家庭之间,"野心家"首先通过亲属积累可支配的资源,在这种情况下更大的家庭能具有更多的劳动力,更多妻子也能带来更多的亲缘群体作为交换伙伴,更多后代也有助于在日后形成更多的联盟。进一步的强化可能涉及与外部社群,尤其是外部社群的其他"野心家"的联盟关系,在这种情况下,"野心家"试图独占外来的商品、材料或信息,以获得更有效的竞争资源。当一个地区内有多个结构相似的自治社群时,就会形成"野心家"及其支持者之间竞争与合作的复杂网络。就资源获取的环境角度而言,区域地形和景观特征决定了某一社群是处于关键自然和社会资源的中心还是外围;同理,一些人也比其他人更容易接触到更丰富的社会和物质资源,尤其是与各类外部资源密切联系的人。例如开放的聚落体系的中心能够接触到更多的外部群体,那么处于这一社群中心的"野心家"也就具有更大的联盟和资源获取优势,社会变革就更可能发生与持续。由此,相互交流的酋长网络可能转变为一个酋邦网络,并且随着社会竞争水平的不断提高,这一过程几乎不可逆转。

那么回到普通个人在不平等制度中的参与,克拉克和布莱克考察并否定了个体是自愿地结下社会契约,或遭受强迫而加入了不平等制度的传统理论,而认为社会不平等是"野心家"争夺追随者的意外结果。追随者跟随"野心家"是因为他们从中受益而不是遭到强迫,"野心家"的自我强化则是一个基于简单互惠原则的政治过程,"野心家"的慷慨行为是建立联盟的竞争过程,而当追随者无法以实物对等地回报时,就形成了"社会债务",追随者就成了"野心家"的社会资本。如果"野心家"长期处于这种优越的社会地位,就会导致社会不平等的制度化,领导权将传递给继承人,权力巩固的焦点从个体转移到家庭,从而出现等级制度或酋长制。

总之,克拉克和布莱克的模型考虑了社会系统和结构、环境和技术、社会互动规模以及人类的能动性、行动和个性。它侧重于"行动"而不是"反应",主要动机是利己,是追求威望或竞争追随者,策略是竞争性地进行慷慨的行为。

(二) 中美洲马扎坦地区的陶器起源与社会等级的初现

中美洲恰帕斯南部海岸的马扎坦地区是一个具有丰富的资源、环境高度多样化的地区,包括了海滩河口、沿海平原热带雨林及季节性河流和内陆山脉的不同环境区。古典期晚段尚图托(Chantuto)阶段河口区的贝丘可能出自流动人群的季节性积累,约公元前1550年开始的早期形成期(Early Formative)的第一个阶段是巴拉(Barra)阶段(公元前1550—前1400年),这时莫卡亚人(Mokaya)的定居村庄开始建立,同时可能引入了农业和陶器技术。等级差异出现于巴拉阶段的末期,并在随后的洛科纳(Locona)阶段(约公元前1400年开始)出现了更明确的证据。洛科纳阶段的等级体系主要体现在大型、小型村庄的两级定居模式,贵族和平民的不同建筑形式、墓葬形式和获取奢侈品或远距离进口商品机会的不平等,以及附属于贵族居地的工艺专业化和每个大型社区内的再分配现象。

由此,与马扎坦地区等级出现有关的现象包括:(1)从居住流动性向定居的转变;(2)更加重视农业,包括采用玉米和豆类等高地作物;(3)陶器技术的开端;(4)人口的快速增长;(5)手工业专业化的出现。但是这些现象与等级社会的出现并非直接的因果关系,而更适合解释为建立威望和竞争性的慷慨行为(competitive generosity)等基本过程的次级标志(secondary indicators)。其中,克拉克和布莱克评估了人口压力、陶器技术采用以及农业在马扎坦地区发展过程中的作用。

克拉克和布莱克认为,根据上述模型所述,"野心家"的竞争性慷慨行为的目的是吸引更多的追随者,从而实现人口快速增长,增加家庭规模和生育率,因此社会等级会出现在能够承载这些多余人口的地区,并且这一进程是长期利益分配的结果，而非通过武力实现的。他们继续追问，具体来看，马扎坦地区的情况是否符合这一模型？首先，在早期形成期，与生计相关的遗存和工具都表明环境本身的承载能力基本没有发生变化，甚至可能随着农业的改良而有所增加。其次，该地区人口的第一次急剧增长与等级社会出现的时间一致，第二次急剧增长则发生于酋邦国网络向统一酋邦国的政治转变时期。反过来说，如果等级社会是在人口压力下出现的，那么人口增长的高峰期将会早于等级社会出现的时间，可见人口增长是社会复杂化的结果而非原因。最后，现有数据表明早期形成时期的马扎坦地区的土地占用率并不高，也没有发现人口迁入的证据。这些现象与模型的推论都是相符的。

马扎坦地区最早的陶器出现于巴拉阶段，这里莫卡亚人采用了南方的陶器技术。克拉克和布莱克认为陶器的采用是"野心家"之间竞争的结果，陶器作为一种引入的外来技术和产品，成为"野心家"展示个人优势的威望物品。所有巴拉陶器都是制作精细、施加陶衣或装饰的深腹碗，器型与装饰都模仿了当时已有的花式葫芦容器——尽管陶器技术来自中美洲，但风格与其来源地差异巨大。这很有可能因为精心装饰的昂贵葫芦器皿已经在竞争领域发挥作用，具有了本地传统的社会意义。用陶质这种新的介质进行生产可以在提高这类容器价值的同时，保留已有的意义与社会习俗，而不是直接引入对本地人来说不具有文化意义的外来产品。

马扎坦地区最早陶器的优良品质体现了它们的社会政治功能，这时几乎未发现朴素的实用陶器的存在，实用陶器的功能持续由葫芦、网袋、篮筐等来实现。在随后的洛科纳阶段，未施陶衣的陶器变得更为普遍，陶器制作技术更广为人知也更便宜，它很可能已经失去了在竞争性展示中的新颖性。巴拉阶段的陶器设计不适用于烹饪，而适合于制备和供应液体。从巴拉阶段至洛科纳阶段早期发现的大量因加热而开裂的石头也表明长期流行陶器直接加热以外的烹饪方法，而从洛科纳阶段开始，因加热而开裂的石头明显减少，用于烹饪的陶器也开始出现。总之，这些都表明马扎坦地区陶器的最初采用是由于其在竞争性社交展示中的作用，而非出于食物烹饪功能的考量，但随着陶器技术的应用范围越来越广，陶器形式与功能类型也不断增加。

马扎坦地区最早的农业来自高地地区的引入，它很可能也是"野心家"永无止境的自我强化中采用的外来事物之一。农业种植的作物是玉米，它的引入可能可以追溯至古代晚期,但对玉米的研究表明,至中期形成期(公元前850—前650年),玉米都不是当地饮食的重要部分。克拉克和布莱克认为玉米的引入可能还与陶器技术的采用有关,在一个基本食品已经自给自足的体系中,玉米的引入很可能是作为一种威望食品,而不应该被理解为现代人所称颂的史前农业改良项目。正如上文所述,巴拉阶段的陶器很可能是为液体而设计的,陶器及其盛装物具有仪式意义和威望价值,玉米很可能是这个综合体的一部分,它主要用于制作仪式上饮用的酒精饮料或玉米粥(atole)。这不仅能解释这种低产的高原作物的最初引入和相关加工工具的稀少,也能解释玉米在早期形成期饮食中的低占比。

总之,马扎坦地区的人口动态变化、陶器技术发展和农业采用的情况都与上述社会等级出现的模型相符合。其中,陶器技术作为一种创新技术,出现于竞争性的政治环境中,很可能是公共仪式中的威望物品综合体的一部分。最早出现于巴拉阶段的制作精良、装饰精美的陶器可能用于饮料制备和消费,而非用于烹饪等实用功能。

二、聚落内的陶器与仪式

从平等社会到国家的历史进程中,社会等级的性质和发展是考古学家长期关注的议题,针对是什么因素导致了社会等级的出现,研究者提出了不同观点和各种不同的促进因素,有的观点认为社会等级是对人口、环境压力或者社会内部需求的被动反应,也有观点从行为体的能动性角度解释这一现象,而将资源、环境等视作限制条件。而无论以何种视角解释领导权的兴起、社会等级的出现,其核心都在于对资源获取途径的控制,"野心家"获得财富并奖励追随者的相关活动在整个社会中形成了复杂的机制,从而加剧了社会分化。其中,凭借仪式活动操控社会盈余无疑是领导权兴起的重要组成,仪式不仅是"野心家"操控社会劳动力的媒介,也是他们展示与炫耀自我的平台,更重要的是,具有意识形态含义的规律性仪式活动促成了领导权的合法化与世袭化,推动临时领导者转变为正式的领导机构,等级社会作为一种制度而固定下来。陶器作为一种可能与领导权兴起密切相关的威望物品,同时作为一种食物消费的必要工具,其在聚落内的分布情况能在一定程度上帮助我们辨识仪式性的社会活动。

约翰·布利茨(John H. Blitz)着重探讨了聚落内陶器遗存与仪式活动的关系,以及从中显示出来的社会等级。他指出仪式和政治活动具有意识形态的神圣性,并且涉及对资源的控制,这种活动很可能局限于特定地点,具有专门设施,他由此推理认为这应当反映在公共建筑的形态、分布和功能联系上,并且公共礼仪区的遗迹可能保存了研究相关活动的丰富考古学证据,从中可以探索操纵食物剩余、集体仪式和社会等级出现三者之间的关系。

布利茨的研究聚焦于美国东南部密西西比(Mississippian)时期(公元1000年左右)的平台土墩(platform mounds),尽管对这种建筑的意义已经有很多解释,但是大多并没有明确指出与其相关的人类活动,因此他从一个遗址中的平台土墩遗迹入手,试图找到密西西比时期平台土墩用于宴饮和储藏活动的证据。他认为土墩的特征、其中的人工制品和其所处的生态物与社区中的其他地点不同,在其表现出的社会情境中,仪式性宴飨和食物储藏可能增强了正式权威。他将宴飨和储藏所用的陶器作为主要研究对象,不仅因为在很多考古学情境中,陶片是最丰富的遗存,也因为以对陶器功能的普通观察为基础,就能够通过简单衡量陶器功能和尺寸反映某些社会情境。

布利茨研究的案例遗址是位于美国东南部亚拉巴马州汤比格比(Tombigbee)河岸的拉布博溪(Lubbub Creek)遗址。它是沿河的几个小型独立土墩中心之一,位于芒德维尔(Moundville)多土墩区域中心以西55千米处,并与之有着相似的物质文化传统。附近地区是小型农庄的定居模式,并以对玉米的强化利用为特征,通过在筑防中心(fortified center)大规模储存粮食和定期聚集人口确保人群和粮食的安全。遗址中发掘的遗迹包括堡垒栅栏遗迹、护城河或壕沟遗迹、墓地、25个泥笆墙(wattle and daub)结构以及1个平台土墩,发掘重建了土墩的部分形态和建筑顺序,它是带有正方形底座和斜坡的金字塔式平台,叠压在6座上下相叠的建筑遗迹之上。

如果土墩是宴饮、储藏活动的专门场所,那么土墩和村庄里的陶器可能在信息表达上有差异。为此,布利茨将拉布博溪遗址的所有陶片样本分为土墩样本和村庄样本两类,并分别介绍了其具体出土情境和废弃方式,前者完全是由土墩相关活动产生的碎片组成的,后者则来自遗址的多个位置。

根据对芒德维尔陶器的已有研究,布利茨首先考察的是陶器类别与分布情况的关系。遗址中的陶器可以按照质地和形态分类,从质地方面,表面未磨光的粗砂陶器基本具备良好的抗热震性,以磨光陶为主的细砂陶器则器壁薄且耐用,形制多样。因此,磨光和未磨光陶片的比例能在一定程度上衡量饮食活动和烹饪活动。在器型方面,从已有研究可以总结出四类器型,瓶和宽沿碗主要为盛食功能,标准形态的罐用于烹饪或储藏,形态简单的碗则用于烹饪或盛食。然而数据统计分析表明,在土墩样本和村庄样本中,无论陶器的质地类别还是器型类别的分布比率都没有显著差异。在陶器的质地和器型方面,没有证据能表明土墩比村庄发生了更多的仪式相关活动。

继而,布利茨研究了陶容器尺寸这一变量。与容器尺寸相关的因素一方面是制备或盛放食物的量以及相关活动的人数,另一方面涉及食物加工任务即食物相关活动的多样性。民族志研究表明家庭情境内的食物相关活动最为丰富,容器尺寸差异最大,专门情境的食物相关活动有限,因此容器尺寸差异小。如果拉布博溪遗址的土墩是大规模群体的食物消费地点,而村庄的陶器主要由小型家庭使用,那么相对于村庄,土墩的陶器遗存应该有两个特点:大型容器的相对比例更高,容器尺寸范围更窄。在陶器口沿直径与器高的正相关前提下,布利茨测量了有统计意义的陶片口径,并分析了在两类样本中的分布情况。统计结果显示,用于烹饪或储藏的罐和用于烹饪或盛食的碗具有相同的差异模式,村庄样本比土墩样本的尺寸范围更大,其中土墩样本中的大型器很多,而没有最小型的器物——这一结果与上述的两个特征假设是相符的,村庄陶片样本的更大尺寸范围反映了家庭活动的更高多样性,而土墩陶片样本在更大尺寸范围的集中表明了大规模食物消费和储存的集中。

布利茨进一步从土墩与村庄在其他物质遗存上的对比推进了上述讨论,综合论证了土墩是以仪式、宴飨和储藏为中心的专门活动的场所。第一,村庄中常见的实用性石器遗存在土墩中并无发现,在前土墩时期的建筑遗迹中也极少存在,其中更没有这些石器的生产活动。第二,前土墩时期的较大建筑中发现了颜料原材料、用作调色板的石盘、非木地产的云母残片等非实用物品,前两者在村庄中也有发现,而仅发现于土墩区域的云母残片尤其体现了仪式活动的特殊性。第三,动物遗存的鉴定分析表明几种鸟类遗存是土墩区域所独有的,部分鸟类在本地信仰体系中具有重要意义,这些鸟类的羽毛可能用于制作服装或仪式用具。第四,在其他食物遗存方面,土墩区域比村庄区域有更多鹿的下颌骨和前后肢骨骼、鱼类和海龟遗存,表明了土墩区域的食物消费具有独特的社会情境。第五,遗址中的鼠类遗存大部分集中于土墩区域,表明这里很可能是大规模食物储存的地点。第六,布利茨结合了房屋建筑面积和陶器尺寸差异,认为土墩上的这些现象应该出于社群中各个等级的参与者共同参加的仪式性宴会,而非大型贵族家庭的居住遗存。

由此,布利茨对比了普通居住区域和公共仪式区域的各类物质遗存,对相关活动的差异进行了判断。陶容器尺寸为食物相关活动的差异提供了最丰富的信息,表明了活动参与群体的规模和食物加工任务的多样性。拉布博溪遗址所在地区分散分布着强化玉米生产的小型农庄,为了在安全上得到保障而在防御中心支出和储藏粮食,整个区域以经常性人口聚集的关联式的经济为特征,这种情况下,自愿性的宴飨和食物集中存储可能为个人强化提供了平台,这些活动中的神圣性和经常性的仪式推动了社会等级的进一步发展。不同于酋邦形成的自愿和强迫理论的两极分化,在这种农庄与区域中心关联的小规模社会中,自愿建立的盈余处理体系和扩大个人权威的政治策略可能是相辅相成和共同进化的。

三、陶器遗存与仪式活动的等级

陶器遗存也被用于对部分地区仪式活动形式、分级体系更细化的研究。在对当地社会具有相当详细了解的基础上,陶器等物质文化遗存能够为社会分化和政治模式提供重要的佐证。正如前文所述,宴飨是仪式活动的重要组成,因此宴飨中使用并废弃的陶器遗存的统计指标,如专门化生产的特殊器物、区域专业化生产的外来器物、不同功能陶器器类的占比、容器尺寸等,可以在不同的遗迹乃至不同的遗址之间进行对比,从而在一定程度上反映仪式及相关活动的等级。

(一)普韦布洛的百家饭与陶器遗存

埃里克·布林曼(Eric Blinman)对阿纳萨齐(Anasazi)普韦布洛Ⅰ期地穴建筑(pit structures)中的仪式活动进行了研究,考察了陶器遗存对仪式等级的反映。已有观点根据对建筑遗迹的推断,认为普韦布洛Ⅰ期村落的仪式活动按参与规模和活动精致程度存在不同的等级,布林曼以科罗拉多州西南部多洛雷斯(Dolores)地区的麦克菲村落(McPhee Village)为研究对象,尝试通过陶器数据对这一观点进行检验。他参考了已有研究从陶器交换情况和陶器功能方面对仪式或政治活动的性质的考察,将麦克菲村的地穴建筑根据仪式特征性规模和复杂性、平面面积和形状等进行了等级排序,并得出如下推论:如果仪式活动的确存在分级,按仪式建筑的排序反映了对村落仪式活动的不同参与,那么不同级别遗迹中的陶器组合在器物功能或对外交流情况上应该存在显著差异。

麦克菲村落一部分建于公元 829 年,人口在公元 860—880 年间达到高峰,大约有 200 户居民,现存 21 组排房(roomblocks)遗迹。根据地穴建筑内部的侧拱顶(lateral vaults)、中心拱顶(central vaults)和复杂或简单的地孔(sipapus)[①],布林曼从遗存结构较清楚的 20 组排房中识别出了四个层次等级,相应地就可能存在四个等级或参与强度的仪式。第一等级以 5MT4475 和 5MT5107 为代表,其相关地穴拱顶结构在 9 世纪 70 年代从中心拱顶改建为更高等级的侧拱顶,根据建筑组合的大小、特征结构以及仅见于此等级的急剧弯曲的排房排布方式,这些结构被视作村内最强化的仪式活动的地点。第二等级以 5MT4477 为代表,地穴在 9 世纪 70 年代从侧拱顶结构改为中心拱顶,这里在人口高峰期间及以后的仪式活动强度略低于第一等级。第三等级以 5MT5106 为代表,其地穴始终为中心拱顶结构,仪式强化程度略低于第二等级。第四等级以 5MT4479、5MT5104 和 5MT5108 为代表,它们的地穴建筑普遍较小,仅具有地穴结构,是仪式强度最低的。

布林曼继而论述了陶器的交换和功能维度的解释模型,它们虽然可以反映仪式或政治活动,但也受到其他社会背景的影响。在交换方面,公元 840—900 年间,多洛雷斯地区的灰陶是家庭生产的,白陶是分散地低水平专业化生产的,而红陶则在整个弗德台地(Mesa Verde)地区西部是地理上专业化生产的,多来自犹他州东南部。红陶的交换可能涉及美国西南部北方地区的仪式组织,也是统合为更大的仪式共同体的最佳媒介候选,如果仪式与红陶交换

---

① 在美国西南部的基瓦(仪式屋)中,地面中央的一个洞象征着灵魂进入另一个世界——在普韦布洛神话中进入下界,它们有时被刻在木板上(Kipfer, 2021)。

相关,那么交换频率的高低应当与仪式建筑等级的高低相符。在功能方面,布林曼一方面关注用于可识别的烹饪罐和盛食碗两类陶片,两者的比例差异可能反映食物制备和消费的特定空间格局,从而表现仪式中可能存在的宴飨活动;另一方面他同样聚焦于容器尺寸,在口径与容积正相关的前提下主要采用口径数据,其中大型罐可能与社会聚集中的食物准备环节相关,而出现于食物准备相关的遗迹堆积中。

就聚集的社会背景而言,可能存在两种食物的准备和消费的基本模式,分别是"夸富宴"(potlatch)和"百家饭"(potluck),前者是主办家庭主要以自己的贮藏供应仪式,烹饪和进食都发生在主办家庭的房屋中,各建筑组之间烹饪罐和碗的比例应该较为一致;后者则是在其他地点准备食物带到仪式现场食用,这种情况下准备食物的排房中烹饪罐的比例应当相对更高,而在仪式的举办地,碗的比例应当更高。当然,如果食物准备和仪式举办的责任在整个村落中平均轮换,或者仪式性宴飨很少,那么陶器遗存就不会有明显的差异,唯有主办责任分配不同,也就是各社会单元举办的仪式层次不同,那么对排房垃圾堆积的比较应该可以显示上述两种模式之一的特征。

对麦克菲村出土红陶遗存的研究表明,红陶的相对丰富似乎与地穴大小密切相关,而与仪式特征层次略有相关,显示陶器交换与仪式活动存在相关性。但是红陶容器的使用、破损、废弃过程与交换活动在空间上的一致性是无法证明的,尤其是大量红陶器物本身就是与仪式密切相关的装饰碗,因此无法确证红陶的空间分布等级是由交换活动所决定的。不过,在与最高仪式等级相关的红陶遗存中,碗的比例是较少的,这可能因为其他红陶器也在仪式中具有重要作用,也可能是最高等级居民更偏好红陶的交换。

各排房中烹饪罐和装饰碗的统计比例显示,最高仪式等级的相关建筑中装饰碗的比例明显偏高,表明这些结构中有更多的食物消费活动,其他仪式等级的罐、碗比例相近,表明它们更多地进行食物准备且未见明显的程度区别。在容器尺寸方面,由于公元880年前后存在较明显的差别,因此分前后两期进行统计:公元840—880年的统计加入了其他村落遗址的数据以作补充,累计曲线表明最高仪式等级的相关遗存中的烹饪罐相对较小,公元880—900年间烹饪罐口径累计曲线中位数最小的数据仍然属于最高等级的遗存,而其他等级则无明显的趋向。这些证据在一定程度上说明两组仪式等级最高的建筑组合中食物准备活动少于其他组合,更大量的食物准备发生在其他各级排房中。罐和碗的比例尽管受到容器尺寸差异的影响,但最高等级5MT4475和5MT5107中的装饰碗比例之高事实上超出了这种影响。布林曼认为这符合百家饭的仪式主办模式,即食物准备更多在较低等级的地方进行,而其中的一部分是在具有最高仪式等级的地穴中消费的。

布林曼的研究证实了普韦布洛Ⅰ期地穴建筑的仪式聚集功能,并指出百家饭的主办模式集中于最高等级的建筑组合中,而其他等级之间的差异并不明显。研究在陶器遗存方面主要借助了外来器物数量、器物类型比例和容器尺寸作为比较标准,重点对食物准备和食物消费活动在不同地点的发生程度进行了对比,并考虑到了几个衡量标准之间的相互影响关系。

(二)古代玛雅社会的宴飨模式与陶器遗存

古代社会中的宴飨定义并具体化了个人在社会、经济和政治秩序中的位置,而考古学的目标是识别宴飨的古代特征与宴飨起到的不同作用。迪特勒(M. Dietler)将宴飨划分为两大类:区别性宴飨(diacritical feasts)是将社会等级差异的概念自然化的象征性手段,具有排他性;包容性宴飨(inclusionary feasts)则是为了促进团结和平等,但它又比日常家庭聚餐更为公开,规模更大。这种划分也将专门化的盛食用具和食物一同作为个人创造和维持权力的政治货币。丽萨·勒康特(Lisa J. Lecount)应用了上述概念,认为宴飨的模式可以反映政治竞争是如何促成威望物品的生产和分配的,她对古典晚期玛雅社会的宴飨模式进行了研究,以探索其背后的政治本质。玛雅宴飨分为两个部分:一种是以家庭、神、祖先为中心的私人宗教性质的宴飨;另一种是更具政治性质的公共节日中的宴飨。这两方面是互相交叉的,它们的差异能通过考古记录中特定盛食容器的形制进行区分。

勒康特以伯利兹逊安图尼奇(Xunantunich)遗址为研究对象,它是玛雅文明一个中等规模的中心,位于伯利兹河流域,距离大型玛雅中心纳兰霍(Naranjo)不到20千米,兴起于公元670—780年的哈茨查克时期(Hats' Chaak phase),在公元780—850年的古典晚期之末(Terminal Classic)达到顶峰并随之崩溃,公元850年之后衰落,至10世纪被废弃。逊安图尼奇这样的小王国以中心和附属地共同组织起来的分权(decentralized)政治为特征,社会阶层大体有世袭统治者、二级贵族（secondary elites）和低级群体（lower ranked groups）。

建筑是玛雅人的地位象征，勒康特识别出了逊安图尼奇遗址中的以下五类建筑遗存：(1)社群仪式活动和公共生活的焦点；(2)贵族和公务访客的室内活动区；(3)王室居住地，发生王室私人活动及其赞助的公共活动；(4)非王室贵族群体的居住地；(5)平民阶层居住的圣洛伦佐（San Lorenzo）社区，其中又分为社会地位较高的最初定居者和普通的新家庭。继而，勒康特通过文献与现代玛雅宴飨模式试图重建古代玛雅的宴飨模式，尤其在私人/公共、小规模/大规模的维度之外，还着重关注了宴飨活动的包容性/排他性二分式的本质。她指出宴飨活动在玛雅贵族和平民群体中广泛存在，玛雅社会存在包容性的公共宴飨和竞争性的区别性宴飨，其中贵族阶层的家庭宴饮是竞争性的，两类不同形制的宴飨食用的食物也有所不同。

对应于考古证据，勒康特区分了玛雅人使用的五类陶器类型，并主要讨论了小碗、盘和碟、瓶三类的考古学分布情况以及它们在宴飨中的用途。小碗这种个人盛食器的分布表现出其与社会地位的高度关联，它们更多地被贵族用于日常进食和神圣仪式中，平民极少拥有这类陶器，他们可能更多用葫芦盛放圣餐。用于盛放玉米饼的盘和碟分布非常广泛，表明这种食物和相关盛器在小规模家庭宴飨、大规模公共仪式和私人场合中被普遍采用。陶筒形罐用于盛放玛雅仪式传统中使用的巧克力饮品，这类陶器的分布则显示出更显著的差异化，在贵族活动中更为常见。这类饮品及其盛器很可能用于高度严肃的政治仪式，而作为掌权者在私人对话中表明地位的自有财产。

由此，勒康特推论的基础是，个人使用器皿的类型能够展示特定的仪式食物与它们在古代宴飨的宗教、社会和政治方面的角色，她试图借此将宴飨模式差异与维系权力的政治仪式相关联。在考古学证据中，私人性质的圣餐是较难识别的，因为其使用的小碗同样被用于日常进食，且平民对陶碗的使用很少；庆典式的宴飨是最显著的，因为盘和碟盛放的玉米饼和陶筒形罐盛放的巧克力都在这种情境下被集中消费。勒康特尤其关注巧克力在政治上的重要性，这种高价值的威望商品常被用作政治货币，它浓缩了宗教、经济和社会意义，是完成政治仪式的象征性暗示。然而，对这些陶器的功能和含义的解释仍然存在着分歧。勒康特承认陶器这种威望商品在指示古代社会地位方面可能不如其他排他性的地位标志物,尽管筒形罐和小碗集中在贵族群体内,但这些陶器大都仍是广泛分布的。就勒康特对陶器的功能性阐释而言,考古记录显示的有限创新性和区别化表明,逊安图尼奇几乎没有标志政治地位的区别性宴飨,社会阶层内部的陶器组合形态差异大于社会阶层之间的差异。由此她推论,古典晚期的玛雅等级制度并没有复杂到促成真正的高水平食物消费差异化,这表现了古典晚期玛雅小型区域中心相对分权的政治本质,与后古典(Postclassic)时代的阿兹特克形成了鲜明对比。

(三) 阿兹特克的宴飨模式与陶器遗存

宴飨活动是阿兹特克(Aztec)政治进程的重要组成部分,其中所使用的各种陶器用具可以让考古学家研究宴会的各个方面,然而迈克尔·史密斯(Michael E. Smith)等人的研究显示,这些盛食容器的生产和分配并不在国家或者贵族控制之下,而是来自独立生产者的市场商品。

史密斯等首先介绍了阿兹特克的政治和经济的相关基本情况。在政治方面,阿兹特克人口分为贵族和平民两个社会阶层,贵族控制着平民的劳力和土地,在阿兹特克社会中,除了墨西加统治者[①](Mexica emperor)外,从平民到各层级的贵族都以某种形式向上级的支配者进贡。阿兹特克的经济有两个并行的领域,一方面是开放的商业化市场,另一方面是国家控制的土地与贡赋。几乎每个定居点都有市场,这些市场等级不同、开始时间不同,其中流通着多种货币和多样化的商品,也有各种等级的商人。在帝国时期(公元1428—1519年),阿兹特克的市场经济和国家控制经济都得到了扩张和强化,统治者的权力膨胀,中心城市的规模扩展,公共仪式有所强化,更多的外来奢侈品通过进贡和贸易的方式涌入都城。史密斯等对这一社会情境中的陶器进行研究,从功能视角讨论了陶器与阿兹特克社会的关系,他们关注阿兹特克陶器六个功能类别中的盛食器(serving vessels),并将其划分为饮器(drinking vessels)、碗、三足碟(tripod plates)和微型容器(miniature vessels)四个亚类。

史密斯等注意到阿兹特克缺乏国家陶器(state pottery)和贵族陶器(elite

---

① 墨西加人是 15 世纪初建立阿兹特克帝国的联盟中的主力,因此也被称作阿兹特克人。

pottery)的现象,国家陶器指的是由国家控制生产与(或)交换,并且(或者)在统治者或贵族的政治情境中分配或消费的那些陶器。阿兹特克的陶器绝大部分来自市场贸易渠道,而非国家控制的网络,唯有特诺奇蒂特兰城[①]大神庙发现的高度繁复的陶器可能符合阿兹特克国家陶器的地位。此外,墨西哥莫雷洛斯州(Morelos)曾经是阿兹特克帝国两个附属部落的居地,在此发掘的多个遗址均未发现为某一阶级所独有的人工制品,说明那些高价值的或外来的物品是在市场上流通的,而不是由贵族所控制的。在这种情境中,也很难区分考古堆积中的日常消费与宴飨行为。

继而,史密斯等详细介绍了阿兹特克的宴飨模式,并主要关注了其中的三个类别。帝国层面宴飨发生在墨西加统治者邀请附属和敌对方的国王参与的典礼中,参与者是高等级的贵族,目的是获取他们对帝国统治的支持,这大体属于迪特勒提出的包容性宴飨中的"赞助者宴飨"(patron-role feast)。关于城邦层面(city-state level)宴飨的信息较少,但相较于平民简单而匮乏的宴飨活动,这种由城邦贵族举办的宴飨使用特殊的菜肴和消费方式,强化显示了社会地位的差异,属于迪特勒提出的区别性宴飨,但这种区别化并不涉及盛食陶器形制和类别上的差异。另一类宴飨活动统称为仪式宴飨,尽管各类世俗的宴飨都涉及一定的仪式活动,但仪式宴飨专指那些相对于政治或社会意义而更具宗教倾向的活动中的宴飨,活动中除了向神灵供奉以外,很多也涉及在宗教场所对特定食物和饮品的消费。

聚集或庆典活动的类型决定了使用的食物和饮品,以及相应的盛食用器。阿兹特克仪式与宴飨中最重要的特殊饮品是龙舌兰酒(pulque)和可可,它们在阿兹特克社会中具有象征性,与神话和神灵相关联。阿兹特克抄本(Aztec codices)中的记录提供了宴飨使用陶器的信息,大多数食物都有其专属的盛放容器作为其象征意义的一部分,史密斯等集中介绍了盛放龙舌兰酒的罐和碗、盛放可可的高脚杯和葫芦碗,以及各种形态的盛食碗等。考古出土的一些陶器与对宴飨场景的描述相一致,但是大多数考古出土陶器并没有表面处理或装饰性的特征,来区分它们是否被贵族使用或在特定的庆典活动中使用。

---

① 特诺奇蒂特兰(Tenochtitlan)位于墨西哥特斯科科湖的岛屿上,在今墨西哥城的地下,是墨西加人于14世纪中叶开始定居建立的都城,也是他们扩张的起点。大神庙(Templo Mayor)是特诺奇蒂特兰城的核心建筑。

在了解阿兹特克社会中的宴飨模式和相关盛食陶器的基础上,史密斯等梳理了阿兹特克文明主要遗址中的陶器遗存,并对它们的性质进行了判断。首先,在特诺奇蒂特兰城大神庙所发现的遗物是阿兹特克遗址中最为特殊、最为出名的,其中常见的陶器类型比其他遗址更为精致,也发现了很多其他遗址所未见的陶器形制,它们与特奥蒂瓦坎①、图拉②、蒙特阿尔班③等古城的陶器相似,这表明墨西加统治者援用过去帝都的艺术和文化来强化他们作为帝国统治者的合法性,因此这些陶器很可能是在帝国的控制下生产的"国家陶器",且与神庙供奉有关,但是没有发现这些陶器用于宴飨的证据。其次,大神庙附近沃拉多(Volador)遗址的发掘显示,盛食器占出土陶器的绝大多数,从陶器的形制与装饰以及共处的其他遗物上判断,这些陶质盛食器很可能被用于饮用龙舌兰酒的某种宴飨活动,结合遗址位置可以判断相关的宴飨活动是官方准许(state-sanctioned)的帝国层面活动。再次,科泰特尔科球场(Coatetelco Ballcourt)遗址出土的盛食陶器是城邦层面小型宴飨活动的代表,这些陶器缺乏象征性,活动可能是由当地的城邦国王赞助的,与阿兹特克帝国无关。最后,将上述三个遗址的陶器遗存与莫雷洛斯四个遗址的数据进行比较,根据陶器类型及其占比对这些遗址的陶器进行综合考察,沃拉多遗址和科泰特尔科球场遗址陶器的一些特征符合宴飨用器,并且出土地点具有公共属性,表明它们被用于帝国和城邦层面官方准许的公共宴飨活动,但其中大多数陶器的形制与家庭陶器组合并无二致。尽管有少数陶器或与政治中心相关,但没有证据表明它们是在国家或城邦控制下生产或者交换的,只有极少数在家庭情境中未曾发现的个例可能与国家控制有关,其中来自莫雷洛斯的陶器可能是通过城邦进贡途径而来。

---

① 特奥蒂瓦坎(Teotihuacán)位于今墨西哥城东北约50千米处,是玛雅文明同时代的墨西哥高地印第安文明的重要遗址,古城建于公元1世纪至7世纪,城内有大量纪念性和宗教性建筑,作为中部美洲最重要的文化中心之一,其影响广泛而深远,至9世纪末10世纪初崩溃。
② 图拉(Tula)位于今墨西哥城西北约50千米处,是特奥蒂瓦坎崩溃后出现的托尔特克人的主要聚居地,兴盛于公元950—1150年间,至12世纪后半叶在内外冲突中毁灭。后来崛起的阿兹特克人将托尔提克人尊为他们的祖先。
③ 蒙特阿尔班(Monte Albán)遗址位于今墨西哥瓦哈卡州瓦哈卡市以西的一座山顶上,繁荣于公元前500年至公元850年间,奥尔美加人、萨波特克人和米斯特克人都曾居住其中。

最后，史密斯等总结指出，很难从考古学记录中识别出阿兹特克宴飨活动的证据，莫洛雷斯各遗址中家庭举办的贵族和平民的宴飨活动遗存，与日常家庭消费及其他家庭活动遗存混杂在一起，而沃拉多和科泰特尔科球场遗址出土的陶器最可能与宴飨相关，但是，尽管它们分别用于帝国和城邦层面的活动，陶器类型却基本与家用陶器并无不同，唯有陶器器类占比和极少数的特别用器标志着它们特殊的活动情境。总之，阿兹特克社会中并没有出现国家陶器或者贵族陶器的类别。史密斯等认为主要原因在于阿兹特克模式的独特性，即阿兹特克经济中高度发达的商业交换和市场行为。

综上所述，陶器在人类社会各类活动中使用的广泛性，使其成为探索社会分化的重要材料。在人类社会产生等级差异的过程中，仪式以及宴飨活动被认为是团结联盟与竞争炫耀所不可或缺的部分。在这些活动中，陶器用于盛放仪式或宴飨食物的功能受到关注，它们也是威望展示体系的组成，但这并不意味着仪式性活动必然产生专属仪式功能的陶器。除此之外，陶器类型的占比、陶器的尺寸等，与它们在遗迹中的分布情况和共出遗物相结合，也能为这些社会活动发生的场所、具体的内容以及在社会中的等级层次提供重要信息。

第五章

陶器与技术组织

陶器是史前人类社会最主要的手工业生产品之一,对其制作技术组织和生产方式的研究有助于理解过去社会的方方面面。相较而言,技术组织研究侧重于陶器制作的具体过程,关注陶工如何组织制陶技术并做出决策,并试图探讨影响陶器制作的因素。生产组织研究则着眼于陶器生产活动的情境、过程、参与者、意义等,以理解陶器生产在政治、经济和社会中的作用。关于陶器技术组织和生产组织形式,国外学者在理论建构和案例研究方面取得了相当丰硕的成果。

第一节 技术组织

技术组织这一源于路易斯·宾福德(Lewis R. Binford)的概念,自诞生起,就带着过程考古学的烙印。对技术组织的研究聚焦于技术过程,试图识别与描述制作过程中所做的技术选择及其背后原因,并对可能存在的技术变异和变迁做出解释。随着时间推移,对技术变异和变迁的解释,不仅关注功能因素,也逐渐将社会和文化因素乃至个人体质因素纳入考量范围,体现出不同理论范式的碰撞与借鉴。

一、技术风格

希瑟·莱希特曼(Heather Lechtman)使用"技术风格"这一概念探讨技术。她认为考古学家不仅要关注技能和知识体系,也要关注技术的材料、过程和产品,更要关注技术所表达的内容。技术就像视觉艺术、音乐、舞蹈一样,是一种特殊的文化现象,这种现象反映了文化观念,并以技术本身的风格来表达。莱希特曼将风格定义为"内在模式的外在形式表现",认为这种有序的、重复的(redundant)现象构成了文化所具有模式化的结构,并表现为语言、视觉、动作和技术行为的风格。风格通常不能被文化群体内部成员感知或察觉。莱希特曼认同风格取决于结构并具有层次性的观点。

在莱希特曼看来,艺术史上的大多数研究都是建立在学者根据艺术作品的形式、风格特征对作品进行分类的基础上的。考古学家同样依赖于人工制品的风格分类,只是考古学家似乎没有意识到产生这些人工制品的活动本身就是风格的。罗伯特·斯皮尔(Robert F. G. Spier)认为物质文化是人们为人类行为模式的人工物质产品赋予的名称,正是这些行为模式构成了技术风格。技术行为以构成技术活动的诸多要素为特征,这些要素包括操作的技术模式、对材料的态度、劳力组织、仪式庆典等,且它们在形式关系的复合体中以非随机的形式结合到了一起。正是这些关系所定义的构成或形象在本质上是风格性的。也正是这种行为的风格,而不仅仅是任何组成活动所遵循的规则,通过时间被学习和传递。

风格是模式的感性表现,技术风格是主要建立在自然界客位现象基础上的主位行为。通过恰当的研究,考古学家能够描述任何技术风格的要素并确定要素之间的关系。换句话说,如果能够成功界定技术风格,那么考古学家可能触及内在文化模式。因为对一个曾经存在的文化系统来说,考古学家唯一能够近似完整地重建和理解的是技术子系统。并且,考古学家完全有能力依据人工制品的物理、化学属性来重建制作过程,还原从自然资源收集到人工制品加工、修改和最终呈现的各阶段的技术过程,进而复原出古代社会的技术子系统。技术风格源于这些行为事件的形式整合(formal integration),具有重复性,从而能够被考古学家识别出来。

莱希特曼认为技术风格背后是工匠们对其所采用材料的态度,是文化群体对技术事件性质及其结果物品的态度。不过在她看来,比确定技术风格更困难的是论证,要论证的内容既包括是否真正理解了技术行为风格,也包括决定行为的更基本、更深层的文化模式。如果能够做到这一点,考古学将会更接近意识形态、价值观、哲学等过去文化中无法直接确定的方面,因为它们的印记可以通过研究从物质记录中发现的行为获得。亨利·格拉西(Henry Glassie)认为"人类学会制造的物品传统上被称为物质文化。文化是智识的、理性的、抽象的,不可能是物质的;但是物质可以是文化的,'物质文化'包含了人类习得的部分"。

莱希特曼认为人们可以观察到的行为模式取决于研究时分离它们的程度及它们体现出的风格。在某种程度上,风格具有层次性,用来研究行为的分辨尺度和思维运作的尺度可能不同,但是两者之间存在结构性联系。在所能感知的技术风格的水平之下了解文化的基本结构是相当困难的,例如,风格的持久属性与操作的形式化安排有关,而这种安排本身就承载着重大的意义。系统中各部分的交流是风格的支柱,但是风格作为一个整体,一旦被感知,就是一种交流形式。

考古学家要做的是描述有社会意义的行为,并发现这种行为背后的规则。可以在社会意义上阐释的行为和人工制品的整个领域(也即"信息"的整个领域)是民族志研究的关注点。查尔斯·弗雷克(Charles O. Frake)认为"民族志研究试图将无限的可变信息描述为有限共享行为密码(code)的表现形式,这种行为密码是一套使得信息构建和解释具有社会恰当性的规则"。在"社会意义上可以阐释的行为"和"信息"的等式中,隐含着这样的理解:一套共享的文化密码是通过各种沟通渠道表达的,其中包括行为和人工制品。人工制品是恰当文化表现的产物,技术活动构成了这种表现的一种模式。技术行为风格就是恰当的技术表现的呈现。风格本身是一种再现,其恰当性的衡量标准,至少在考古学上,在于风格的重复。正是风格的综合作用和表现的呈现构成了文化信息。技术是表现,是交流系统,它们的风格是交流的符号。技术形式要素之间的关系确立了技术的风格,风格反过来成为更大规模信息的基础。

莱希特曼进一步指出,通过技术风格的表达所传递的信息不是言语信息。近来本土艺术方面的研究支持了非语言表达系统在交流有关自然、社会秩序基本观念方面的用途。她援引了哈洛韦尔(A. Hallowell)对于符号系统的阐述:"外在符号系统需要使用物质媒介作为传达意义的工具……对于智人来说,外在的符号系统通过声音的、图像的、可塑的、手势的或者其他媒介发挥作用,使得人类有可能共享一个意义和价值观相同的世界。没有外在象征系统的文化适应是无法想象的。"技术就是这样的象征性体系。考古学家可以重建人工制品背后的技术,并可能在重建的过程中发现特定的技术风格。文化上可以接受的表现规则体现在人工制品生产的事件中。考古学家应该能够"阅读"这些事件,哪怕不是全部事件,至少也能通过对材料的实验室研究去理解那些技术性质的事件。人工制品所需材料的操纵受限于材料本身的物理和化学结构,材料科学的方法可以解释该技术史。

考古材料中象征性内容的解释是极其困难的,考古学家仅能依赖于这样一个事实:任何图像体系(iconographic scheme)中存在的(或者构成了技术风格的)形式关系,很少完全由环境决定。它们很大程度上反映了文化选择。考古学家要探寻的就是文化选择背后的社会、经济和意识形态规则。

在将技术风格视为现象的同时,莱希特曼并不认为任何一个特定的文化群体只有一种风格。实际上,若干种风格可能并行,每一种风格都是多种因素的结果,这些因素包括技术任务本身的性质、从事技术活动或者活动面向的社会群体、技术事件主要运行的文化子系统、技术操纵的环境特性等。技术行为在所有直接操纵自然或社会环境的活动中是显而易见的,但是技术行为的风格并非如此。例如,世俗物品生产的风格可能不同于圣物制造的风格。在试图解码技术风格所承载的信息时,考古学家必须认识到,在特定的文化群体中,每一种风格所传达的信息可能不尽相同。那么,一个有趣的问题是:在风格相同和信息重复的情况下,这种信息是什么,以及是什么样的社会文化环境激发了承载相同信息的风格?莱希特曼认为技术风格看上去是相似的,无论它们传递的信息是什么,这些信息与贯穿一个社会的文化、技术、意识形态领域的思想体系、价值观和取向有关。对不同子系统中出现类似技术风格这一现象的考古学分析,应该指向整个文化广泛表达的信息,也能让考古学家更好地理解信息的内容及重建风格所体现的那部分文化密码。也许,与特定文化领域相关的风格和在许多领域表现出相似表达的文化内部的风格都将被证明是技术风格的特征。

在定义并解释了技术风格后,我们如何知道这种解释是正确的?如果技术风格本身是有意义的,而且是文化密码的表现,那么一种似乎是本土的、持久的、刺激性的风格,或许就可以作为其他媒介或者其他文化子系统中信息表达的模型。摆在考古学家面前的问题是去哪里寻找这些证据。另外,检验与一组人工制品信息内容有关的假设相当困难,但是考古学家必须做出这样的尝试,以在理解技术领域的理念、表现之间的相互作用方面取得进展。检验必须谨慎,避免掉入明显的陷阱。

总的来说,莱希特曼主张用"风格方式"研究技术体系,界定特定风格的参数有助于从技术中获得与象征意义有关的信息,以及作为技术表现基础的文化密码、价值观、标准和规则信息。

二、技术变迁

迈克尔·希弗和詹姆斯·斯基博(James M. Skibo)提出了研究和解释技术过程及其产品变迁的理论框架,并将之运用到美国东部古代期(Archaic)到伍德兰(Woodland)陶器技术变迁的个案上。

他们采用罗伯特·梅里尔(Robert S. Merrill)和小莫里斯·里克特(Maurice N. Richter, Jr.)对技术的定义:"技术是人工制品、行为和知识的集合,这些知识用于创造和使用产品并通过代际传播。"传统技术研究的重点在于推断古代工匠制作人工制品时候的具体活动顺序。同时,理论层面对于人工制品变异性和变迁的探究也吸引了学者的注意。考古学家们提出了大量关于人工制品变异性抽象决定性因素的高层理论(high-level theory)。在实践中,研究者多根据风格-功能的二分法或者实用功能(技术功能)、社会功能和意识形态功能的区别来划分变异性的各个方面。此外,研究者认识到必须参照材料特性来解释某些变异性。两位学者认为因果关系框架存在相当大的问题:操作层面,难于将变异性划入因果领域;理论层面,变异性的抽象决定因素和人工制品的具体形制之间存在鸿沟,且现在的框架是静态的,研究者们往往将注意力集中于解释差异,忽视了长时间的行为变迁。由此,希弗和斯基博提出临时性的理论框架,从操作层面发展可以辨识的技术功能所导致的变异原则,从理论层面理解抽象的技术决定因素如何影响并改变工匠的行为。

针对已有文献充斥着有关技术知识不清晰的假设和未经检验的论断这一现象,希弗和斯基博明确指出技术知识包含行动方案、教学框架和技术科学三个基本要素:(1)行动方案(recipe for action),指的是将原材料加工成成品的基础规则。依据梅里尔的观点,行动方案包括材料清单、工具和设备清单、技术过程中具体行动的顺序的描述、用于解决可能出现问题的权变(contingent)规则。由此,行动方案试图总结可以解释技术行为的知识。(2)教学框架(teaching frameworks),由模仿、言语指导、动手展示、通过试错自学等组成。教学框架促进知识的代际传播,传递了所有知识中最无形的知识——如何做。教学框架还包括玩具、模型、记忆装置、魔术、语言、神话和传说,从而为枯燥的技术知识提供生动的叙述。教学框架的最后一个要素是基本原理(rationales),即为技术过程特定方面提供的解释。这种解释通过提供权威答案促进学习过程,进而加强教学能手的地位。总之,成功的技术包括完善的教学框架,这些框架连同行动方案一代代传递。(3)技术科学(techno-science),是技术的基础原理,解释了行动方案导致预期产品和该产品发挥其功能的原因。由于每一项技术都建立在一套科学原理的基础上,因此人们很容易把技术看作应用科学。但在非工业社会,大多数技术科学是隐含的,描述所有技术操作的原理中低层次的法则和理论,对于史前(通常也包括历史时期)的技术来说,需要研究者根据现代科学进行建构。

在解释基础概念的基础上,希弗和斯基博提出一系列关于技术知识的假设,并强调对一门技术的技术科学内容的理解是解释技术变异和变迁的先决条件。这需要扎实的现代科学知识基础,否则考古学家很少能解释技术变异和变迁。

技术变迁主要来源于功能领域,即人工制品在所在社会中必须履行的一系列技术功能、社会功能和意识形态功能。功能领域反过来对基本生活方式和社会组织的变迁做出回应。技术变迁的第二个来源是使用情境中的反馈。例如,工匠制作一定形制的工具以满足特定的功能,但是该形制未必能够很好地满足需求,在一些情况下该工匠会不断试验直至达到更满意的设计。技术变迁的第三个来源是制作者的压力,这点在兼职工匠和全职工匠的对比中尤为突出。不断创新的动力最有可能在工匠之间的市场竞争中发展。

至于技术过程，则包含一个来自特定技术选择的行为序列。在技术稳定期，工匠们可能不会意识到这些选择的存在，仅是遵照行动方案；在试验阶段，工匠会敏感于替代方案。技术选择决定了人工制品的形式属性（formal properties），形式属性又影响了性能特征（即人工制品为满足其在特定活动里功能需求必须具备的行为能力）。技术选择和性能特征之间一对一关系的缺乏及两极效应的存在，使得设计一种满足所有活动相关性能特征的人工制品极为困难。两极效应的存在带来了设计过程中的妥协。当然，在有些情况下，试验或者借鉴能够促进重大突破及妥协性能特征的改进。

在寻求增强与功能有关的性能特征时，工匠们会发现技术变迁是有成本的，增强一种或若干性能特征通常导致更高的劳力投入。所以，对于技术变迁的研究，必须关注制作过程本身，尤其是制作和维护容易度。技术过程及其产品的成功与否，也即它是否被接受，是由技术之外（extra technological）的因素决定的。在生活方式、社会组织等非技术因素的影响下，可能形成新的行为模式。

考古学家可以观察人工制品的形态特征并记录它们随时间产生的变迁。由于这些属性是技术选择的结果和性能特征的基础，因此考古学家拥有强有力的证据来研究技术变迁的过程。另外，任何人工制品性能特征的融合都可以体现出妥协模式，这种妥协是由该人工制品在功能领域中的位置及一个社会的社会组织和生活方式决定的。尽管人工制品形式属性是考古学家研究技术变迁过程的窗口，考古学家必须在性能特征方面展开分析。幸运的是，物质文化动力学（material culture dynamics）的原则有助于为人工制品的形式属性和性能特征建立关联。

那么，功能领域的变迁是人工制品变迁的直接原因。与基本适应和社会组织有关的因素冲击着功能领域。通过不同类型人工制品性能特征之间的模式差异，可以假设生活方式和社会组织可能是变迁的基础，其他证据可以用来验证这些假设。研究者也可以从具体的假设开始解释。另外，生产者压力也会导致技术和人工制品变迁，这种情况最有可能发生在家户和村庄生产的产品被区域性分销网络向消费者提供的远距离专业化商品取代的情况下。

希弗和斯基博以美国东南部的陶器为例,通过考察制作容易程度、冷却效果、加热效果、便携性、抗冲击性、抗热震性、耐磨性,考察了古代期到伍德兰期陶器的羼和料从纤维向矿物的变迁。他们的结论是:陶工优先考虑陶器制作技术的简单性和陶器的便携性。在此基础上,和布劳恩有关伍德兰陶器的技术功能分析的结果进行比较,发现伍德兰陶器(尤其是在后期)更强调加热效果和可以提升陶器使用寿命的性能(抗冲击性、抗热震性、耐磨性)。希弗和斯基博将技术侧重的结果放在社会背景中考虑,指出古代时期的社会是以狩猎采集作为生存基础的,可能是广谱经济形式;伍德兰早期,尽管植物性资源在食谱中所占份额很小,但陶器便携性下降,抗热震性加强;随着对农业的依赖和定居,到伍德兰晚期,使用陶器烹饪含淀粉的谷物变得重要,陶器技术随之发生了改变,耐用性和与烹饪相关的性能特征被优先考虑,所用技术科学显著增加,教学框架随之更为复杂,制作过程更加费力,制作成本变高。这些都是为了满足陶器功能而做出的妥协。

三、人工制品变异性

希弗和斯基博讨论了人工制品变异性的本质和原理。在希弗和斯基博看来,直到20世纪中叶,研究者们大多满足于对人工制品的多样性进行时空排序,并用进化变迁(evolutionary change)或文化归属来解释。随着20世纪60年代过程考古学、70年代行为考古学,以及80年代进化考古学(evolutionary archaeology)和后过程考古学的出现,人工制品变异性的解释被赋予了更高的优先级。研究者们从不同的视角给人工制品变异性以理论层面的解释,并将因果因素(causal factors)纳入特定的解释中,这些因素包括学习框架、实用及象征功能、性别竞争和社会权力不对等。

希弗和斯基博重新思考所有人工制品变异的本质和原因,呼吁抛弃受到重视的理论和分析类别(如风格与功能、实用性和象征性原因、技术和文化因素,等等),并试图建立一个能够将所有变异性的原因编织成无缝整体的框架。该框架是关于行为的,建立在具体互动的基础上,这些互动发生在构成人工制品和人的生命史的活动中。

当前的研究聚焦于时间、空间层面的形制变异(formal variability),即人工制品可以观察的物理(physical)特征。时空层面的形式变异是由工匠执行不同顺序的材料采办和制造活动造成的。形制变异的近似解释(proximate explanation)不仅采用一般性的原理,还借助了保存在人工制品本身的痕迹和其他证据,以便为工匠行为建立有根有据的论述。由于不同活动序列产生的人工制品被说成是"设计变异"(design variability),希弗和斯基博提供了指导具体解释设计变异的理论框架,其出发点是:设计由性能(performance)驱动,也即工匠行为受到人工制品在其整个生命史活动中性能的影响。

以往对于人工制品设计的研究,行为模型通常是根据人工制品主要的生命史过程来构建的,如原料采办、制作、使用和维护。这种粗粒度的过程帮助考古学家提供了"一级近似"(first-approximation)的解释。但是,考古学的发展需要研究者将分析重点放在个体的活动上。贯穿于人工制品生命史的整个活动序列就是它的行为链。趋同链段和趋异链段(convergent and divergent chain segments)的概念为研究者提供了描述人工制品制作、副产品(废弃物)产生过程的分析工具。

原料采办和制作过程中的个体活动被称为技术选择。技术选择是理论框架的行为因变量。活动由要素(如人、人工制品、动物等)间的模式化互动(patterned interaction)组成。互动以物质-能量交换为基础,是离散的人-人、人-物、物-物互动。活动的差异(variation in activity)可以用一系列的要素(components)描述,其中包括:(1)要素数量与性质,包括活动表现的社会单位;(2)行为性描述,即活动中所有离散互动及其时间模式的精确列表;(3)活动的执行时间和频率;(4)活动的地点,包括相关的环境参数;(5)能量消耗,通过物理单位或人力投入衡量。

对于用于烹饪的陶器,研究者不仅要关注到与机械、热学和化学作用相关的性能特征,还需要注意一大类感官层面的性能特征。这些感官性能特征建立在人类感觉的基础上,分为视觉、听觉、嗅觉等维度。另外,性能导致一种元素沿其行为链从一种互动发展到另一种互动。需要注意的是,相同的人工制品性能可能提示不同的人做出不同的反应,这取决于工匠的个人生活史及其参与的特定活动序列。

人工制品的形制属性由技术选择决定,并强烈影响性能特征。技术选择会沿着人工制品行为链的多个活动影响性能特征。特定性能特征可以受到多种技术选择的影响,进而导致技术限制的产生,任何人工制品都是基于性能的权衡和妥协。

通过向工匠反馈性能信息,人工制品行为链上的任何活动都可能导致技术选择的性质和顺序发生变化。在理想的情况下,反馈可以促使工匠做出一套技术选择,从而在其所有行为链活动中获得行为相关性能特征的高分值。在现实世界中,不充分反馈之外的多种因素都会导致设计变异,其中最为显著的是工匠的知识与经验。

目前学界已有对工匠知识、经验对设计影响的研究,涉及个体差异、学习框架、感知和决策、教学框架、文化传播、技术风格、技术传统等方面。在文化历史研究中,许多涉及迁移、扩散或者影响的"解释"心照不宣地援引了知识因素。知识和经验的差异可以被看成工匠生活史差异产生的特性。因此,工匠生活史中的活动顺序会影响其与评估反馈有关的表现特征(performance characteristics),尤其是采办和制作活动。这样,工匠们就有了不同的潜在技术选择范围。这种行为模式(formulation)适应了个人表达或风格的差异。希弗和斯基博站在陶工的角度考虑对待知识和经验的行为,提出四种理想化的可能性:(1)工匠在另一个群体学习了制陶技术,并制作了烹饪罐;(2)工匠制造了陶制品,但没有制作烹饪罐;(3)工匠没有制作陶器,而是以其他群体的陶器为灵感来源和模型;(4)工匠既没有使用黏土的经验,也没有模型,因此发明了新的陶器制作方法。也就是说,生命史差异导致的知识和经验差异导致了工匠不同的技术表现(技术选择的不同组合)。

希弗和斯基博提出的框架借鉴了陶器生态学的成果,使得该框架对影响设计变异的情境因素特别敏感。

情境因素被定义为影响人工制品行为链活动的行为、社会和环境外部性(externalities),这种环境外部性体现在每个活动的特定要素中。希弗和斯基博借助案例从十个方面说明应该如何使用情境因素和相关性,来构建性能特征理想权重的期望值。

(1)原材料采办。在传统社会中,原材料的获取能力通常相当于一个人能够用篮子携带的东西。当黏土和羼和料采办与其他活动同时进行时,其他活动限制了陶工获取原材料的距离。由于这些情境因素,原材料可获得性应当被加权。陶衣和颜料的原材料使用量小,采办频次低,故而无须考虑采办的便利性。另外，人们可能耗费相当大的精力来获取陶衣和颜料的原材料。

（2）制作。制作过程涉及一系列影响各种性能特征理想权重的情境因素，如黏土的塑性、干燥收缩率。在黏土缺乏足够可塑性的地区，坯泥的可塑性需要被加权，后者可以通过风化黏土、添加有机物等技术选择来改进。通过影响理想性能特征权重（通常是实际权重），成型技术是制作过程中差异的重要来源，不同的成型技术需要不同的坯泥可加工性（paste-workability）。陶器制造速率也可能影响性能特征的理想权重。如果陶工经常制作陶器，特别是在大量制作陶器的情况下，与制造便利性有关的性能特征就应该被加权。也正是在这种情况下，才可能采用快轮或劳动分工这样的技术选择。陶器制作社会单位的大小和构成也会影响到哪些性能特征是理想加权的。例如，当工匠们一起工作时，陶器的某些视觉性能特征应当被加权。

（3）运输。将陶器从生产地运输至销售地、交换地或者使用地的活动，其模式、距离、运输频率、运输数量和覆盖的地域范围各不相同。需要长距离运输的大批陶器，其可堆叠性（stackability）或嵌套性（nestability）应当被加权。可堆叠性和嵌套性可以通过陶器器身和口缘形态相关的技术选择加强。

（4）分配。陶器分配活动要素存在相当大的差异，有些情况下陶工是陶器的使用者；在具有社会异质性的行为链中，陶工和陶器使用者被商人、批发商和零售商的活动分开。在包括宴飨、集市和展览等的分配活动中，人们通常向潜在的交易伙伴或顾客展示陶罐。根据陶罐（有时还包括陶罐盛放物）的视觉、听觉和触觉性能，交易伙伴和顾客做出各自的选择。人们接受和拒绝陶器的模式为陶工提供了与分配相关的性能的强烈反馈，并影响性能特征的理想权重。

（5）使用。陶器设计对烹饪、盛放及其他使用活动的情境变量特别敏感。例如，烹饪活动要素的差异影响许多性能特征的理想权重；视觉上的互动在陶器的烹饪、盛放活动中发挥重要作用，因此影响性能特征的理想权重，在宗教意识或者在社会活动展示的情况下，视觉性能特征应当被加权。

（6）储藏和取放。使用活动中的储藏和取放会影响理想权重。影响陶器尺寸、形态和表面特征的技术选择影响陶器的可辨别性。可能与住址规模相关的储藏空间的性质和可用性影响着陶器的性能特征。

（7）保养和维修。保养活动是人工制品设计中情境差异的来源。例如，烹饪罐需要清洁,同时用沙子和水清洁的陶罐比仅用水清洁的陶罐需要更强的耐磨能力;如果陶罐的使用地和保养地之间的距离远,可移动性需要被加权。但是,我们无法对维修相关的性能特征赋予权重。

(8) 再利用。陶器(无论是否完整)、陶片的再利用行为相当常见,来自这些活动的反馈可以影响理想权重。如果一件特定的人工制品被高频次地限制于一种新用途,那么该用途中的互动可以影响理想权重。

(9) 预置行为。由宾福德引入的"预置行为"(curate behavior)这一概念,被狭义地定义为把用过的东西从一个聚落运输到另一个聚落。如果陶器需要经常性的长距离移动,那么可移动性应当被加权。

(10) 废弃。仪式性活动中达到了系统情境的终结。如果特定陶罐(包括炊具在内的陶器)在丧葬等仪式中起作用,或者作为随葬品放置,那么这些仪式的体现也应当被加权。普通的非仪式性废弃活动对陶器性能特征的影响还有待探索。

希弗和斯基博进一步区分出主要和次要的性能特征,以及主要技术和次要技术。首先讨论的是主要性能特征和主要技术。由于任意技术选择会影响诸多行为链活动中的人工制品性能,两位研究者假设工匠至少要达到满足主要性能特征的阈值。主要性能特征是一种理想加权性能特征,其阈值必须可靠地达到,以允许或者提示下游活动中的互动,而设定阈值的是行为链下游的活动。人工制品行为链上主要性能特征的顺序决定了工匠面对和必须解决性能问题的顺序。原则上,工匠通常可以使用多种技术选择来解决特定的性能问题。然而,由于技术选择对其他性能特性的影响,每种解决方案都可能产生新的问题。一个成功的工匠(并非所有工匠)会通过一系列技术选择得到主要性能特征都达到阈值的人工制品。以在明火上直接加热的低火候炊煮罐为例,希弗和斯基博识别了六个主要的性能特征:(1)坯泥可加工性,以便陶工可以加工成形状、尺寸合适的容器;(2)容器干燥性(vessel dryability),指成型的陶罐在干燥过程中不过度收缩或开裂;(3)容器烧成性(vessel firability),指陶罐在烧制过程中不会严重开裂甚至爆炸;(4)抗分解性(resistance to disintegration),指盛放液体的陶罐不会分解为其原材料成分;(5)抗热冲击性,指陶罐在反复加热过程中不会严重破碎、开裂或者剥落;(6)炊煮有效性,指陶罐能够达到炊煮其内容物的适合温度范围。那么,制作这种陶罐的工匠必须努力达到这六个主要性能特征的阈值。

参与不同活动的人工制品具备不同的主要特征性能组合。例如，用于石煮法的陶器，可能仅需要满足坯泥可加工性、容器干燥性、容器烧成性、抗分解性和蓄热（heat rentention）这五个性能特征。另外，视觉性能特征也可能是主要的特征。例如，用于宗教仪式的施有陶衣彩绘的陶罐，其主要的性能特征应当包括坯泥可加工性、容器干燥性、可以施加陶衣的器表、可以用于图案绘制基地的陶衣、容器烧成性、用于区分陶器的陶衣和颜料相关的性能特征。

次要性能特征的满足通常位于主要技术选择之后。与主要性能特征不同，为满足次要性能特征不可能阻断人工制品的行为链。因此，次要技术的发展史是对人工制品进行微调的过程。对于工匠费力于次要技术的活动，不能孤立考察，而是要放置在不牺牲主要性能特征或不会彻底影响主要技术整体性的背景下考察。

折中（comprised）性能特征（那些基于情境因素应当被加权但实际上并未加权的特征）揭示了需要注意的其他流程。在社会异质性非常高的情况下，不充分的反馈可能会影响性能特征；在社会异质性很低的情况下，研究者也很容易发现工匠伪造了一些不愉快的折中性能特征，其中包括：（1）技术限制，相关性矩阵通常会产生再多尝试或修补也无法克服的技术限制。为了制作完成后的性能特征而牺牲原料采办和制作的便利性（劳力、技术和材料的低投入）是最为常见的。（2）行为链活动的社会单元之间的冲突和协商，妥协受到多种具体社会过程的影响，通常体现着社会力量的不对等——拥有更大权力的社会单位通常能够将性能特征从理想变为实际的加权。

四、技术选择的情境模型

席勒（B. Sillar）和泰特（M. S. Tite）认为尽管制陶活动的必要性看上去相当明显，且其机制似乎在很大程度上受到材料选择的影响，但是，物质世界促成了多种形式的互动，人们实现目的的方式具有很高的创造性和灵活性。故而，审视制陶过程中的陶工做出的决策有助于增进对于过去的理解。

每个陶罐的制作都需要陶工从可用的原材料、工具、能量和技术中做出选择，因而是一系列可选择技术的成果。考古学家不仅需要阐明技术是如何工作的,还需要阐明技术是如何适应更为广泛的文化情境的。要想做到这一点,最好用的方法是重构生产过程,观察操作顺序中的每一步,思考特定技术、工具的选择。这个步骤被描述为操作链。不过,两位研究者认为不能局限于对特定物品形成过程的线性分析,而是要考虑整体情境。只有这样,考古学家才能解释做出特定技术选择的原因以及该选择的物质和社会影响。这些情境贯穿于决策者的环境和技术限制、经济和生存基础、社会和政治组织、意识形态或信仰体系,影响资源的可用性及替代技术的估值。

所有技术中都包含原材料、工具、能源、技术和操作链这五个主要的选择领域:(1)原材料,如黏土、羼和料、颜料、水、陶渣等;(2)用以成型的工具,如刮削工具、陶车、陶窑等,当然最重要的是陶工的双手;(3)能源,用于改变原材料和操纵工具,如畜力、水力、燃料等,最重要的能量来源依旧是陶工;(4)技术,用于安排原材料、工具和能量以实现特定目标,如收集和制备黏土、成型、表面处理和装饰等,这些技术多是通过陶工的身体及陶工操纵工具来实现的;(5)操作链,将行为连接在一起使原材料转化为消费品,包括技术顺序、技术重复频率和发生的位置等。这些选择领域受到其相关属性(associated properties)和性能特征的影响,也受到社会、经济和意识形态因素的影响,这些因素塑造了对可选项的文化认知。

在前文所述的解释变异和变迁理论框架中,生产技术的变异和变迁是根据人工制品整个生命周期或者行为链中每项活动所需要的性能特征所受的限制来解释的。性能特征识别是通过考虑包括环境、技术、经济、社会、政治和意识形态等在内的整体情境如何影响相关活动来实现的。在该理论框架的基础上,席勒和泰特探讨了在选择原材料、工具、能源和技术时,场景情境(situational context)如何以直接和间接的形式影响技术选择[①]。

在直接影响方面,首先要考虑自然环境、技术知识和经济体系等更加物质层面的影响。这些因素以两种方式对技术选择施加影响,一是原材料、工具、能源、技术的可得性,二是在采办、加工、成型、表面处理和烧制过程中的选择所具有的特性和性能特征。每一种技术选择都与其他技术选择相互依

---

① 关于影响陶器生产过程中技术选择的重要关系,参见 B. Sillar and M. S. Tite, The Challenge of Technological Choices for Materials Science Approaches in Archaeology, *Archaeometry*, 2000, 42(1): 2-20, Fig. 1。

赖，这些技术选择共同形成了一条操作链，从而生产出具有特定性能和具有某种性能特征的陶器。原材料的可得性取决于当地的环境和工匠采集并加工它们的技术能力，也取决于工匠对适于制作陶器的黏土的认识及政治对资源的控制。间接影响方面，首先要考虑陶器生产模式和工艺专业化程度对技术选择的影响。陶器生产的组织可能部分地取决于原材料和技术技能（technical skills），但至少同样依赖于社会的经济结构和社会组织。其次要考虑预期分配方式和陶器使用对技术选择的影响。运输方式和分配方法可能决定陶器生产中的若干技术选择，如容器的形制和强度。在考察陶器使用时，需要区分预期或实际功能的不同使用情境，这些都取决于整体的情景性情境。在家庭使用以外，陶器使用的情境可能包括威望礼物、公共宴飨、仪式、葬礼等。在这些情境中，陶器可以用于运输、储存、烹饪、盛食等具体的活动，也传达着关于社会地位和群体认同的信息。那么，包括机械性能、热性能、化学性能、视觉和触觉性能等在内的特征，会影响陶器在不同情境中的适用性。

在考虑影响技术选择的社会和意识形态因素时，莱希特曼提出的"技术风格"概念具有影响力。这一概念的核心是"风格"存在于技术过程的各个阶段（包括生产和使用）。由此产生的技术风格反映了共同影响技术选择的有意识和无意识因素。每一项技术活动都是通过文化标准对实际可能性的考察和选择的结果。研究者试图在技术的实际内容和象征内容之间划分边界的行为，很大程度上是研究者自身表现和文化价值观的体现。

席勒和泰特强调每个生产过程的根本来源是陶工，陶工们做出了技术选择和实施技术行为。在当地环境和文化情境之内，陶工们已有的经验和对技术可能和社会需求的感知塑造了技术。同时，陶器技术牢固地植根于更广泛的环境、技术、经济、社会、政治和意识形态的情境和实践中。

技术传统的长期发展源于保守的文化选择和创新性的个人选择之间主动的相互作用。所有的技术选择都依赖于影响材料、工具、能源和技术可用性和知识的、更为广泛的社会和经济实践。对于陶器制作来说，有无数种方法可以达到最终的结果，但是工匠很少意识到所有潜在的技术。每个工匠使用有限的选择，这些选择中的大部分是传统采用的技术或者习得的。在创新发生的地方，创新者常将一个技术活动领域中使用的材料、工具和技术用于其他目的。文化选择的保守力量可以通过观察一项技术如何嵌入更广泛的实践中来理解,即该技术选择与相关的生产、消费领域的相互依赖程度及其定义和维系的社会关系。考古学家需要考虑解释技术选择的文化背景,即如何和为何做出特定选择,如何维持和发展这些选择,以及特定选择对社会其他领域的影响。

席勒和泰特指出,技术传统之所以得到部分保留,是由于特定技术成了更广泛的技术和社会实践的方式的一部分,所有的技术研究都要考虑特定的技术选择是如何在长期内被复制和保持的;这取决于对原材料、工具、能源和技术的特定选择如何适应更广泛的社会,以及获得这些资源的正当性和可持续性。

以陶窑为例,其采用不仅是技术上的变迁,也是工匠们对燃烧过程感知的差异,尤其是陶器应当同燃料分开的概念。对于陶窑的采用没有单一的解释,陶窑创新和继续使用的原因视情境不同而不同。陶窑结构的持久性也是一种技术选择,因为陶器烧制过程中陶窑由于膨胀和收缩承受着相当大的压力,需要陶工平衡材料和建造方法的限制。另外,烧制技术与燃料的可得性相关,燃料往往是陶工最重要的重复成本(recurring cost)。在这样的情况下,陶器烧制通常需要兼顾农业生产和林地管理等活动。也就是说,烧制方法中的技术选择取决于陶工的社会和经济背景,并且与陶器制造和使用以外的其他活动相关。

五、决定技术选择的人体因素

考古学家和人类学家在对人类状况的非技术方面的兴趣点上存在差异:人类学的思考绝大多数涉及社会和智力行为,而考古学家更侧重于物品。技术人类学一个合理的目标就是协调这两类活动,把两方面的研究结合起来,把物质领域的人类活动阐释为重要的、有价值的信息。

在考古学研究中,对人工制品多样性(artifact diversity)的研究是一个重点。研究者通常会描述考古记录中物品的变异,寻找或多或少令人满意的分类方法,比较它们的异同,并绘制时空分布图。在这些工作之外,当代考古学家还增加对变异性本身的研究,试图探索人工制品变化的原因、材料变异

(material variability)的过程、变异对物和制作者的意义。不过,过程考古学、后过程考古、进化考古三种不同范式下的研究者关注点有所不同。目前的过程考古学家对景观、空间和生态学的兴趣已经高于材料变异,但过程考古学家以前提出的"技术组织"这一概念还是有助于人们研究技术变量与居住和活动模式的关系。后过程考古学家强调变量反映社会安排的方式、权力等级和认知组织。进化考古学家不仅使用达尔文有关选择的思想解释考古记录中的变迁,也关注人工制品的变异。

虽然理论视角不同,不同范式的考古学家都使用了风格和功能这对相互联系的概念。研究者认为这两个概念能够帮助研究者探究人工制品变异的基础,并让研究者们意识到多种因素与人工制品的形态有关,其中若干变量显然更重要,以及使得一些研究者的研究关注点从人工制品的外观转向了其设计。可以说,风格和功能这对概念鼓励不同理论背景的考古学家去思考事物为何是这样的。布利德(P. Bleed)认为定义技术之所以成为难题,很大程度上是因为在概念层面难以同时处理技术的行为和物质方面,故而提出了一个用结果(results)和内容(content)定义技术变量的模型。技术内容和技术结果这对概念的目标在于使主题具体化,但它们不回避人工制品差异极大这一事实。在布利德看来,许多关于风格和功能的讨论都试图处理这种多样性,研究者在理解工匠如何操纵自己的相关性矩阵之前,需要厘清那些联系。

工匠们受到若干限制是所有技术活动的底线(residual baselines)。以伐木工为例,在木工的个人力量和能力、伐木知识、可用材料之外,还受到其他基线的约束。一方面,作为某些技术活动基础的材料,其特性限制了人们对材料的使用;另一方面,某些任务具有固有的局限性或特殊性,无法有效执行。在材料和任务之外,工具设计者面临着更基本的限制,它们形成了所有工具设计的底线情境:一是物理定律,它限制了所有工具的外观和性能;二是人体的一般特征,它影响着工具使用者的行动。物理和躯体的限制可以避免,但不可以克服。面对这些限制,工具设计者要么重新设计任务以避免它们,要么尽可能适应它们。布利德以给斧子装柄为例,讨论了物理定律、人体限制和特定任务的特殊性这三类限制。

人体是技术活动的直接情境。技术中包含身体延伸和力量使用,人体的形态和能力至少是直接技术产品的限制因素。研究者需要理解身体的哪些特征限制了物质文化,以及这些限制是如何体现的。例如,手是人体最常活动的地方,连接着人与物。但是,物质文化研究者要么把抓握和手柄看成理所应当的,要么直接忽视它们。研究者可以探索传统工具制作者是如何对手部抓握角度这一基础条件做出回应的。将"选择"纳入对材料变异性的研究,为探索技术过程提供了具体结构,在操作链、流程图和事件树这样的理论模型里也更易于操作。

六、技术选择及技术传统

奥利维耶·戈瑟兰(Olivier P. Gosselain)和利文斯通·史密斯基于非洲撒哈拉以南地区的大量陶器民族学资料,分析与制作过程有关的技术传统时空变异的机制,尤其是影响黏土选择和加工实践的因素。两位研究者探讨了三方面的内容:(1)关注技术实践的多样性,以概述非洲地区的工具、技术和方案(recipes);(2)从陶工为何和如何选择某种黏土、陶工为何用特定方式加工黏土两个方面考察陶工的策略,以理解陶工的知识及其选择;(3)着眼于黏土的选择与处理,关注技术传统的动态与分布,以探讨行为如何在时空范围内复制及个体陶工对行为的改变程度。

20世纪末,尼日尔西部的扎尔马(Zarma)乡村中,共享一个新的黏土来源既没有带来陶器加工技术的同质化,也没有带来相似类型的陶器,还没有带来相似的成型和烧制技术,不同村落依然有着不同的黏土选择和加工技术。这反映出黏土选择和加工时空变异的基础机制,包括偶然发现、土地利用竞争、工匠之间竞争、对于原材料质量的个人或集体观念、技术行为习惯和传统、地方或者区域层面的社会互动。但是,考古学研究中很少考虑这些机制,坯泥成分差异依旧被用作时间类型学(chronotypological)标记,或者是用技术-功能的术语解释。两位研究者认为黏土选择和使用行为的复杂性有助于探索社会问题,尤其是将其嵌入到更广泛的社会策略中,而不是仅仅在最省力原则的指导下进行分析。要实现这一目标,就必须在个人行为方式的细微建构和对陶器传统性质和动态的理解上付出同样的努力。两位研究者在迪安·阿诺德长期研究的基础上,扩大民族考古学研究的数据库,系统化和组织分析陶器传统变化的基础因素,尤其是转向对技术行为的理解。

现有数据表明，大多数非洲陶工在其居址或者制陶地点 3 千米范围内采集黏土，在更远地区取土的陶工则借助畜力、汽车等运输黏土，且通常会准备可以用几个月甚至整个制陶季的黏土储备。取土工具往往是锄头、铁锹等常见工具。取土模式则包括表面采集、矿坑提取（pit extraction）、地下廊道（underground gallery）和水下提取等。除了水下提取，其余三种采集方式都与特定环境没有明显的联系；生产强度和规模也似乎与采集模式无关。黏土的加工尽管非常简单，但也包括了技术的复杂组合。这些技术可以被分为四类：预处理、移除（不想要的）非塑性物质、添加非塑性物质和均质化。这四种技术的组合，再加上行为、手势和工具的多样性，大概会有数百种制备黏土的方法。这种黏土选择和制备方法的多样性通常用技术或功能限制来解释。但是，多项研究表明工匠的技术选择并不局限于有限的几种可能，而是具有灵活性，而且这种灵活性不是随机的，受到一系列因素的影响。

理论上来说，陶工们可以在不改变通常行为的同时，利用所有可用的黏土。实际上，陶工们对什么是"合适材料"的看法要狭窄得多。谈及黏土选择时，陶工会觉得当地使用的每一种黏土都是如此合适以至于不可替代。陶工们倾向于在河床、沼泽、冲积平原、山坡等特定的地方提取黏土，而这一习惯似乎改变了陶工对环境的感知，并影响了陶工们对新资源发现过程的看法。另外，黏土源大多是偶然发现的。在新的地点频繁取土之前，需要确定该黏土具有合适的物理性能（塑性、质地、颜色等），并确认取土地点在工匠的工作场所附近。另外，黏土的选择和采取也受到一系列仪式和禁忌的影响。总的来说，在选择黏土时，除了地理距离或土地所有权的问题，还要考虑一系列其他因素：工匠对可能的黏土出产地的看法、确定黏土层位置的标准、发现黏土时的活动类型、工匠对陶土适用性的看法、手艺的社会经济地位、宗教信仰及习惯等。

与黏土选择不同，黏土加工方案的选择更为狭窄。陶工对"适用性"（suitability）的定义再次取决于技术和非技术的概念。即便如此，陶工们实际上使用了各种各样的制备方式。而且，陶工们并没有考虑"选择"这一术语，而是认为其所采用的方法是唯一的路径。在黏土加工方案选择方面，传统、技术功能限制、与其他活动领域的关系和象征性概念（symbolic conceptions）这四个方面有助于揭示当地实践和表现背后的逻辑。陶工往往用遵循传统来解释其采用某种黏土加工方式的原因,需要注意的是,这种陈述是一种强调个人身份和社会关系的方式。陶工们也常用技术必要性来解释自己的行为,认为如果没有用特定方式加工黏土,陶器将无法通过完成干燥或者烧制过程,也可能在使用中破裂。另一个作用于"合适方案"的因素源于陶器制造技术和其他技术之间的联系,如黏土加工技术和食物加工或农业实践存在明显的联系。明确的象征原因也可能影响加工策略。因此,合适方案的选取是基于具体的、一般的知识,与工匠在时空中定位自己的方式有关,也跟当地对技术和功能限制的概念、与非制陶活动的关系及特定材料和行为的象征意义有关。也就是说,工匠并不是随机做出选择,而是在一条由文化定义和共享实践的狭窄通道中穿行。

考古学家必须了解传统在时空上的演变及导致个体实践发生变化的过程。田野观察和访谈表明,陶工们有关原材料选择和加工的大多数知识和技能都是在学习过程的早期阶段以非正式的方式获得的,如在帮助做家务的过程提取和运输原材料、制备黏土和羼和料。但是,陶工们没有把这些过程视为实际的"学习"。换句话说,个体通过"沉浸"(impregnation)学习了原材料的选择和加工方法,该学习是在包括特定社会关系的参与框架之中进行的,是成为群体成员的更广泛过程的一部分。这个"合规附带参加"(legitimate peripheral participation)的过程具有两个重要的含义,一是特定知识的获得不能脱离个体间的互相作用,也不能脱离自我建构;二是学习不是简单的垂直传播(如从母亲传到女儿或者从父亲传到儿子),它同时包含垂直和水平传播。

技术变迁的最明显案例来自工匠因为结婚、离婚和守寡及其他一系列个人和经济原因迁入新的群体。这些迁移对黏土选择和加工传统的动态具有一定影响。如果陶工进入一个不制作陶器的群体,他/她不会轻易改变自己的技术处理习惯;但如果进入一个制作陶器的群体,就会反思自己的实践,甚至可能质疑自己的做法,并可能在比较和交流之后适应新的社会环境,也可能继续坚守自己的实践。另外,社会地位和采取其他制备方式导致的坏名声也可能会带来变迁。

至于技术传统的空间分布,戈瑟兰与利文斯通·史密斯认为行为在区域范围内趋于同质化,而且在这些地理单元内部,差异产生的范围是有限的。以羼和料技术为例,在撒哈拉以南非洲地区,把陶渣和沙子作为羼和料是最流行的配方,其他类型的羼和料分布有限;在区域层面,可以观察到不同区域的"技能池"(technical pools)——该区域陶工可能选择的技术范围。

其实,与黏土选择和加工有关的传统不仅是技术行为,而且是文化定义的实践,并在具有社会边界的群体中发挥作用。社会互动和当地对适当性的定义则成为行为在时空中演变的关键。

七、技术的文化维度

伊娜·贝格(Ina Berg)通过青铜时代晚期梅洛斯岛(Melos)费拉科庇(Phylakopi)陶车的引入和使用的案例分析了技术的文化维度。

民族志和考古学调查表明功能主义缺乏解释力,因为如戈瑟兰所述,"一个层次上的选择不会自动制约在下一个层次上所做的选择",这意味着选择不是随机互换的。而且,研究者不应该将"选择"视为陶工们仔细考虑的结果,因为在采用或拒绝某一技术选项之前,陶工不太可能熟悉所有可用的技术、讨论某项技术的优缺点并反思该技术广泛的社会和技术影响。反而,研究者应当将这些选择视为牢牢扎根于陶工经验、感知、概念的广泛领域,并需要在"文化选择"的概念下考量。尽管最终受到文化因素的影响,拒绝替代方案往往是以技术劣势为理由的。人类学家、经济学家、市场研究人员等在探索影响新技术成功采用或者被拒绝的条件时,强调现有价值体系、有效信息传递、经济因素、习惯性运动习惯、赞助者或潜在采纳者的社会地位、种族认同、政治等因素。相较而言,考古学家不需要猜测一项革新未来的成功或失败,却可以追溯过去,追溯创新的开始,在这个过程中重建一项新技术的社会——技术情境。而且,只有将技术视为具有社会身份意义的标志时,人们才能真正理解新技术发明的采用。

贝格重建梅洛斯岛上的费拉科庇在米诺斯化(Minoanisation)过程中陶器生产的社会技术背景。在米诺斯化过程中费拉科庇的轮制陶器迅速增加,轮制容器主要出现在当地构造组(local fabric group)的锥形杯(conical cup)中,这一构造专门用于小而开放的米诺斯形状。其他构造中陶轮使用的增量较少。对陶轮的采用遵循着特定顺序:从小型开放式容器到大型闭合式容器,在制造技能上从简单容器到复杂容器。

贝格首先以瓦伦丁·鲁和科尔贝塔(D. Corbetta)的民族学研究对上述采用顺序的现象进行了解释。研究表明由于生物力学和物理限制,轮制技术需要长期的、逐步的学习,陶工技能的提高可以从制成陶器的大小上反映,并表现为学习过程的三个阶段,这种渐进的三阶段与费拉科庇采用轮制陶器的上述渐进模式是一致的,但陶工在技能上未能到达第三阶段。由此,她提出假设:由于学习机会、特定任务的日常实践、动机和(或)实验的缺乏,导致技术进步不完全。

贝格接下来考察采用陶轮的社会限制。大多数采用轮制的器型主要源于米诺斯,而绝大部分的当地器型是手制的,这种二分模式贯穿陶器生产的各个方面,其原因是陶工认为这两种传统在概念上是不同的。贝格用戈瑟兰的民族学案例研究解释这种社会文化观念的根源,研究认为操作链某些阶段与身份表达的某些方面始终相关。戈瑟兰识别了两种社会技术类型,第一类是在成品上留下可见证据的技术,反映表层的身份表达及与之相关的社会经济压力,贝格指出这与费拉科庇陶器的米诺斯形状、图案和构造颜色等特征的采用是一致的,可能反映对客户需求的响应;第二类是不在成品上留下可见痕迹的技术,这些初步成型技术基于特殊的手势和运动习惯,因而抗拒改变,反映社会身份中的最个体、最根深蒂固的方面,包括亲属关系、学习网络、性别和社会阶层,贝格认为这正契合费拉科庇陶工对采用新的轮制成型技术的犹豫。当然,采用轮制技术的程度可视为以米诺斯传统和当地传统为两个端点的连续体,费拉科庇同器类中的采用差异性表明不同陶工的接受程度不同。与之比较,凯亚岛(Kea)上的阿伊亚·伊里尼(Ayia Irini)采用的米诺斯形状和轮制技术更具包容性,在更大程度上扩展到了当地器型,而没有导致任何形式的分裂。

研究者在结论中进一步说明,这种将轮制技术限用于米诺斯器型的做法暗示了与此种技术相关的社会禁忌,但米诺斯器型的引入受到欢迎,其原因可能来自将之作为身份象征的潜在用途,引入器类多是用于半私人或公共场合的、具有社会功能的盛食用器也证明了这一点。大量锥形杯表明竞争性、资源密集和人工密集的消费策略,可能与酒精饮料有关。米诺斯器型和与其相关的轮制技术与外来文化及其消费模式联系在一起,而轮制技术的引入通过将饮水器(如锥形杯)的产量增加到前所未有的水平,使人们可以参与新的米诺斯风格的饮酒和宴请仪式。

第二节 生产组织

陶器生产组织关注的不再是单个产品的具体制作过程,其最终的落脚点是陶器生产对于其所在社会的意义,这种意义可以是经济的,也可以是政治的。此外,还包括技术策略和社会经济组织的关系,以及技术差异及政治影响。不同类型社会的陶器生产组织方式不同,陶器专业化生产因其与社会复杂化的联系吸引了众多考古学家的注意并成为生产组织研究的焦点。

一、陶器生产专业化

(一)专业化的定义

生产专业化(productive specialization)具有多个不同的定义。凯茜·科斯廷(Cathy L. Costin)将其定义为"定期、重复地提供某种商品或服务以换取其他商品或服务",埃里克·布林曼将专家(specialists)定义为"那些参与制造程度高于社区内其他社会成员的人",蒂莫西·凯泽(Timothy M. Kaiser)的定义最为完整,其内容为"(工艺专业化)涉及一种新的劳动分工,使得个人或团体能够集中精力生产有限范围的商品。这种专业化是社会认可的,而且是可能的,因为其他人承担了为工艺专家提供生计和其他服务的任务"。在赖斯看来,考古学家所讲的"专家"或"专业化"可能包含下列特定概念中的任何一个:执行者的特征(技能和数量限制)、任务的特征(效率、常规化和重复)、消费者或市场的特征(规模和地位)。

赖斯指出在术语层面区分专业化和集约化(intensification)有助于研究陶器生产。专业化一词可以用来指生产者的技能或生产活动的某一方面或"集中性",包括场地专业化、资源专业化、功能专业化、元素专业化和个体生产者专业化等。经济集约化指的是在劳动力和资源投入增加的情况下,规模、效率和大规模生产的比例效应(ratio effects)发挥作用的过程。经济集约化的过程包含了各种各样的专业化,但是,专业化并不一定意味着集约化。在已有的生产组织研究中,学者们真正想要区分的是集约化的相对程度,造成这一现象的部分原因是集约化程度分化是社会复杂化的一部分。专业化可以发生在许多不同的社会政治层面上。但是,赖斯同时认为区分集约化和专业化未必是最佳方案。例如,我们难以将个别家庭的生产活动视为导致经济体系高度分化过程的一部分。家户生产(household production)这种生产方式可能是专业化的,但它未必是集约化的。各种专业化的分类常常包含商品为谁生产的信息,也即这些信息进入了消费和分配领域,而不仅是停留在生产领域。由此带来的疑问是根据生产者的生产目的(自用还是交换,为大众还是为贵族生产)对其进行分类是否有效?面向贵族的专业化可能在技能或者资源方面有所区别;面向平民的专业化或集约化可能强调大规模生产以制造高产量、低价值的商品;为交换而生产,超出了自用(self-use)或者自给自足,可能意味着专业化或集约化,因为它表明存在消费者市场。那么,该用哪一个术语来描述在这种集约化体系下工作的生产者?赖斯给出了"集约专家"(intensive specialists)或"集约生产者"(intensive producers)这样的术语。

科斯廷在《手工业生产系统》(Craft Production System,2001年)一文讨论了专业化的定义:(1)专业化是一种超家庭(suprahousehold)现象;(2)专家部分地解脱了其他生存追求;(3)一个专家并不能产生她或他所需要的其他商品或服务;(4)专家因其提供的商品或服务提供实质性补偿,并利用该补偿参与某种形式的"交换"以获得所有其他所需商品和服务。这些假设存在如下三个问题。

第一个问题在于定义分析单位的尺度。专业化的研究常认为家庭是生产、分配和消费的最小单位,因此将专业化定义为家庭间或社区间生产和消费的变化。科斯廷认为这种方法的问题在于:假定消费单位和生产单位在社会上是对称的;家庭是合作和决策的最小单位,是没有争议的合作和分享场所;家庭成员在各种生产和消费行为中投入的劳动是相互协调的;家庭单位不存在紧张、分歧和竞争。但是,人类学文献表明家庭通常是分歧和不平等的领域,其成员可以独立工作,也可能利用一些家庭成员的劳动为他人谋利。

第二个问题是工匠以自给自足为代价为他人生产某些物品的规律性或强度,该问题包括常规化和制度化的问题。约翰·克拉克和威廉·佩里

(William J. Parry)定义了所谓的"临时专业化"(ad hoc specialization),用来指零星的、非正式的为交换而进行的生产;克朗将用于礼物或者履行社会义务的小规模生产排除在专业化之外。

第三个问题是生产者和消费者之间交换及"补偿"(compensation)的性质。商品从生产者到消费者的流通存在多种机制。在每种机制里,生产者和消费者之间存在特定社会和经济联系,而且,并非所有联系都涉及金钱、商品或者服务的"实质性"交换。与其把它们放在一般概念的定义中,不如研究分配的机制。当前需要一个可以从考古学角度操作的关于专业化的定义。傅罗文(Rowan Flad)与扎卡里·赫鲁比(Zachary Hruby)将专业化生产的现有定义大体分为生产者专业化(producer specialization)和产品专业化(product specialization)两类,它们都关注生产行为的社会方面及专业化生产在创造和维持社会联系中的重要性。其中,生产者专业化强调生产是维持生计活动的一种替代方式,并通过接受生活必需品换取商品或服务来界定专业化。珍妮·阿诺德(Jeanne E. Arnold)和安·芒斯(Ann Munns)给出了生产者专业化的代表定义,即"生产远远超出当地或个人需要的大量商品和服务,其生产是有组织的、标准化的,由摆脱了维生需求的人从事"。但是,这种定义应当是专业化的一种形式,而不是定义本身。赖斯将生产者专业化定义为相对于生产所受的限制,它涉及从高技能水平与相对于消费者数量的少量个体之间的关系,强调的是交换活动。赖斯同时把功能专业化(function specialization)称为产品专业化,指的是相互依赖的生产者群体与其他类似的专业群体集中在一个地区,并制作有限类型陶器。这个概念强调的是劳动分工,并不一定意味着专家"摆脱了生存需求"。傅罗文和赫鲁比沿用马勒(Jon Muller)对"生产者专家"(producer specialists)的定义,布莱克曼(M. J. Blackman)、斯坦(Gil J. Stein)和范迪弗(Pamela B. Vandiver)则把生产者专业化定义为一种商品的产量大于消耗量,而其他商品的产量小于消耗量。至于马勒提及的"地点专业化"(site specialization)和赖斯提出的"资源专业化"(resource specialization)不是专业化的定义,而是专业化定义中的子集。戈登·柴尔德(V. Gordon Childe)认为专业化是全职的,以剩余为基础,是劳动分工体系的一部分。在柴尔德的著作和后人的改写版本中,对劳动分工的强调与亚当·斯密、卡尔·马克思等的观点相呼应。在马克思看来,社会分工的结果依赖于提供的商品和系统中的其他人。产品专业化以各种形式出现在文献中。其实,生产者专业化和产品专业化是关于专业化定义方式的两种不同视角。产品专业化更为宽泛,意味着非依赖者之间定期交换功能不同的产品,其中包括生产者专业化这种情形。这两个概念都强调社会群体中个人生产活动的关键差别。考古学文献中大多数对专业化的讨论,都集中于生产者专业化所固有的生产者和消费者之间的相互依存关系。需要注意的是,生产者可能并不依赖于通过产品交换维持生计。而且,如果可能的话,最好区分生产者之间的关系。

但是,无论给专业化采用哪种定义,任何对专业化生产的研究都不应只关注生产过程是否符合"专业化"的标准,而应探索构成生产组织的各种参数。专业化生产的参数包括生产强度(全职、间歇、兼职和季节性)、生产规模大小、生产情境(独立、依附、赞助、嵌入)、生产集中度[随机分散(randomly dispersed)、系统分散(systematically dispersed)、集聚(nucleated)]、工匠之间关系(亲属、罪犯、奴隶等)、工匠和消费者身份识别、生产意义(宗教、世俗仪式等)。

(二)专业化的起源和影响因素

在赖斯发表于1981年的论文里,手工业专业化被看作社会复杂化的伴生物,也是一个资源获取被限制在某一特定社会阶层的局面(situation)或过程。赖斯指出,陶器专业化生产的起源及其与复杂性的关系通常强调三种原因:(1)社会政治因素,指贵族阶层崛起和集中决策;(2)经济因素,尤其是农业集约化和竞争、定居和生产集约化之间的一般关系;(3)生态、环境因素。这些理论直接或者间接承认了复杂社会发展中人口的意义,即人口增长和核心化(nucleation)。

科斯廷通过对秘鲁中部制陶经济的研究,总结了专业化的原因:政治原因,包括由分层和制度隔离导致的贵族财政体系发展;经济原因,与由需求或者竞争导致的提高生产效率需求有关;经济与政治原因相联系,且都通过不平等的资源获取模式与生态因素相关联。科斯廷和哈格斯特鲁姆都强调效率在生产专业化中的作用:"除了人口密度的增加直接要求手工业生产的效率(专业化)这一直接关系之外,人口密度的增加还要求农业集约化,从而导致手工业专业化。"

科斯廷在《手工业生产系统》一文中再次对手工业生产专业化进行了讨论,指出传统的理论框架大体包括政治和经济两类模式,前者将专业化看成为相对少数人群的利益而招揽(co-opting)劳动力和特殊商品的方法,后者关注人口规模、人口密度,以及压力(提高产量或效率以充分满足更多人日常使用需求),有关环境和生态条件的解释是经济理论的子集。这两种解释框架通常与专业化的社会政治情境相联系,政治进程意味着依附生产,经济机制意味着独立生产。对手工业生产专业化的政治性解释,认为专业化是社会上层政治日程中的一部分,是为获得并保持财富和权威而使用的策略。相关的模型多认为社会不平等是专业化出现的原因。对手工业生产专业化的经济性解释,将专业化视为提高生产的测量尺度,专业化的可能原因背后都与维生资源(尤其是食物)获取途径长期或者暂时的不平等有关。其实,在经济和社会政治进程之间建立二分法是错误的,在形成生产体系的实际过程中,社会、政治和经济条件之间存在着复杂的相互作用。而且,以往的模式和理论大多是关于复杂社会的,将其运用至未分层的或中程社会(middle-range society)遭到了尖锐的批评。在解释中程社会的劳力分工时,需要不同的理论模型,因为已有的专业化的政治和经济模式或隐含或明确地以巨大的财富或权力差异为基础,任何生产体系的轨迹和特征取决于资源分配、技术、社会结构等特定的组合。

在科斯廷看来,专业化起源的探索需要考虑两个现象:在经济和社会政治复杂度不同的情况下家庭内部的分工,以及小规模社会的家庭外分工。许多研究者认为(家庭)性别分工是其他所有劳动分工形式的基础。柴尔德以基于性别的家庭分工为起点,提出专业化发展有两个过程,一是通过强化每个人所拥有的技能实现经济分化,二是知识和特殊技能获取途径有限。在后一种形式,专家(自愿或不自愿地)为贵族个人和机构雇佣。柴尔德暗示经济进程平行于政治进程,导致了独立专业化和依附专业化。鲁埃斯切梅耶(D. Rucschemeyer)提出了类似的轨迹,其焦点是从年龄和性别的家庭分工中发展出超家庭分工(即专业化),贵族可以通过这种策略选择具有了分配劳动力及其报酬的能力。科斯廷认为要仔细研究家庭分工的机制以明确说明家庭分工演变为家庭外分工的过程和机制,同时,不能排除家庭分工和家庭外分工独立产生的可能性。

至于中程社会的研究提供了家庭外分工发展的可能场景这一点,学者们给出了不同的解释。例如,克朗认为在一些中等社会中,家庭外分工可能始于需要特殊技能或知识的生产形式。克罗斯(J. R. Cross)给出了一个顺序加工(sequentional processing)初级专业化的案例,在这个例子中,原材料和部分成品从来源地转移到消费者手中。皮雷斯-费雷拉(J. W. Pires-Ferreira)提出对不同材料和交换网络的获取是实现家庭外专业化的可能途径。巴尔费(H. Balfet)等认为陶器生产专业化始于没有其他经济支持手段的被剥削妇女。所有这些机制都与非分层社会的进程和结构一致。在社会、经济和政治分化日益加剧的情境下,每一种都可能演变为与更复杂社会中的专业化相关的劳动分工。其中最为有趣的一点是强化非食品生产(即专门从事手工业生产)的决策主要取决于个人情况。这意味着修订后的模型必须考虑分工是如何从个人策略转变为机构化角色和实践的。对中程、未分层社会的研究尤其证明了社会劳动是如何嵌入亲属关系和其他社会关系的,因为正是这样的关系组织着劳力动员和商品获取。随着社会变得越来越复杂,社会关系在组织生产和分配方面的作用并没有减弱。随着社会网络中节点越来越多,每个人的社会身份也越来越多,阶层、种姓(caste)、法律地位等社会关系的其他方面也会影响一个人在社会分工中的地位。

（三）专业化的类型

对职业专业化(occupational specialization)的考虑通常包含在"生产方式"(mode of production)中。研究者们也提出了若干生产方式分类方案。桑德尔·范·德莱乌(Sander E. van der Leeuw)和戴维·皮考克(David P. S. Peacock)都假定了生产组织的四种类型,分别是家庭(household)、家庭工业(household industry)、个体作坊工业(individual workshop industry)和核心作坊(nucleated workshops)。另外,皮考克还提出了工厂(factory)、制造厂(manufactory)、私有(estate)或军事生产等其他生产组织。

赖斯本人提出场地专业化、资源专业化、功能专业化和生产者专业化四个交叉且不排他的类别:(1)场地专业化,指具有有限功能或密集生产活动证据的个别地点或场地,通常由偶然环境因素决定。(2)资源专业化,可能与场地专业化紧密相连,指在制作中选择性地使用特定资源,例如某种黏土被重复地用以生产特定器类。资源专业化的概念为资源选择研究引入了人类行为要素。(3)场地和资源专业化涉及因素的组合可能导致了功能或产品专业化,如个人、作坊或社区集中生产一种或者少量类型的陶器。(4)生产者专业化,多数研究者提及的生产专业其实是生产者专业化。从考古学上研究生产者专业化具有难度,部分原因在于考古记录和人类学模型在概念和定义上没有紧密的联系。另外,虽然技能可能是生产者专业化的重要要素,如何从考古学角度衡量它却是一个问题。对此,赖斯认为可以考虑劳动力投入相对于产出的限制,生产者专业化与经济集约化中劳动力的分配过程密切相关,因为经济强化包括增加劳动投入(适度集约化)和任务分化以增加产出。

科斯廷和哈格斯特鲁姆区分了八个理想化的生产组织形式:(1)个人专业化(individual specialization),均匀分布在人口中的自主个人或者家庭,为不受限的当地消费而生产;(2)分散作坊生产(dispersed workshop),分散在人口中的较大作坊,为不受限的当地消费而生产;(3)社区专业化(community specialization),聚集在一个社区中的自主个体或者家庭,为不受限制的区域消费而生产;(4)集聚作坊,聚集在一个社区中的较大作坊,为不受限制的区域消费而生产;(5)分散劳役(dispersed corvée),在家庭或者本地社区为贵族或政府机构从事兼职生产;(6)集中劳役(nucleated corvée),政府机构招募兼职工匠,在目的特殊、贵族或者受到管理的环境或设施中从事生产;(7)个体依附生产(individual retainer),个体工匠,在贵族或者受管理环境内为经营赞助人或政府机构而生产;(8)作坊依附生产(retainer workshop),在隔离的、高度专业化的环境或设施内,全职工匠为贵族赞助人或政府机构生产。赖斯认为科斯廷和哈格斯特鲁姆的分类存在一些问题。例如,个人专业化不一定意味着专业化,其社区专业化则在赖斯所讨论的"功能专业化"概念之下。

(四)专业化的模型和研究案例

1. 陶器生产专业化演变模型

赖斯在1981年提出了一个关于陶器制造专业化/专业化生产演变的模型。提出随时间推移,陶器技术、形制、装饰变量的相对标准程度和多样性反映生产组织模式的变迁,其中一些可以被解释为专业化,并罗列了不同层次生产组织所生产陶器的特点,还提出两点假设:一是由于资源获取途径的差异,专业化始于贵族、礼仪、高价值商品领域;二是通过对坯泥标准化来达到专业化的目标。蒂莫西·凯泽探讨了欧洲东南部新石器时代晚期温卡文化(Vinca culture)陶器生产专业化的问题,将定居视为农业生产和非农业生产集约化的基础,以生产序列和生产步骤为框架,对两个遗址出土陶器进行了物理和矿物学技术分析,以寻找家庭生产和专业化生产的证据。通过检验模型并总结温卡陶器的变异性,凯泽认为"技术、形制分析的证据都表明温卡文化的陶器是家庭生产的"。凯泽还对赖斯的模型提出了四点批判:(1)陶器变异性部分取决于当地资源;(2)家户之间普遍共享技术知识;(3)使用功能和社会功能难以明确区分;(4)技术标准似乎不足以区分专业化类型,例如集约化生产水平。南希·本科(Nancy L. Benco)通过研究摩洛哥北部早期伊斯兰城市巴斯拉(al-Basra)的陶器生产,对赖斯1981年提出的陶器专业生产模型进行了检验。该研究关注国家参与工艺品(craft goods)生产的性质和陶器变异性解释的难度。在赖斯看来,本科混淆了费曼(Gary M. Feinman)和她的观点,但是其研究数据却进一步支持了上述关于政治和陶器变迁独立性的观点。

2. 小型社会的礼仪生产模型

凯瑟琳·斯皮尔曼(Katherine Spielmann)将小型社会界定为从几百人到几千人不等的社会,其特点是政治制度相对松散。一般而言,对于小型社会中经济集约化的阐释主要是经济的和政治的,诸如关注贵族行为。这些阐释往往忽视了经济生产增长的重要来源——个人与公众的仪式参与和所有人的表演。

斯皮尔曼研究了人们是如何强化其经济活动,以应对社区和个人仪式任务带来的持续需求,尤其是在宴飨活动中食物获取,以及对仪式表演和社会交易至关重要的物品的生产,后者即"社会贵重物品"。斯皮尔曼讨论了仪式情境中的特殊需求如何影响商品质量及需求规模如何影响生产组织,认为小型社会中生计集约化和手工业专业化的主要动机不是生计供应,而是对社会再生产中关键物品的需求。斯皮尔曼所讲的"仪式",不仅是仪式行为,也包括在家庭生活中作为表达媒介使用的带有仪式色彩的象征物。

近来的研究将仪式领域视为小型社会中政治行动和权威的主要场所。

与仪式活动相关的宴飨、用具和交换构成了政治经济。主持社区仪式的个人或团体可能会因为宴飨的奢华、庆典的精心布置及社会贵重物品的数量获得威望。竞争性的仪式宴飨和在仪式中提供社会贵重物品,被视为有抱负的领导者超越其竞争对手和打动潜在追随者的手段。不过,这种对少数人在社区仪式活动中获得政治财富方式的强调,忽视了集会在发展、维系和再协商一系列社会关系中的重要性。公共仪式不仅是政治人物的竞技场,也是小型社会中各种角色和关系谈判的典型情境。就像波莉·维斯纳(Polly Wiessner)所指出的那样,大多数小型社会限制寻求社会地位的行为,有抱负的人在获得团体许可的情况下提升地位。个人和集体的政治命运兴衰起伏时,仪式领域始终是展示、分配、互动和消费的情境。尽管那些善于获取和展示社会贵重物品的人会获得威望,但是贵重物品并不只是威望象征物。所有人对社会贵重物品的持续需求,保证了小型社会中手工业生产的强度和规模。"生产的仪式模式"(ritual mode of production)这一概念来自罗伊·帕帕波特(Roy Pappaport),他认为仪式循环(ritual cycle)为社会、政治和生态关系赋予了意义。对仪式表现需要一定的经济生产规模这一点的强调,对理解小型社会中的手工业专业化至关重要。在生产的仪式模式中目标不是获利,而是可以接受的(通常是最高水平的)表现和参与。小型社会中的宴飨和手工生产并不是由贵族们赞助的,而是由无数个体来维持的,他们履行着仪式义务,创造和维持着社会关系。

大规模累积用于宴飨的食物,意味着小型社会里的人有能力强化维持生活以支持公共仪式。宴飨上消费的食物不仅仅是家庭消费需求得到满足后的食物剩余,并且不一定来自"正常盈余"(normal surplus)。如保罗·霍尔斯特德(Paul Halstead)所讨论的,周期性生产过剩(强化)确实是为了满足大型宴飨的需要。食物的地位价值似乎与其生产有关,而且维持生计的做法与食物仪式性消费的需求之间似乎存在联系。生计强化以满足礼仪性宴飨需求的案例常见于民族志记录。在考古学领域,有的研究者认为史前生计强化可能是源于公共宴飨,如海登注意到美味佳肴的强化生产、驯化与公共宴飨存在着联系。除了食物,公共宴飨也会强化其他物品的生产,如更大的炊煮器、更精美的盛食器,又如仪式服装和装饰物,以及其他在仪式情境中使用或者展示的社会贵重物品。这些需求的性质和规模以及所需物品的质量可能导致物品生产的专业化。

　　根据科斯廷的讨论，在小规模社会中，成百上千的人拥有大量通过专业生产和远距离交换得到的社会贵重物品的现象并不罕见。在社区专业化中，村落内的家庭专门从事特定手工业的生产，家庭层面的适度剩余使村落一级的大规模盈余成为可能。

　　面对小型社会的考古记录显示出社会贵重物品生产专业化的明显证据这一现象，研究者倾向于将经济体系复杂化的原因归于政治领域分化。贵族需求被看作手工业专家的赞助来源，这其实暗示着贵族缺失等同于经济专业化缺失。但是在小型社会中，人们交换的许多物品都是陶器、木制容器等实用品。虽然通过交换联系起来的专业化社区的最终结果是更高的经济效率，但是资源分配的差异化本身并不足以导致手工业专业化，资源统一分配也不足以阻止手工业专业化。

　　之所以存在"贵族"和"效率"这种二分法，是因为考古学家出于分析目的将过去社会的物质文化分为生计和财富两类，财富与经营相关，小型社会中的人仅能依靠生存物资勉强度日。这样的划分忽略了小型社会中普遍存在的多种社会贵重物品。社会贵重物品，如加工过的石头和各种各样的装饰品，在公共仪式中展示，也通常会进入更为个性化的社会仪式活动领域。贵重物品的获取目的不在于累积，恰恰相反，它们通过仪式性赠与保持着稳定的交换。

　　用于仪式表演和社会支付的物品具有独特的属性，其生产有别于其他物品。它们的原材料可能是从遥远的、难以接近的、具有象征意义的地方获得的；它们的外表在经过打磨、抛光和装饰后具有相当大的吸引力；伴随着流通，它们的价值可能会通过个性化修改提高；此外，社会贵重商品流通的时间越长，价值越高。

　　理查德·布拉德利（Richard Bradley）曾用"场所之物"一词（pieces of place）来阐述这样一种观点，即原材料开采地点的社会和象征意义与材料的使用价值同等重要。历史和考古数据都为社会贵重商品的原材料可能来自遥远且难以到达的地方这一观点提供了证据。用于重要仪式场所的陶器也可能被当成社会贵重物品，需要专业化生产和远距离交换。在具有专业化生产的地方，生产地本身可能在意识形态上具有社会意义。如霍华德·莫菲

(Howard Morphy)所述,物质文化的审美特性决定了其作为社会贵重物品的实用性。许多人类学家认为将平凡的原材料转化为美观物品是超自然能力的体现。肯尼思·埃姆斯(Kenneth Ames)认为一定程度的仪式知识可能是成为手工业专家的重要先决条件。多名学者探讨了社会贵重物品的外观的重要性。例如,艾尔弗雷德·盖尔(Alfred Gell)鼓励关注社会贵重商品的物理性质,认为技术能力从根本上改变了世俗元素并创造了迷人形式。对社会贵重物品物理特性的期望往往会导致其生产的专业化,而且这些产品通常是标准化的。在小型社会中,技巧娴熟的工匠受个人或群体委托制作社会贵重物品。这些产品的生产以社区专业化为特征,是对社会贵重物品需求规模的稳定回应。考虑到需求规模相对较小,经济集约化并不是这种专业化的副产品。对社会贵重物品的大规模需求是通过聚集在固定场所的工匠的剩余生产满足的。固定场所既可能是举行仪式的区域,也可能是居住区。

总的来说,小型社会中的宴飨和贵重物品交换不仅是建立威望的手段,也为个人在社会中成为成年人提供了必要的支持。对非凡物品原材料来源、质量、生产和分配的关注有助于厘清仪式义务和经济生产之间的关系。需要注意的是,在家用和社会贵重商品的精巧程度上存在一个连续统一体,同一物品可能在这个范围内变化。在互惠流动的交换网络中,社会贵重物品用于当地支付,也可能用于建立威望的大规模参与活动。

3. 农业边缘性和手工业生产

在历史和现代农民群体中,陶器生产专业化与农业边缘性之间存在密切关系。制陶通常被视为地位较低的职业,陶工们为弥补土地不够带来的生计困难而从事陶器生产。那么,这种模型是否适用于史前社会呢?在美西南地区,与陶器专业化生产相关的证据越来越多。有的研究者认为美西南地区的陶器专业化生产可能是那些缺乏足够农业资源来维持生计的人选择的替代策略。不过迄今为止,还没有用考古学数据去检验这一假说。

史前的美西南出现了陶器专业化生产。然而,仅仅确定专业化生产的存在并不能提供生产组织和生产强度的信息。根据米尔斯和克朗的研究,美西南的陶器生产似乎被限制在家庭工业水平(及以下),由独立专家进行。专门生产设施和作坊的缺乏意味着生产是兼职的,许多陶工的产量相对较低。在大多数情况下,美西南的陶器生产专业化被认为是社区层面的。米歇尔·海葛蒙(Michelle Hegmon)、温斯顿·赫斯特(Winston Hurst)和詹姆斯·艾莉森(James R. Allison)将社区专业化定义为一个系统,"在该系统中,聚集在数量有限社区中的个人专家为区域分配生产陶器"。当前,溯源分析是确定社区专业化的主要手段。

卡伦·哈里(Karen G. Harry)分析了美西南六个地区的陶工及其居住区域的相对农业发展潜力,以探讨农业边缘性模型在美西南史前时期的适用程度及其原因。第一个是图森盆地的西沟(West Trench)遗址,该遗址存在陶器专业化生产的证据,大多数甚至所有家庭都从事了陶器生产,而且是由农民兼职从事陶器生产的。如果西沟的农民生产陶器是为了交换食物,那么,与他们交易的人会创造出更稳定的食物剩余。这就意味着西沟遗址的居民应该生活在农业边缘地带,农产品收获更少,且更加贫困。但是,考古数据并不支持这些假设。至于农民从事陶器生产的原因,哈里认为高质量黏土和富余燃料的存在是主要因素。第二个是通托贝森(Tonto Basin),该区域的艾什·佩特罗菲斯(Ash Petrofacies)和阿莫尔/克莱因·佩特洛菲斯(Armer/Cline Petrofacies)两处遗址存在陶器专业化生产。通托贝森的数据能够为农业边缘性模型提供一定支持:在艾什·佩特罗菲斯,陶器专业化似乎与农业边缘性同时发生,但仍需要进一步的证明;而在阿莫尔/克莱因·佩特洛菲斯,从事专业化陶器生产的是新近移民至该地的人。有的研究者认为这些人得不到该地最好的农业用地,就用陶器生产替代自给自足的农业经济。但是,遗址发掘出的考古材料并不支持这样的解释。第三个是索尔特-吉拉(Salt-Gila)地区,在这一地区至少有三个区域同时从事陶器专业化生产。不过,该地区提供的证据与陶器专家生活在农业边缘地带这一观点相矛盾。专家从事陶器生产不是被迫的,而是该区域拥有所有生产浅黄色陶器所需的关键原料。第四个是楚斯卡山(Chuska Mountains),证据表明生产于楚斯卡山的大量陶器被运输至查科峡谷,也就是说这个地区的陶器生产存在某种程度的剩余。与查科峡谷相比,楚斯卡山地区的农业生产条件更为优越,体现在种植季节更长、降水更多,该地生产的玉米也进入了查科峡谷。那么,楚斯卡山工匠从事陶器生产的原因可能在于燃料更充足,也才能使产品功能更为优越,还可能包括一些社会原因。第五个是格兰德河地区的中北部,该区域同样有多个地点从事陶器专业化生产,但是在地区层面,难以确定陶器专业化和农业边缘性的关系,专业化发生的地区有不同的农业潜力,例如阿罗约翁多(Arroyo Hondo)遗址就处于一个农业发展条件不佳的地方。该地区的陶器生产的专业化看上去部分地取决于制陶资源的分布。第六个是亚利桑那峡谷(Arizona Strip),现有的数据不足以表明工匠们出于食物交换的目的从事陶器生产。

总的来说,史前美西南地区的农业边缘性并没有推动基于社区的陶器专业化的发展。虽然在某些情况下,陶器专业化似乎确实集中在农业生产率相对较低的区域,但这种现象并不普遍。陶器专业化和农业边缘性密切关联的案例见于民族志中,却没有得到美西南史前考古数据的支持,可能原因在于两种社会之间存在的社会和经济差异,这些差异至少体现在以下三个方面。

首先,史前社会与历史时期及现代的人口压力和土地占有制不同。历史时期和现代的农民通常只有在没有其他谋生手段的情况下,才会从事手工业。随着土地公有制逐渐被私有制替代,农民可能无法获取更多的土地,狩猎、捕鱼或采集的机会也越来越少,而且现代农业需要大量的资金投入,这样手工业生产就有了更大的吸引力。对于史前的美西南农民来说,他们拥有足够的土地,在耕地面积较小或者生产力不够高的情况下,他们可以通过狩猎和采集来补充生存资料。另外,在大多数时段和地方,流动性也是一种选择,农民可以在必要之时开垦新农田。在当时的技术条件下,土地承载力尚未达到上限。

其次,史前社会与历史时期及现代的分配制度不同。如果一个陶工(或农民兼陶工)要依靠交换来获得足够的食物,那么此人必须保证可以通过贸易网络获得食物。但是,对陶工来说,这一点是非常危险的,因为史前的美西南的变化是如此之大,以至于农民永远不知道当年的收成是多还是少。而历史时期或现代陶工可以凭借比较高效的市场体系和交通方式获得更大的市场。

最后,史前美西南地区的社会网络不同于历史时期或现代的农民社会。拥有广泛的社会网络,人们对经济策略的选择更注重降低交易风险,因此倾向于选择家庭单位或亲属关系网络等较小的社会网络。家庭社会网络的差异对经济决策过程有相当大的影响,尤其是史前存在的更广泛联系能够为农民提供更多的选择。

史前美西南社区专业化,应当是多个因素发挥作用的结果。一方面,该地区环境的不可预测性对农业产生不利影响,推动手工业的发展甚至手工业专门化以获得稳定的收入。当然,在很多情况下,农业资源的不足并非手工业专业化的唯一解释。另一方面,其他非生存性的因素也在其中发挥着作用,例如政治结盟的需要、联姻、仪式,以及分配机制和技能差异等。

4. 生产组织方式与手工业产品技术特征

科斯廷和哈格斯特鲁姆将生产组织方式和手工业产品技术特征综合起来考虑。生产情境最明显地反映在劳力投资上,与独立专家生产相比,大多数依附专家的产品需要更高的劳力投入,因为其产品承载的信息量更大,贵族赞助人希望通过更多的劳力投入为产品增加价值或独特性。生产的地理集中度反映在标准化程度上。与集中专家相比,分散专家的产品体现出更高的变异性,因为聚居在一个社区的专家更可能共享原材料来源、临时共享参与设施、交换工具和劳力,等等。生产单位构成也反映在标准化程度上。与个体生产相比,大型作坊的产品更加标准化,因为作坊的工匠通常在监督下从事生产,并共享技术,其工具和原料来自公共仓库(common store)。对依附专家来说,有意标准化应可以反映生产单位的构成:在标准化不那么重要或者追求独特性的情况下,小型或分散群体将会从事生产;在赞助者需要大量标准化商品时,会雇佣更大的作坊或工厂进行生产。生产强度可以部分地通过技术水平衡量。与兼职工人相比,全职专家的产品技能水平应当更高。

科斯廷和哈格斯特鲁姆等分析了秘鲁中部印加时期[万卡(Wanka)Ⅲ期]万卡人制作的三类陶器。第一类是云母光洁(Micaceous Self-slip)陶器,用于炊煮,其形态特征为短颈、球腹。根据出土情境和残留烟炱,他们认为这些陶器反映了当地贵族赞助的宴飨行为。同时,研究表明这类陶器是集中生产的,生产方式是社区专业化或集中作坊生产,第二类是贝斯克拉拉(Base Clara)陶器和万卡红陶(Wanka Red),有的施有陶衣,有的没有,表面有快速施加的黑色和红色图案,形态学上的相似性表明它们的功能相似,主要用于运输、存储和盛食。岩相分析的结果表明这些陶器有单一的生产来源。科斯廷和哈格斯特鲁姆分析了高领罐这种器类,其中较小的罐子用于运输液体,较大的罐子用于储存食物。罐子在贵族和平民的生活空间内均有发现,表明它满足了广泛的需求。第三类是印加风格陶器,用于运输和存储。这种陶器形制最为复杂,装饰也更精美,出土于贵族家庭。研究表明它们是在地区层面,而不是在万卡本地生产和分类的。

借助化学分析、风格分析等多种手段,科斯廷和哈格斯特鲁姆认为贝斯克拉拉和万卡红陶的生产组织形式是社区专业化。对于其他两类陶器,科斯廷通过技术特征比较确定其生产类型。他们通过抽样从三类陶器中选择了一些陶片标本,所选标本的表面积均大于4平方厘米,其表面均没有磨损,并记录了每一个陶片的风格、形态和技术属性。为比较劳力投入,他们采用了费曼、厄珀姆(S. Upham)和莱特富特(K. Lightfoot)提出的生产步骤指数(production step index),该指数是一个衡量制作成本的定序数据,衡量陶器制作过程中任务的数量和复杂度。为了定量分析本地万卡和印加陶器生产的劳力投入,哈格斯特鲁姆对该指标做了修正,得出新的生产任务指数表格。他借助这个表格,分别计算了各类陶器的生产任务指数,发现印加风格陶器生产任务指数明显高于万卡本地生产的陶器,并据此认为印加风格陶器可能是依附专家生产的,当地陶器则是由独立专家生产的。

科斯廷和哈格斯特鲁姆还分析了三类陶器形态和技术属性的相对标准化,以评估每类陶器生产单位的数量。在形态特征方面,他们测量了口缘、颈部和手柄部位的曲率,绘制了直方图,并计算了各形态变量的变异系数。计算结果表明,这些陶器的变异系数在29.46%和49.09%之间,高于10%这个最大值(该值用于描述单峰分布的生物群落特征),由此他们认为可能的原因在于计算的类别中包括了未被识别的陶器类别。不过,结合多位学者的研究成果,科斯廷认为手制陶器的变异性之所以高于生物群落的变异,有下列原因:与采用标准化工具或从事大规模生产的工匠相比,生产量有限的生产者制作的陶器更为多变;考古出土的陶器组合形成时间长于民族考古学家所研究的陶器,因此体现出更高的变异性。在技术特征方面,科斯廷和哈格斯特鲁姆分析了胎体、陶衣和颜料的颜色。首先假设成分变异性与生产单元的数量有关,每个生产单元都有各自的原材料来源和制备方法;并假设烧制特征的相对一致性反映了工作群体的数量,每个生产单位都有自己的烧制方案(包括陶器放置方式、燃料等)。接着,借助孟塞尔色卡记录了五种颜色特征,并用香农-韦弗(Shannon-Weaver)多样性指标进行了比较,科斯廷和哈格斯特鲁姆发现万卡本地生产陶器和印加陶器具有相似的颜色多样性。总的来说,这三类陶器在标准化程度方面体现出相似性,生产它们的工匠或者作坊数量相似。

对于技能水平,科斯廷和哈格斯特鲁姆分析了这三类陶器的器壁厚度和烧制夹心,前者用来评估成型技术能力,后者用来分析烧制过程中的控制和一致性。结果显示,这三类陶器的技术水平是类似的,这意味着它们有相同的生产强度。

总的来说,云母光洁陶器的生产组织接近贝斯克拉拉和万卡红陶,其劳力投入不高,可能同样属于社区专业生产。印加陶器劳力投入最高,在装饰方面也是有意标准化的,显示出依附生产的迹象。但是,印加陶器与其他陶器在其他技术方面差别不大,没有表现出高度机械般的标准化,这意味着加工印加陶器的工匠数量与加工其他类别陶器的工匠数量相当,具有相似的集中程度和工作强度,因此印加陶器的生产可能是集中劳役型。这一结果与民族志材料呼应,瓦努科潘帕(Huanuco Pampa)中心区和高原南部的卢帕卡(Lupaqa)地区生产印加陶器的文献就记载了这样的劳工组织类型。学者们认为生产印加陶器而征召的陶工,就是为当地家庭消费生产实用陶器的陶工,陶工可能被要求制作并上交一部分陶器。地方陶器和"国家陶器"生产技能的细微差别可能反映出监管和某种程度上的培训。

二、手工业生产体系

科斯廷的《手工业生产系统》一文收录在《千禧年考古学:资料集》(*Archaeology at the Millennium: A Sourcebook*,2001年)中。她认为,自20世纪80年代以来,手工业生产的研究成为考古学研究的一个主要焦点,整合了技术、物质文化、日常活动、生态学、经济组织、政治经济、交换等多方面的研究兴趣。相应的进展包括概念和研究问题的界定、分析技术的发展、认识论和理论的阐述,以及通过案例研究积累丰富数据。

在科斯廷看来,对社会和政治结构的调查明确或不明确地整合了多数手工业生产的研究。考古学家通常用三种方式将手工业生产和社会政治组织研究联系起来:(1)调查手工业专业化在形成和维系等级社会中发挥的作用。专业化通常与复杂社会出现有关的观点可以追踪至柴尔德和塞维斯,并被许多研究者进一步拓展。手工业专业化被认为是更广泛的劳动力专业化(labor specialization)和集约化的一部分,是社会进化的关键过程。专家制造的武器、财富和权力及合法性象征被统治贵族用来建立和维系权力。但是,越来越多的考古学家对单线发展的简单假设提出了质疑。许多研究关注单一社会中生产类型的变异性。至少,这个过程应该是叠加的(additive),而非一个替代一个。克拉克和佩里的跨文化研究发现,社会或政体规模越大,该社会或整体里的专业化生产类型就越多样化。(2)考虑生产组织对社会结构和社会进程的社会、政治影响。越来越多的手工业生产研究重新考虑实体主义(substantivist)的立场,认为生产嵌进和(或)关联于其他文化领域,不管这些领域是社会、政治、仪式还是观念。手工业生产几乎总是与某种(社会)关系联系在一起,这些关系涉及原材料获取和(或)物品从制造者到使用者的转移。由于涉及对资源和劳动力的权力和控制问题,手工业生产既是经济或技术现象,也是社会和政治现象。对手工业生产的参与决定了社会参与及对商品和服务的获取,并代表了地位和权力的差异。(3)通过研究物品的功能和社会意义,将手工业生产与社会结构研究相结合,研究者关注物质文化在社会和政治关系中的作用。科斯廷认为手工业生产体系的构成要素包括工匠、生产方式、生产的组织及社会关系、物品、分配关系和消费者。该体系强调生产体系由人、物和过程组成。工匠获得原材料、工具和知识;工匠工作的环境有物理的、社会的、政治的"位置"和结构;工匠通过生产将原材料转化为兼具实用性和意义的产品。这些物品通过多种方式到达使用者手中。尽管这些要素之间存在某种对称性,如工匠和消费者是过程主要参与者,物质性生产资料转化为实物,生产和分配的关系是组织的主要原则。但是,生产要素之间的关系是多面相的、复杂的、交织的。虽然赖斯指出手工业生产的考古证据难以辨认,而且辨认出的证据往往有不同的解释,考古学家们还是致力于阐明数据的类型及其恰当用途。但是,鉴于数据的性质,互动、信仰、原则和过程等在考古记录中是不可见的。考古学家需要通过对物的研究重建行为,进而推断出互动、原则和过程。下文根据科斯廷的综述,从六个方面相继展开讨论。

(一)生产者

无论是理论上还是方法论上,工匠的身份一直是为考古学家忽视的。在大多数社会中,不是每个人都从事手工业生产。随着考古学家意识到社会行动者及个人在做出技术和审美选择及为物质文化创造意义时的作用,了解从事手工业的人、产品和生产的原因就相当重要。正是工匠主动创造或捕获社会意义,并通过制作过程将其转化为实物。如果工艺产品是社会和政治关系解释的核心,那么必须努力确定其制作者。

工匠的社会身份往往是获得生产资料的决定因素,也是工匠招募的重要原则。工匠们不仅会做出许多关于技术和审美的决策,还经常设定其"就业"条件,如进入行业、获得报酬、生产单位的组织。现有研究中,对工匠身份考虑不足部分地阻碍了对生产社会政治背景的理解。性别、年龄和亲属关系是经济和社会生产关系的重要组成部分,不理解工匠身份就无法理解生产的社会政治关系。科斯廷列举出区分专业生产者和非专业生产者的三个主要依据:(1)强度,即生产者投入的时间;(2)报酬,包括其类型和数量;(3)技能,即掌握一套特殊能力的知识和(或)运动习惯。但是,这三点很难记录在考古材料中。而且,哪怕它们可以被测量,专业生产者和非专业生产者的界限也往往是任意的。

强度衡量的是工匠们在制作上花费的时间,是对生产投入(时间和精力)的部分衡量(partial measure)。强度这个概念之所以重要,原因在于它反映了自给自足和相互依存,以及从兼职生产到全职生产的转变过程伴随着社会组织的关键变化。影响强度的因素是复杂的。许多考古学家通过废弃物堆积的成分推断活动的范围和份额(proposition)。例如,生产废料和家庭垃圾的混合出现,意味着低强度生产,并指示着活动广泛性。也有考古学家借助从生产地复原的工具和碎片的体量与密度评估生产强度,只是这种评估方法没有客观标准。

技能是工匠的特征之一。有的研究者建议区分技能(通过练习和实践培养的熟练程度)和能力(内在天赋),不过,事实上它们很难通过考古记录区分。对体现在物品组合中的"技能"的集体评估,常被用来推断生产系统的各个方面。例如,相对高水平的技能被视为专家的特征(虽然这一假设从未被证实),有的研究者用技能水平区分非专业化生产和专业化生产。技能水平也被用于区分依附专业化和独立专业化,这一方法背后的假设是:与独立专家生产的实用商品相比,依附专家生产的奢侈品更费时间,技术上也更复杂;

（基于研究者的文化价值观）贵族消费者更需要高质量的威望物品（prestige goods）。工匠的社会身份由年龄、性别、社会地位、种姓、族裔、宗教、仪式地位、法律地位等组成。通过对传统非工业社会中现代工匠的观察，以往的研究者认为工匠普遍处于社会和经济边缘，将依附专家定性为受到剥削的、不独立的，并认为独立专家（independent specialist）是来自社会最底层的蓝领，如今的研究者对此提出了质疑。这种旧范式把消费者和生产者割裂开来，生产者和消费者在权力、控制和知识方面形成了二元对立。这些促使研究者重新思考赞助人和工匠之间的社会关系。有证据表明，在某些情况下，工匠的高社会地位源于其在手工业生产中的角色和（或）其与政治贵族的联系。吉布森（Gibson）还发现爱尔兰专家因为受雇于贵族而具有了高社会地位。佩里格林（P. Peregrine）提出制作地位和权威象征物品的工匠本身就是政治人员，并进入了社会政治贵族的行列。

确定工匠社会地位有两个主要的方法，一个是分析制造地点的位置，另一个是借助文献记载。有的研究者借助生产环境的社会经济背景推断工匠社会经济地位，尤其是在生产证据来自地位较低的人群或家庭背景的情况下。但是，如果证据源于贵族或者非家庭情境，从生产地点推断工匠地位的方法就会遇到挑战。在贵族房屋（elite house）里生产的证据，被解释为存在与（贵族）居民无关的（平民）家丁（common retainer），这种观点以菲利普·阿诺德（Philip J. Arnold，Ⅲ）和罗伯特·斯坦雷（Robert S. Santley）为典型代表。两位学者在讨论一个贵族家庭里陶器生产的证据时，认为"更可能的是，陶窑是为了居住在别处的陶工建造的，陶工为房子的拥有者制作陶器"。但是，他们并没有找到居住者以外的人进入这些生产场所的证据。埃姆斯在西北海岸的高等级房屋里复原了手工业生产工具，认为工匠本身就是高等级人士。也就是说，需要区分从事手工业生产的人和赞助（或控制）手工业生产的人。性别和劳力分工有着千丝万缕的联系。

研究者们提出了多种确定工匠性别的方法。许多研究者借助民族志类比或跨文化总结来推断工匠的性别，这种做法受到了批评，因为很少有手工业是由单个性别的工匠普遍从事的，哪怕是在具有历史延续性的情况下，也不能忽略随时间推移发生变化的可能性。在特定情况下，墓葬遗存被用来寻找劳动分工的证据，其方法是寻找埋葬情境中特定手工业工具与被埋葬者性别之间的一致关联。上述方法各有优缺点，需要记住的是，大多数的民族志、文献、图像和丧葬实践在很大程度上反映了对性别角色的标准的、理想的看法。在纯粹的考古学研究中，这些要素难以捉摸。

手工业生产也体现着一个人的社会身份。特定的手工业可能是社会类别的规范性标志，如妇女在前工业社会中多从事纺织业。

（二）生产方式

以往对于技术的研究只局限于重建制作技术，当前许多研究关注技术在社会中的作用和意义、技术策略和社会经济组织的关系、技术差异社会及政治影响。技术差异（variation）的分析越来越重要，因为它被看成代表着不同的工匠群体。制作技术研究的终点不再是技术研究，而是常为其他分析提供补充。借助民族考古学观察、复制实验、肉眼观察、技术分析等方法，更好地理解对原材料的控制权，原材料加工、制作顺序（或技术）和生产阶段，将制作技术和生产组织结合的研究能够取得更多成果。了解整个工艺流程是为了解释包括任务分工、劳力投入、必要培训和技能在内的生产的其他特征。

长期以来，人们认为技术与生产组织有关。在当前对手工业生产的研究中，技术的五个方面受到关注：技术复杂性、效率、产出、控制和变异性。技术复杂性程度常被用作特定生产组织类型或组织复杂程度的证据。技术"成熟度"（sophistication）或投资缺乏被视为小规模、兼职生产的证据；冶金、轮制陶器因其被推断出的技术复杂性被视为专业化的，甚至是全职生产的。在有关变迁的讨论中，技术和组织的对应关系得到了明确阐述。即使技术和组织变迁同时发生，其因果关系也可能是不清楚的。通过技术复杂性推测组织的复杂性，存在如下三个问题：（1）相对复杂性常常是研究者推断出来的，并非证明出来的。有些技术由于遭受偏见被视为简单的或原始的。技术复杂性包括材料输入的类型和数量、准备程度、步骤数量、程序固定性（fixity）、所需精确度、工具及设备的复杂性和生产产品的范围。（2）技术包括知识、过程和工具，但是大多数研究仅包括材料方面的内容（或者说工具）。有的研究者凭借相对简单的工具认为某些技术是简单的，却忽视了完成生产过程所需的知识或者精力。（3）技术复杂性和组织复杂性之间存在较强相关性的假设没有理论或者经验层面的证据。

效率指的是每单位产出所投入的能量(时间)和原材料,它取决于个体的工作习惯、技术和(或)生产组织方式。在有些情况下,相对效率被用来区分依附生产和独立生产。与复杂性一样,目前几乎没有对效率进行过经验性检验。例如,人们通常假设模制极大地加快了陶器生产速度。但是,采用这种方法,陶器成型时间的确可以减少,陶坯在模具中干燥要耗费大量时间,生产多个陶罐就需要多个模具,而生产模具同样需要消耗时间,也就是说模制并不总是高效的。其实,模制法真正的价值在于两点,一是可以使用不熟练的劳力,二是产品更加标准。另外,目前大多数研究并不是在衡量效率,而是在讨论劳力投入。效率和劳力投入是两回事,劳力投入研究必须着眼于整个生产序列所消耗的能量:原材料获取和运输、原材料预处理和制备、加工过程中其他材料的采办、生产所用工具的获取、成型的各个方面、装饰及其他表面处理技术、成型后处理。也就是说,在研究劳力投入之前,必须理解生产阶段。需要注意的是,制作一件产品所需的时间和精力因生产者技能水平而异,难以在个体层面进行评估。

产出用来表示单个生产单位的产量和复原的材料总量。单个生产单位的产量由技术、工匠数和劳动投入(强度)决定。在手工业生产研究中,产出和生产组织在一定程度上是联系在一起的,特定技术(如轮制陶器)被认为是必然专业化的,因为产品数量太大以至于超出了单个家庭的用量。使用"产出"作为生产组织的指标需要谨慎,尤其是在对技术、强度等缺乏深入了解的情况下。复原的人工制品数量、个体生产单位产量与生产组织方式之间至多存在较弱的相关性。民族制陶和复制实验表明,个体工匠所能生产的数量远远超过考古学研究里假设的数量。克拉克认为生产威望物品的高度专业化作坊的产量可能很低,因为工匠有意识地生产数量有限的产品。

(三)生产系统的组织原则

生产组织涉及两个方面,即生产的空间组织(生产活动在地理空间中的位置)和生产的社会组织(生产者在社会空间中的位置)。通过这两个要素,可以推断生产活动的聚集程度以及生产发生的社会政治背景。这两个要素影响着工匠接触消费者和消费者获得商品的方式,且都与分配密切相关。

识别生产地点不仅可以获得手工业活动的信息,还有助于重建生产的社会环境。生产地点可以通过永久性生产设施(如陶窑)、工具和其他生产废弃物来确定。已发表的文献中一个明显受关注的领域是确定实际生产地点,另一个关注点是区分提取(初加工)原材料和制作成品的地点。考古记录中往往难以见到永久性设施和特征,因为许多手工业的非工业生产并不需要精细的、复杂的设施。例如,陶窑更多地见于亚欧大陆。目前,大多数对于特征的研究是描述性的,极少通过设施的空间组织推断生产组织。也就是说,这些设施没有被当作活动区域分析。最常见的证据是生产工具及废弃物。在美洲,制作过程中的废料和残次品时常被用来确定生产地点。同时,工具和废料研究通常关注石器生产而不是陶器生产。但是,多位学者指出使用废料推断制造活动具体地点需要谨慎,因为某些技术具有空间灵活性,而且定期清理制作场地会让废料发生移动。例如,生产废料和家庭垃圾混合在一起暗示着家庭生产,生产废料中高等级物品的存在意味着兼职的依附生产。一旦生产地点可以被识别出来,就有可能描述生产集中度,即服务于特定地区或人口的相对分散或聚集程度。生产者可能平均分布在其所服务的人群中,也可能集中在某一地点。对手工业活动集中程度的研究可以在遗址内进行,也可以在宏观区域内进行。在社区层面,查尔顿(C. Charlton)等人利用废料集中程度在墨西哥奥图巴(Otumba)识别出了宝石加工作坊。对区域内及区域间生产和交换的研究涉及生产活动的集中度,尤其是社会或集聚专业化的识别揭示了单个社区的工匠向居住在更广阔地理范围的消费者提供产品的模式。影响生产活动相对集中程度的因素包括原材料获取和运输途径、劳力获取途径、交换路线的位置、运输方式、抵达消费者和交换机制。生产的不同阶段可能在不同地点进行,例如,可能在原材料来源附近对金属矿石进行初加工。这种模式通常被解释为与运输有关,具体来说是为了降低运输材料的重量。但是,有的行业将高风险生产阶段移到原材料长距离运输之间,以降低昂贵材料出现生产事故的风险。在此,还有必要区分集聚生产和资源专业化。前者指众多生产单元集中在一个地方,共同为更广泛的区域服务,后者指大量人员前往离散的资源地收集和加工原材料供自己所用。

生产活动位于物理空间,生产者居于社会空间,生产者不仅要彼此互动,也要和消费者(或分销商)互动。生产的社会组织里,最重要的是生产单位的构成和生产者、消费者之间的社会关系。

生产单位构成包括生产者之间的关系以及工作群体的规模和内部结构。考古学家可以从发现生产活动证据的物理位置推断出生产规模、组成和社会情境。(暗示着基于亲属关系的)家庭生产与非家庭生产、小规模个体生产与大规模作坊生产之间存在根本区别,家庭生产和非家庭生产根据复原的生产情景区分,个体生产和作坊生产则通过生产设施规模区分。虽然区分家庭生产和非家庭生产及测量生产空间大小的方法是简单的,但是,研究者们使用的术语存在问题。首先,"家庭"一词被用来指单个家庭出于自用或者交换目的的生产,虽然这两种生产具有相同的地理位置,但是它们的社会和经济意义完全不同。其次,作坊通常意味着特定规模(大规模)、工作组构成等,不加区别地使用作坊一词来表示任何生产地点可能存在问题。科斯廷建议使用生产地点或者生产区域等更为中性的术语。生产群体的构成之所以有趣,是因为工匠聚集在一起的方式会影响工匠管理方式及工匠之间的关系。例如,一个大型工作单元的所有成员可能都来自同一社会群体,也可能是不相关的个人。在前一种情况下,基于亲属的组织原可能继续起作用;在后一种情况下,由于缺乏亲属关系固有的估值结构,更高程度的制度化和官僚化可能会出现。家庭基础的(household-based)生产值得更多关注。与其假定家庭内部和家庭之间存在任务分类,劳力分工存在质的差异,研究者更应研究家庭成员之间社会关系的性质是否有别于不共同居住者之间的社会关系。家庭分工也不容忽视。人类学数据表明,单个生产者从头到尾完成所有制造任务是不可能的,在大多数情况下,任务是在家庭成员之间分配的。

独立和依附这两种情境描述了不同的生产关系,从而允许考古学家考虑生产组织对社会结构的影响。独立生产通过将商品转让为生产者和消费者建立联系,有助于社会团结;依附生产则促进了社会不平等,因为它使得一些社会特权成员获得劳力,占有剩余生产,控制信息和意识形态,资助其活动和(或)增进财富及权力的合法性。但是,独立生产和依附生产的区分不大适用于中程社会,因为贵族控制和权力的界限并不像在国家社会中那样清晰。需要注意,独立和依附并不足以涵盖生产的所有社会情境,有证据表明,这种生产可以发生于各种各样的社会政治情景,比如,一些家庭对威望物品有高需求,且有足够的劳力去从事手工业以满足自己所需,中程社会中地位较高的家庭还可以利用交换关系获得广义的贵重物品。在实践中,有的研究通过高等级家庭生产废弃物的复原,推断存在嵌入式生产。人工制品组合的标准化程度通常被用来推断生产系统中的空间和社会组织原则。组合中物品的同质性或一致性常被用作专业化生产的证据。标准化程度除了常被用作贵族控制手工业或生产规模的指标外,还被用作工匠相对数量的指标,组合同质性越高意味着生产工匠数量越少。鉴于产品和(或)消费者的数量,工匠相对数量越少,专业化程度越高。这一论断的前提是生产更多商品的工匠(例如专家)采用高效技术,而且程序化、专业技术和保守过程降低了其生产组合的变异性。但是,在一个组合中,多个因素对变异性或一致性有着影响,这些因素并不都会直接反映生产组织。为此,科斯廷区分了有意(intentional)标准化和机械(mechanical)标准化,前者指工匠有意控制的风格、技术和(或)形式属性,后者则是那些被无意识运动习惯影响的属性,它们更可能反映从事特定组合生产的工匠数量。反映材料、技术和形态属性的数据被用来评估相对标准化程度。成分分析是最常用的方法。这种方法的基本前提是高变异性意味着更多的生产者和(或)更离散的材料来源。朗埃克(W. A. Longacre)和米丽娅姆·斯塔尔克(Miriam T. Stark)认为产品生产社区的组合同质性高于进口产品社区的组合,其假设是生产社区仅使用自己的、本地制造的陶器,而进口社区从多个来源引进陶器。科斯廷认为其观点缺乏经验证据和理论证据的支持。

在评估标准化程度时,需要考虑以下诸多程序问题。第一,标准化至多是一个相对衡量指标,在比较两个或者更多分析单位时最为有用。第二,标准化通常是主观的。第三,应该用"分析"或"构成"来源表达结论,因为后者暗示着离散工作群体和特定组织形式。此外,可能无法区分利用各自资源的若干生产单位和利用若干材料源的作坊。第四,标准化分析的结果取决于样本量,样本量越大,多样性也就越高。第五,分析技术的相对粗糙或敏感度影响组合中可以识别的来源的数量。

(四) 物品

物品的最终用途和预期含义(intended meaning)影响生产系统的其他要素,部分原因在于生产系统的要素(工匠、技术和生产的社会情境)为手工业产品赋予功能、价值和意义。生产过程制造有用商品,为商品赋予价值,并确立商品的所有权。商品传递的信息可以是关于社会身份的或社会、仪式及政治地位的。总的来说,如果不了解工匠所创造商品的功能和含义,就无法充分理解组织原则或工匠身份。

另外,需求的定量方面需要从物品的总数和消费单位的使用量描述,需求的定性方面通常通过复原的材料进行推断。

(五) 分配机制

分配包含了产品从生产者向消费者转移的原则和机制。在考古学研究中,交换是一个主要的关注点,尤其是在关于古代经济和政治结构的研究中。对于交换的诸多研究都涉及识别原材料和产品从一个地方流向另一个地方,而非解释转移的具体后勤和社会机制。但是,如果不讨论产品从生产者到消费者的过程,就无法完全阐明生产组织。只有在商品从生产者转移到消费者手中的时候,生产才会社会化。这种转移不仅是对物质需求的经济供应,还嵌入并象征着社会和政治关系。

人类学家使用多个模型以描述商品从生产者向消费者的转移。卡尔·波拉尼(Karl Polanyi)对比了互惠、再分配和市场交换三种不同的转移方式。蒂莫西·厄尔(Timothy Earle)完善了波拉尼的模型并区分了四种类型的再分配,对专业化研究来说,最重要的是地位较高的消费者(贵族和机构)从下级生产者那里调动商品。杰克·古迪(Jack Goody)研究了分配中隐含的社会关系,描述了自愿的和强制性的这两种不同维度,并进一步定义了五种关键的转移类型,包括生产单位内的分类、礼物(自愿的,没有回报)、互惠交换、市场交换和强制性转让(如税收和进贡)。科林·伦福儒(Collin Renfrew)描述了生产者、商品和消费者在物理上结合在一起的组织后勤机制:生产者向消费者移动;消费者向生产者移动;生产者和消费者前往第三地点;第三方分销商将商品从生产者运输至消费者;生产者将商品运到中心收集机构后再进行分配。皮雷斯-费雷拉列举了六种通过商品类型、参与者或社会群体及使用情境区分的初级交换。

(六) 消费者

消费者的特征有空间和社会经济两个维度:确定某一特定类别商品的消

费者在特定空间中的相对分散或聚集情况，以及确定消费者的身份和从属关系。由于消费和生产互相关联，关于地理分布和复原情境的描述性研究常被用来推断生产组织。例如，韦尔斯(P. S. Wells)认为日常装饰品和其他威望物品出现模式的差异"证明"它们是在具有不同流通系统的生产体系中制作的。成分分析通常是交换关系分析的基础，尤其是用于区分本地生产和非本地生产的商品。识别出非本地生产的材料暗示着区域或者区域间的专业化。

第三节　标准化与多样化

在缺乏陶窑、生产工具等直接证据的情况下，陶器产品的标准化程度成为衡量陶器生产专业化最常用的指标。多样化或者变异性则相当于标准化的另一面。目前，多位学者尝试评估陶器的标准化或者多样性，以深化对陶器生产状态的理解。

一、标准化与多样化的定义

（一）标准化

依据赖斯的讨论，标准化是指陶器性能同质化的相对程度或者变异性降低，也指实现这种相对同质化的过程。在这个概念中，"相对"(relative)一词相当重要，因为标准化是一种程度，可以通过陶器的形态、成分、装饰或制造技术的定名、定序、度量数据评估。

科斯廷和哈格斯特鲁姆引入了有意属性和机械属性的概念。有意属性与工匠在制作过程中有意达成的特征有关，包括技术、器形、装饰等反映目标产品功能的特征。有意属性不大可能提供有关生产组织的信息，因为其主要目的是满足特定功能和社会需求。机械属性是工匠无意识留下的痕迹，其变异性与所采用的大规模生产技术水平和类型、培训、技能、经验、监督或质量控制、效率、运动习惯、工作习惯和特殊行为等相关，包括与功能需求无关的原料选择和制备、颜料和烧制所带来的质地和颜色差异、线条宽度等装饰元素的数量特征、尺寸的细微变化等。机械属性可以更直接地反映生产组织。不过,有意标准化和机械标准化的划分是客位性质的建构,是用来分析考古记录的工具。科斯廷认为衡量标准化的目的在于确定特定生产单位的工匠数量,其背后的假设是机械属性的变异性,与独立陶工或工作群体的数量直接相关。

（二）多样性

多样性通常被认为是标准化的反面。密集型专业生产者(intensive specialist producers)的产品通常被假定为标准化的,非专业生产者的产品通常被假设为多变的、异质的、不一致的、多样化的。这种将多样性视为非专业陶工产品的特征的想法在使用时常是非定量的、直觉性的。

原本用于数学生态学(mathematical ecology)中的多样性概念是定量的,用来描述植物或动物群落的结构和复杂性。它通常用丰度(richness)和匀度(evenness)两个术语表达,前者指种群中类别的数量,后者指种群中各单位的相对比例。把生态多样性的测量方法用到考古研究中的陶器生产,一方面是基于人口规模、复杂性(物种数量和比例)和生物群落占用栖息地之间的广泛类比,另一方面,人类社会中生产和消费之间的社会经济关系具有不同程度的复杂性。

社会系统对包括陶器在内的商品有着不同种类和程度的需求,并以不同的方式制造和使用这些商品。多样性程度高的陶器组合意味着有多个生产者,有满足多种需求的多种产品,缺乏对生产的控制或监管,或者这些因素的组合。相反,多样性程度低的组合意味着较少的生产者、产品种类(或者较多的变异性小的产品),一个罐子可以用于多种用途,制作过程受管制,或者这些因素的组合。低多样性被认为是大型复杂社会中专家生产陶器的特征。但是,陶器组合的多样性并不完全是生产安排的结果(或者在此情境中解释),它也与陶器使用有关。和生物多样性类比,陶器变异性具有三个层级:(1)遗址或者组合内的多样性;(2)器物组合之间的多样性,或者说,梯度可以用时间或距离来解释;(3)区域内的多样性。

多样性指数在陶器研究中极具吸引力,因为陶器具备大量与生产相关的特征,可以进行测量和描述。这些特征分资源(种类、数量、颗粒尺寸和形态)、技术(成型技术、烧制变量)、形制(主要和次要形态特征、尺寸)和装饰或风格四大类。这些属性系统中的每一个都可能在标准化或者多样性方面表现不同,因为每一个属性都是对整个社会经济系统中生产、分配和消费关系中限制的反映。不过,并非所有体现出多样化的特征都是对生产组织或者专业化问题的直接回应。区分多样性模式将有助于研究陶器变异性的结构。

资源属性系统(resource attribute system)的多样性较低可以解释为资源限制、生产活动标准化和(或)资源专业化;技术属性系统中的多样性与制作技术有关,可能反映了频次和(或)大规模生产;主要形制(整体形状,如碗或者罐)差异可能复原考古情境里的使用和活动,次要形制(唇、底、附件等的尺寸)差异可能比主要形制更多地反映生产情况,同时需要注意口缘形态和尺寸具有高度的可变性。南希·本科研究摩洛哥巴斯拉遗址三个不同时期的陶器功能和技术多样性时,发现两者存在反比关系,也就是说,随着功能多样性增加,技术多样性降低。她认为这些变化与生产者之间的竞争减弱有关,并指出"技术多样性的增加或减少与商品相对流动程度的升降是同步的"。在所有的子系统里,装饰或者风格是最为复杂的,难于生产组织层面的处理,因为风格对互动现象和整体的文化变迁高度敏感。少数学者在对装饰属性的研究中采用了多样性的概念,但是只有布劳恩在生产情境下对多样性做了解释。布劳恩发现多样性减少意味着陶罐生产者之间社会距离的降低。考虑到当前流行的关于风格的信息理论方法,研究者需要了解生产地点和生产单位的组成,因为陶器的便携性既增强了其地域分布,也拓宽了风格信息使用的情境。

在使用任何模型或者数学方法时,赖斯认为必须了解其所使用的假设和数据要求。在用多样性指数解释史前陶器生产的时候,需要注意如下事项:(1)既然多样性的测量基于"组合",那么这些组合的分类单元应该是相互排斥的,在所有组合中应该是共有的、等效且在统一标准下不同的;(2)需要有足够的样本量,最少需要30个样本,大于100应当更好;(3)要比较的组合之间存在某种时间或者空间上的联系,它们应该代表大致相同的时间跨度,因为多样性指数并不代表绝对的测量尺度;(4)多样性作为生产组织指标的恰当性可能取决于研究者选择的属性系统,而且任何直接关系都可能受到破损率、使用与修复情境的影响;(5)在难以确定观察到的差异是否"真实"的情况下，有必要借助卡方检验或者 t 检验对多样性进行显著性分析。

二、标准化和多样性的影响因素

赖斯认为集约专家出于经济效益的目的大量生产产品。这一论点建立在下列论据之上：(1)对劳力投入和成本效益的明确理解，但这种理解其实往往是不明确的；(2)对大量销售的成品"质量控制"的可能理解；(3)在相对不安稳的职业中，有利于陶工坚持对已知资源和程序的风险规避策略（通常被称为"保守主义"）；(4)通过重复劳作发展的技能。这样就有如下假设：与非专业人士或者非集约生产者生产的产品相比，集约生产者使用的材料和制造技术将更一致，制作的产品在成分和外观上也更加标准化。耶尔默·埃尔肯斯和罗伯特·贝廷格(Robert Bettinger)讨论了影响手工业产品标准化的一个因素：标量错误。标量错误是估算物品大小和将精神图像(mental images)转化为实体物品时所犯的错误。这种错误受限于人类的感知能力和运动技能，会随着物体尺寸的增大而增大。在重量感知方面，韦伯重量分数(Weber's fraction for heaviness)为2%，即只有两个物体的重量差异超过2%时才能被感知到；在长度感知方面，韦伯长度感知分数(Weber fraction for perception of the length)约为3%，这一数据基本保持恒定。标量错误和人类对重量、长度、面积的感知之间的关系是线性正相关的，这能够为理解人工制品变异性带来便利。就像考古学家通常用变异系数来精确表达人工制品的变异性一样，韦伯分数(Weber fraction)显然也可以做到这一点。借助均匀分布(uniform distribution)和随机分布概念，韦伯分数可以转换为变异系数。尤其是由3%的韦伯分数推出的1.7%的变异系数，代表着人类长度测量所能达到的最小可变异量，接近这个变异系数的人工制品组合意味着高度标准化，低于1.7%的人工制品组合意味着自动化或使用了其他标准。由随机分布推导出的变异系数应作为上限来考虑，经计算，这一数值是57.7%。如果变异系数超过57.7%，说明这批人工制品的变异性是被有意识地控制的。由于当人工制品的平均数和标准差之间是正相关时，回归线经过原点附近，因此变异系数是更可靠的变异性度量标准，它将标准差缩放到平均值。在实际的案例中，人工制品的变异幅度(the amount of variation)远远超过人类能够察觉到的最小值(1.7%)和生产的最小值(2%~4%)。这可能源于如下因素：首先，工匠通常会接受视觉上可察觉到的变化，因为在一定范围内，该物品已经足够接近理想形状，花费更多时间修整是不划算的；其次，负责一组人工制品的工匠数量可能很重要，因为不同工匠对特定物品"理想"形状的想法和界定不同；再次，考古学家可能在不知情的情况下将不同物品归为一组，从而无意地增加了变异系数；最后，不同原材料表现出不同的成型特性，使用更难控制的材料会增大变异系数。基于人类区分大小的生理能力，物品标准化的程度是有限的。

赖斯指出变异性或多样性存在的原因通常包括：(1)复制过程不完善；(2)制作中的随机事件，比如糟糕的天气、时间不够；(3)技能欠缺；(4)有意识变化；(5)活动不频繁；(6)参与生产者的数量；(7)对资源获取、陶器形态、尺寸、装饰图案缺乏强有力的控制。显然，上述多种因素也会在专业作坊(specialist workshops)中起作用，且作坊产品中也可能存在明显的变异性。在所有社会中，各种各样的限制和文化约束力(cultural sanctions)控制着变异性，如预期用途、消费者偏好、经济成功和关于正确做事方式的传统观念。

三、标准化的衡量和案例

赖斯在1981年提出用直方图或者分布曲线分析特定技术或者风格属性观察结果，分布的形状[特别是其偏度(skewness)和峰度(kurtosis)]表示标准程度及其符合(或不符合)程度。在此之后，多位研究者尝试评估产品的标准化，例如，丽塔·莱特(Rita Wright)在主观评估而非精准测量的基础上分析了巴基斯坦陶器的标准化，发现颜料和釉料的变异可能比胎体成分更为有用；费曼等通过类型计数和相对丰度(relative abundance)衡量标准化，并用列联表分析(contingency table analysis)和 ϕ 系数(phi coefficient)评估分布异质性(distributional heterogeneity)；西诺波利(Sinopoli)采用了直方图克鲁斯卡尔-沃利斯(Kruskal-Wallis)方差分析，更多案例在此不做介绍。

苏珊·德·阿特利(Suzanne P. De Atley)和威廉·梅尔森(William G. Melson)研究了美西南家庭生产陶器时资源选择是否标准化，发现黏土选择行为更多地取决于获取便利性而非黏土质量，并不存在一个一致的、传统的黏土来源地。芭芭拉·斯塔尔克(Barbara Stark)通过对危地马拉、秘鲁东部等地"专家"和"非专家"陶器尺寸属性的比较，发现陶器形制不同，标准化程度不同，且"专家陶器"的标准化程度可能更加明显。朗埃克等人用变异系数衡量了菲律宾专家生产炊煮罐和家庭生产炊煮罐尺寸的相对标准化程度，发现专家生产的炊煮罐标准化程度更高，但是专家生产的花盆却体现出高度变异性，由此认为需要将测量和比较限制于具有文化意义的陶器分类（也即主位分类），而不是考古学分类。弗兰克尔(D. Frankel)和西诺波利给出了相似的结论，前者借助变异系数发现不同程度的相对变异可能存在于不同形制的陶器中，也存在于陶器的所有可测量属性中；后者借助民族志材料发现来自不同专家作坊的陶器之间的差异需要通过多变量分析确定，而哪怕是同一个陶工生产的产品，唇部朝向这一形态属性每天都不一样，并因陶罐而异。故而，赖斯认为在标准化研究中需要谨慎使用尺寸属性。科斯廷在研究秘鲁中部万卡Ⅱ期和万卡Ⅲ期的陶器生产标准化和专业化时，同时使用了直接生产证据（如废弃物）和间接生产证据（包括技术标准化程度和原材料使用），认为从万卡Ⅱ期到Ⅲ期，专业化和生产强度似乎存在增加的趋势。在大多数标准化研究假设聚焦于成分和尺寸数据的时候，哈格斯特鲁姆另辟蹊径，用装饰属性检验美西南两种陶器之一是专家制作的这一假设。哈格斯特鲁姆比较了两种陶器纹饰的手法、填充元素和笔触，发现专家制作的陶器呈现出更高的装饰标准化程度。布林曼拒绝将标准化视为生产专业化的指标，认为标准化不是衡量安纳萨奇陶器制造专业化的好方法，而且专业化程度从来没有使得产品标准化。

迪安·阿诺德和内夫斯(A. Nieves)认为考古学中的标准化概念需要许多假设，这些假设包括：(1)标准化概念暗含着比较，不能应用于单个陶器组合。(2)标准化指历时情境中的组织，因此将其作为陶器专业化的指标就必须从文化演化的角度加以理解。(3)标准化是一种过程，而非单个事件，它是从手工业出现到现代工业技术的连续体。而且，标准化的早期发展与西方工业化社会中发展的状态在过程上存在潜在相似性。(4)理想情况下，标准化应指向同一传统，即随时间变化同一人群生产的产品。对不同地区或不同类型人群生产的陶器进行比较没有多大意义。标准化必须参考一个社会中陶器变异性的含义来理解，而不是参照某种抽象的、绝对的变异性标准。(5)标准化可以利用陶器组合包括形状、装饰技术、坯泥均匀度、尺寸数据等在内的任何数量特征。基于这些原因,标准化概念的检验和评估存在难度。不过,民族考古学研究仍然可以在民族志背景下评估标准化,如检查某个时间点陶器产品的变异性,并评估导致这种变异的因素。

(一)菲律宾卡林阿和帕拉第戎人的陶器生产

朗埃克等借助菲律宾民族考古学的案例评估了标准化陶器与全职专业化生产模式之间的联系,以及这种联系背后的社会政治复杂性。朗埃克等人要回答的问题是:与非全职专家在家庭层面生产的陶器相比,全职专家生产的陶器是否更为标准化?朗埃克等在菲律宾开展了两个民族考古学的项目,一个是调查吕宋岛中北部山区的卡林阿人(Kalinga),另一个是调查吕宋岛东南部的帕拉第戎人(Paradijon)。卡林阿人以定居农业为生,以家庭为单位制作和使用陶器;在帕拉第戎,约80名制陶专家为市场提供各种各样的手工陶器,不过他们既不使用模具也不使用陶车。两地陶工制作陶罐时使用的技术基本一致,但生产的陶器仍存在差异。为了验证帕拉第戎工匠所制作的陶器标准化程度可能更高这一预期,朗埃克等测量并比较了炊煮罐的数据,测量的数据包括最大高度、最大宽度和口径,并采用了简单描述性统计和测试方法。

朗埃克等比较了卡林阿和帕拉第戎的不同尺寸炊煮罐样本的标准差及变异系数,发现卡林阿炊煮罐数据的变化高于帕拉第戎,帕拉第戎炊煮罐的标准差在 5.71 毫米和 8.24 毫米之间,变异系数为 3.4%~6.8%,卡林阿炊煮罐的标准差在 15.74 毫米和 24.33 毫米之间,变异系数为 10.2%~13.7%,这意味着卡林阿陶器生产标准化水平较低,帕拉第戎陶器生产标准化程度相对较高。考虑到卡林阿炊煮罐的尺寸分小、中、大三类,而帕拉第戎炊煮罐分蔬菜罐和米饭罐两类,他们分别汇总了两地的数据,发现帕拉第戎陶器标准化程度更高。另外,与其他类别的陶器相比,帕拉第戎和卡林阿生产的花盆变异系数相当高,一个原因是帕拉第戎的花盆大多数是由经验不足的初学者制作的,另一个原因则与黏土选择有关。

那么,朗埃克等人的结论是否适用于考古学材料呢?考虑到考古材料的特殊性,首先需要考虑主位分类和客位分类的问题。在民族考古学情境中,研究者可以知道陶器类型的文化意义；在考古学中，则只能根据形制、成分、情境、残留物和表面磨损来推断陶器类型。这为分析带来了障碍，因为描述差异的统计方法完全地依赖于陶器类别界定。考古学家可能无法发现对陶工有意义的主位尺寸分类，从而多种尺寸的主位类别混合在一起，其统计结果与真实情况并不相符。

朗埃克对亚利桑那中东部蚱蜢废墟（Grasshopper Ruin）遗址出土的98个陶罐进行了进一步的讨论。表面磨损分析表明这种罐子多用于炊煮，其中的小型罐有的用于炊煮，有的则不是，但都与墓葬有关。使用同样的方法，朗埃克等人对它们进行测量并计算了数据，发现其标准差和变异系数非常高，这可能意味着这两个类别中包含了其他多个主位尺寸类别。朗埃克又尝试计算并比较了三地陶罐高度与宽度、口径与宽度以及孔径与高度的比例数据，这背后的假设是各类陶器表现出相同比例或者相似形状。结果表明，帕拉第戎陶罐表现出非常恒定的形状比，卡林阿的蔬菜炊煮罐和米饭炊煮罐具有明显不同的形状，而蚱蜢废墟的两类罐子拥有大致相同的形状。必须指出，即使卡林阿和帕拉第戎炊煮罐具有统一的形状比，研究者还是无法知道蚱蜢废墟陶罐的主位类别。

所以，朗埃克认为将菲律宾的结论用于考古数据，并推断生产方式会带来很多问题，其中最主要的是考古学家无法确定对生产陶器的陶工来说有意义的分类。如果没有合理的分类，数据就失去了意义。

（二）蒂库尔的陶器生产

墨西哥尤卡坦蒂库尔（Ticul）的陶器生产是评估陶器尺寸变异性影响因素的绝佳案例。蒂库尔的陶器生产具有悠久历史，而且当代陶器用途广泛，工匠们同时生产传统和现代陶器。迪安·阿诺德在蒂库尔的民族考古学研究始于1965年，他记录了自那时起技术、容器形态、手工业组织和人口等方面的变化。在1965年，蒂库尔的陶工仅占人口的一小部分，他们为本地市场生产仪式、装饰和储水、运输用陶器，当时的生产已经是专业化的。如今，蒂库尔的陶器生产是为了卖给游客。蒂库尔陶器生产的变化表明，导致陶器生产变异性的因素包括：(1)陶器的预期市场，有的产品只是为当地居民生产的，有的产品是为中间商市场生产的，有的则是为旅游市场生产的，不同市场的需求存在差异。(2)制作技术,蒂库尔陶器制作存在三种主要技术。成型技术和陶器形态之间的关系是复杂的。由于当地黏土的缺陷,所有形态不能用单一技术完成,陶工采用不同技术制作不同容器。(3)陶工自身对变异性的理解,包括其在生产过程中测量陶器的方法、对容器形状类别理解的宽泛程度、测量技术如何表现在形状和实际尺寸的差异上。(4)想要的容器大小,这又取决于容器的功能、需求和分配。

  迪安·阿诺德和内夫斯记录并分析了一个陶工家庭所生产的1677件陶器的测量数据,以研究影响容器变异性的行为因素。这些陶器分为里萨多(risado)、博拉(bola)和卡耶特(cajete)三类,这些陶器主要采用了三种制作技术,并指向不同市场。其中,卡耶特面向的是本地市场,里萨多面向的是中间商,博拉罐通过中间商最终进入了游客商店。

  在定量评估标准化的方法中,标准差在建立置信区间和检验假设方面相当有用,但不足以比较和测量不同对象样本之间的变异性;变异系数表示的平均值的变异性弥补了标准差的不足,但无法用于对不同群体生产陶器的比较,不能确定第一类错误的概率;朗埃克等人用 F 检验评估变异性,西诺波利则使用方差分析评估变异性;多名研究者用卡方检验确定置信区间。

  迪安·阿诺德和内夫斯使用 F 检验、方差分析、卡方检验对三个假说依次进行了检验。第一个假说涉及制作技术对各种器形相对统一性的影响。比较之后发现轮制的卡耶特比转台制作的卡耶特更统一,轮制和转台制作的博拉没有明显区别。这表明技术的确对器形的变异性有影响,但也不能排除其他因素。第二个假说涉及市场细分和器形变异性。研究者比较了使用相同技术制造的容器形状的差异,以确定市场因素是否会导致容器变异,发现为游客市场制造的器形比为其他市场制造的器形更标准化。第三个假说是第二个假说的备择假说,涉及陶工构想的器形变异性的方法和实际器形变异之间的关系,通过比较发现不同容器的测量技术可能显著影响器形的变化。

  陶工对特定器形变异性的主观观念会影响器形的客位变异,这意味着在将标准化概念用于古代陶器产品前,需要对影响陶器变异性和标准化的因素进行更充分的民族考古学研究,也需要使用更加标准的变异性评估方法替代变异系数,以使得陶器的比较通过显著性水平检验。

(三) 叙利亚雷兰土丘遗址的陶器生产

布莱克曼等借助叙利亚东北部的雷兰土丘(Tell Leilan)遗址的陶器数据对标准化假设进行了验证。雷兰土丘遗址规模、建筑结构和区域组织的变迁表明该地出现了国家级社会。在城市扩张之后,该地的陶器生产发生了变化,这些体现在陶器器形和装饰等方面。Ⅲ期(约公元前 3200—前 2500 年),精美陶器(fine wares)占 57%,最常见的口缘形态是带有反向珠子装饰的敛口,尖底最为常见,而且约 30% 的精美陶器上带有装饰。Ⅱ期(约公元前 2500—前 2200 年),带装饰的陶器几乎消失了,取而代之的是简单敞口(open-simple-rim)平底陶器。到Ⅱb期,这种简单敞口陶器成为雷兰等地陶器的最常见形制。

雷兰的陶器毫无疑问是大量生产的。1985 年,考古学家发掘了四个大型的废品堆积(waster stack),每个堆积至少有 50 至 65 个Ⅱb期烧坏的陶碗。其中的部分完整陶碗被带到史密森学会的实验室进行分析。这次分析为检验标准化假设提供了难得的机会,因为这些陶碗都是在短时间内制成的,并放在一起烧制。这批碗的标准化分析结果可以作为在雷兰其他生活垃圾中发现的同类陶碗的比较基准。具体来说,布莱克曼等探讨了如下关键问题:(1)在特定类别的专业化生产陶器中,实际存在多大差异?(2)在专业化生产的陶器组合中,变异性的来源是什么?(3)单次生产活动中的变异与单个遗址的陶碗总的变异范围相差多少?借助扫描电子显微镜和光学显微镜、X 射线照相、中子活化分析等手段,研究者发现出土于生产废弃堆积和家庭废弃堆积的两类陶碗为标准化程度分析提供了明显不同的证据。

布莱克曼等首先讨论了制作技术这一指标。通过考察包括黏土制备、成型、精加工、烧制等在内的陶器生产过程,认为这种简单敞口陶碗生产过程中的每一步都遵循标准化程序,高效的黏土制备、成型、陶窑和烧制都与高度专业工匠的大规模生产一致。其次是成分指标。依据对前述废弃堆积 18 个陶碗(出土于生产情境)及 4 号操作间(Operation 4)的 22 个陶片(出土于家庭情境)的中子活化分析结果,布莱克曼等发现 4 号操作间的 2 个陶片成分与其他 20 个陶片明显不同,认为它们可能是外来的,其余陶碗所用黏土的化学成分具有极高的均质性。布莱克曼等用变异系数比较组内成分的均质性

(compositional homogeneity in the group)，为了降低分析误差对数据进行了处理，并引入标准参考材料 SRM679。结果显示，这些陶碗成分具有高度均质性，其黏土是精心制备的，从而为标准化假设提供了有力证据。布莱克曼等分析的第三个指标是容器尺寸，采用变异系数和 F 比值（F ratios）描述和评估容器尺寸的标准化程度。他们测量了完整陶碗的口径、口径1厘米以下的器壁厚度、器高、底径和底部最大厚度五个数据，发现来自生产废弃堆积的陶碗形态高度标准化，这一结果与大规模专业化生产日用商品的预期一致。布莱克曼等还对出土于不同情境的陶碗口径数据进行了比较，发现来自生产废弃堆积的陶碗口径数据呈现出高度标准化。

对于废弃堆积出土陶碗和4号操作间出土陶碗存在差异的原因，布莱克曼等认为废弃堆积出土的陶碗代表着单次生产事件，操作间出土的陶碗可能是不同时期多个作坊多次生产的结果。布莱克曼等将后者命名为"累积模糊"（cumulative blurring），即在不同作坊中进行的多次生产事件，哪怕是由专家从事生产，也可能增加陶器化学成分和尺寸的变异性。导致这种累积模糊的因素包括如下几点：（1）时间，整个Ⅱb期（200—300年的时间跨度）都在生产这种敞口陶碗，数代陶工都在制作这种陶器，变化是不可避免的。（2）专业化生产的组织方式。雷兰作为一个大型的中心城市，对实用陶器需求程度高。在这种情况下，可以预见到多个工匠或作坊同时从事陶器生产，那么差异肯定存在。西诺波利将这种生产称为"非集中生产"（noncentralized production）。雷兰Ⅱb期的陶器生产也应当是非集中生产的。长达两三百年的非集中生产不仅会导致陶器尺寸的变化，也会导致陶器成分变化。总的来说，累积模糊是通过自然过程和文化过程形成的，如（1）当地黏土的自然差异；（2）陶工技能或者原材料获取途径的差异；（3）陶器生产过程中的集中程度、管理或者竞争。

总的来说，在对样本进行严格时间、空间控制的前提下，标准化是手工业专业化的有效指标。这样，标准化假说就成了重构复杂社会生产组织的方法论。

（四）印度和西班牙的案例

为了讨论生产率和标准化程度之间的关系，瓦伦丁·鲁进行了民族考古学的研究，以分离标准化中包含的参数，并量化生产强度和标准化程度之间的关系。她观察了印度和西班牙陶工生产的陶器,并将观察结果与菲律宾的材料进行比较。

印度有两个陶器生产案例,一个在乡村,陶器生产率较低;一个在城市,陶器生产率较高。由于这两个案例来自同一文化背景,鲁可以有效分离生产强度这一参数并评估其对标准化程度的影响。西班牙的案例则是城市背景的,这使得比较不同文化背景中的高效率陶器生产成为可能,该案例中的陶器采用两种不同的成型技术,一种是拍打技术,一种是拉坯成型方法。三个案例中,印度安得拉邦南部村子的陶器生产是低效的。该地区主要生产三类陶罐:用于煮蔬菜的库拉卡泰(kura catti)、主要用来煮菠菜的萝拉卡泰(ralla catti)和用于储藏的彼达巴纳(pedda bana)。单个陶工每年生产约6000个陶器,其中库拉卡泰和萝拉卡泰占不到50%,彼达巴纳占5%。新德里附近的乌坦纳加尔(Uttam Nagar)村的陶器生产则是高效的。这是一个传统制陶村落,大约有200个家庭制陶作坊,主要生产三种型号的水罐,每个陶工的年产量大约为15 000个,其中30%是小型罐,60%是中型罐,10%是大型罐。西班牙的案例来自乌克索谷(Vall de Uxo),这是一个小村庄,村里有一个制陶作坊,作坊中仅有一个陶工,生产的产品有炊煮器等。该陶工每年制作大约14 000件大口罐。

针对生产率和标准化之间的关系,鲁提出了如下假设:如果生产效率影响运动习惯,那么高生产率陶工生产的陶器组内和组间变异性低于生产率较低的陶工生产的陶器。对于安得拉邦陶器,鲁测量了166个萝拉卡泰、186个库拉卡泰、85个彼达巴纳,这些罐子的制作工匠数不尽相同,她测量的数据包括高度、最大径、口径、器壁厚度、唇部厚度和唇部宽度数据。对于新德里陶器,鲁测量了180个小型罐,测量的数据包括高度、最大径和口径。对于西班牙陶器,鲁测量了100个大口罐,测量数据包括最大径、口径、颈径、底径、高度、最大径的高度、唇高、唇厚、手柄宽度、手柄厚度、装饰高度、未修整区域的高度、容积和重量。

鲁用方差分析计算组间差异,用变异系数比较组内差异。组间差异分析的结果是:安得拉邦不同陶工生产的陶器存在显著差别,只是轮制成型技术带来的变异高于拍打成型技术带来的差异;新德里陶工生产的小型陶罐也存在明显差异。组内差异分析的结果是:在安得拉邦,彼达巴纳罐高度、最大径和口径的变异系数差异最大;高度、最大径或者口径变异系数变化都在相同范围内;一些陶工变异系数的范围在不同器类之间表现得不一样;三类陶器的器壁厚度显示出非常高的组内差异,变异系数可以达到25%;存在"累积模糊",即所有陶工累积在一起的变异系数高于单个陶工的变异系数。在乌坦纳加尔,不同陶工产品的差异低于安得拉邦的差异,累计模糊效应同样存在。在西班牙,高度、最大径和口径的变异系数最低,其他参数则体现出了更高的变异性。总的来说,陶器确实会由于生产率不同而呈现出不同程度的标准化。与生产率低的陶器相比,高生产率的陶器体现出更低的变异性和更高的标准化程度。

三个案例中,变异系数的变化范围在0.87%和25%之间,其中的最小值甚至低于1.7%。1.7%是一个基于韦伯分数的变异值,低于1.7%被认为是机械化才能达到的标准化水平。对此,鲁认为技工通过不断的重复生产获得高技能水平,其产品有可能达到这个高标准化程度。高度、最大径和口径是最有可能受运动习惯影响的。同时,成型技法不会影响产品的变异程度。在安得拉邦,数据显示尺寸最大的陶器标准化程度最低,这种趋势也见于其他地区,其原因可能在于对尺寸较大产品目标形状的预判更艰难,也可能是大陶罐产量较小,与之相关的运动习惯不如小陶罐好。技术水平也可以影响变异范围,这种能力因人而异,技艺不高的陶工制作的陶罐显示出更高的变异性。对"标准化"的主位概念会影响变异程度。在安得拉邦,陶器尺寸与使用陶器的家族大小有关;在菲律宾,器皿大小等级是根据容量来计算的;在西班牙,标准化展示技术水平和制陶者制作相同器物的意图;在印度的乌坦纳加尔,陶工只测量与市场交换有关的标准。这些概念导致了不同地区标准化与生产率关系不同程度的差异。

总的来说,陶器变异系数在3%~6%范围内,生产组织可能是大规模的,也可能是小规模生产;6%~9%可能属于小规模生产或非常小规模的生产。陶器组合中至少2个变量的变异系数低于3%意味着大规模生产。但是,我们不能忽视累积模糊对变异系数的影响,如果陶器组合是来自几个世纪的生产事件,或许多生产事件,那么累积影响应该是很大的。鲁将其结论运用于公元前2200年雷兰土丘遗址的陶器生产。此前,布莱克曼等人根据低于10%的变异系数,认为该地的陶器生产体现出很高的标准化程度。鲁重新审视了这些数据,认为雷兰的陶器生产实际上仍然是相对小规模的生产。

第六章

陶器与人

考古学研究的一个主要关注点是各种经济系统的性质和组织——社会如何满足基本生存和其他物质需要。实用物品的生产,如陶器,是其中一个重要方面。个体是组成社会的最小单位,个体是如何与陶器产生关系的?是陶器的生产者还是使用者?个体的社会身份是什么?本章第一节和第二节将会关注在陶器生产、使用体系中的身份问题,并分别从个体和群体身份的角度来叙述身份与陶器生产和使用的动态关系。除了身份信息,其他信息的交流和共享也在陶器的生产,尤其是在市场流通中体现,在第三节中,将会讨论陶器在社会市场交换体系中的功能和性质。第四节则讨论了陶器的使用寿命与社群生活习性的关系以及通过"积累研究"来估算人口数量。

第一节 人员与陶器生产

在工具和技术等手工业研究的基础上,考古学家们希望能够进一步解释和研究社会组织、社会规模、社会内部结构以及社会中人们的职业、地位、等级、威望等方面是怎样的。所谓"自上而下"的问题,即是从组织形态出发观察社会,然后再观察社会内部结构。近些年来,"自下而上"的视野也在考古学界逐渐引起重视,这就是观察个体以及个体在社会中的身份是如何被界定的。正是这些基于个体的研究促使个体考古学和身份考古学的出现。

研究古代陶器生产是深入考察社会关系的一种途径。陶器在不同社会中有不同的生产组织形式,形成了不同的社会分工体系,也标志着各种类型的社会关系,因此,探索工匠的社会身份是理解陶器生产系统的关键。社会身份可能有许多组成部分,包括年龄、性别、社会地位、种姓、种族、宗教、仪式地位、法律地位等。了解谁在制作,他们在制作什么,以及他们为什么在制作这些东西是很重要的。然而,这些信息在考古材料中并非直接可见,在史前社会格外如此。

一、陶器生产与性别分工

社会性别相关问题一直以来受到考古学者的关注。这一问题有时更深入地与社会地位、社会复杂化等相关联。由于往往缺乏考古学上的直接证据,研究史前人群陶器生产的性别分工是较为困难的。

(一) 性别考古学与性别反思

要讨论陶器生产中的性别分工,首先必须提及性别考古学这个处于后过程考古学阵营里的流派。性别考古学自 20 世纪 80 年代以来广泛传播,它与女权运动和女权理论的整体发展密不可分。马修·约翰逊(Matthew Johnson)在其《考古学理论导论》一书中对性别考古学有深入的评述,康基(M. W. Conkey)和斯佩克特(J. D. Spector)对于考古学与性别研究这一问题进行了讨论和反思。

具体到陶器制作与生产问题,伊冯娜·马歇尔(Yvonne Marshall)在介绍詹姆斯·希尔、威廉·朗埃克和詹姆斯·迪兹(James Deetz)等学者在 20 世纪 60 年代开展的研究后,指出他们持有"按照性别的分工在某种程度上是显而易见的,不需要明确检查"这样的假设,由此展开了对两性分工的讨论。另外,莱特在反思中指出,民族志研究的核心是假设(所有)女性都从事低经济产出的劳动粗放型活动,而男性专属的劳动密集型活动是创新的、通向商业化的。她详细考察在民族志记载中,女性是如何被关联或被边缘化的,并质疑这种基于"分离领域"(separate spheres)意识形态表达的陈述,认为应当研究性别领域是否分离,以及分离是否起到了某种社会功能。莱特的方法是对现存的民族志文献和目前对史前女性在陶器生产中角色的重建提出问题,这将更具体地表明,女性不是被排除在这些重建之外,而是当代的性别意识形态和现代的职场模式对她们的能动作用有所偏见;其中最直接的途径是考察组织劳动力与生产的民族志和各种概念框架,尤其值得注意的是陶器生产组织发展与复杂社会之间的关系。

如莱特提及,已有的研究往往把"陶工"(potter)概念狭窄地界定为使陶器成形的工匠,并不把在生产序列中执行其他任务(如绘制、收集燃料和烧制等)的工匠视为陶工。这样的界定过于简单地解释了手工业技术分工中的性别角色,进而忽视了生产序列中的性别互动和劳动合作。也就是说,在研究陶器生产的性别分工时,须关注从黏土采集、运输到成型、装饰乃至烧制的全过程,从中寻找女性参与的证据。对史前社会性别角色和分工的理解是探讨其他更复杂的社会问题的必要前提,而且它还可以为评估旧问题提供新的视角。结合性别考古学的议题,这种新的视角不仅关乎过去社会的生产与生活,还关乎研究者的研究视角与研究方法,更是对长期以来男性中心假设的纠正。

(二)研究路径

学者们很少可以直接从陶器材料中获得关于制陶者性别的信息,比如一些玛雅彩绘陶器上有陶工的署名,据此可以推断这些陶工均为男性。在缺乏文字、图像等直接证据的情况下,学者们大多基于民族学材料建立参考框架开展研究。例如,乔治·默多克(George P. Murdock)和卡泰丽娜·普罗沃斯特(Caterina Provost)对185个传统社会进行劳动分工展开调查后指出,大部分前工业社会中最初的陶器制作者是女性,而且女性在家庭环境中制作手制陶器的情况较多,男性在作坊中制作轮制陶器的情况较多。

马歇尔认为需要建立一种情境(context)观点,她在对拉皮塔(Lapita)制陶者性别的研究中,建立了人类学模型,采用一般类比的方式研究性别问题。由于拉皮塔人所处的环境和文化背景与新几内亚具有一定的相似性,马歇尔首先采用新几内亚的民族志材料从分布、功能、装饰、特色、地位、贸易和控制七个角度建立了男性、女性和两者合作制成陶器的特征框架,继而用民族志案例对这一框架的适用性进行检验与解释,最后才运用此特征框架对拉皮塔的考古材料进行印证,判断拉皮塔陶器生产的性别分工。在考古推理中,一般类比(general analogy)的适用性[相较于直接民族志类比(direct ethnographic analogy)]往往容易受到质疑,而在此研究中,通过民族志案例对人类学模型的验证过程增加了其说服力,并且结论不仅限于制陶者的性别研究,还为拉皮塔装饰精美的陶罐的衰落提出了解释。同时他还认为依靠考古学记录来区分陶工的性别,必须建立若干标准,最好是寻找陶器本身的"签名"(signature)特征,如男性和女性的手掌大小存在统计学上的差异,这种差异可以通过观察陶器制作痕迹的方法去识别。在里兹-巴德特(D. Reents-Budet)的研究中,根据陶器上的署名发现已出土的所有彩绘陶器都是男性制作的。

莱特通过对哈拉帕文明数千年的陶器生产的研究,从三个方面分析陶器生产的技术进步如何补足或加强社会其他方面的发展,以及这些发展与女性之间的关联。首先,考察与制陶相关的技术成就,尤其是烹饪和野生动植物驯化,因为陶器增加了食物资源(包括通过加热来减少或消除食物毒性、利用谷物或水果的酿造发酵并利于乳制品的储存),女性和烹饪以及陶器生产的关联能够表明这些技术的发展。其次,通过调查生产区域的空间安排来推测女性是否参加了陶器生产。斯塔克通过类型学分析梅赫尔格尔(Mehrgarh)的陶器生产区域的空间特征来表明其陶器生产的单位是家庭(household)还是工坊(workshop),结果表明产品的规模超出一般的家庭消耗,应该是一种重要的交换物品。社会阶段和生产组织规模表明生产者很可能是女性,这一区域家庭活动和陶器生产最佳时间的重叠也指示着梅赫尔格尔的陶器生产是家庭单位内的劳动分工。最后,考察商品化问题,并分析女性是否参与了商品的生产。莱特的研究表明,哈拉帕的区域范围和社群内的储存设施及其分布反映了居民对陶器的大量需求,并且显示了女性持续参与到用于区域内交换的陶器生产中;后期集中化、专业化的生产组织中并没有出现正式的行政控制,也没有证据表明女性被排除在生产单元之外。克朗和威尔斯在讨论美西南陶器起源问题时,从性别分工角度入手,重点讨论了女性在当时社会生产和生活中承担的繁重工作,认为正是这些负担使得陶器晚于陶塑像出现。

然而,正是由于民族志材料在考古学解释中十分关键,其中的偏见和错误对考古学解释的负面影响也被放大。正如莱特指出的,这类民族学重建的核心是假设所有女性都从事劳动粗放型活动,经济产出低,而男性专属的是劳动密集型活动,既有创新性,也通向商业化。她在重新检验评估了民族志和考古学材料后指出,由于术语偏差和学者对工作场所的概念差异,民族志对手工业技术分工中性别角色的解释过于简化,忽视了生产序列中性别的互动和劳动的合作。这种性别偏见错误地将妇女排除在创新的、商业化的陶器生产之外,也阻碍了女性被纳入相应的考古学解释之中。

文字材料、图像学材料在上述工匠社会身份研究中是最直接、最有说服力的证据,但此类材料在考古研究中可遇而不可求。依托民族志构建的类比参考框架仍是目前研究古代手工业生产系统最有效的中程理论。然而,当代考古学者应仔细考察不同成文年代的民族志材料,尽量识别和消除刻板印象和文化偏见对材料客观性的影响,这样才能构建可靠的一般框架。值得指出的是,科斯廷注意到大多数性别模型,不论其基础材料是民族志、文本还是图像学的,基本上都反映着对性别角色的规范或理想化观点,实际情况可能比模型复杂得多。

二、陶器生产与劳动分工

在关于陶器生产的民族志中,默多克和普罗沃斯特以及迪安·阿诺德的研究数据及解释表明后者更聚焦女性分工,认为世界范围内,陶器生产主要是女性的活动,但由于民族志的术语偏差和学者对工作场所的概念差异,尽管女性在场并被"计数",但她们是"不可见的"(invisible)。

诸多民族志案例表明"陶工"概念通常指使陶器成形的人,而在生产序列中执行其他任务(如绘画、涂层、收集燃料和烧制等)的人不被计作陶工,这种对手工业技术分工中性别角色解释的过于简化,忽视了生产序列中性别的互动和劳动的合作,这些情况在小规模社会为市场或非家用目的生产陶器以及陶器由单一性别制作成形时尤为突出。

上述问题促使人类学家研究劳动分工和工作组织的发展,并形成了适应生态条件和普遍进化论两种观点,两者都依赖民族志资料构建社会中劳动分工和生产组织显著变化的关键节点。前一种观点中,迪安·阿诺德强调可能存在的农业和陶器生产的季节性重叠或是重要的生态变量,其解决方法是通过劳动分工扩展生产基础，民族学证据表明男性会在离家远的地方活动，而女性会在离家更近的区域活动，陶器生产正属于后者。后一种观点认为随着从前国家到国家层级社会的进化，女性转变为从属地位是一种普遍现象。国家的形成对劳动力的需求或有意的分工削弱了小规模社会基于亲属模式的生产和工作组织乃至广泛的亲属族群，排斥女性并重新安排了亲属关系，莱特以美索不达米亚的民族史和民族学分析为此提供了证据。这种观点虽仍具当代主观性，但对观念的重新定位有重要影响，也为探索陶器起源和发展提供了一套新的框架。莱特认为真正要研究的问题不是"谁做了陶罐，男人还是女人"，而是"劳动是如何在两性之间分配的？在什么样的情况下会分给男性或女性，或者他们各自从事陶器制作的什么任务？"对史前社会性别角色和社会分工的理解是解决其他更复杂的社会问题的必要前提，而且还可以为评估旧问题提供新的视角。

三、陶器生产与社会身份

陶器生产也可能以各种形式标识社会地位的差异，不同社会身份可能会相互影响、共同作用。霍斯勒（D. Hosler）对安第斯山脉北部阿尼玛斯（Las Animas）居民陶器生产的民族学研究显示，当地社会等级及其地理分区与陶器技术、性别相对应，这表明了新的陶器生产技术以技术选择的形式创造和加强社会类别。当地的不同制陶社区、不同生产工具和技术、陶工性别等要素，以一种十分复杂的方式交织在一起，影响工匠的社会地位以及产品价值。这提醒我们在研究时要同时考虑多种社会身份和生产要素，认识到问题的复杂性。

里兹-巴德特对玛雅古典时期晚段彩绘陶的研究显示了陶器的威望特质。研究从陶器表现的使用者和制陶者两个方面进行了探讨，其不仅标志着使用者的社会地位，陶器与宇宙观的联系也指向制陶工匠的特殊社会地位。他指出玛雅古典时期晚段（Late Classic）出现了一些精美、独特的特殊彩绘陶器，这些器皿是专供玛雅社会贵族阶层使用的，常常被作为礼物在重要仪式活动中交换，用以标记社会身份、吸引盟友、巩固关系。而且，陶器上出现了明确的制陶者或器物主人的"签名"，标记了他们的个人信息，比如铭文和图像数据将一些制陶艺术家确定为统治世系的成员。此外,他通过将陶工的工作性质置于玛雅社会宇宙观中分析,认为工匠制造陶器的行为具有一种与创世神类似的、神圣的创造力量,也暗示了工匠较高的社会地位。

萨拉·皮埃罗(Sarah Peelo)分析了一批加利福尼亚殖民时代传教社区的陶器材料,依据民族志性别参考框架和文献记载得出原住民制陶方式与性别的对应关系,进而推测男性原住民通过参与殖民者主导的制陶作坊,成为职业陶工,或许在殖民社会中拥有某种程度上更多的自主权,而女性陶工不参与作坊生产,不存在这种上升通道。此外,制陶作坊的地理分布也曾被用来研究陶工的地位,尽管该类研究存在不少争议。

同时,陶器生产技术也会通过技术的选择来创造或加强社会内部的身份认同。下面介绍霍斯勒在阿尼玛斯所做的案例来说明这一点。

自18世纪以来,生活在安第斯山脉北部这片半干旱地区的阿尼马斯村庄的居民开始从事手工制陶活动,到1988年,大约60%的成年人不是在制作陶器就是在卖陶器,或者两者兼而有之。阿尼马斯人建立了双分区的模式。干涸的河床把这个区域划分成南北两部分。城南为经销商区;陶工主要分布在北部,北部又分为上巴里奥区(arriba barrio)和下巴里奥区(abajo barrio)。南北区的人们关系并不融洽,双方的接触通常局限于经济交易,由于陶器生产和销售的发展,这种交易变得越来越频繁。这些反过来又导致了更频繁的亲密关系,促进了经济交易。南部的居民比北部的居民更富裕,最贫穷的人住在北部的下巴里奥区。调查数据表明,当地存在着一种社会机制:(1)避免进入另一种分区,鼓励分区和区域内通婚;(2)赋予分销商区最高地位,然后赋予上巴里奥区仅次于之的地位;(3)把低地位归咎于妇女。

上巴里奥区和下巴里奥区这两个地区的制陶顺序和性别最显著的差异在于两种成型方法、烧制时间和温度。陶工区有两种特定的制陶方法,一种是支撑法(the prop method),下巴里奥的所有男人和女人、上巴里奥的绝大多数女人和一些男人使用支撑法。这种方法最显著的特点是,陶工围绕着某种支撑物,如碗、橡皮球、瓶子或葫芦,来塑造小雕像或容器。另一个是自由成型法(the free-form method)。上巴里奥的大多数男人使用自由成型法。支撑法一般与下巴里奥区、较低的社会地位、年轻、缺乏技能、女性化、小的、便宜的、有时批量生产的物品有关。自由成型的技术风格则与出生在上巴里奥区、工艺技巧、较高的社会地位、男性化以及一种大型的雕像和器皿有关，被认为是通过自主、独立和有意识的尝试来生产"正宗的"艺术品。

这个村庄的案例说明陶器生产技术是如何通过技术选择来创造和加强各种社会类别和社会身份认同的。这一过程在仅仅一代人的时间内就完成了，并继续发展。在技术行为上存在着上下级的社会分层或地位差异和性别角色差异。地位的差异也表现在作为产品的人工制品的相对价格上，以这两个区域为特征的技术风格强化并创造了这两个区域之间的社会和经济差异。两个对立群体的专业化形成了经济上相互依赖的模式，创造了一种结构化的方式，通过这种方式，人们可以相互联系，同时强调他们的差异。除了表达村庄内部的性别和地位差异外，陶器生产也赋予了阿尼玛斯人一种集体身份。人们都知道阿尼马斯是一个天才匠人云集的村庄。为了供公众消费，阿尼马斯人会编造故事，混淆视听。

阿尼马斯的情况清楚地表明，无论是当代村庄还是史前遗址，分析生产技术如何与社会形式相结合的具体情况，需要对陶器生产中心进行调查。在民族志和考古学的调查中，我们必须确定用某种微小的风格来证明其技术选择。为了在当代情境中识别这些细微的风格差异，我们需要细致观察技术程序并进行一定的实验研究。

总之，在建立特殊的指标下（无论这种指标是从民族学模型中获得的，还是从考古学证据中的个人标记中获得的），研究陶器生产可以反映生产背后的人群（或者个人），从而深入性别分工、社会等级等关于社会关系的议题，为理解古代聚落的社会系统及其变迁做铺垫。

第二节　身份与陶器

大多数情况下，陶器是一个遗址中最丰富的考古材料，考古学家一直以来期望通过陶器探索其古代制作和使用者的社会身份，但两者究竟如何联系在一起是自考古学诞生之初就一直被讨论的问题。考古学界曾发展出三类理论来研究此问题：（1）文化历史考古学家将"文化"解释为人群划分的同义词，认为不同的陶器类型代表不同族群；（2）陶器社会学主张，人的行为以及这些行为的物质残留被动地反映了他们所参与的社会结构,而这些社会结构可以从陶器的风格模式中被"读取";(3)在象征结构主义学者看来,物质文化是一种人们主动发出的交流手段,是信息交换的物质媒介,分析陶器风格可以用来解释这些交流符号。

文化历史考古学将考古学文化和民族学上的独特群体对应起来,认为群体中每个成员共同分享某些共同的文化"标准",就是在做"透物见人"的尝试。但同时,文化历史考古学侧重于对考古材料形态的研究,对考古材料的形成过程、考古材料与人类行为的关系、物质材料对人的影响等关键议题鲜有讨论,这是文化历史考古学的主要缺陷之一。由此,过程考古和后过程考古的学者从各自的学术立场出发,试图更好地了解过去人们的生活。

一、"技术风格"理论

陶器作为一类物质文化材料是研究古代社会更深层次问题的重要途径,与陶器研究相关的一个热点问题是身份认同(identity),而为物质文化与身份认同搭建桥梁的往往是"风格"的概念。

风格是形式(form)在交流层面的体现。风格体现在形式中,而不是形式本身。交流是一种关系,一种语境,而不是一件东西。最初的"风格"通常指的是装饰性风格,这是一种物化的表现,对陶器来说尤其是器形、纹饰和图案等外在表现。风格在许多层次和许多环境中同时运作。这种复杂性不可能在不丢失大量信息的情况下简化为单一维度。在外部层面上,风格可以是鲜明地标记族属的固定元素;在内部层面上,风格可以成为社会地位和个人经验的敏感指标。随着对制陶技术的理解与研究的变化,学者提出了"技术风格"(technological style),"风格"的概念逐渐变得更为宽泛、复杂与动态。

与信息交换等理论相衔接,"技术风格"派学者将技术实践视为文化选择的一部分,其基本假设是,可以通过不同方式实现类似的目的,但是工匠们所做的选择基本上来自其学习和实践工艺的社会背景,而且这种风格表达在时空上是相当稳定的,因为它常依赖于无意识和自动的行为。

技术实践不仅仅是生存和适应的手段,而且也在创造和维持一个系统有意义的环境手段。技术风格很少完全由环境决定。相反,它们在很大程度上反映了文化选择和自我表达,故对技术风格的研究可以用来探索社会身份最深层、更持久的面貌。比如,制陶过程中的不同步骤所反映的不同信息可能为解决文化边界问题提供线索。初步成型技术并不总是像装饰那样在成品上留下明显的痕迹,这反映了陶工对运动习惯和特殊技法的社会性学习,而表面修整和装饰等步骤反映了社会身份更表层的、情境的和暂时的层面,更多的是对变化的社会、经济或象征因素的回应,而不是有意义的社会身份象征。

吉詹托(Liza Gijanto)对"技术风格"理论提出补充,强调生产过程之外的社会因素对生产的影响。她指出,关注当地物质文化的风格、形式、类型作为群体层面身份交流的研究都强调利用物质文化促进和创造身份,往往没有考虑到生产者的众多意图以及消费者影响物质文化物理性质的实践,忽视了社会互动的复杂性和其对整体操作链的影响——简单的一对一的表述忽视了其他社会经济进程,以此理解当地生产发生变化的原因是有局限的。因此,她采用了互动框架和以能动者为中心的实践(agent-centered practice),认为应该扩展技术性社会能动性理论,以超越陶器类型和身份表达的传统关联性,认识到有时无意(unintended)的创新会与操作链之外的社会过程相联系。

考古学家在社会身份方面的认识在不断扩展。学者们越来越强调身份不是静态的,而是情境式的、流动的,取决于更广泛的互动情境,且受制于动态的社会过程,而这些过程又反映在相互依存的物质文化选择中,更多的研究转而从身份认同的社会理论视角展开,而淡化了对风格概念的定义与强调。韦恩-琼斯(Stephanie Wynne-Jones)对坦桑尼亚南部斯瓦希里人的身份考古学研究、戈瑟兰对尼日尔陶工的研究,以及皮埃罗对加利福尼亚殖民时代传教社区陶工的研究展示了这种嵌套的(nested)、多层次的社会身份。这提示我们,不应简单地将物质文化看作某种身份认同的被动反映,而应探索手工业产品生产、分配、消费、废弃全过程是如何嵌入社会结构之中的。

二、后过程考古学视角的陶器生产与身份研究

在后过程考古学里,身份是一个关键概念,多位学者对此概念进行了讨论。例如,皮埃罗强调社会身份不是静态的,而是历史性建构的,是多标量(multi-scalar)的,物(objects)是身份主动构建的媒介;韦恩-琼斯指出多位学

者强调身份是流动的(fluid)和结合情境的(contextual)的本质,并认为身份是一个过程。这些对于身份的认知,既受到法国思想家皮埃尔·布尔迪厄(Pierre Bourdieu)有关"实践"理论的影响,也是结构主义的表现。

多位学者认识到实践理论对于研究过去人们社会身份的意义,并对其进行了一系列探索。例如,韦恩-琼斯认为只有通过物品生产与使用等活动才可以用身份这一术语思考这些活动的意义,并以坦桑尼亚南部基尔瓦(Kilwa)的区域数据为例,对斯瓦希里(Swahili)地区进行分析;皮埃罗认为人们在日常实践中构建身份,并以西属加利福尼亚素面陶器的生产为例讨论社会身份的创造问题;吉詹托认为物质文化关系和模式对了解社会身份的构建至关重要,采用互动和以能动者为中心的实践为框架,对冈比亚河北岸的纽米(Niumi)王国的陶器生产进行了讨论。

在探讨人们与物质文化的互动时,多位学者使用风格(或技术风格)这一概念。莱希特曼认为技术不只是材料、工艺和产品,也是一种特殊的文化现象,它反映了文化观念,并以技术本身的风格来表达它们。戈瑟兰对"技术风格"的概念进行了讨论,认为对技术风格的研究可以用来探索社会身份最深层、更持久的面貌。需要注意到,吉詹托在论述自己的研究时,区分了两种对待"技术风格"的态度,多位学者的研究认为能动者有意识地用生产去改变社会结构,他本人则认为考古学家必须研究行为是如何以意想不到的方式影响物质文化的生产和构成的。戈瑟兰也有类似的阐述,认为技术风格表达在时空上是相当稳定的,因为它常依赖于无意识和自动的行为。在这些概念的基础上,多位学者对特定时空背景下的民族志和考古材料进行了研究,例如,瓦伦·德博(Warren DeBoer)借助秘鲁乌卡亚利盆地(Ucayali Basin)现代的希皮博-科尼博(Shipibo-Conibo)社群的民族志材料讨论了技术风格。

对于陶器相关的技术风格的讨论,学者们往往借助操作链理论,从黏土制备开始,通过民族志调查、实验考古、科技分析等手段对陶器制作的各个阶段予以讨论。

戈瑟兰认为与社会身份强烈关联的唯一阶段是成型阶段,而德博则从陶器装饰图案绘制技术入手予以探讨。然而,学者们没有满足于复原陶器制作的过程,而是试图去探讨技术知识的习得过程。戈瑟兰还认为技术选择似乎是学习过程的结果,技术行为可以和传统、风格相似,并与社会身份的一些方面相关联。他识别出喀麦隆南部制陶技术知识的学习框架,指出其时间分布和空间分布的特点。皮埃罗在研究上加利福尼亚殖民期间的多元社区时,指出人们接触到了本土文化之外的包括制陶技术在内的其他习俗,发现原料和烧制方法选择上的共同点体现了社会身份的构建,原住民在成型技术、器型、表面装饰方面的行为也显示出差异。德博利用九个民族志案例阐述绘制技术在艺术家之间的传递和获得方式,勾勒了希皮博-科尼博群体以及他们的邻居之间风格变化的一些过程。另外,希弗和斯基博这两位行为考古学的代表人物简单回顾、评判已有的关于知识和经验研究,指出工匠们有着不同的技术选择(行为模式),这些选择适应了个人表达或风格的差异。

通过陶器生产来讨论社会身份的构建与差异,后过程考古采用的理论和方法比文化历史考古学和过程考古学所用方法更为多元,其论证过程也更为严谨,从而提供大量富有洞察力的讨论。

第三节 陶器分布与交换

交换,即贸易,是双向的交易。美国人类学家卡尔·波拉尼提出三种交换模式,即互惠、再分配和市场交换。同时,所有的社会行为都可以被看作一种交换行为,交换的含义也包括信息的交流,可能是物质上的,也可能是非物质上的。

从物质上说,原料是被用来交换的重要物品之一。除了原料外,人工制品在考古学研究中同样重要,可以指示更广泛的含义。在理想条件下,研究人工制品的原料来源和某种特定来源的特征可以重建整个交换系统。

一、再分配与市场交换

一个社会内部的交换和社会外部的交换行为应该被区别看待。除了个人之间的互惠行为之外,社会内部的再分配与市场交换之间的关系是复杂的。人类经验的社会、物质和认知现实交织在物质领域中,这种仪式经济方法(ritual economy approach)与复杂的、整合的市场交易系统并不矛盾,因为市场行为有时被深深地烙印在道德经济和社会关系中。下文将以玛丽莲·

曼森(Marilyn Masson)和戴维·弗里德尔(David Friedel)所开展的玛雅古典期的复杂市场的研究为例来探讨此问题。

市场交换是玛雅古典期政治稳定的基础，是王朝及其追随者的关键战略利益。他们反对普遍存在的二元论观点——除了朝贡以外，王室宫廷或贵族的经济活动与绝大多数人日常所必需的生产和交换活动脱节。他们假设大多数产品是通过市场贸易获得的，也存在着互相交换。他们识别出与发达市场交换的相关因素包括职业专业化、生产剩余、家庭和社区的相互依赖性以及获得贵重物品的便利性，并认为比较古典时期的蒂卡尔和后古典时期的玛雅潘(Mayapán)的平民与贵族情境的模式是必要的。

为了理解后古典时期以前的玛雅王国的政治经济，需要确定保证贵族和平民生活经济基础的市场交换的规模和意义。曼森和弗里德尔采用费曼和加拉蒂(C. P. Garraty)对市场交换的定义——供需力量可见、价格或交换等价物存在的经济交易，为复杂、整合的市场交易系统给出定义：贵族和平民的大部分生产、交换和消费活动通过定期主办的市场贸易得到很好的表达。

"大多数"这种模糊术语值得进行精确的定量评估，随着这一问题的研究，人们对市场依赖程度的变化将随着人口、地理位置、政治内部关系等因素在时间和空间上得到揭示。更复杂的系统应当是：(1)家庭在很大程度上依赖他人生产的产品(products)作为日常生活的用品(goods)；(2)大量非本地、长距离来源的家庭用品来自市场供应商；(3)最有价值的非本地产品可以从市场供应商处获得，消费受限于支付能力而非地位或者侍从(patron-client)关系；(4)市场交换的机会促进了多样化的家庭生产，考古学上职业专业化和生产剩余显而易见；(4)市场交易很可能是由一套标准的正式货币单位促成的。

曼森和弗里德尔也反驳了有关古典玛雅市场交易的两种观点：一个是市场交易在城市和乡村环境中发展和整合得很差，另一个是对经济实行绝对政治控制的模式。虽然多位学者呼吁承认玛雅城市及其腹地经济的复杂性和多样性，但是研究若仅局限在单一地点、单一人工制品类别或者某一贵族情境，就不能提供足够的数据开展有说服力的论证，而且从政治边界意外获得非本地物品的普遍性也值得认真研究。政治控制与市场作用的关系对于人口稠密且分散的邦国定居体系来说，控制分配比对产品进行微观管理更为有效，且控制分配而非生产是许多复杂农业社会的特征，无须夸大对市场的政治控制。曼森和弗里德尔认为,通过家户考古学方法,结合对随时间和空间变化的预期,有助于客观评估为市场而交换的生产的时间深度。

这样,检验自上而下、自下而上的部门经济一体化的证据就进入了政治经济学方法的范式。该方法严重依赖于社会各个阶层家户考古学的发现。家庭器物组合的研究为衡量复杂社会生产和交换的不同体系提供了最佳数据,在古典玛雅的复杂市场研究中,对贵族住所、公共建筑和平民住所的器物组合进行定量比较,以记录不同社会阶层的财富均等程度,证明了在发达的市场经济中,普通人可能拥有各种高价值商品,其数量与贵族拥有的相对公平。玛雅遗址中的市场所在地(有时结合土壤化学分析)也能够提供证据。市场发展间接反映在农村从事专业化剩余生产的家庭,以及这些商品广泛分布的消费环境,对这种模式的追踪被称为生产-分布方法。曼森和弗里德尔也强调多种古典玛雅经济实践的重要性:(1)玛雅文献记录中对贡赋制度的强调,但这并不排除与之相伴的繁荣市场交易制度;(2)接触时期的贡赋制度及市场参考,殖民时期的玛雅存在众多根据规模、周期和内容有所区别的大型市场,而且贡赋制度普遍存在;(3)再分配,玛雅社会不大可能存在贵族再分配的大部分经济商品;(4)贡赋和市场交换之间积累与互补的关系,重建整合良好且复杂的古典玛雅经济模型承认多种交换模式同时存在,包括贵族馈赠、贡赋制度和市场体系。

古代玛雅经济研究中存在着宫廷和家庭的二元经济模式,贵族阶层之间的奢侈品工匠交流与日用品流通领域形成鲜明对比。异构理论(heterarchy theory)的倡导者则认为平民阶层具有相当大的经济自主权,除了定期要求上贡和服役之外不受贵族统治者的支配,人们在没有贵族参与的地方市场交换商品,并且可以自由选择政治归属、居住地或流动性的居所。在二元经济模型里,居住在农村的平民专业化利用资源生态位,倾向于与其他社会地位相近的飞地(enclave)进行横向交流。

虽然奢侈品交换研究非常重要,但也有一定局限性,其中包括:(1)贵族奢侈品交换都是跨文化发生的,不能将它看作排他性的威望商品交换经济的同义词;(2)奢侈品交换在古典玛雅所有流通商品中只占一小部分;(3)奢侈品存在于质量参差不齐、无处不在的连续体的最末端。曼森和弗里德尔认为一系列贵重物品将整个社会阶层的经济活动联系起来,并认为"关联经济"

(articulated economies)和"多元经济"(multiple economies)这些概念对于研究玛雅交换体系具有意义,该体系通过市场交换沿着价值连续体关联在一起。这样,玛雅贵族在赞助贵重物品的生产和消费时,从社会上定义了那些在商业交换领域具有经济价值和神秘价值的物质商品。所以,仪式经济方法把人类经验的社会、物质和认知现实交织在物质领域中,这种方法与复杂的市场交易系统交织在了一起。我们需要对局部地区的变异和复杂性进行细致的研究,这样才能重建古代市场。

二、陶器生产与交换的相互作用

探讨陶器生产和交换两个领域之间的相互作用,以及与其相关的人类组织情境,菲律宾吕宋岛北部的卡林阿地区的人类学研究案例可以带来一些启示。其中相似的社会过程在这两个领域产生了截然不同的陶器变异模式,差异可以用陶器的生产和分配在卡林阿和其他社会中承担的不同角色来解释。

威廉·朗埃克对卡林阿地区陶器生产的民族学调查数据包括两年内制作陶器的测量数据,以及相隔五年的两次家庭陶器信息清单。朗埃克的分析分为两个阶段,即对当塔兰(Dangtalan)定居点陶器差异性来源的考察和村落及地区间比较。迈克尔·格雷夫斯(Machael Graves,朗埃克的学生)关注后一阶段分析所呈现出的地区之间突变的设计边界(即地区间设计差异性极大),通过考察卡林阿内具有领地机构的地区作为合作社会团体的运作模式,以及相应的人口扩张的趋势和对身份认同与忠诚的要求,呈现出地区政治单位与独特陶器设计之间的同构关系,地区内陶器设计的统一性和地区间差异巧妙地象征着个人与共同政治体的关联。

格雷夫斯也对卡林阿陶器分布情况开展了民族考古研究,指出陶器的转移包括赠送礼物(少见)和平衡交换(balanced exchange)两种情况,尤其考察了后者运作中的等价交换原则和空间模式。他发现在生产陶器村落内家庭间的交换大多基于亲属关系,而与村落外或地区外的交换则涉及距离、村落及地区关系等其他考量,全年中的区域间交换集中在水稻收获之前的特定时间段,且旱季的陶器产量高、容易运输,交换更多。

1975—1980年陶工交换陶器程度的民族志数据表明,随着当地使用陶器总数增加,区域内交换也呈现扩大的趋势。朗埃克以当地雇佣劳动所导致的经济活动增加(包括购买土地和超家庭规模宴饮)对其进行解释,考虑到不同功能和尺寸类别的陶器交换率变化不同,家户通常自制大型容器而购买较小的烹饪锅,作者认为这是为了节省成本。这一分析表明,村庄内陶器数量的增加不能简单地解释为人口的增加,还涉及其他变量。而当地生产交换扩大的同时,区域间交换则大幅下降,可能表明当地市场扩大及其对差额的弥补使长距离交换的理由减少,整个经济体系则相对保持了稳定,此外,这种下降可能也受到了政治不稳定因素的影响。总之,涉及陶器交换的经济交易受到一个地区内其他经济活动和政治关系的影响。

上述交换模式是如何表现在物质材料上的?由于科技分析无法呈现一致的制作材料所表达的上述差异,格雷夫斯通过其他途径模拟出陶器组合的差异。家庭陶器组合差异的高低标志着制作这些陶器的陶工数量的多少,因此家庭中有活跃陶工自行制作的比购入的家用陶器组合更为均质化,而存在非活跃陶工的家庭,其陶器均质性则在两者之间。向外交换陶器的家庭往往拥有更大的陶器数量,部分原因是其交换陶器的比例更高,陶器也被女性用作交换其他商品或赠送礼物的库存。同理,完全购入陶器的村落相比有陶工生产陶器的村落,其家庭层面的陶器组合应当更为多样化,随着陶器组合规模总数的增加,异质性很大程度上也会随着与村庄交换的陶工数量的增多而增大。并且,通过交换获取陶器的定居点可能偏向容器大小或容量上的特定类别,如本案例中这类定居点中大型容器的比例低。由此可见,村庄内陶器密度也不能简单地与人口规模或密度关联,因为生产是受空间限制的,并且交换使商品分布地更为广泛,有陶工的村落陶器密度可能会显著提高。

格雷夫斯考察了陶器交换和农业生产的关系,他描述了卡林阿的农业系统,并假设为了交换而进行过量陶器生产是因为维持家庭生计的农业资源不足,制陶是这些缺乏足够或可靠耕地的家庭为了获得食物资源的一种方法。他估算了交换陶器较多的家庭农业产量,支持了这一假设,但差量表明,陶器生产不太可能完全弥补这种差额,而只是家庭可以利用的一种策略。尽管缺乏长期数据,但为交换生产陶器与农业资源不足的关联性强度的研究中发现,这些家庭都有相似的家庭经济循环,陶器由成年女性制作,且都有比耕地所能支持的更多的亲属需要养活。

目前的人类学模型认为自给自足的农人之间相对大规模的、错综复杂的交换关系必然涉及某种形式的制度化与贵族阶层,而卡林阿案例中所得出的结论则可以成为一种替代模型。案例表明,第一,广泛使用的家用商品的平衡交换可以在没有很大程度干预和监管的情况下发生,且运作这一系统的是相对贫困家庭的女性。第二,卡林阿案例说明了区域边界可以在一个层面上非常明确(陶器生产),而在另一个层面上却被消除(陶器交换),格雷夫斯认为两种模式都是同一过程的结果,这一过程即在人口快速增长的情况下为足够农业用地而竞争。第三,耕地的限制和分布不均也促使一些家庭以替代方式获取资源,陶器交换正是其中之一;区域间交换不太可能是这些陶工协商身份(negotiate identity)或加强区域界线的方法,陶器的设计也支持这种交换表现的是群体间的交流或联盟。

三、仪式性宴飨与陶器交换

许多公共的和个人的仪式行动都是通过物品来进行的,这些物品的特殊属性有助于建立仪式的适当性和有效性。正如盖尔所言,物品具有某种形式的社会能动性,在某些社会情境中,"物"对人类的能动性至关重要。

斯皮尔曼所关注的社会情境是仪式性的宴飨。她认为,一些美西南族群花大力气获得某种烹饪和盛食器皿,是出于这些物品在实现某些仪式目标方面的重要性。虽然史前的盛食器和炊器在过去的仪式中以何种具体方式成为社会中介尚不清楚,但确立它们作为公共仪式中介的一般重要性是本讨论的目标。物质往往因为本身的某种属性而在社会或仪式方面存在特殊意义,她在此前另一篇文章中讨论了小规模社会中的宴飨、手工业专门化和生产仪式性之间的关系。她特别关注用于公共仪式的物品的来源地,以探讨美西南三个研究案例中宴飨、陶器和交换之间的关系。考古学家早已发现美西南地区存在陶器远距离交换的现象,但以往这种生产和交流的模式只是作为一个事实被指出,而没有进一步解释。想要理解导致物质产品交换的动机,我们不应止步于重构交换系统,甚至也不应止步于这种交换的社会-经济关系性质,还需要更多地了解物品本身,以便解释为什么某些物品成为专门生产和交换的焦点,而其他物品则不是。

某地制造的产品本身可能以手工艺水平和其他特殊属性为自身特色,然而交换这一行为也带给产品关于其来源地的象征意义。布拉德利和马克·爱德蒙兹(Mark Edmonds)提出的"场所之物"(pieces of places)这一概念在此可以给予我们一些启示。布拉德利和爱德蒙兹关注的是石斧的石料来源(采石场),这些采石场往往位于不寻常或偏远的地方。相对容易获得的高质量原材料似乎已经被放弃,而选择了那些难以到达且更危险的露头矿区。将"场所之物"的概念扩展到成品,在这里可以指陶器——陶器在某一地理范围内的生产和大规模出口可能反映了该地或当地制造者的象征性重要性。

斯皮尔曼先后以格兰德河釉陶碗、圣胡安红陶碗和楚斯卡灰陶为例进行了详尽的论述。14世纪初,新墨西哥州中部格兰德河河谷的一些普韦布洛村落开始制作一种红、黄色的釉陶碗(glaze ware),到了15世纪早期,釉陶碗成为当地最重要的一种碗。釉陶碗的尺寸比此前流行的白底黑花碗大得多(体积是其三倍),而在家庭组织没有发生变化的情况下,碗的尺寸显著增加,意味着出现了一种新的食物消费环境——与新的意识形态相关的社区宴飨。釉陶碗的产地问题是其关注的重点:加利斯特罗盆地(Galisteo Basin)是釉陶碗最重要的产地,而且釉陶碗常常作为交换产品出口到其他地区。以萨利纳斯(Salinas)地区为例,15世纪早期其釉陶碗绝大多数来自加利斯特罗盆地,而尽管一个萨利纳斯本地部落艾博(Abo)在15世纪中期也开始模仿生产釉陶碗,但仍有20%~30%的釉陶碗进口自100千米以外的加利斯特罗盆地——这意味着该进口行为并非只出于本地原料和技术限制等经济原因。值得指出的是,萨利纳斯本地生产的釉陶在形制和图案设计上模仿了加利斯特罗盆地产品,但在颜色上存在明显区分——加利斯特罗盆地产品有着浅色陶衣,而包括萨利纳斯在内的其他格兰德河谷部落本地生产釉陶均使用红色陶衣。

斯皮尔曼进而推断出加利斯特罗盆地的居民在14世纪初对史前晚期的祭祀制度进行了某种革新,其中的一个表现是釉陶碗上的图画发生了变化。因此,这个地区的器皿的象征意义导致了这些碗的专业化生产和大规模出口。虽然其他地区的陶工也在模仿这种风格,但作为新教派的发源地,加利斯托盆地村庄在仪式上的重要性导致了这些碗的专业化生产和大规模出口。进口的加利斯托盆地釉陶碗颜色更浅,与萨利纳斯地区当地制作的釉陶碗在视觉上是有区别的。这些碗可能代表着与加利斯特奥盆地这样一个重要的祭祀中心的联系,也许是有效参与公共仪式的必要条件。

圣胡安(San Juan)盆地普韦布洛Ⅰ期的红陶碗(red ware bowl)可以作为平行案例进一步说明"地方的碎片"这一说法的合理性。8世纪末犹他州东南部普韦布洛Ⅰ期村落开始生产红陶碗,并大量出口到周边地区。红陶碗相比釉陶更小而浅,是单人餐具。而红陶碗在遗址内较为集中的分布以及相关食物处理工具提示了这种器皿可能与一种集体宴飨活动相关联。9世纪初当地人口重心向东迁移,主要集中在科罗拉多州西南部。然而,尽管犹他州东南部大型村落已经衰落,该地仍然是红陶碗的主要产地并继续出口。而且,此时红陶碗在科罗拉多州西南部各个遗址中的出土背景暗示了红陶碗的使用与礼仪性建筑及宴飨之间继续存在关联。情况可能与前文釉陶的例子类似,犹他州东南部这样一个仪式实践包括公共宴会的地区,或许是一种新的意识形态的发源地。新的仪式组织形式涉及食物消费,新的符号系统发展起来,后来被该地区其他地方效仿。该宴会中使用的红陶碗可能是这种新的意识形态实践过程中的关键物品。如同加利斯特罗盆地釉陶碗一样,拥有来自新的仪式制度起源地的"场所之物",对于有效参与该制度非常重要。

最后一个案例是新墨西哥州西北部楚斯卡山的普韦布洛Ⅱ期的炊器生产,即楚斯卡灰陶(Chuska gray ware)。楚斯卡山是重要的炊器产地,其产品会远距离贸易至许多地区。在查科峡谷使用的灰陶中,大约90%是从70多千米远的楚斯卡地区进口的。在查科峡谷集体准备食物似乎是很重要的活动,这可能与查科城镇明显缺乏大量居住人口有关。这种做法将有助于在地理上分散的人口集中建立联系,他们定期在峡谷中的城镇地点聚集。查科峡谷的大多数炊器进口自楚斯卡地区,这可能出于经济方面的考虑,比如查科峡谷本地缺乏燃料,于是陶器多为进口,此外也有可能因为只有楚斯卡灰陶是"看起来正确"(look right)的炊器。另一个大量进口楚斯卡炊器的地区是科夫-雷德罗克(Cove-Redrock),该地并不缺乏燃料或原料,特定地区进口产品的特殊意义更加被强调。该地在普韦布洛Ⅰ期使用本地产灰陶,而在普韦布洛Ⅱ期开始进口灰陶。大约有一半的灰陶来自中南部的楚斯卡地区,其产品在技术上优于本地生产的灰陶,可以更好地抵御热冲击。但是进口原因明显不只出于技术因素——进口的灰陶并不限于楚斯卡产品,有35%是从西边的图萨扬（Tusayan）地区进口的，这些器皿在技术上并不优于本地产品，但图萨扬陶器发展出了与丘斯坎灰陶相同的外观，在视觉上难以区分。进口灰器和当地制作的灰器在科夫-雷德罗克社区内的分布情况表明，进口灰器可能与集体宴请有关。相比之下，社区中更边缘的村落则自制灰陶。

对于炊器来说，在共同准备食物的情况下（比如夸富宴情境），炊器对宴会的参与者来说是可见的，这种可见性改变了炊器使用的社会背景，从而也改变了器皿对人类的能动性。公共食物准备可能需要某种在特定地点生产的特定样式的器皿。此外，考虑到在准备宴席时需要使用较大的炊具，经济因素也可能有助于专业化生产。单个社区对大型器皿的需求都相对较少，对高技能陶艺家的需求也不大，但在更大地区范围内的共同需求量可能大到足以支持熟练陶工专业化生产大型炊具。与此同时，盛食器的专业化生产和远距离交流更能体现特殊产地的象征性意义。新礼仪制度产生的同时，一批新型器皿会成为新的礼仪制度的物质表现和必要组成部分。这些新的礼仪制度的起源地，在新的意识形态被周边地区采用之后，仍然被作为礼仪宴席用具的来源。特定地点的象征力量似乎在从这些地方进口盛食器的过程中得到了强调。

值得指出的是，普韦布洛Ⅰ期和格兰德普韦布洛Ⅳ期的案例与其他碗的生产案例形成了对比。在这些案例中，对图像的模仿似乎就足以表达陶容器的象征意义，如克朗所研究的萨拉多多彩陶器（Salado Polychromes）。在这种情境中，生产广泛存在，而盛食器的交换却不太频繁。所以要想了解美西南哪个地方强大、哪个地方较弱还需要进行很多的研究。

第四节　陶器使用寿命与人口估算

陶器的使用寿命研究关注陶器从生产到废弃之前的状态，下文将会结合案例来探讨陶器在社群中的出现频率和陶器尺寸之间的关系，这对于推断陶器的使用寿命具有重要的现实意义。陶器废弃后的规模则对于估算社群人口十分关键，"积累研究"允许考古学家通过废弃的陶器数量来推算遗址使用时间和人口规模，其作为一种可行的研究方法，已在民族学案例中得到初步

第六章 陶器与人

论证,具有更广泛的民族学和考古学研究前景。

一、使用寿命

使用寿命(use life)一般是指人工制品从生产到废弃的时间跨度。尽管废弃后再利用也是一种值得研究的重要现象,但由于这种情况的影响因素过于复杂,本文只关注器物的初次使用,暂不考虑再利用的情况。陶器的使用寿命是影响陶器组合形成的重要因素,特定器物使用寿命与其使用频率一起影响了这一类型在总陶器组合中所占的比例,以及所共同反映的人类行为信息。此外,使用寿命还影响着器物的生产技术、装饰情况和制作频率,值得仔细研究。

陶器使用寿命受到众多因素的影响,包括制作技术、使用频率、使用环境、使用方式、置换(再制作)成本以及气候等,这些因素往往相互关联并产生复杂的共变。然而,上述要素往往无法通过考古材料直接获知,为了避免引入过多推论和假设,我们需要探索使用寿命与考古上可见的陶器"原始属性"之间的直接关系。本节展示了根据尺寸信息这一"原始属性"来推断器物使用寿命的潜力。

(一)陶器出现频率和使用寿命

出现频率指家庭中器物的数量,使用寿命指器物用于其原始用途或其他用途的时间长度,即从制造到无法修复的破损。在单个社群中,各类器物的相对频率和使用寿命的相关原则,以及绝对频率和使用寿命的记录都对理解考古记录有重要意义。在研究陶器的出现频率和使用寿命时,关于考古记录形成过程存在三个问题:(1)不同类别器物的使用寿命有多大的差异;(2)使用寿命和出现频率在多大程度上共变(covary);(3)家庭中器物的出现频率是否有可预测的规律。这些问题使考古学家需要关注陶器消费的民族志研究。

下述案例将会讨论玛雅高地的一个社区中手工制作陶器出现频率和使用寿命的变异性来源。研究主要基于危地马拉韦特南戈省圣马特奥-伊斯塔坦(San Mateo Ixtatan)社群,本·纳尔逊(Ben Nelson)介绍了这一社群总体的生活环境、生计形式、玛雅传统、家庭组织形式、陶器获取方式、陶器使用等,并介绍了51户家庭陶器信息的记录程序。其中器物出现频率数据通过直接观察获得,包括主位分类、目前用途、形式属性、在场地内的位置及修复状态,使用寿命数据通过采访家庭中的年长女性获得,其他信息还包括每类器物的获取频率、年度陶器花费和获取等。

将圣马特奥-伊斯塔坦家庭陶器出现率与其他民族学数据对比,其平均值远超其他民族学案例和考古记录。纳尔逊以食物加工技术、家庭规模和器物的生命周期三者的综合作用对这种跨文化差异进行解释:(1)玉米作为主导食物需要最多的加工(尤其与煮相关),相应涉及的陶器数量和种类最多,谷物加工的不同程序也与此有关;(2)限于现有样本数据,家庭规模与陶器出现率的关系尚无规律可循;(3)器物的生命周期方面包括囤积备用与长期库存,这是本案例中大规模出现的两种现象。此外还观察到一些非时间(nonchronological)选择性因素影响某类器物的存在与否,包括经济专业化(盐业、陶器生产)、靠近水资源程度(影响运水罐有无)和审美情趣。

纳尔逊根据使用寿命把陶器分成短、中、长三类,指出使用寿命和容器大小、使用频率、移动及受热有关。他也注意到此案例中陶器的使用寿命比其他民族志记录中的都相对较短,这可能受到访谈法收集数据的不可靠性影响,谷正和(Masakazu Tani)与朗埃克的研究表明受访者可能低估陶器的使用寿命,但即使排除这一因素,使用寿命的跨文化差异仍然巨大,短寿可能与其他容器替代传统陶器、原料的物理属性及生产技术和烧制气氛,以及食物加热程度与时长(与此相关的因素是高海拔)有关。

纳尔逊还通过访谈法以三类器物的替换率概述总体替换率,根据估算,本案例中的年度替换率远高于其他民族志记录。并且,器物出现率、使用寿命和替换率呈现复杂的关系,这种复杂性很大程度上是由于日常烹饪器的囤积备用与废品保留增大了器物的出现率,而大型烹饪器和储水罐的替换率则与使用寿命数据相符,表明囤积备用最主要见于破损率高的容器。

第一,不同类别器物的相对和绝对使用寿命都差异极大,主要表现为以下两点:(1)使用寿命的相对差异是系统性的、各地通行的,小的每日烹饪器更为短寿,而储水器和节日用器相对长寿,中等的有各类小型、中型的非烹饪用器,但容器大小和移动频率有时会独立地产生差异而掩盖另一要素。根据尼古拉斯·戴维(Nicolas David)的模型,相对差异在沉积积累过程中的复利(compounding interest)效果可用于测量沉积的相对时长,相对频率也能反映器物功能,但这一模型对于废弃的假设是靠不住的,在运算积累时长时,废弃率不是一成不变的。相对差异还表明一些容器(小型容器)是更敏感的时间指标。(2)使用寿命的绝对差异则为测量遗址居住时长带来了困难,但或许进一步研究会发现水罐和节日用器的绝对频率是一致的,至少目前可知,大型的罐是居住时长最稳定的指标。

第二,使用寿命和出现频率呈现一定规律的反向变化,使用寿命越短,出现频率越高,这一现象可能由于囤积备用现象。在考古学上,这种关系意味着,在平均使用寿命长短差异大的地区,陶器的整体组合将大不相同。

第三,家庭中器物的出现频率与陶器组合的完整性有关,其与世界各地的不同文化造成的影响相交错。随着更多案例的积累,文化造成的影响将变得更明显,民族学数据应当为评估组合的完整性提供基线。

当然,通过玛雅高地社区中手工制作陶器的民族学材料来解释变异性来源,在样本规模上具有局限性,我们需要了解不断变化的组织环境对陶器生产和消费的影响,并且在未来不断完善这种研究模式。

(二)陶器尺寸与使用寿命

许多学者已经观察到,陶器的尺寸可能与其使用寿命相关联,越大的器物往往有着更长的使用寿命。

肖特(Michael Shott)整理了一些民族志材料,将器物尺寸和使用寿命提取出来进行比较分析。这些民族志数据来自墨西哥湾海岸洛斯图斯特拉斯(Los Tuxtlas)地区、马里共和国的多贡人(Dogon)、墨西哥南部恰帕斯高地查纳尔(Chanal)和阿瓜卡特南戈(Aguacatenango)地区的泽尔塔尔(Tzeltal)玛雅社区、秘鲁亚马孙地区希皮博人、秘鲁安第斯中部地区万卡人,以及菲律宾吕宋岛北部的卡林阿人。尺寸是一个多维度的属性,包括重量、容量、高度、口径、腹径等,作者将这些属性值分别与使用寿命进行了相关性分析,计算了相关系数(r)和 p 值,并得出回归方程。考虑到器物用途对寿命的影响,作者将实用器的数据与礼仪性器物分开,暂时只分析了实用器的情况。

结果表明,陶器的尺寸确实与其使用寿命显示出某种程度的正相关,尽管不同属性的相关程度存在不同。肖特分别计算了每组材料各自的相关性,其中高度、重量、最大腹径、口径等指标显示出或多或少的相关性(每组材料各自情况略有不同),而且计算出它们与使用寿命的回归方程——这意味着我们或许可以从器物的尺寸来推断其使用寿命。随后又计算了将所有数据结合的综合数据,此时高度和容量仍显示出相关性。除了将礼仪性用具暂时排除外,在实用器范畴里,炊煮器和储藏器的使用寿命及相关关系也存在差别,储藏器的尺寸与寿命相关程度更高,或许因为炊器往往被暴露在更强烈的热冲击下,使用强度更大——这显示了一种尺寸以外其他因素的影响使用寿命的情况。

值得指出的是,不同民族学数据集使用的计量单位和统计方式不同(比如对使用寿命的记录有些是平均数而另一些是中位数),在进行综合分析时作者不得不进行自己的筛选和取舍,这或许会对结论产生一些影响。

由于陶器的使用年限不是由尺寸决定的,而只是在很大程度上受到尺寸的影响,因此本书的结果效力也是有限的。其他重要因素(原料和制造、使用的性质和频率、家庭库存、社会经济地位)将随着进一步的研究被确定,这可以探索它们与尺寸在决定使用年限方面的联合效应。例如,在卡林阿的数据中,尺寸和使用年限之间的关系因一个轻微但可测量的相反趋势而变得非常复杂——使用年限随着尺寸的增加而减少——这是由大户人家炊具的机械缺陷造成的。随着研究的进一步完善,我们或许能够在可接受的误差范围内估计使用寿命。这样,我们就可以把陶器组合正确地解释为形成过程的产物,而不仅仅考虑设计、制造和使用。

二、陶器与"积累研究"

考古学家一直期望能将遗址中废弃物的数量与遗址被使用的时间跨度或者史前社区的人口数量结合起来,即"积累研究"(accumulations research)。积累研究考察了人工制品废弃、占用时间和人口规模之间的动态关系,其涉及的关键变量包括人工制品的使用和废弃、人口规模和时间,考古学家们用这些变量估计遗址占据时长,重建定居和流动性模式,评估社会和政治组织的复杂性。

该主题在北美有着深厚的研究传统。早在 20 世纪初,内尔斯·纳尔逊(Nels C. Nelson)是最早进行积累研究的学者之一,其理论前提类似于现代废弃方程的假设：一个遗址的人口规模、遗址占据时长和居民废弃的材料之间存在直接关系。他在加利福尼亚贝丘遗址的研究中最早应用了积累研究。纳尔逊用贝丘遗址的体积来估计贝壳的总数，用房屋的数量来估计每天每家贻贝的沉积量。为了确定遗址使用的时间，纳尔逊将他估计的每户每天丢弃的贝壳数量乘以总家庭数，然后除以估算的总贝壳累积量。在20世纪上半叶，吉福德（E. W. Gifford）、库克（S. F. Cook）等人对纳尔逊的方法进行了改进，这些研究暗含着如下思想：理解形成过程对于准确建模人工制品的积累至关重要。鲍姆霍夫（M. A. Baumhoff）、海泽（R. F. Heizer）和福斯特（G. M. Foster）开展的民族考古学研究中就涉及积累研究的早期尝试。

到20世纪60年代，随着考古学范式向过程考古学转换，积累研究的轨迹转变，民族考古学和实验考古学对理解考古材料的积累过程尤为重要。这一时期的积累研究聚焦于发展人工制品积累的中程理论。考古学家们（尤其是行为考古学家）研究人工制品的频率如何被使用寿命和时间之间的关系所影响，希弗用"克拉克效应"（Clarke effect）来描述各种被废弃的人工制品的统计趋势直接随定居点的占据范围而增加，多名学者则用计算机为人工制品组合随时间变化建模。也有多名学者为解决克拉克效应引起的问题研究了人工制品使用寿命的决定因素，如德博和拉斯拉普（Donald Lathrap）以及肖特。20世纪70年代以来，民族考古学对陶器生产、使用、交换和废弃的研究变得常见，其中戴维的研究尤为重要。民族考古学的数据还被用来获取陶器使用寿命和系统数量（一个家庭所拥有的陶器数量），学者们将这些变量与考古数据结合，以解决行为问题，如蒂莫西·波克泰（Timothy R. Pauketat）在密西西比河流域开展的研究。他将民族考古和考古遗址中的数据结合来估计密西西比史前村落的使用时间。陶器的使用寿命来自其他文化的样本，而系统数量和总陶器的积累量则来自考古遗址。他将这些变量列入废弃方程，计算遗址的持续时间，从而成为评估密西西比地区社群政治一体化的基础。本书的研究就是在波克泰工作的基础上，分析废弃方程中使用的跨文化数据，进而提出可以计算出更准确的积累速率和更好的遗址占据范围的替代方案。

陶器分析不仅仅是按时间顺序排列人工制品。按照积累研究的基本立足点，在一个已知房屋数量和陶器数量的时期，人们可以很容易地确定每户使用的陶器数量。此外，如果知道遗址使用的时间，就可以计算人均每年使用的陶器数量。积累研究的未来发展前景是将实验考古、民族考古和考古证据结合起来。考古遗存是在一个遗址被占领期间和人类占领结束后发生的一系列文化和自然事件的经验观察结果,我们可能永远无法理解所有影响考古遗存积累的变量。民族考古和实验考古数据帮助我们理解社群的动态环境中陶器产生变异的潜在来源和变量的相互作用。然而,实验和民族考古数据也具有一定局限性。来自考古记录的数据参数可能会建立另一个不同的模型。我们需要强调对考古遗存本身的研究,找到最强有力的情况,来尽可能还原废弃过程的其他部分。在考古遗存的证据不那么有力的情况,实验和民族考古研究可能发挥更大的作用。

(一)年积累率

在积累研究中,年积累率(Annual Accumulation Rate,简称 AAR)这一概念十分关键,即某个社会单元每年废弃的陶器数量。陶器的民族考古学扩展研究领域包括研究废弃模式、临时废弃物如何影响器物安置和再利用潜力,以及影响陶片堆的形成因素——这些扩展使这个领域更接近于传统的考古实践。在一些现代积累研究中,希弗应用了"废弃公式"来表现特定类型废弃物数量(TD)、同时被使用的特定类型器物数量(S)、特定器物使用周期(L),以及遗址被占据的时间跨度(t)之间的相互关系——"$TD = S \times t / L$"。然而考虑到考古遗址中系统性背景参数的缺失,这很难直接在考古学上应用。

民族志可以提供关于 L 和 S 的重要参考,但由于提供信息的现存社会常常与古代社会在社会结构、栖居方式等方面存在巨大差异,这样的对照参考也存在许多问题。比如,许多民族考古学的陶器探究在较完整且长期存续(数十年)村落中的典型个体家庭结构中进行,但美西南家庭很少占用单一的结构,村落结构的存续时间变化大(通常少于 20 年),区域定居模式不断变化,具有独特的流动性、稳定性和废弃动态。美西南这种独特的占据和废弃模式很难整合民族考古学信息,这可能会给关于史前行为、社会组织和人口统计学的考古推论造成麻烦。同样重要的是,许多考古学家研究的问题涉及分析单位和观测单位,这些在陶器民族考古学中很少使用。即使有学者有意用中程理论来弥合这一差距,引入许多新方法,比如以陶片重量作为计量单位、通过口沿弧度测量将更多陶片纳入计算范围等,但是关于陶器积累的研究依旧只能利用有限的实验和民族考古研究。基于这些考虑,下面的研究考察了陶器民族考古学的发现在多大程度上可以应用于讨论考古遗址中陶器遗存的形成问题,以及确定陶器年积累率的具体方法。

阿兰·苏利文(Alan Sullivan)针对科罗拉多州西南部考古遗址开展的研究,系统总结了陶器积累研究的估算方法,这些遗址包括格拉斯方山村庄(Grass Mesa Village)、达克福特遗址(Duckfoot Site)以及多洛雷斯考古项目(Dolores Archaeological Project)涵盖的九个遗址,通过分析根据炊器碎片重量计算的 AAR 有效地调查了定居点占据范围和村庄的形态模式的变化。然后,研究者分析了大峡谷地区两个地点的使用和废弃组合之间的背景差异,并探讨了所有这些研究对评估陶器使用寿命、陶器类别系统(systemic inventories)和年积累率的影响。研究者将废弃材料的结构和分布纳入考虑范围,通过根据背景信息(结构面与其他背景)对 17 号遗址的陶器组合的积累进行解析,揭示了科罗拉多州西南部和大峡谷地区在储藏器的大小和数量、"烹饪"器物的大小、使用寿命、积累率以及"烹饪"器物对陶器组合形成的贡献等方面的主要区域差异。比如,不同经济和栖居形态会影响炊器在全部陶器组合中的比例,这会影响通过陶片重量及炊器比例参考值(由其他遗址数据得到)来判断炊器 AAR 的结果。

令人遗憾的是,目前陶器的民族学考古实践在系统地评估这些高度可变的陶器类别系统及其 AAR 的问题上尚未提供有效指导。为了解决这个问题,陶器民族考古学者可以考虑在他们的研究设计中加入以下方法:完整陶器重量这一数据将为理解碎裂模式的行为和沉积意义提供基础,特别是影响炊器破碎的相关因素。随后,根据器物的形态、重量和来源地来计算年积累率,可以判断年积累率在不同的使用、储存和废弃环境中是如何变化的。

通过研究陶器组合来推断史前行为、组织结构、居住地占据和废弃模式等信息,在没有民族学参考的情况下风险很大。如果陶器民族考古学家的方法与史前考古学的实践更加一致,陶器民族考古学的潜力才有更大的机会被激发出来。

(二)实验考古研究案例

围绕"积累研究"的实验研究案例之一是马克·瓦里恩(Mark D. Varien)

和芭芭拉·米尔斯对烹饪罐的研究。对烹饪罐来说,热压力是决定其寿命的重要因素。大量实验研究了热压力如何影响陶器,其中两点与积累研究有关:(1)重复使用降低陶罐强度,导致其破碎和废弃;(2)古代陶工通常制作抗热压力的陶器。那么,在食物制作技术和陶器原材料相对稳定的情况下,考古记录中的烹饪罐以一种相对规律的方式积累。考古学家们从孔隙控制、羼和料和表面处理等多方面入手讨论研究陶器的抗热能力。但总体来说,烹饪罐是时常破裂并需要替换的。民族考古学研究的跨文化分析可以研究如下关于烹饪罐的假说:在考古记录中,烹饪罐积累得更快,使用寿命标准差低,使用寿命不受饮食差异影响。民族考古学案例显示,根据陶器功能分类不同,陶器破碎率存在显著的模式,并证明烹饪罐适合于进行积累研究,但同时也提出如下问题:由于跨文化差异和数据收集问题的存在,这种研究是否值得?

瓦里恩和米尔斯对废弃方程和积累率进行建模。首先需要将总积累从总废弃中分别出来,根据希弗给出的废弃方程进行变换,得出遗址占据长度的计算方法。但是希弗的方程运用须满足以下条件:(1)没有再利用;(2)使用寿命和系统个数随时间保持稳定;(3)没有人工制品通过交易进出定居地;(4)使用和废弃都在定居地内发生;(5)人工制品在功能上是同质的。积累研究应该用特定种类的陶器估算遗址占据时长,但即便用陶罐,也存在相应的问题,一个是难以找到一个可以系统地跟古代案例准确匹配的民族考古学案例,另一个是个体容器寿命和系统数量大小之间的动态关系。他们所开展的模拟研究发现了不同情况下预测结果的偏差,在小规模遗址、短时间占据的情况下,模拟预测和通过废弃方程预测的数据差异最大;增加家庭数目和(或)废弃物品积累的年限,会使得模拟结果与废弃方程结果之间的差异减小。

对废弃方程来说,主要的问题在于结果的准确性完全取决于所用的民族志数据的准确性,与之相关的问题是它不能解释包括系统数量和使用寿命在内的影响陶器组合形成的因素。研究发现,烹饪罐的破损和废弃可以通过长期占据遗址的年度积累速率来模拟。为此,需要强有力的考古学案例来评估积累速率。

瓦里恩和波特(James M. Potter)还根据科罗拉多州西南部的达克福特遗

址的研究成果,包括陶片计数、称重、功能、个体计算等,计算出每个家庭的年度积累范围为 5 325 克～6 654 克,不同尺寸的使用寿命也可以根据提供的数据计算得出。这样,就可以推算出一个达克福特家庭每年破损两个小型陶罐、两个中型陶罐,每 1.5 年破损一个大型陶罐。这个数据与跨文化比较的中位数相近。为检验达克福特的积累速率是否有更广的实用性,瓦里恩和波特与弗德台地区已有的研究进行了比较。首先是科勒(T. A. Kohler)和布林曼对大格拉斯村庄(Great Grass Village)的研究,经过数据处理,发现此地区与达克福特遗址的数据接近。其次是本·纳尔逊等对 9 个多洛雷斯遗址的研究,重新计算数据后发现其烹饪罐的年积累量为 3 900 克～7 998 克。总结来看,达克福特遗址的积累率至少在美西南地区有应用的前景。

(三)民族考古学案例

北美地区的陶器民族考古学具有深厚的研究传统,通过对社会、经济和人口因素进行调查,这些因素导致了整个陶器组合的功能和风格的多样性。陶器民族考古学的扩展,包括调查废弃模式和临时废弃对完整和不完整容器的放置和再利用潜力的影响,以及影响废弃陶器形成的因素,使该领域更接近于传统的考古实践。

菲律宾吕宋岛卡林阿民族考古学项目是以陶片估算遗址人口规模的民族学典型案例之一。谷正和利用卡林阿民族考古学项目的信息,测试废弃陶器量是否与人口规模有关,并探索它们关联性的机制,也将验证陶片-人口模型(sherd-to-people model)和经常使用的炊具容量反映史前家庭规模的假说,即特纳-洛夫格伦假说(Turner-Lofgren hypothesis)。

谷正和首先介绍了数据来源、陶器分类与分析方法。其中,可将卡林阿的日用陶器根据功能分为三类:(1)常用烹饪器,代表小型和中型的每日烹饪器;(2)大型烹饪器,代表留作特殊场合使用的大型烹饪器;(3)盛水器,盛水的非烹饪用器。

首先检验家庭规模与常用烹饪器容量的关系。研究者详述了容量的计算方式和烹饪模式,并证实了家庭烹饪使用容器数量的一致性。平均容量与家庭规模的相关性分析显示出高度相关性,支持特纳-洛夫格伦假说。但本·纳尔逊对玛雅高地村落的相同变量的分析却并不支持这一假说,作者认为这是由于陶器烹饪食物的不同：卡林阿每顿饭制备的大米量等同于食用量，即与食用人数相符；而玛雅高地食谱中重要的玉米饼则需要在水中浸泡过夜，因此使用容器的容量与食用人数并不相符。

继而对家庭规模与家中陶器数量的关系进行检验，并没有发现显著相关性。经广泛的验证，与陶器生产相关的囤积备用被认为是两者没有显著关联性的原因。此外，财富差异造成的替代用品多少的差异、村落年代等其他原因也可能导致这种不相关性。

最后检验家庭规模与破损陶器（已废弃而进入考古记录）数量的关系，结果显示除了盛水器以外的破损陶器数量（常用烹饪器、大型烹饪器、总数）与家庭规模都高度相关。盛水器与家庭规模没有显著相关性的原因可能是盛水器数量少和被塑料容器替代。

本案例分析表明常用烹饪器平均容量和破损陶器数量与家庭规模之间高度相关，也即更大的家庭使用更大的烹饪器，有更多的破损陶器，支持了特纳-洛夫格伦假说和陶片-人口模型，但上述变量与家庭规模的相关性很难说具有普遍意义。特纳-洛夫格伦假说的前提，即常用烹饪器平均容量能反映食用人数，这需要满足其他条件；陶片-人口模型的前提，即越多人会产生越多破损陶器，对此的解释也并不简单。为进行更深入的解释，作者对破损陶器和家庭规模显著相关性下的机制进行了探讨。

人类活动水平和热疲劳（thermal fatigue）是导致陶器破损的因素。在人类活动水平方面，以直接导致器物破损的严重冲击（massive impact）和不一定直接导致破损的轻微冲击（weak impact）说明了理想中两者与家庭规模的正相关关系：大家庭有更多的严重冲击事件（impact events），也有更多结构薄弱的陶器。然而本案例中仅有23%的破损是由于与屋内人类活动水平有关的冲击事件，可见活动水平因素只能解释仅占据总量中小部分的屋内破损的陶器，不同规模家庭之间的冲击事件频率差异不大。在热疲劳方面，规模较大的家庭有较大且通常器壁较厚的日常烹饪器，壁厚的形态与其所需的更长烹饪时间导致热梯度应力与膨胀差应力都更大，受膨胀力的时间也更长，从而积累更多的热应力，而更易被削弱，导致热疲劳。因此，更多大规模家庭的陶罐会破裂，是因为大规模家庭的陶器组合中含有更多结构更薄弱的罐子。分析表明，活动水平因素与热疲劳因素互相加强了陶器破损的影响，强化了大规模家庭中更多陶器破损的模式。

虽然上述模型支持陶片-人口模型与特纳-洛夫格伦假说,但这都建立在一个未经检验的假设之上,即更多陶器垃圾意味着更多人口。这一假设的成立需要满足一些边界条件,包括:(1)常用烹饪器的平均容量与家庭规模正相关,这包含了烹饪量与食用量的一致和必须用一个且唯一的陶器来准备特定类型的食物;(2)活动水平随受限空间内人员增加而增加,活动水平的增加与受限空间内陶器意外破损的概率增加有关,这一因素广泛存在但难以被证实。当边界条件不满足时,陶器垃圾数量无法反映特定群体的家庭和/或遗址规模。

此外,本研究以器物为分析单位,考虑到陶片是史前考古学中更实用的单位,作者指出家庭规模与陶片重量之间的相关性可能强于破损陶器数量与家庭规模之间的相关性,因为较大规模家庭往往有更大也更易破裂的烹饪器,器物大小和数量两个变量作为陶片而呈现,将产生更显著的正相关关系。这一发现表明陶片量可以作为一个可行的人口估算单位。

随着时间的增加,上述观察显示的相关性关系更为明确,这也支持考古记录中发现的长期积累的陶片与家庭规模的强相关性。尽管可能存在一些限制条件,但利用陶器废弃物进行人口估算是一种可行的方法,能与基于灶的数量、居址单元数量和建筑面积的估算相辅相成、交叉检验。

第七章

陶器的风格与装饰

"风格"是考古学、人类学、艺术史等学科中最常用于物质文化研究及其特征模式描述的概念之一。而考古学和人类学中的风格与艺术和文学中的风格概念发展又有所不同,早期的考古学和人类学领域的风格往往更强调内容方面的含义。时至今日,研究者对风格的认识以及研究风格的相应分析方法,已经历经了长时间的发展,风格研究的视角高度多样化,风格不再仅仅被视作被动消极的分析单位,更多研究开始从主动积极的视角研究风格与人类行动之间的关系。陶器是人类所创造物质文化中的一大类别,对其风格的研究历来就是群体文化交流和相对年代学相关推论的基础,随着对风格更主动作用的日益强调,陶器风格研究历久弥新,开拓了全新的研究思路。

第一节 考古学风格研究的发展历程

随着考古学的不断发展,对"什么是风格""风格应当怎样被应用"问题的探讨愈演愈烈,对风格的具体定义也争论不休。然而,风格研究的视角大体上呈现出从被动向更主动(active)的发展趋势,当然,这并不意味着前者被全然否定或抛弃,而是对风格的研究理论拓宽了,同时风格研究的具体分析方法也在不断发展。那么,"风格"呈现出来的模式与人类社会或文化的哪些方面相关?不同的研究理论视角对这个问题有不同的解答,也相应地采用不同的分析方法,以下将参考赖斯和海葛蒙的综述对这些理论视角进行简单的回顾。

一、赖斯根据风格分析方法对风格研究的总结

赖斯对陶器风格研究的概述主要从陶器风格的具体分析方法入手,她首先将陶器"风格"界定为装饰性风格(decorative styles),即陶器装饰的特征性模式(characteristic patterns),并指出对这些风格的分析是人类学和考古学推论的基础,这些推论包括社会和经济互动、艺术交流和史前遗址年代测定。风格通常被认为是特定时空的视觉表现,至少能传达具备此风格的社会认同,并提供其出现地的信息,因此各种对风格的定义都强调交流或信息传递。

赖斯指出风格具有两面性。一方面,风格是文化结构性的或"标准化"的,是从相对少数相关联的技术、主题和审美选项中选择,并由一系列规则组合而成的。在群体共识下,这些都是特定文化系统所特有的。另一方面,风格又具有自由度与特殊变异性,它的标准化一面并不意味着严格的一致性或同质性,风格是开放的而非封闭的表达系统,不断地接收和传递新的信息,并且多种选择使其可以存在差异,且在具体情境的应用中具有一定的灵活性。

人类群体中风格行为(stylistic behavior)的特定起因或缘由是难以确定的。风格的起源和维系可能受到各种社会、心理和环境因素的影响,这些影响变量包括技术演进、历史扩散(historical diffusion)、定居模式、育儿方式、特定性别社会群体的存在、愿望实现(wish fullfillment)和环境压力,这些变量影响着整体社会层面的风格。同时,个人的人格结构、创造力和感知(perception)等心理因素,动作技巧和年龄等身体特征,也会影响风格的起源和传播,这些动态的、个人的元素在风格的长期演变中具有一定的意义,而每个社会对偏离传统的容忍程度、对内发或外发创新的接受程度也都有所不同。然而出于其困难性,考古学家很少试图解决人工制品中个人风格变化的问题,尽管绘制复杂的装饰为研究者提供了区分的可能性,史前环境中的最小风格单位仍然不宜被理解为个体,而更可能反映生产单元。

(一) 描述风格的术语

赖斯总结了用于描述特定类型风格和风格组成单位或分析单位的各类术语。最常规的术语来自具象与抽象二分的视觉特征，具象的(representational)、自然的(naturalistic)、现实的(realistic)都指风格的构成图画在形式上被描绘得较为准确，而抽象的(abstract)、图符的(iconic)、几何的(geometric)则指题材被简化为一系列本质的或基础的特点，而不详细地呈现完整的视觉特征。

另一组概念则根据图案设计的现实主义程度描述风格类型，即不同设计为适应空间而失真程度不同，它们主要关注对装饰空间的定义和填充空间的方式。构造式设计(configurative designs)试图使图案和现实基本上相似，失真程度小；分布式设计(distributive designs)出于完全填充空间的需要而牺牲了现实形象，各部分关系很大程度上失真；扩展式设计(expansive designs)则处于两者之间，图像部分失真，但不致力于填满所有可用空间。

另外，很多概念用于描述创造设计和填充设计空间的组成部分，包括：(1)元素(element)，设计中最小的独立组件，作为一个单位进行操作或移动。它可以对应一次笔画或切割或几个这样的步骤。元素识别困难，在组合中很难将其与更大、更包容的设计单位分开。(2)装饰主题(design motifs)，固定的元素组合，用于形成较大的装饰组成部分。通常足够大或足够复杂，足以填满设计空间的主要部分，主要以组的形式出现而非单独出现。(3)装饰构造(design configuration)，装饰主题的排列方式，以填充空间划分，构成本质上被视为"设计"的视觉综合体。某种装饰结构可能是容器上唯一的装饰，也可能与其他主题和结构相结合。装饰结构可能相对复杂，涉及对设计空间的各种细分。(4)基本单位(basic unit)，艺术家所设想的用于填充设计空间的概念类型，可以对应上述的不同设计层次，是设计中最容易识别的组成部分，因此在艺术家之间很容易借用或模仿。它是工匠心中的类别，因而不靠主观推断，在史前背景中就很难使用。(5)布局/结构(layout/structure)，装饰出现在表面上的位置，包括区域是如何被细分和界定的，装饰的对称性和平衡性，覆盖的空间量以及不同元素、主题或配置的位置和关系。设计布局研究通常是为了将器物与社会中的其他结构模式相联系。

(二)陶器装饰性风格研究的发展与分类框架

对陶器风格的研究最初是借由风格特征对陶片进行分类,再通过各个类别之间相对相似性序列的论证和风格渐变的推论重建某一地区的遗址序列,可以说这首先是一种研究遗迹年代序列的方法。风格的地理分布也为遗址间和地区交流提供了假说,但一度流行的简单的传播论对传播机制和某一风格变化过程的研究相对较少。于是,陶器装饰与产生它的社会之间的关系开始受到关注,赖斯将陶器风格的社会意义研究分为两个问题,即装饰风格的形式或视觉品质,及其含义或内容。

她总结认为,对风格含义的阐释可以分为几个层面。第一,风格被视为有意识或无意识的审美偏好的反映。第二,风格被认为能反映自然和社会环境的重要特征,这在社会艺术具有强烈具象性时尤其适用,常用于研究自然、神话或图像主题。第三个层面最为复杂,包括视觉图像和空间排布在内的风格内容被视为符号代码,它能加强对社会和宇宙结构的观念、信仰和价值观。这种视觉交流有意识或无意识地再现了社群建构其宇宙观和社会现实观的原则与关系,从而把经验合理地组织起来。这种研究层面强调装饰性风格的内容信息和交流功能,风格内含信息和意图不同,提出的假说也各不相同。

陶器装饰的风格分析大多关注陶器上绘制的图案,其分析方法与相关阐释方法众多,难以分类。赖斯总结出三种主要分析方法:设计元素分析、对称性分析和设计结构分析。这三种以外的其他研究则更明确地聚焦于意图表达的内容、含义,或者装饰的象征作用。当然,这些方法都不是互相排他的,它们之间存在着大量思想和程序的交叉。

(三)设计元素分析及社会互动理论

赖斯首先着重介绍了一度广泛使用与流行的设计元素分析法及与其相关的社会互动理论。设计元素分析(design elements analysis)兴起于20世纪60年代,考古学家试图开发陶器在年代学以外的推论潜力,这种方法通常分离陶器的各个设计元素(individual elements),并根据陶器制造者和使用者的社会行为来解释它们的空间排布,事实上,所谓的"社会行为"大多数情况下即指群体间的交流互动——设计元素分析的理论基础是互动假说/社会互动理论/迪兹-朗埃克假说（Deetz-Longacre hypothesis），这一理论认为，群体间设计元素的相似性与群体成员之间社会互动的方向和强度是成比例的（proportional），这种互动既可以是单个社群或遗址中亚群成员之间的互动，也可以是不同社群或遗址之间的互动。

更具体地来说，研究者们衡量两个社会组织单元之间设计元素出现的相似性（组间相似性）、特定组内元素出现的同质性（组内同质性）、群体内部或群体之间不同风格中的元素共生组合，这些衡量标准之间密切相关，在史前材料中经常互相结合，从而被用于推断群体间关联的程度。在方法上，设计元素分析首先识别陶器上出现的所有设计元素，统计每个陶器群或亚群的陶器组合中每个元素的出现频率，通过直接比较或者统计这些频率，来表示各组陶器之间的相似性程度，或者评估相似系数与遗址距离的关系。

赖斯总结了陶器设计元素分析法的具体研究目的。首先，在特定的历史或社会背景下进行的空间范围研究中，设计元素分析以互动假说为桥梁，被用于研究血统和居住规则、通婚频率和群体间宗教或经济联系的强度等。其次，从时间上进行比较时，分析的目的可能是通过风格相似性，研究战争、生计方式转变或文化适应性变迁对社会互动模式的影响。最后，也有研究者将装饰元素的频率和设计系统的变化与单个工作组（individual work groups）、陶工的年龄和季节变化相关联。由于这些推理的焦点，设计元素分析法也被称为"陶器社会学"（ceramic sociology）或"民族图像学"（ethnic iconography）。

随后，赖斯着重介绍了设计元素分析法受到的各种批评，正是这些批评为后来兴起的其他风格研究方法打下了基础。这些批评针对两个方面，一方面是对社会互动理论的质疑，它是连接陶器元素分析与人类社会现象的重要阐释工具，另一方面则是对元素分析法具体实践的批评。

对社会互动理论的批评主要针对以下两个问题。第一，批评者指出包括陶器装饰在内的各种物质文化类别都可以反映社会互动，但却并非必然地、唯一地反映社会互动。毗邻的人群可以在具有完全不同的语言、宗教和社会模式的情况下，制作完全相同的陶器；相反，交流便利的人群之间，也可能在某些物质文化类型的风格上具有相当程度的独立性。社会互动的事实或可能性并不是风格相似的决定性因素，在不同环境中，不同互动方式可能在不同物质文化类别中引起风格迥异的反应。第二,社会互动假说的理论基础是风格相似程度与社会互动方向和强度的正相关关系,这一假设过于简单化,忽视了人类行为中复杂多样的干扰因素,因此从多个领域受到了批判。如在血统和居住地的推论中,早期研究基于民族志类比而简单地将当代的、一般性母系继承规则倒推到过去,事实上这种理想化的分析性结构并不是一成不变地、纯粹地出现在过去的人类社群中的。在学习模式上,早期研究假定陶工都是女性,且从母亲处学习陶器制造和装饰技术,而后来进一步的研究表明,陶器生产的教学模式是非常多样化的,教学活动不仅发生在亲属之间,还常常发生在居住组织范围之内,甚至是更广泛的其他经济文化合作关系之中。此外,陶器遗存考古记录的形成过程,如制造地点、使用地点和废弃地点的不同,也削弱了社会互动假说的可靠性。最后,陶器风格的分布除了受到人群互动强度影响之外,居民之间其他相似性、差异性或社会分布的影响因素也开始被考虑,如不同性别生产陶器不同、自用陶器和市场销售陶器制作技术不同等可能性,它也受到陶器生产规模和与制造中心距离的影响。

而对元素分析法的批评则提出了三个具体领域的问题:对设计元素的定义、样本大小和数据统计程序。第一,大多数设计元素分析研究所使用的概念是模糊的、主观的,很多研究也没有说明定义元素的程序,这导致很难评估研究的成功与否或者重现研究结果。第二,大多数陶器的社会学研究都探索了广泛的风格时间或空间变异,因而必须分析比较每个单位中足够多的陶片或完整器,但对于最小样本量却没有达成统一意见,各项研究的矛盾结果表明,样本大小的问题或应针对每个遗址单独考虑。第三,以陶器装饰上的设计元素为媒介,用于计算和比较各单位之间相似性的统计程序也不统一,其中的问题尤其反映在假设模型所使用数据统计方法的不恰当上,这更多的是对统计程序的理解与应用方面的不足。

对此,研究者们也对风格研究方法和研究思路进行了改善。一方面,设计元素分析法本身的方法开始发生转变,原本将设计元素简单直接地定义为具有主位和社会意义的单位,而随后研究者开始聚焦于元素内部和元素之间的差异,更多关注设计属性(attributes)的变异性,属性是元素或主题(motifs)的可测量特征,并处于明确的备择状态。属性又可根据其在设计中的执行顺序和突出程度,进一步划分为主要和次要层级属性,这为进一步辨识陶工所遵循的程序或决策的等级提供了可能性。这样的研究程序可以在属性、元素和主题等不同层次上寻找文化模式的证据。此外,研究者开始认识到装饰风格和单位与容器形制的关系,民族考古学证据很早就表明陶工会明确将特定设计主题和装饰排布与特定容器形制相关联,然而将这一原则系统地纳入设计元素分析却由来甚晚。容器形制是影响容器装饰风格的重要变量,对同一遗址、同一社群来说,不同形制容器的装饰风格可能有巨大的差别,这种差别可能大到令人将之误认为是不同社群的产品。另一方面,研究者越来越认识到对风格的理解不足,包括如何定义风格和风格的传播与变迁,这样的认识促使风格研究学者在关注陶器风格分析的同时,也聚焦其他材料,这带来了在元素分析法和社会互动假说以外的更多方法与阐释理论。

(四)对称性分析

对称性分析/模式分析(symmetry analysis/pattern analysis)开创于 20 世纪 40 年代,这种方法使用一组标准术语描述与几何图形空间位置相关的对称性,以及它们沿直线或围绕点轴的运动,而容器上装饰区域的位置、形状和大小并不是主要的关注点。当然,因为有意无意的操作,对称性可能是不完美的。陶器装饰的对称性分析需要识别和描述规律性重复的设计部分,一来需要识别设计的基本单位或基础部分,这可能对应于元素分析法术语中的元素或主题;二来需要确定该部分是否在容器上重复运动,或者围绕一个实际或想象的点或线移动和叠加,从而形成设计。如果设计只由一项不重复的基本部分组成,则称其为不对称的。

对称性装饰中,基本单位在陶器表面有四种运动方式,因而定义为四类对称:(1)平移(translation),指元素或部分沿着一条直线的简单连续重复,其方向没有变化;(2)翻转(bilateral symmetry/reflection/mirror reflection),指元素的重复好似被镜面反射,镜面方向可以是垂直、水平或对角斜线的;(3)旋转(rotational symmetry),指设计单位围绕一个点旋转的运动;(4)滑动映像(slide/glide reflection),指结合了翻转和平移的运动。这些运动方式形成的图案都可以用与点或轴的关系来描述:围绕一个点的运动是限定的(finite);沿直线的重复运动是一维无限图案(one-dimensional infinite pattern),或称带状图案(band pattern),这类图案可能涉及任意运动,但平移和翻转是最常见的；在两个方向上重复的图案是二维无限图案（two-dimensional infinite pattern）或满版装饰（allover decorations），这类图案可能涉及除平移外的任意运动。即使器表有明显曲率，陶器表面装饰仍只在两个维度上，同时装饰也并不是真正无限的，因为其受到容器尺寸的限制。在同样形状和大小的单位以上述任意方式运动的绘画设计中，颜色交替的图案被称为有颜色反转（color reversal/counthercharge）。

陶器装饰性风格的对称性分析主要应用于美国西南部的陶器装饰描述中［如多萝西·沃什伯恩（Dorothy K. Washburn）的研究］，也用于中美洲与美国西南部陶器的对比研究（如谢泼德的研究），还在新石器时代希腊和爱琴海陶器（如沃什伯恩的研究）、泰国班清（Ban Chiang）遗址的早期陶器研究［如范·埃斯特里克（P. Van Esterik）的研究］中有所应用。这种方法由于使用数学术语分类和描述设计的基本部分而非描述性术语，因而具有客观性，可以用数字、字母或两者结合的符号系统来描述陶器装饰。

对称性分析通常仍在社会互动理论的总体框架下，据此，特定的对称模式被认为是特定社会的特征，是由一代又一代人分享和传承其所偏好的各种设计选择而决定的，并非因为陶工有意识地认识到设计的重复中涉及的运动或移动。如美国西南部普韦布洛印第安人和玛雅人在设计上尽管主题相似，却有着不同的对称性；在美国西南部范围内，不同对称系统也是特定亚区的特征。

虽然在使用对称性进行描述时，不同文化似乎有不同的装饰性系统，但这些差异意味着什么犹未可知，但它们并不像早期的设计元素分析那样对应于特定的社会文化特征，而是在不断变化的社会组织和互动因素的背景下被解释，对称性分析阐释涉及更广泛的问题，包括本土风格与外来风格的变化、生产和销售关系的识别以及长期远距离贸易关系等。不同于风格或主题分析将文化交流作为解释性假说，研究者们并没有在对称性所代表的行为模式上达成共识，没有更多证据表明图案的对称关系和图案主题一样能够融入本地风格的传播。这一方法也没有像设计元素分析法那样接受广泛的民族志学测试，但是研究者倾向于认为，在地理接近或已知有接触的情况下，区域之间装饰对称性的相似预示着关于对称性的一些观念的传播。

对称性分析在陶器设计中的应用体现了对客观性和量化处理的追求，如通过使用多维标度等多元统计程序，努力使遗址间的比较更加客观和系统。此外，通过强调对称关系在设计结构中的作用，对称性分析的过程和解释又逐渐归属于更常规的强调设计结构的研究方法。

（五）设计结构分析

对陶器或其他有装饰的物品上的设计结构或空间布局的关注，是所有艺术和风格方法的一部分。具体在陶器分析中，邦泽尔(R. Bunzel)和谢泼德的讨论较早地说明了布局和结构，而关于设计结构分析(design structure analysis)的开创性研究是弗里德里克(M. H. Friedrich)对墨西哥一个小村庄圣何塞(San Jose)的陶器绘画装饰的分析。

设计结构分析法将设计结构看作认知系统，或者说是系统的知识体，它隐含在特定风格之下，艺术家通过它生成风格。设计组成被称为元素和构造(configurations)，并可以被分级为主要或次要。在认知系统中，这些组成与空间划分等级相结合，玛格丽特·哈丁(Margaret A. Hardin)将其结果描述为四个特征：(1)被装饰区域的界定(definition of the area to be decorated)，即装饰问题(decorative problem);(2)识别出的装饰基本单位;(3)基本单位的分类;(4)装饰基本单位用于解决装饰问题的规则。

由于这一方法是由民族考古学家发展起来的，它的优势在于分析者观察结果与信息提供者口头信息的互补性，从而能够了解基本单位是如何分类的，以及在装饰容器时将它们结合起来的规则。这不仅提供了一个更全面的、隐含于风格结构下的"设计语法"(design grammar)，更包含了与陶器社会学研究相关的陶工之间互动和操作的具体特点。

设计结构分析法虽然研究实际的元素和构造，但并不视其为互动强度的指标，在阐释上没有采用社会互动理论，因为即便在接触甚微的情况下，它们这些元素和构造也很容易模仿和交流。在设计结构分析法中，元素和构造结构(structure)(即在容器上的空间关系)被认为与社群标志相关，它们可能更直接地由同代人而非由亲属或工作组所共有，并且因为它们是社群特有的，所以可以帮助区分单独的生产地点。

弗里德里克对圣何塞的早期研究提出，设计结构的三个特定方面能实现这种识别：(1)空间划分的排布(特别是设计中边界标记的存在与否和位置);

(2)设计元素和构造的分类(主要或次要);(3)特定元素在构造中的处理方式或功能。如果个体陶工或工作组创造出独特的亚型,则可以更容易地识别陶工群体间的互动模式,墨西哥圣何塞的一个小组就是如此,但是研究结论也同时表明,重建互动模式的成功取决于生成考古风格的工匠对他们所绘设计的实际感兴趣程度。

迪安·阿诺德在研究秘鲁高地小社区基努阿(Quinua)陶器时,把对称性分析与结构分析法结合起来。该研究探讨了四类容器的设计中明显的结构关系,清楚地反映了生产它们的群体之间的差异。研究结果表明,由于设计结构对生产组的标识性比元素更强,因此它们是比变异迅速的元素更稳定的表现互动的指标,并且陶器装饰的对称模式和空间位置在假说中被认为对应于社会组织和环境利用原则,它们是基努阿更广泛的文化和生态关系的一部分。

(六)风格信息理论/符号功能主义

赖斯在《陶器分析:原始资料集》一书中指出,无论支持社会互动假说与否,上述三种风格分析方法都是内容或意义导向的,风格的交流作用则是附带的,在这些方法与理论中,风格反映了群体的联系,但很少有假设认为,陶器制造者是有意地向看到陶器的人传递明显信息的。而后来出现的风格信息理论/符号功能主义(information theory/symbolic functionalist)则假定任意类型人工制品的风格在信息交换中都有重要作用,这种理论强调风格在交流中更主动的作用,有时甚至涉及社会内部所交流的信息本身。

风格信息理论认为,风格传递的信息是关于社会、政治和经济群体的联系,展示出信息和将会收到信息的人都懂得且能够辨识的信息。随着社会变得更大、更复杂,对这种信息的需求日益增长,成员们更加需要将关于自己的信息传达给(物理上或社会意义上)遥远的其他人。这些信息在视觉上应该是明显的,并且能够被观者解码。此外,它们可能独立于传播介质的使用背景,尽管在理解发送信息的原因上,这些背景很重要。

马丁·沃布斯特(H. Martin Wobst)最早提出了风格信息交换理论,他认为风格或风格表现有三项主要功能:第一,物质文化的风格通过提供参与者的即时视觉信息,使社交互动更具可预测性,如服饰、头饰、徽章和随身携带的物品都带有身份或团体关系的信息,并使这些信息在社交中十分明显。第二,从长期来看,随着社会变得更加复杂,风格通过符号化群体的等级、地位关系和群体内团结的加强,从而强化社会分化。第三,风格表现通过表达群体内团结的视觉信息,表明和维持群体之间的界限。而这些风格功能在三种情况下发挥得最为充分:在相对较大的社会群体中、在有一定距离(身体或社会)的互动中以及承载风格信息的人工制品高度可见的情况下。以沃布斯特为代表的符号功能主义分析贯彻了两种密切相关的解释:一方面涉及信息的内容或实质(通常指图像学),另一方面是信息传递的背景或情况。两组观点都经过了民族志研究,而且可以很容易地转用到考古环境中。

伊安·霍德(Ian Hodder)在肯尼亚巴林戈地区(Baringo District)对物质文化风格在显示和识别界限上作用的系列研究十分经典,研究指出不同种类的物质文化可在群体认同中起到不同作用,也可能根本不起作用。只有当它们确实引起人们对界限的注意时,才被期望带有风格信息。对支撑社会关系和秩序的需要会随着时间推移而改变,但当群体之间存在紧张关系时,人工制品风格在象征群体身份上的作用尤其显著。这些紧张关系可能是制度化的,如一个社会中男性和女性之间的关系;也可能是急性的局势紧张,如战争;还可能源于影响社会关系的更广泛的环境关系和经济竞争。

德博和穆尔(J. A. Moore)对来自5个希皮博-科尼博定居点的178件容器的分析表明,在公共场合,尤其是节庆中使用的容器表现出相对较高的风格多样性,而在家庭院落内使用的容器则表现出较低的边界设计多样性。这与在公共容器上通过更高一致性跨边界地传递明确风格信息的预期不符,可见公共容器上的口沿装饰似乎并不象征着群体身份,而是展示炫耀的信息,而器体上更大、更明显的设计具有较高一致性,或与预期功能相符合;另一种可能是,这样的盛宴并不是口沿设计用于传递信息的场合。

布雷思韦特(M. Braithwaite)对苏丹南部阿赞德人(Azande)在特定背景下使用的陶器装饰携带的符号信息的研究结果则更为清晰。在阿赞德社会中,男性和女性之间的社会和物理活动是明显分离的。陶器由男性制造,但由女性拥有和使用,她们做饭并提供给男性——这种食物处理是超出或违反社会秩序的重要场合的,因为必须公开越过性别之间的对立界限。在这种情况下,容器上的装饰作为一种仪式标记或信息,承认性别象征的模糊和对破坏公认社会秩序的担忧。另一方面,男性的饮用杯不公开在男性和女性的手间传递,酋长独自进食,因此男性的饮用杯和酋长的餐具都没有装饰,这显然不同于将装饰与社会地位相联系的传统认识。阿赞德人对陶器以外的物品越来越多地进行装饰,这可能表达了对传统文化秩序中男性和女性、年轻人和长者的严格对立逐渐遭到侵蚀的担忧。

卡普兰和莱文对墨西哥普埃布拉(Puebla)本地社群制作的装饰性家用陶器的研究也体现了风格的信息功能。这里的各类陶器中,价值较高的黑陶与纪念死者的仪式有特定关联,但是给死去儿童的陶器却是不同的,尽管儿童丧葬容器和普通家用陶器由同样的陶工制作,但它们的装饰是由每年来一次的外地人绘上的粉色和蓝色的花朵。正如儿童不在成人世界的界限之内,与他们相关的陶器也不在传统的装饰系统之内,而是由物理界限上外来的个人完成绘画。

从上述案例中可以发现,从互动假说的单一视角进行陶器风格表现分析是过分简单化的。此前我们已经注意到,不同的主题和元素可能与不同活动中使用的特定器物形制有关。此外,在一些社会中,陶器装饰完全有可能传递重要信息,而在另一些社会中并非如此;换言之,陶器可能象征着关联和界限,也可能并不含有此类象征。

赖斯在进行上述回顾时,从风格信息理论视角出发的风格变异性或多样性研究才刚刚起步,而当时哈丁已经提出了陶器装饰变异性的四项可能来源:交流差异(缺乏视觉接触)、解码差异(设计的独特分析)、风格筛选(修改和重新解释)和风格边界(随时间的变化)。而更多关于风格信息理论,或者说对风格更主动视角的研究,将在下文海葛蒙的综述中进一步展开。

(七)风格研究的其他注意事项和问题

通过回顾已有的陶器风格分析的方法与相关理论,赖斯总结了方法和解释上的研究难点。

方法问题主要围绕对风格研究所使用程序的有效性的质疑。首先,无论是设计元素分析法,还是对称性分析或结构分析,在辨识考古出土陶器装饰单位或空间分布上都具有困难性。考古陶器通常只有碎片,博物馆中虽然能见完整器,但是可能缺乏精确的来源信息,并且在选择完整样本时采用的标准可能会导致样本集合在陶器形制上有所偏颇，这些都会削弱从中得出的推论。其次，风格分析所含的假设涉及各种方法论问题，包括统计模型、考古记录形成过程和比预期复杂的学习模式等。最后，现有研究通常把容器口沿和唇部的变异性作为个体或群体特定风格的敏感指标，但很多研究显示，有时口沿对风格的敏感性并不高，或者并不指示与生产者相关的风格，而更迎合消费者的偏好。

解释问题则很大程度上源于总体上对风格本质理解的不完全，这种情况在史前情境中尤甚，因为史前非物质文化（社会关系和意义的概念）很难从物质遗存中推断出来，这些相互关联的问题包括风格是如何生成、传播和变化的。

风格如何生成这一问题，涉及学习模式和个体与群体风格的区别。从考古学的角度看，在一个陶器集合的总体变化范围内，很难甚至不可能分辨出具有非凡创造力的艺术家的作品；在集合层面上，人类学家和考古学家直到最近还很难摆脱文化的规范性观点，即文化是一个特定社会中成员平等分享或参与的思想和行为的集合。目前研究对特定风格变异性的更多关注，指向了几个新的分析和解释的方向，包括通过特殊操作特征识别个体工匠、通过布局和结构特征区分不同社区的风格等。

在风格的传播和变化方面，对风格以何种速率变化并没有明确答案，因为这可能随着时间和区域而不同。从特殊论的层面上看，风格的传播和变化被发现受到社交网络规模和从业者之间艺术交流强度的影响（如弗里德里克），也有研究认为设计本身的适应性决定了变化的速率（如格雷夫斯的博士论文），风格变化也可能因社会和地理上的距离出现波动和滞后。更困难之处在于，如果不同尺寸的陶器具有不同的装饰特征，且以不同的速度被替换，那么从考古记录中重建陶器变化速率将受到阻碍（如格雷夫斯）。具体案例中也常常出现风格结构性变化的反证，如中世纪努比亚在剧烈的文化变化时期，威廉·亚当斯（William Y. Adams）注意到其生产的陶器并没有明显的风格变化，这为以陶器风格和形式进行分期、分区的传统方法敲响了警钟；赖斯对玛雅地区陶器技术、形制和风格变量的研究发现，陶器技术和形制随着时间遵循"正弦波模型"的变化规律，而风格或装饰则更不可预测。

风格的不可预测性难以为人们所理解，但是这显然与风格充满了内容和意义有关,装饰元素和主题以及它们的空间排布具有超越物理层面的精神含义,因此需要区分究竟是风格和主题正在改变或扩散,还是带有此类装饰的陶器本身发生传播,前者涉及设计思想和象征符号的传播,而后者可能只是经济交换的结果。赖斯在此总结了对陶器装饰含义的两类解释:一类是图像化的,特定主题被绘制或刻在陶器上,因为它们代表神灵或是社会广泛认可的概念和信仰的象征,并且可能与容器的特定用途有关;另一类则是社会意义上外向的,这类装饰传递关于群体关系的信息。然而在风格的意义方面需要注意的是,民族志研究中信息提供者所说和所做的有时是有差异的,信息提供者赋予的关联性并不能确保在装饰系统中不变。

总之,赖斯指出,这些不确定的和悬而未决的风格研究上的问题反映了这样一个事实:对于陶器或任何其他媒介来说,风格并没有被很好地定义或理解。陶器装饰的风格属性(元素、主题、对称性、结构)与其他行为上或社会结构上的变量之间的关系,需要民族志和考古学研究上更多的关注。

二、海葛蒙对主动性视角风格研究的综述

海葛蒙于1992年对此前15年内人工制品风格研究的主要成果进行了综述,她发现考古学家对于什么是风格具有一定程度的共识,并且也能够据此对风格的变异性开展有意义的探讨,尽管对风格的具体定义十分多样,但这些定义的核心都围绕两项原则,即风格是一种做事方式,以及风格涉及在许多备选项中做出选择。

然而研究者在风格的基本问题上达成一致的同时,对于风格定义的争论则来自其他各方面的问题:风格能做什么?风格如何与社会和文化进程相关联?如何从考古学上对风格进行最佳的分析和研究?研究者们在这些问题上观点迥异,海葛蒙列举了其中典型的三类观点:詹姆斯·萨基特(James R. Sackett)认为,传统考古学方法中的风格涉及在功能相同的备选项之间进行选择,其本质是特定时间和地点所特有的;维斯纳则认为"风格是一种非语言的交流形式,它通过以某种方式做某事来传达有关相对身份的信息";而霍德认为"风格是一种'做事的方式',其中'做'包括思考、感觉、存在等活动"。由此,对于萨基特来说,风格尤其具有时空系统的意义;对于维斯纳来说,风格

具有交流功能;而对于霍德来说,风格则与认知过程有关。

于是,海葛蒙聚焦于这些关于风格的争议问题,并且主要从日益发展的风格的主动性研究视角,梳理了当时的最新研究。首先,她简略地回顾了物质文化风格研究的历史。至新考古学的早期阶段,很多考古学家都将风格定义为物质文化的一部分,即不受技术限制的形制变异(formal variation),而通过分析风格的分布或称"风格变异性",能够界定时空体系,获得史前社会群体的信息。尽管这种将风格作为阐释中诊断性代码的方法被批评为被动消极的视角,但它尤其在分析过程中是值得称赞的——当风格被定义为物质文化的一个组成部分时,研究客体(即形制变异模式)和主体(即风格)在分析过程中就保持着密切的关联性。随后,试图从更主动的视角理解风格的研究者认为风格是人类活动的组成部分,而这种观点却面临着分析方面的问题——它分离了主体(作为人类活动组成部分的风格)与研究客体(物质文化变异),尤其在风格研究的论证中,人们很容易忽视两者之间的鸿沟,物质文化变异有时可以被视作人类活动或风格交流的产物(康基的观点)。当然,随着风格研究的主动视角日益广泛地被接受,这两者的关系也愈发受到关注并得到了更好的理解。许多研究人员严格定义了某些类型的风格或风格组成部分,并考虑与这些风格方面密切相关的物质变化的特定模式;另一些研究者则侧重于理解物质变化的原因,包括生产、交换和技术功能,并将风格视为这种变化的组成部分;也有一些考古学家和民族学家转而研究由社会角色创造和操纵的社会生产,以及在此过程中产生的物质文化。海葛蒙由此追溯了将物质文化变异、风格和人类活动联系起来的分析过程。

(一)以主动视角阐释风格的研究历程

沃布斯特于 1977 年最早提出了风格的信息交换理论(information-exchange theory of style),他认为风格在文化系统中起到沟通渠道的作用,他将风格定义为"物质文化中形式变异性的一部分,它与人工制品参与信息交换过程有关"。自此,研究者对风格的处理方式发生了深刻的变化,对信息与交流的探讨成为风格研究中必不可少的内容,然而"信息"的含义如此宽泛,以至于信息交换模型"很容易成为对所有史前风格模式的事后解释"[汉特曼(J. L. Hantman)的观点]。海葛蒙从几个方面概述了信息交换理论的完善与进展情况。

首先是对沃布斯特根据其理论提出的一些具体预测的挑战与相应的理论完善。沃布斯特在功能主义和系统论的范式下提出,风格信息交换因其昂贵性而只在特定情境中使用,以最大限度提高效率,然而许多实证案例显示,人类的物质实践并不总是高效的,效率低下或过剩也传达着重要信息,尤其是关于权力或地位的信息。沃布斯特认为"通常只有简单的不变和重复的信息才会以风格的方式传递",而在很多情况下,风格传达了相当复杂或模糊的信息,维斯纳认为不能以低效来理解风格信息的模糊性,它实则是社会关系中的一个重要策略。沃布斯特还提出,由于风格信息在与陌生人交流时最有用,因此风格信息应当主要在明显可见的情境中被发现,然而可见性低的细微变化可能会在密切的社会关系中传递重要信息。琼斯(K. Jones)和海葛蒙的研究表明,对可见性的要求与社交距离因风格传递的信息类型而不同,私人可见的物质材料更可能传达有关仪式或信仰系统的信息,而高度可见的物质材料通常昭示着群体或种族边界。

另外,对沃布斯特提出理论的批判则推动研究者们认识到,信息交换并不能解释风格或物质文化变异的所有方面,它只是关注了风格的一个组成部分,即带有风格的对象的"使用"(use),而很少考虑风格的产生和延续,因此,强调"学习互动"(learning-interaction)和"规范理论"(normative theories)等观点不再被绝对否定,学习互动理论和信息交换理论被应用于考察风格不同组成部分的来源与延续,其他诸多研究者也从不同的理论观点出发,探索风格的各个方面,其中很多研究没有明确地借鉴,甚至回避了信息交换的功能主义方法,但都仍采用了主动的风格观,并考虑风格的文化功能。

最后,最初提出的信息交换理论认为风格是主动的,因为它在文化系统中起作用,然而该理论很少考虑创造和使用这种风格的人的能动作用,新的研究明确地考虑了个人社会策略中对风格的主动使用,以及风格作为由社会行动者创造和操纵的社会生产发挥的作用。因此,最初作为沃布斯特信息交换理论的一部分而发展起来的关于风格的主动观点已经被扩展到人类能动体(human agents)。

总之,信息交换理论及其所代表的主动的风格观为考古学家提供了巨大的分析潜力,同时也诱使学者混淆作为主体的风格和作为客体的物质变化。

而随着越来越多的研究者接受了将风格和信息交换视为主动过程的观点,他们重新评估了沃布斯特的预期,考虑了信息交换在哪些方面适用,并拓宽了视角,将人类行为体包括进来。目前,学者们也越来越关注什么样的信息是在什么样的情况下以风格的方式传达的。

(二) 对各类风格的定义

研究者已经认识到,没有一个单一的理论能够解释风格或物质文化变异的所有方面,他们也同样认识到风格不是一个统一维度(unidimensional)的现象,许多考古学家发现了各种各样的风格(various kinds of style),它们可能同时出现在同一个物体上,并在不同的情况下被阐释。

萨基特和维斯纳开创并丰富了研究方法。萨基特认为风格存在于工匠所做的选择之中,特别是导向相同功能目的的选择,他把这种选择的结果称为"等性变异"(isochrestic variation)(稳定变异/通用变异),即功能用途上相同的变异,认为这种选择是习得的或是社会传递的,因此体现出的变异性可能反映了社会互动和历史背景。萨基特将等性变异与他所称的图像学方法(iconological approach)相对立,认为后者对风格的定义是:风格的"主要功能是社会信息的符号表达"。维斯纳则提出了一种多维度(multi-faceted)的风格观,借鉴沃布斯特和一些社会理论家的观点,她认为风格传递了关于个人和社会身份的信息,这些信息在"人类通过比较进行身份认同的基本认知过程"中使用。她描述了两种传达不同类型信息的风格类型,而不同风格类型可以由相同的物体传达:象征风格(emblemic style)有一个明确的指向物,通常携带着关于群体和边界的信息;自我风格(assertive style)没有特定的指向物,但包含了关于模糊(或不太容易表达)概念的信息,这些概念通常与个人身份和个人表达有关。经过一系列交流,萨基特和维斯纳都认为几种不同类型的风格交流和/或变异可以共存,并被用于不同的分析。尽管萨基特所强调的等性变异与主动的社会过程只有微弱的关系,但他并不排斥图像学方法,他考虑到尽管等性变异不一定充满社会信息,但它在某些情况下可能具有图像性的文化含义,例如族群冲突时期,以往未注意的传统也可能变得具有重要的民族意义。维斯纳则关注社会比较中使用的风格的一般层面(即图像性风格),但她也认识到物质文化的某些组成部分应当被解释为等性变异。

其他学者扩展了上述观点,并将之应用于考古实践。麦克唐纳(W. K. Macdonald)将维斯纳提出的两种风格类型与他所称的"炫耀"(panache)和"礼仪"(protocol)两种社会行为相联系,"礼仪"指一套"以提升群体认同为目的的社会过程",因而产生象征风格,而"炫耀"是聚焦个体的社会过程,则会形成自我风格。麦克唐纳在墓葬分析中继续发展对这些风格类型的考古学应用,并将"炫耀"和"礼仪"的概念应用于美国大平原的数据。普洛格(S. Plog)在对美国西南部各个传统陶器类型的研究中指出,不同陶器类型所表现出的不同设计变化模式体现的正是不同类型的风格,他认为早期装饰类型上强烈共变的设计是等性变异,而后期类型上越来越多变的设计更可能是象征性的,即象征风格或自我风格,后一类风格的其中一种很可能与查科区域体系或仪式结构相关,这种设计有很强的共变特征,可能涉及象征风格,表明特殊地位。富兰克林(N. R. Franklin)则将象征风格与她所称的随机风格(stochastic style)相对立,她没有明确定义随机风格,但指出它"与由文化塑造的、个人对世界的看法有关",并且独立于民族界限而变化。她认为澳大利亚岩画并不以象征风格(emblemic style)所预期的方式而变化(即风格差异与部落或民族差异不一致),因此最好将其解释为随机风格的例证。

对多种风格类型的研究表现了主动性视角下风格概念的发展,表明风格可以有许多角色,包括在等性变异的情况下相对非主动的角色。然而海葛蒙也指出,应用这个多维度(multi-dimensional)概念的研究人员对风格类型的假设或定义都略有不同,而基础概念定义的统一性将使今后的研究取得最大的成效。而将风格概念应用于考古实践,也对理论的完善具有相当的意义。

海葛蒙继而详细叙述了对物质文化变异性来源的研究,也即对风格差异之原因的研究,她将这些研究分为社会文化(socio-cultural correlates)与技术(technology)方面。

(三) 对物质变异性之来源的探讨·社会文化方面

物质文化、风格和社会文化过程之间的关系是许多风格研究的核心,无论其目的是了解特定情境下的社会生产,还是对史前社会组织进行推断。海葛蒙从四个相互关联的部分来考虑这些与风格有关的问题,包括:(1)象征意义;(2)学习和互动(learning and interaction);(3)社会差别(social distinctions);(4)权力关系。

在风格社会象征意义的研究方面,人类学家、艺术史学家和其他研究者长期以来关注并研究艺术或物质文化风格的结构性与象征性含义,这类研究有多种形式。

第一,将设计的组织形式与社会和/或环境组织形式相对应。如迪安·阿诺德认为,秘鲁基努阿陶器的设计"是按照社区中组织环境和社会空间的同样结构原则来组织的"。也有人认为设计具有特定的符号或图像内容,如尚克斯(M. Shanks)和蒂利(C. Tilley)认为物质文化可以被看作一个结构化的符号系统(sign system)。

第二,将物质文化的象征性内容与社会运行联系起来。霍德研究了由妇女制作和使用的葫芦容器及其装饰如何代表了牛奶和血液、妇女和年轻男子之间的象征性和结构性对立,他将这些反差与社会关系的结构联系起来,特别是与老年男性的主导地位联系起来,并提出葫芦和长矛的风格可能是一种沉默的话语,通过这种话语,女性和年轻男性保持团结,并可能破坏老年男性的主导地位。戴维等从陶器和人之间的象征性方面解释了玛法(Mafa)和布拉海伊(Bulahay)陶器的装饰,认为陶器就像人一样,它们有助于强化社会价值,"陶器上的图案远不是'单纯的装饰'、为艺术而艺术,或有意识地象征民族的信息,而是社会每天在进餐时间将其价值观植入个人的低端技术渠道"。布雷思韦特指出,陶器上的装饰是一种象征和仪式话语的形式,主要用于男性和女性之间紧张的互动。

第三,一些后过程考古学家坚持认为风格和物质文化的其他方面只能在它们特定的文化和历史背景下进行解释,在考古记录中识别特定意义的有限性和对高度特殊性的坚持限制了解释的能力,有一些对案例的精心研究实现了对史前考古记录中风格和物质文化含义的解释。

第四,其他考古学家则试图从更普遍的层面来解释风格的含义。虽然我们不能确定物质文化的每一个细节意味着什么,但通常可以理解一类人工制品所传达的意义的一般范围。这种方法涉及与其他证据相关的风格变异维度(如多样性、冗余性、结构规则性)。例如,海葛蒙将陶器设计的高度多样性与明显的建筑界限的对应,解释为小规模社会差异的风格表达,尽管她无法确定风格所表达的具体类型的界限。其他研究者也提出了一些强调这些方面的风格变异的解释，克朗认为萨拉多多彩陶器上的标准化代表性设计是某种形式的仪式象征；波洛克(S. M. Pollock)认为苏珊娜(Susiana)陶器设计冗余的增加与定居复杂性的增加有关，推断其代表了社会分层的强化；布劳恩也指出，史前伍德兰陶器装饰数量和装饰多样性的增加是社会身份和社会分化加剧的结果。

风格的学习与互动方面的研究发源于20世纪60年代的陶器社会学，这些研究的基本前提是，材料相似性与社会互动和共享学习环境直接相关，尽管其中的许多方法与具体结果受到了批评，但这同样是对物质文化变异来源研究的重要视角，其中尤其关注的是学习和生产对物质文化变异性的影响。

各种研究的结果表明风格与学习或生产情境之间的关联是可变的，并且依赖于具体情境。在对卡林阿陶器的分析中，格雷夫斯发现工作组和设计相似性之间只有微弱的联系；哈丁也发现塔拉斯堪(Tarascan)陶器的设计风格在大多数情况下并没有与工作组相对应；德博在研究希皮博-科尼博族群时指出，"学习是导致相似性还是差异性取决于具体情境"，例如一个女人通常从她母亲那里学习，并采用她母亲风格的某些方面，但她也可能会发展出不同的风格，要么是因为天分不同，要么是刻意形成差别；而在祖尼普韦布洛(Pueblo of Zuni)社区中，教授陶器制作发生在一个相当正式的环境中，不同的设计风格与老师密切相关。

风格或风格变异与生产组织之间的关系也一直是研究的焦点，特别是对于研究复杂社会的学者来说。在某些层面上，如生产规模和标准化之间，风格和生产之间似乎存在着普遍的关系。然而，风格和物质文化的许多方面受到各种文化因素的影响，如威望制度，因此与生产组织没有直接关系。生产地点也不一定与风格的相似性和差异相吻合，虽然不同产品通常在不同地方制作，但在许多情况下，风格相似的产品也被发现在不同地点制作。

尽管学习和生产情境与风格相似性之间的关联并非绝对，但通过比较这些数据可以得出一些重要见解。朗埃克指出，在教学更正式的情况下，学习和产品相似性之间的联系很强。同时，在设计有更明确的象征内容的案例中，这两者的关联性也显得更强。此外，学习和生产情境可能仅在风格的某个层次上表现出来。一些生产群体在符合更广泛的风格传统的同时，有着独特的"微风格"。最后，在许多情况下，风格差异可能只有制作者或社会中的有限群体才能理解。

　　风格变异性也在一定程度上受到社会差别的影响。在很多情况下，我们不能以现在所认知的社会群体对应于物质文化传统，从个人到民族，物质文化和社会单位在许多层面上都有密切的联系。个人表达中风格的使用、社会内部群体的风格差异虽然在考古记录中不太可能呈现出空间上的不同模式，然而风格差异应当导致更大程度的风格多样性，因此，对多样性或风格变异性的分析可以揭示社会内部界限或差异的存在。

　　在这方面，物质文化差异常常与种族差异有关。卡林阿陶器的形状似乎"被主动地用作重要的区域一级社会边界的一种标记"。在巴林戈地区，很多物质文化形式跨越了种族界限，而也有包括服饰、陶器和凳子在内的一些物质文化形式清楚地区分了种族和部落群体。秘鲁乌卡亚利盆地的民族有着独特的风格，"几乎可以肯定构成了一种图像信号的形式，在这种形式中，相邻和相互竞争的河流附近的群体以一种持久的风格（即通过文身和头部扁平化）来互相区分"。沃什伯恩认为她所称的物质文化基本层面特征，如设计对称性等，最有可能表现出民族特征，并在许多案例中记录了这些差异。将物质文化和民族相关联的许多研究的重要组成部分是理解这种联系不是自动的（automatic），而是某种心理模板（mental template）的结果，因此，风格作为一种制造或装饰物质文化的方式，是群体定义的一个积极组成部分。在多个案例中，物质文化差异与竞争有关，并随着社会紧张局势的加剧而增加。然而物质文化差异和民族差异之间的关联性是复杂而难以界定的，它们是否相关、在何种程度上相关、是直接还是附带相关，这些问题都需要考虑。

　　最后，海葛蒙简单提及了风格与权力和社会不平等的关系。在复杂的社会中，对物质产品的控制和对意识形态的操纵往往是定义等级和行使权力的核心，物质文化风格可能是这些权力操纵策略的重要组成部分。贵族们通常对某些种类的商品有独占权，而贵族的地位经常在图像中得到加强。最近，有研究探讨了贵族是如何获得和操纵地位符号，以及这些符号的含义是如何变化的，但由于大部分相关研究都从总体上考虑物质文化，而并非关注风格本身，因而海葛蒙未进行详细的回顾，但她指出，这些研究至少有一个共同点与这方面的讨论直接相关：关于权力关系的风格分析必须考虑那些试图获得或维持权力的人是如何操纵物质文化的。这类研究促进了对风格和其使用者的主动研究视角,因此对在更广泛层面上发展主动的风格观有着重要的影响。

(四)对物质变异性之来源的探讨·技术方面

随着对风格概念理解的拓宽,风格不再与功能对立,也不再被认为是与技术和生产相分离的。一项技术,也就是一种做事的方式,可以有自己的风格。将风格和技术相关联的研究较少,海葛蒙回顾了其中的一些重要进展。

考古学家经常争论如何识别风格的问题,特别对于无装饰的物体组成部分。陶器上的彩绘装饰很适合用作风格分析,那么口沿形态和羼和料呢?萨基特的等性变异概念在解决这个问题上有所贡献,等性变异所包含的物质文化组成部分,可以是物体的技术功能或物体生产所涉及的技术所固有的。例如,石器技术中的等性变异可以包括原材料、剥片技术(reduction technique)或工具形状的选择。另也有研究者从更广泛的层面上将风格和技术相联系,莱希特曼和梅里尔在主编的著作中提出了技术风格的概念,认为不仅是人工制品,"产生人工制品的活动"也有风格,可惜的是,书中的很多作者使用了相对被动消极的风格定义,而技术风格的概念也没有得到广泛应用。莱蒙尼耶也使用了技术风格的普遍概念,他使用了不同的术语并聚焦于"技术系统",包括从园艺布置到男女披风上使用的植物装饰,他所谓的这些"技术系统"可以被称为技术风格,莱蒙尼耶认为这种"符号系统"能够在民族和性别关系中使用。

关注风格和技术之间关系具有重要的意义。正如萨基特的研究所证实,风格可以包括技术选择,理解这一点有助于我们确定在风格分析中应该包括哪些人工制品的组成部分,并增加生产系统研究中需要获得的信息种类。生产不仅仅是进行风格分析之前一个需要加以控制的因素,也不能仅仅从经济角度来考虑生产。取而代之的是,生产可以成为研究风格相关问题的考古学家感兴趣的主题。

(五)风格研究的分析方法

海葛蒙对风格研究的分析方法并没有进行太多的论述,而只是简单总结了方法的发展情况与进展趋势。20世纪六七十年代，考古学家发展了一系列分析物质文化风格的方法，尤其是出现了系统性的、可复制的分类和量化系统作为风格分析的基础，这些主要针对装饰的分析方法最终包括了从单个形状到整体设计配置的属性层次结构，对这些方法的广泛应用和改进仍在持续进行。

大多数研究的进展并不强调分类和分析的新方法，而是对已开发的方法的新应用。考古学家已经越来越多地结合和扩展分析技术，以获得更大的成果。一方面，研究人员通常从一个以上的分析系统中提取并考虑材料的不同组成部分。海葛蒙在研究美国西南部的陶器设计时，考虑了整体陶器组合上设计元素的外观，以及仅在完整器或大片容器上显示的设计布局和对称性，还将特定属性分析和类型学分析结合起来，以解释每种类型所传达的信息类型或风格类型。另一方面，研究方法有所拓宽，以考虑在多种媒介中的风格，而非仅关注一类物质文化。海亚斯(K. A. Hays)考虑了来自美国西南部(公元7世纪)制篮者Ⅲ期(Basketmaker Ⅲ)的各类媒介的设计，并根据设计在不同材料和不同环境中的出现来解释它们的作用；德博考虑了南美安第斯地区设计风格在不同媒介上应用的不同方式，希皮博-科尼博人在许多不同的媒介上使用复杂且具有象征意义的奎涅(Quenea)设计，而凯什人(Cache)则在不同的媒介上应用不同的设计，德博将希皮博-科尼博人的普及(pervasive)设计系统与凯什人的分区系统进行了对比，并将这些差异与设计随时间变化的稳定性和设计所附带的含义联系起来，他发现希皮博-科尼博人的普及设计更稳定也更具含义。

通过对考古学中可移动物质文化产品的风格研究的综述，海葛蒙指出原本对分析风格或类型理论的正确性的争论，已经逐渐被多层次、多维度的视角与方法所取代，这类方法所获得的广泛性观点有助于培养汇集不同的研究成果，增强观点的包容性。许多研究者对风格的普遍看法也促进了风格研究方法在一定程度上的统一，尤其更多人是以主动的视角进行风格研究，而即便不持此视角的研究者，通常仍然会考虑物质文化是否传达信息以及其所处情境，因此，对于这些不同的观点，风格的作用也可以是一个统一的概念。而海葛蒙也提出，在了解风格的许多方面出现了大量关于物质文化变异性的数据的同时，学界还没有对各种理论、方法与结论进行整合，考古学风格研究仍然缺乏一个综合视角。

第二节 陶器风格研究的当代主题

赖斯从风格分析方法出发,海葛蒙从风格研究理论入手,先后对各个领域的风格研究进行了梳理与综述,值得注意的是,各类理论与各项方法之间并不是互相唯一对应的或者互斥的。在实际研究中,正如海葛蒙所推崇的日益发展的多面向、多维度的风格观,绝大多数研究都应用了多种分析方法,而在理论阐释上,各种阐释视角也是互相密切关联的,一项研究中不乏对物质变异性来源的多角度理解。以下的具体案例亦如是,而将这些案例归于几个主题,是期待通过其典型性反映风格研究的这几个重点方面。

一、陶器装饰元素、对称性和结构分析的早期实践

对陶器绘画装饰的元素和结构研究是陶器早期风格研究的切入点。这些研究的一个重要起点是民族学研究的启示,通过与陶工的面对面交流或者与现代陶器生产情况的类比,研究者们得以了解这些真正的制作者是如何划分空间、进行设计,如何实施生产活动的,这些活动又是以何种形式在产品上或者考古记录中留下痕迹。进一步的考古学研究则在装饰描述的结构化与量化上付出了极大的努力,以便尽可能深入地解读陶器设计风格的内涵。

(一)弗里德里克对圣何塞陶器绘制的民族学研究

弗里德里克倡导以结构主义的方式进行物质文化遗存的风格研究,从而以风格差异模式推断社会关系的性质和强度。他批评此前一种幼稚的文化观,即认为文化由一系列以有限、机械的方式相关联的客观要素组成,认为这种方法论忽视了物质文化变量间的结构性关联。由此,他指出应当综合考虑新考古学家所研究的物质文化和社会文化的限定关系(determinate relations),以及民族志学者从装饰单位与层次的关联规则和一致性出发的视角。由此,他应用这些理论观点尝试研究陶器绘画中的变异性是如何反映画

工之间社会互动强度的。

弗里德里克的具体研究内容来自对墨西哥圣何塞现存陶器绘画风格的观察和数据收集,其中以一种印模制造的薄壁绿釉陶器作为研究对象,它们在这一区域内用作饮食、短期储存和厨房装饰。选取这类材料的原因在于圣何塞陶器的绘画风格呈现出复杂的结构,器表装饰既包括划分绘图表面的等级性系统,又有许多各异的设计元素,它们可以结合为更多更复杂的排列。由此,绘图装饰提供了互相关联的维度以供观察变异性。绘画中一些方面的变异性与设计结构的外在要素共变,从而得以识别那些受特定社会和经济模式影响的绘画风格,如计划在特定市场销售的容器上使用的风格、特定画工或画工家族的标志性风格。弗里德里克重点想要论证的是,在确定任何特定风格变量作为社会互动模式指标的效用上,设计结构是如何作为一个重要因素——更具体来说,是画工们在设计上的信息组织,如何影响他们在绘画模式上的互相学习,而这主要通过对一个独特而明显的家庭风格的讨论实现。

首先,弗里德里克详细介绍了圣何塞陶器的绘画结构,在研究中所使用的空间划分(spatial divisions)、设计构造(design configurations)、设计元素(design elements)三项分析概念也反映画工自己对风格的讨论分类。对设计结构的分析基于两方面的互补数据,一方面是关于绘画的语言描述,这使我们能够在单独物证的多种结构解释间做出选择,本研究中主要关注:有命名的绘画阶段、设计类别、用于说明成器上设计的术语。另一方面是绘画行为本身,这是从研究绘画的过程和结果中获得的,其中对理解设计系统最重要的是:对绘制过程每个步骤的细节记录和对陶窑内样品中出现的设计特征类别和数量的记录。

通过研究,弗里德里克指出圣何塞的绘画过程由两项基本操作组成:将要绘制的容器表面划分为有界区域,以及填充这些设计区域。绘画系统因而呈现等级性的组织方式。最高等级是空间划分,空间划分及其处理方式有两种基本类别,其一是装饰表面的边缘,即口部和把手,往往用白色涂料覆盖,其二是构成内部的部分,由细线标出并填充图案。有数种可选的内部空间划分,同时出现时也不会互相限制,所以空间处理也有很多不同:内部表面上只有两个边界是必需的,即将颈部和底部与其间的中心区域分开的边界;可选的边界标记有肩部条带、底部与中部之间的条带;中心区域可以垂直细分为许多矩形。由此，颈部、底部、可选肩部带、可选底部带和可选中部细分，构成了器体可绘制设计的各个部分。而在这些空间划分中填入的设计又有两个等级的组织：最小的独立单元是设计元素，这也是画工命名的最小单元；足够复杂以填充一个空间划分区的设计元素排布称为设计构造，所有设计构造都有一定的结构特征，其中的设计元素可以分为首先绘制的主要元素，以及位置取决于主要元素的可选次要元素。设计构造也都有命名，通常指代排布的某些属性，主要构造相同的被画工认为是同一类别。设计构造的使用在某种程度上独立于空间划分等级，一个空间划分区的构造选择并不决定另一个，也即并不存在区域间共生的限制情况。每种构造的使用由构造的形状以及空间区域形状决定。一些无法单独由形状来解释的构造分布模式，可以表明这些构造限定出现于特定区域。

继而，弗里德里克以民族学研究为依据进一步介绍了圣何塞陶器绘画的社会背景，并以此说明设计结构与相互交流之间的关系。圣何塞的制陶工作组由一对夫妇和他们的未婚子女构成，这一单元与当地的家庭不同，通常两个核心家户住在一起成为家庭，但他们的制陶活动是分开的。男性和女性都进行绘画，但男性绘画更多，这仅仅因为绝大多数的印模制造是由女性完成的，一个家庭乃至一个工作组中有超过一名画工是很常见的。尽管几组画工定居在一起，或在制陶上有经济合作，但风格变异并不反映这些关系。风格变异的通常模式反映一种松散的网络，一位画工会与不同画工分享绘画特征，而分享范围远远不限于同一工作组的成员。

村落风格中仅有一例明确的变体能与其中的一个工作组关联：阿莱霍斯(Alejos)家庭绘画组由一对夫妻和他们的未婚子组成。这一家庭的亚风格是与主流风格的许多细微差别的累积结果，这些创新大多数是由母亲和儿子完成的，并且在该研究进行时创新仍在继续。而对这种风格变体的维持，还涉及其在村落画工之间的传播。以设计构造的级别进行说明，阿莱霍斯家庭和其他画工所使用的设计构造类别清单是不同的：一些类别只被其他画工使用，说明了常见的分享风格元素的松散网络；另一些类别在每位画工的作品中都有；而标志着阿莱霍斯亚风格的构造类别由这个家庭中的每位画工使用，尽管某些构造类别中的个别构造为其他画工所使用，但只有阿莱霍斯画工使用类别中的所有变体。

弗里德里克指出阿莱霍斯亚风格本身的完整性取决于设计特征传播的差异，这种现象背后有两个因素。一方面是工作中画工互动强度的差异，大多数圣何塞工匠很少在绘制时互动，不会观察对方的作品，相反，阿莱霍斯画工通常一起工作，互相好奇并对绘图结构和审美进行评论。他们的兴趣集中在最新的创新上，这些创新很快被其他组内成员采用。

　　另一方面是设计结构，它尤其影响画工解码其他画工绘制的容器。圣何塞画工共享一种解码（容器上绘制的设计结构）策略，这一过程主要考虑对设计构造及其组成元素的识别，很大程度上忽略其余部分（划分空间模式及其边界标记、具体构造和构造单位常规分类的关系）。这一标准的解码策略对绘画特征的传播产生了两项重要影响。一是促进学习解码过程所关注的设计特征，因此在通常模式中，传播的单元是单个设计构造（包括其组成元素，但并不以整个构造类别传播），画工倾向于将学来的构造融入自身的设计知识，在整体结构中赋予其不同的角色。二是鉴于策略所限，画工能轻而易举地互相学习，即便画工间交流极少，也能学到特定设计构造（及其中的设计元素），在阿莱霍斯亚风格的个别构造被其他画工所学习的案例中，后者只是在绘制时或完成后看到，就能在自己的容器上再现。然而相对于单个特定构造，学习设计特征（design features）并不容易，似乎只有在画工间互动更强时才能实现——阿莱霍斯画工能分享解码策略所关注到的以外的设计结构，简言之，他们能共享构造类别。

　　阿莱霍斯画工所绘制的容器与其他人的不同之处可以从精心选择的变体的分布上看出，这也说明了那些不容易传播的单元恰是画工间高强度交流的良好指标，它们来自解码策略并不重点关注的设计结构，以下三项来自不同的结构层次的设计组成就是这样的交流强度指标：（1）空间划分的组织，尽管整个圣何塞使用基本相同的空间划分系统，但阿莱霍斯亚风格中的划分等级关系有所不同。在常规风格中，颈部被特地标出，肩颈的边界十分重要，而在阿莱霍斯风格中，颈部并没有特殊的结构地位，且与其以下的空间划分相协调。从绘画图式中的边界设置和边界标记可以观察到这点。（2）设计构造的分类，圣何塞画工对设计元素的分类原则有共识，但阿莱霍斯的分类法更复杂。在整个村庄中，主要元素形成基本构造，同一基本构造构建的设计都属于同一类，而阿莱霍斯画工在使用同一类别时，认识到了更多的亚类变异。

(3)设计元素在其出现的设计构造中的功能,这一指标关注设计元素的功能,而非它的存在与否。例如广泛使用的简单交叉阴影,其绝大多数用于填充广泛的矩形区,有两个绘制步骤;但阿莱霍斯画工的使用与旁人不同,他们也用交叉阴影填充非矩形区,但认为其不是两个步骤,而是一项可应用于任何已存在的窄线间的操作。这种结构性差异的指标是交叉阴影填充的区域形状和交叉阴影可替代的单元类型。

最后,弗里德里克论述了上述研究成果带来的考古学上的启示,即如何单独通过考古学调查重建上述模式。他提出了两种研究策略:第一,先识别工作组生产的产品,再研究工作组内的区别和与其他画工的区别。实施方法是选择一系列易从设计结构中分离出来的变量(构造/元素),并找出变量组合与村落中地理区域的关联性。但这一程序对于圣何塞并不适用,因为最容易定义的变量正是那些很容易被画工们理解并被快速传播的,它们不是与绘画工作组相关的亚风格的良好指标,并且圣何塞破碎陶器的不同部分有不同用途,因而最终废弃模式也各有不同,绘画元素的分布不仅反映使用它的工匠位置,也与在容器上的位置有关,这会降低变量和工作组关联的有效性。第二,先识别个体画工的产品,再基于绘画风格的相似性进行分组,对于圣何塞绘画风格的案例可以实施这种策略,从而避免依赖村庄内绘画元素的分布情况作为当地绘画群体的证据。个体风格为识别画工的作品、重构群体构成提供了一种更简便、直接的途径。个体风格中的特征不仅是潜意识控制的动作习惯的结果,而且在很大程度上是工匠深思熟虑的决定。两类特征标志着个体画工的作品:迄今为止概述的所有层次上的独特变体,以及子设计元素的变异(sub-design element variation)。前者对于此处讨论的考古问题无用,而后者能提供识别每个画工作品的程序,在分析上独立于用来重建画工间交流模式的程序。变异中涉及的要素可能有画工的技术、审美偏好、画笔选择等。本书的案例中有3个变量可显示个人风格:交叉阴影中每英尺的线条数量、设计元素特定部分的相对大小和元素连接的模式。阿莱霍斯画工之间和与外部画工对设计结构信息交流的差异,可以通过两个阶段的分析得出,首先通过设计元素变异的模式,识别每位工匠的作品,而后,前述的画工间高强度交流的指标可用于显示三位阿莱霍斯画工之间不同寻常的互动模式。

总而言之,弗里德里克认为绘画风格结构的变异模式,能够作为画工间互动强度的指标,并且概述了识别个体画工作品的方法。他通过比较,辨别了能够和不能作为工作组内部高强度交流的良好指标的变量,并且试图研究这种有用的关联模式背后的因素。民族志证据反映的设计模式显示,画工们一起绘制时对作品的交流强度是直接的行为变量,这对考古资料分析的启示在于:(1)重建互动模式的成功取决于生产考古学风格的工匠对他们所绘制图案的实际感兴趣程度,如圣何塞案例中只有一个绘画组发展出了独特的亚风格;(2)上述设计分析程序可用于识别绘画组,并发现每个组有多少成员。这些信息可以与其他相关信息共同支持对考古学文化更详细的推论。然而必须强调的是,为了进一步完善这些潜在的有用指标,有必要在精细控制的民族志研究中更多地了解系统本身,也即了解现存风格的结构和过程,以及它们如何因画工而异。

(二)唐南对秘鲁陶器标记的民族学类比解释

唐南(C. B. Donnan)的民族学研究则针对更具体的考古现象,他以秘鲁的现代制陶工业类比莫切文化时期的陶器生产,从而尝试解释秘鲁北部陶器上烧制前刻划标记的用途。

公元100—800年间,莫切风格(Moche style)的陶器在秘鲁北部海岸占据主导地位,其中主要包括不用于加热的、装饰精美的精致细砂陶器,和用于烹饪与储存的、无装饰的普通粗砂陶器。唐南于1966年对圣谷(Santa Valley)下游进行了系统调查,发现很多的莫切风格陶片在烧制之前被刻划了奇特的标记,这些标记出现在所有的普通陶器类型之上,有刻划标记的器物约占10%,唐南研究了来自圣谷莫切遗址的40个样本。

这些刻痕由1到6个元素组成,元素包括通常略带弧度的线条、点以及线条与点的结合,通常短于6厘米。绝大部分标本有着独一无二的标记,但也出现过两例具有相似形状、陶土质地和表面加工技术的陶器,它们有着几乎相同的标记,但来自不同的遗址,其中一例中两个遗址的距离超过10千米。这些刻痕是在陶坯湿润状态下有意施加的,所用的工具通常较钝,多数情况下是由指尖刻划而成的,部分工具很锋利。刻痕位于容器颈部,通常靠近颈部中间位置,它们像一个独立单元,只在容器的一边分布,并因颈部形态不同而有所差异。这些刻痕显然不是装饰性的,因为它们仅出现在简易的实用陶器上，不规则的浅刻痕难以被观察到，并且它们仅出现在一侧的现象也与莫切风格常见的布局不同。其他区域的实用莫切陶器上也发现了类似的刻划标记，且这些标记仅限于莫切风格陶器上，而这类实用陶器在研究中往往受到忽视。

唐南认为，莫切风格陶器上的刻划痕可以与秘鲁中部山地的现代陶器工业生产相类比，在这一地区，许多与世隔绝的家庭或小群体仍然使用陶器作为烹饪和储藏工具，居民们从市场中心购买陶工制成的陶器，或者从流动的陶工处定制陶器，后者常见于更偏远的地区。而这两种情况下陶器上的刻划标记都很常见。秘鲁中部山地的塔里卡（Tarica）村是最重要的陶器生产社区之一，这里提供了卡列洪·德瓦伊拉斯（Callejon de Huaylas）市场中心的大部分陶器，塔里卡村陶器生产的各个环节通常由一个家庭的成员完成，所有家庭成员组成了一个独立的经济单元，而这种情况下不会在陶器上添加任何刻划痕迹。然而，当参与生产陶器的人不属于一个独立经济单元时，他们会在陶器上刻划明显的标记，用于区分各自的产品。

另一个从流动陶工处购取陶器的案例来自秘鲁中部社区基瓦伊（Quihuay），它附近没有任何稍有规模的市场中心，仅有一个小火车站，这里的居民使用的烹饪和储藏陶器来自乘火车而来的卡列洪·德瓦伊拉斯陶工，这些陶工随身带着干燥的预制黏土（prepared clay），在每年的3—5月辗转到达基瓦伊，挨家挨户为居民定制陶器，并在积攒一定订单后开始生产。与前一个案例类似，如果所有的陶工都来自一个家庭或者经济单元，那么他们不会在陶器上做标记，而当不同经济单元的独立陶工共同来到时，尽管它们分开制作陶器，但通常一同进行烧制以节省燃料，这时就需要给陶器做标记，以便烧制完成后进行区分。这些流动陶工来自卡列洪·德瓦伊拉斯的不同社群，其中最常被提及的是塔里卡，那些为当地市场生产陶器的塔里卡陶工也每年来到这些遥远的社群，他们用陶器或预制黏土换取羊毛、小麦、玉米或水果，旅行的时段与当地收获或剪毛的时间一致。他们自行携带预制黏土是因为这些地方缺少适用于制陶的黏土，而完整陶器体积过大，不适于长距离运输，且有破损的风险。

这两种情况下陶工对标记的使用是基本相同的，这些标记对陶工来说通常没有特别的意义，并会随时更换，不能用于识别特定陶工的产品，也不涉及对于陶器质量的判断,而似乎仅仅是为了在市场销售前的生产过程中避免混淆。现在,秘鲁的部分烹饪陶器也有类似标记,一些标记与莫切陶器上的标记非常相似。现代的陶工也能认识到莫切烹饪陶器上的标记是一种"记号"(signales),同样,目前也只有小部分的陶器具有标记。

唐南总结安第斯地区陶器的古今对比研究,指出当今陶工的大多数技术显示出一种持续的文化传统,以往的研究也已发现陶工极度保守和抗拒创新,因此制陶技术在很长的时段内都没有重大改变。虽然不能证明从莫切陶器标记到现代秘鲁陶工的标记是持续的文化传统,也不能区分这些带有标记的陶器是来自市场中心还是流动陶工,但民族志的类比为莫切陶器的标记提供了一种可能的解释、一种有待数据验证的推论。

(三) 谢泼德对设计对称性分析的延伸

谢泼德是对陶器设计使用对称性分析的先驱之一,她非常强调设计对称性在定义上的精确性和可量化性,并指出对称性在一定程度上是独立于图案内容的设计风格,不同文化可能会有不同的对称模式偏好。她创建了一整套的陶器装饰分析框架,包括考察主要装饰区域、装饰区结构、主要装饰元素、精细装饰设计、线条和面、对称性和律动、空间关系和明暗值,并且她以弗德台地的白底黑彩(black-on-white)陶为例,使用这一框架进行了研究。在此介绍其中主要的关于对称性分析的一些创见。[①]

她将对称分为翻转型(bilateral)、旋转型(rotational)和辐射型(radial),猜测对称图案可能来自自然界植物对称性排布的灵感,并且绘制图案时握持和转动陶器的动作也会天然地导致规律性重复图案的倾向,因此,通过不断重复某图案生成的条纹带装饰(一维设计)和向两个方向对称延伸的平面图案(allover pattern)(二维设计)在陶器上都较常见,她也列举了七类条纹带和一些常见的平面装饰。

谢泼德主要分析了带状装饰的结构,她将带状装饰对称性和结构的关系分为三类:第一类没有结构线的限制,基本图案沿直线分布;第二类是在结构

[①] 谢泼德关于弗德台地陶器装饰对称性分析的研究,请参见 Ann O. Shepard, *Ceramics for the Archaeologist*, Carnegie Institution of Washington, 1980, pp. 259-305, Figures 37-41.

线上开发的设计;第三类在结构框架中进行设计。不同对称模式与不同结构相结合则会生成各种对称效果,结构会对对称模式的选择形成一定的限制。此外,陶工的装饰水平、强调明暗平衡等其他特质以及另外的机械性原因也会限制对称性,她提出在对称性分类中应当考虑到生产与意图的误差以及后续修整的改动等限制情况。

  谢泼德使用了动感(motion)和韵律(rhythm)两个词汇描述对称图案。她认为翻折对称(reflection)图案往往形成一种平衡、稳定的静止感,而旋转对称(rotation)则带来一种动感,跨文化的经验显示人们对包含旋转对称的连续线条更为偏好。滑动翻转图案在垂直方向上有着独特的动感,让人联想到双脚交替向前迈步,但横放时这种动感会被削弱。其他非对称性因素也会影响动感,如波纹、流畅的曲线会带来动感,而非常精细的图案、垂直的线条或色块则会削弱动感。

  最后,谢泼德也指出她的研究框架只适用于相当数量的完整或可修复陶器。这类研究很大程度上使用客观的术语,尝试探讨各种特征之间的相互关系和相互影响。这种对设计历史的关注有助于探讨一系列问题,包括各种特征的起源和消长、对陶器设计的借用和学习、陶工之间不同设计的相互作用等。

(四)沃什伯恩对普韦布洛陶器的对称性分类

  考古学中界定和测量群体之间的交流和移动一直以来都存在方法论的问题,沃什伯恩认为与跨文化活动情境相关的分析方法的缺失已经严重阻碍了对各个文化互动变迁模式的理解,其中,最重要的因素之一就是缺乏用于比较研究的标准化的人工制品分类系统。以美国西南部为例,她认为已有的陶器类型学虽然能够提供时空框架,但是与设计目的并不一致,类型学单位也不与文化群体相对应,同时陶器类型是共存特征的复合体,不同考古学家会以不同方式处理这些特征,因此对陶器类型的划分方式亦不相同。随着考古学更加关注文化过程,陶器的分析方法也要转向特征分析,以了解它们作为文化活动特定方面指示器的作用,对陶器设计的分析就是一个方向。

  沃什伯恩回顾了对美国西南部陶器的民族志研究和考古陶器的设计分析,一些研究详细描述了陶器设计所使用的元素和布局,并把从设计中观察到的变化与文化其他方面的变化联系起来,甚至据此对文化系统的功能和结构进行推断,然而民族学案例表明个体设计元素并不具有如此的重要性和指示性。她指出上述研究的内在关注点在于寻找以陶器为基础衡量社会交往的方法,然而这些研究的缺陷在于研究者无法将他们发现的文化敏感特征纳入一个标准化的分类系统以进行比较研究。因此,在前人的研究基础上,她再次提出建立基于对称性规则的分类系统,从而将用于分类的特征单位标准化。这种分类原则出现在诸多几何学、晶体学文献中,但在陶器设计方面应用极少。

对称性分类(symmetry classification)建立在一系列假设的基础之上,沃什伯恩对这些假设进行了系统的介绍。互相交流(inter-communicating)的陶工在一种"联系群体"(contact groups)的情境中工作,他们会生产具有相似结构和组成基础(compositional bases)的设计,这种同质化的设计结构就被称为风格。此外,交流设计理念的沟通渠道应该与社会、政治和经济文化领域的类似联系渠道具有相同模式,因此,设计风格的时间和空间参数的划定应该表明人口群体的分布、移动和互动。有人认为通过根据几何性质对设计进行分类,可以更有效、更有意义地研究设计,在陶器的其他属性之外,设计的结构和组成也是某些群体行为模式的指标。设计结构(design structure)指布局,即对设计区域的初步分割;设计组成指元素排列过程和结构框架中元素的组合(即主题)。关于特定设计结构和组成结构的知识和使用是十分普遍的,在一个联系群体中的陶工会遵照一些特定的传统来组织待装饰的区域和将元素组合成母题,最终结果是对部分布局和元素组合的持续使用。因此,结构-组成特征高度相关的陶器被认为由共享同样设计风格的陶工所制作,而那些一致性较低的陶器则产自边缘地区、不经常接触与贸易的地区或者最近移民、部分文化适应的地区。由此,特定设计对特定风格的遵循程度与陶工和这种风格的接触类型和程度相关,通过对称性分类方法对这些信息进行描绘就是理解社会群体组成和交流过程的一种方法。

这里的设计风格(design style)概念不像"水平"(horizon)或者"传统"(tradition)两种概念具有时间或空间的限制,而是以其范围的灵活性,更准确地反映人群内部和人群之间持续发生的各种变化。设计风格概念是对称性分类程序的补充,尽管风格的划分是通过一个客观的分类系统完成的,但所产生的类别反映了陶工互动的实际模式。沃什伯恩引用了沙佩罗(M.

Schapiro)对风格的定义,指出这一概念中的重要参考:首先,结构-组成风格是由元素、母题、布局的对称性组成的系统,这个系统是开放系统(open system),持续接受、吸收、拒绝、修改系统内外的新方面;其次,结构-组成风格是一种交流形式,是一群互动的陶工发布并参与的一系列不言而喻但普遍存在的设计规范,在任何风格之下,个体创新受到群体共识的约束。由于风格涉及特定的设计结构形式、成分,也涉及容器颜色、形制及其他技术特征,任何一个群体可以使用不止一种风格,也即是说,风格和民族学学者所称的文化或者考古学家所称的类型并不具有一对一的对应关系。然而,尽管风格概念常用于描述设计,但是由于缺乏对于风格参数的精准描述,这些研究都十分受限,风格和类型学一样都在概念定义的问题上挣扎。

因此,沃什伯恩提出风格可以被看成研究者的分类以及他通过自己的分类所描述和解释的真实世界之间的一种转换性的概念工具。分类必须是客观的、标准化的、可以复制的,但是它体现的文化特征是变化中的实体,严格的对称性类别适用于前者,而风格概念则适用于后者。将对称原则用于分类可以严谨统一地评估特征,并避免了分类学对历史连续类型可能具有亲缘关系的暗示,由此使得结构对称性相似而划分成的风格更具意义,能够体现不同文化的特征和互动情况,而非仅仅作为一个广泛的描述性标签。

沃什伯恩还详细叙述了对称性分类的方法。仅由一个基本部分组成的图案是非对称的,由两个及以上基本部分组成并围绕中心点或者沿对称轴翻转的图案是对称的。对称操作是指图案通过空间运动或者转化,而同其相邻的基础部分重叠。纯粹对称操作只涉及单色图案(monochrome figure),反转模式(counterchanged patterns)则指色彩不同的同类图案的转换。除了上述赖斯的总结中提到的对称转换规则以外,沃什伯恩还统计了有限设计、一维设计、二维设计通过纯粹对称操作和交错模式而可能具备的对称图案类别数量,根据伍兹提出的三位数系统(three digital system)介绍了各类别的命名方法,并且以具体案例对装饰布局划分与对称操作进行了说明,而装饰组成部分的对称性和整体设计的对称性可能相同也可能不同。

沃什伯恩进而陈述了对美国西南部陶器设计的具体分析过程。正如上述方法中所述,设计由结构和母题组成,它们的对称性是互相独立的,两者对称性的组合是无限的。而重要的是,特定的群体持续地使用某些元素和结构组合，因此，图案设计的对称分类可能识别出这些设计组合的模式，它们成为特定人口群体的风格表现。为了证明地域性的设计风格可以通过对称分类区分开来，并且这些风格是文化过程和变迁的有效指示器，沃什伯恩考察比较了美国西南部各个时期的数据并进行相关性分析，她分析了普韦布洛Ⅲ期的三个遗址［上吉拉（Upper Gila）、埃尔莫鲁（El Morro）和萨蒙废墟（Salmon ruin）］的数据以作说明。根据假设，邻近地区的陶器在设计结构和组成上应该具有高度相似性，反之，距离较远的地点之间的相似度应该较低。沃什伯恩统计了有限、一维、二维三种形式设计的具体对称图案类别出现的数量和频率，并进行了卡方检验。结果发现三地的陶器设计具有一定的共性，因为这三个地区的陶器都属于安纳萨奇传统，它们的共同基础表现在对一维设计和中心对称（bifold rotation）的偏好；而三者陶器设计结构对称性类别分布的关联性则体现了对称性分类在显示差异性上的作用。相较于萨蒙废墟，上吉拉和埃尔莫鲁的陶器在大区域内有更密切的交流，沃什伯恩也使用对称性分析显示这两者之间的相似性与差异性，发现两者在一维设计及对称类别上具有更高的相似性，也更多地使用颜色反转进行设计布局，但两者在使用的对称图案类别和颜色反转类别的占比上又有所不同，而且埃尔莫鲁在设计实施的精确性上也不如上吉拉，显示出同一风格中的本地差异。

从这一案例中，沃什伯恩认为更为重要的是，这种分类方法可以凸显两个人群在选定设计视觉效果的方式上具有一个重要概念差异。案例显示各组之间使用相似的设计元素，因此设计元素分析并不能识别其组成的风格的不同；各组之间也会使用相同的基本设计结构，纯粹通过单独的结构分析也不能将之区别开。在本案例中，还有必要分析颜色反转对称的频率分布，以确认风格的明显不同特征。沃什伯恩指出，上述对同一设计风格下两地陶器设计的相似性与差异性研究同样也可以用于对比来自不同地区的设计，不同地区的陶工可能只有零星的相互交流，因而体现出地区之间陶器设计较高的差异性和少量相似性，她以萨蒙废墟与上吉拉和埃尔莫鲁陶器设计的对比为例。

最后，沃什伯恩从美国西南部的地域性视角列举了同一时期内不同文化传统的人群所使用的各类不同设计，在南部和西部的霍霍卡姆人（Hohokam）偏好使用几乎铺满整个设计区域的二维设计，而上吉拉和埃尔莫鲁容器上发现的少数二维设计则通常呈条带状布局,南部的明布雷斯(Mimbres)基于图案翻转的无限设计包含了在大型碗底中部的动物、昆虫和人的图像,而在安纳萨奇设计中很少出现的无限设计通常都基于图像的旋转运动。总之,不同时代和不同地区的陶工们的确在采用独特的设计风格,在联系群体的内部,不断出现设计思想的碰撞交融,与之相反,在空间上离散的文化传统及其遗产则具有截然不同的风格历史——沃什伯恩认为对称性分析的方法可以系统性、标准化并且有意义地说明这些问题。①

二、作为信息媒介的陶器装饰风格

自沃布斯特提出风格在信息显示和传递上的功能以来,风格信息理论或称风格信息交换理论一时风靡,而正如上文海葛蒙的回顾中所提及的,信息的含义非常广泛,因此对于风格传达的具体信息内容及其所具备的人际功能的理解,同样观点各异、视角众多,可谓不胜枚举。以下选取了蒂莫西·波克泰和托马斯·埃莫森(Thomas E. Emerson)一项对陶器装饰含义及其社会背景的经典研究,尽管其中并未涉及范围性的陶器风格,但是研究对于装饰象征意义的解读和对社会情境的重建都值得我们借鉴与思考。另外,鲍泽对陶器装饰在政治身份表达上的民族学案例研究,也为我们理解风格的身份信息表达功能提供了很好的参考。

(一)波克泰和埃莫森对雷米刻纹陶罐象征意义的分析

波克泰和埃莫森研究的对象是史前密西西比政治中心卡霍基亚(Cahokia)的雷米刻纹罐(Ramey incised jar),研究聚焦于这类特殊陶器的象征意义。他们首先指出,虽然这种物体象征的完整史前文化意义已不可考,但特定设计元素组合方式的同质性使得社会背景分析成为可能,故否定了此前研究将这些器物视为等级地位的视觉呈现或愚民政策的结论,转而强调雷米刻纹陶罐在集体农业"强化仪式"中为大众可见、可理解的象征意义。波克

---

① 关于沃什伯恩对上吉拉地区陶器设计的研究,请参考她 1977 年的专著;她对查科现象中陶器对称性的研究,请参见 Dorothy K. Washburn, Pattern Symmetries of the Chaco Phenomenon, *American Antiquity*, 2011,76(2), pp. 252-284.

泰和埃莫森从单个设计主题和陶罐整体这两个层级解读其象征意义,并最终将两者结合,呈现出贵族-平民间的社会意识形态话语——这种用于"强化仪式"的贵族资助的产品传递给平民直白而本质的信息:贵族是平民和宇宙之间的中间人,宇宙的稳定掌握在贵族手中。

波克泰和埃莫森首先概述了贵族意识形态通过物质和非物质的象征手法进行表达的理论基础,表明了象征意义的图像学或背景研究作为考古学家理解意识形态的一种方法是具有可行性的。继而,他们介绍了卡霍基亚及其周边地区的地理位置和社会背景,并着重阐述了其显著的等级性。贵族的社会领导权主要基于慷慨的赠与,包括定期的食物再分配,与之相伴的是容器的离心向分配。雷米刻纹陶罐正是这种由少数陶工限定生产的、用于贵族举办仪式的神圣器皿,波克泰和埃莫森详述了证实这一观点的四方面考古证据:(1)相对于其他实用器制作考究,黏土和形态具有标准化的特征;(2)设计简单鲜明,十分显见;(3)风格上并无先例;(4)相对稀少但广布于当地的主要生产聚落。他们进一步研究了雷米刻纹陶罐的大小、破损程度、与遗址等级和分布的关系,发现雷米刻纹陶罐呈现由贵族到非贵族地区的散布模式,并表现出功能世俗化的趋势,由此推断出,这类陶器的分布无疑与密西西比河流域的政治集中化和更广泛的贵族交换网络有关。

波克泰和埃莫森基于北美中部和东部原住民文化传统中宇宙主题的民族志记录和此前的雷米主题考古学证据,对雷米主题的象征意义进行了解读。他们先根据主题分析识别了中心元素和附属元素两类主要元素,前者是围绕节点呈辐射、旋转或旋涡状的图案,后者是填充中心元素之间的不存在节点或节点不明显的图案,此外还有少数脱离设计结构的主题。北美原住民具有"上界"和"下界"二分的宇宙观,上界(Upper World)代表秩序和可预期性,下界(Under World)代表无秩序和变化,此界(This World)则介于两者之间。雷米图案母题的中心元素既可表达上界的相关主题,如太阳、火、宇宙中心等,也可表达下界的相关主题,如蛇形;附属元素主要是弧、V形线条、与之关联的射线,以及这些图案的层级嵌套,它们可能与太阳、火有关,也可能象征天空穹顶和分层宇宙以及相关自然现象。然而,符号具有多指向性、转喻和多种含义的特性,其含义往往是混合的,因此波克泰和埃莫森提出,尽管中心元素和附属元素可能各具意义,但装饰主题或许从属于更高级别的意义。

他们认为这种更高级别的图像组合将陶罐颈部内斜的口沿视作环形的整体装饰区，它分为四部分，每部分包括一个中心元素或多层附属元素，总体呈旋转对称，体现连续旋转运动的感觉。这种四分空间及中心点的象征意义在当地早已有之，且出现于生活的各个方面。

以装饰主题分析为基础，波克泰和埃莫森继而将陶罐整体作为宇宙的象征进行分析。从俯视视角可见的内斜口沿的环形装饰区被视为与男性相关的上界的象征，罐中的物体则与和女性相关的下界相关联，取用物品需要穿过上下界的接合点，即中心点，这一行为与下界发生关系，并必须经过上界，即调节使用者与宇宙秩序的关系。雷米刻纹陶罐作为贵族资助的产品，其本身形态及图像就将贵族与宇宙秩序相关联，而其在强化仪式上的使用及随后的分配和家庭实用化，提醒着平民上界与下界、男性与女性、贵族与平民的二分，这种重复的象征性表达正是再现政治权威的必要条件。

当然这种意识形态并非静态的、单维度的。不久，装饰碗就在中心化的仪式中取代了雷米刻纹陶罐，容器上的装饰也由四分的图像变化为明确的太阳象征图像，器物形态和装饰的变化很可能表明了强化仪式以及相关意识形态的变化。这可能意味着远离平民的贵族阶层内部存在系统性的对话。那么，在平民中表达主要意识形态的雷米刻纹陶罐，则有可能并不是贵族间联盟和交换网络的重要组成。

总而言之，波克泰和埃莫森认为雷米刻纹陶罐充满了秩序性、等级性和宗教性的符号，是贵族将其对宇宙的解释传达给平民的一种有效的物质表现。它在仪式上不仅是食物再分配的工具，也同时散布贵族的思想，即便只是在平民对它们的使用中，也能呈现贵族作为宇宙力量调和者的生动暗喻。文章认为这有助于了解密西西比河流域政治意识形态的变迁。卡霍基亚作为政治中心，其政治组织的规模和区域影响力在很大程度上是由于这种政治意识形态的成功，因此，这也能帮助理解长期发展过程中卡霍基亚及其附近政治组织的出现与瓦解。

波克泰和埃莫森的研究整合了陶器形态和装饰的象征意义，深入解读了密西西比河流域政治中心卡霍基亚的仪式中使用器具体现出的二分式的统治意识形态，这种意识形态通过器具在仪式后的传播成为信息的传递媒介，并且，他们还结合特殊仪式性器类的空间分布与历史变迁，尝试透析意识形态背后的阶级群体之间的交流与变迁。

(二)鲍泽对陶器风格与政治身份表达的民族学研究

近年来在考古学陶器研究的理论发展中,常常将日用陶器作为政治归属的标志和衡量广泛社会政治变化的指标,然而布伦达·鲍泽(Brenda J. Bowser)指出,在大多数社会中家庭陶器生产是妇女的领域,而政治活动则被认为是男性的领域,没有理论模型将家庭陶器与妇女的政治行为联系起来。由此,她通过对厄瓜多尔亚马孙地区科南博(Conambo)社群的民族学研究,试图在家庭陶器风格与妇女有动机的政治行为之间建立关联,她认为妇女是主动的政治参与者,而家庭陶器风格可以为重建鲜活的政治结构提供有用的信息。

回顾考古学风格理论的发展历程,沃布斯特曾明确提出社会群体成员之间的风格交流不会发生在小规模社会的近亲、朋友之间或家庭之内,因为他认为在这种密切关系中使用风格进行交流是浪费而低效的,从可见性角度,他认为具有政治目的性的象征符号应当出现在公共场所而非私人场所。萨基特随后通过定义和区分风格类型的"被动"和"主动"对沃布斯特的观点提出了挑战,他认为大多数风格所传达的象征意义都是被动的、无意识的。今天的人类学家则更多采用一个中间立场,即认为这种主动和被动、有意识和无意识的严格二分法,过度简化了人们学习、感知和模仿的能力,操纵社会身份的符号线索是非常复杂的过程,对于公共和家庭的简单区分受到质疑,但沃布斯特对于家庭情境下风格的论点影响犹存,如家庭陶器的低可见性、制作过程的被动学习,以及其不太可能在政治领域具有象征性交流作用。鲍泽显然对这些观点并不赞同。

接下来,鲍泽介绍了科南博社群的民族学背景。科南博位于亚马孙的低地热带雨林中,是一个存在政治派系主义和种族差异的约200人的小规模社群,包含阿丘阿尔(Achuar)和基丘亚(Quichua)两个基于语言区分的族群。社群的生计基于临时性田地种植、捕鱼、狩猎和采集,根据性别分工,男性主要负责狩猎,女性主要负责种植,每位成年女性都种植自己的园地,但所有工作也都是由夫妻共同完成的。饮食中的大部分热量来自甜木薯(sweet manioc),它们也被加工为吉开酒(chicha)装在由女性制成的装饰陶碗中作为饮品。科南博的政治组织是平等主义的,没有制度化的权威,政治决策是通过艰苦的协商过程达成的,男性和女性都参与这一过程并将之作为一项日常职业和责任,当然男性在达成决定中起到关键作用。居住在社区中心上游的阿丘阿尔和下游的基丘亚的是两个对立的政治派系,虽然都以种族命名,但在冲突后的婚姻和政治重组下,两者在种族上是混合的,人们也对于种族和政治派别有着明确的区分。

科南博的陶器是小规模非专业化的家庭生产传统,且没有受到任何的市场影响。时至今日,仍有两类陶器在生活中起到重要作用——用于储存和发酵木薯酒的大陶罐,以及用于饮酒的多彩吉开酒碗(polychrome chicha bowl),前者的制作需要特殊的专业知识,大多数女性只有在结婚后几年才学会制作,后者则是每一位成年女性都会制作的。女性一般从母亲处习得陶器制作的方法,并不断地通过各种途径进行新的学习,她们会因制作和绘画吉开酒碗方面的卓越表现而受到尊重,绘制酒碗的能力也是女性向适婚年龄过渡的标志。陶碗上的装饰设计是女性梦境和精神知识的象征性表达,其上关于女性身份的关键符号使得女性为男性端上吉开酒的行为起到了强化男女二元对立互补世界观的作用。陶碗装饰体现出女性个体化的自我表达,同时也可以用于表达对人际关系的不满,以及在政治方面实现传递信息、发泄不满、讨论问题或缓慢逐渐建立共识的功能。

在谋求利益与解决冲突的政治进程中,科南博的男性和女性在各自的政治领域中积极参与并发挥作用,而两性的两个领域又互相关联与融合。在以男性为主导的正式交往中,女性使用吉开酒碗招待丈夫与重要的男性客人,其他人则用未装饰的葫芦碗招待,这是一种高度程式化的社交仪式。根据端上吉开酒的顺序、时间、容器类型,向来访者公开地表达社会距离、地位和政治立场,主客两方的女性倾听男性的对话,而女性的对话发生在只有女性的日常非正式访问中,她们的意见与得到的信息又在家庭环境中传递给男性。女性制作的家用陶器并不像理论所述的那样可见度十分低,在政治活动每天都在发生的科南博,人们也每天都有机会看到其他家庭制作和使用的家用陶器——公共环境与私人环境、政治环境与家庭环境是密不可分的,每位妇女每天都用她的吉开酒碗连接这些领域。

鲍泽继而对陶器的各个方面与政治活动的关联性进行分析,相较之下陶工的种族身份在装饰绘画中的表现并不那么强烈。吉开酒碗的40个样本覆盖了当时酒碗总量的60%，它们都由陶工为家庭使用而制作，覆盖了25户人家中的21户以及35名陶工中的30位。鲍泽使用似然比卡方检验应对风格的标称变量，来衡量它与政治派别和族属认同的关联性，而对于标量变量（scalar variables）则采用 t 检验来确定测量值之间的差异，以此比较阿丘阿尔碗和基丘亚碗背后的政治派别和陶工的族属身份。第一，在形制方面，样本同一类别均为相同的功能与尺寸，包括普通、高足和葫芦形三种形式，但后两者样本数极少，因此在三种形式出现频率和陶碗口径与高度上，都没有统计学上的显著差异。第二，鲍泽采用了沃什伯恩和克罗（D. W. Crowe）的符号系统对陶碗内外的主要涉及领域进行了对称性分析，发现种族与对称性的关系不明显，但政治归属则与之显著相关，基丘亚联盟的女性更多地在碗内使用 pmm2、pma2 和不规则的对称模式，而阿丘阿尔联盟的女性则使用 pm11 和二维图案为多。第三，她分析了陶碗是否存在内外上下各两条的装饰边界线（framing lines），统计表明，碗内下部的边界线与政治派别和种族相关性强，但与前者关联更大，基丘亚联盟和种族常绘制这条边界线，而阿丘阿尔联盟和种族则相反；而碗外下部的边界线仅与政治派别相关性强，这条边界线的存在与基丘亚政治联盟关联密切，而阿丘阿尔联盟则常常不绘制。第四，线条宽度在政治派别与种族之间都没有明显差异。第五；在分析多个颜色变量后，发现陶碗内部主要设计元素的颜色与政治派别显著相关，基丘亚联盟倾向于绘制白色的主要设计元素，而阿丘阿尔联盟更多地使用黑色。第六，通过对样本上发现的80多个设计元素的分析，其中"点"这一元素的高频出现使之能够与标称变量结合分析，结果发现碗内上部装饰区的点与政治派别显著相关，基丘亚联盟更多地采用这种装饰。这些数据一致表明，女性会根据自身积极的政治派别来调整吉开酒碗的风格。在与风格相关的变量中，五个与陶工的政治身份显著相关，而仅有一个与民族身份显著相关，但同时它与政治身份的关联更为密切。

鲍泽开展了一项测试进一步证实，科南博女性能准确地从其他女性制作的陶器中感知到政治差异的线索，并且这包括了两个派系之间以及各自派系内部的政治差异。在这项测试中，她让28名科南博女性分别判断33个吉开酒碗是基丘亚还是阿丘阿尔碗，并没有给出是以政治派别还是种族标准进行判断。在判断中,无论从政治派别方面还是种族方面,受访者的判断准确率都显著高于偶然猜测,但对政治身份的判断准确率明显高于根据种族的判断准确率,这种差异体现在受访者往往将阿丘阿尔联盟中基丘亚族女性的产品判断为阿丘阿尔风格,而将基丘亚联盟中阿丘阿尔女性的产品判断为基丘亚风格,可见女性能够从陶器风格中更强烈地感知到关于政治派别的暗示。此外,数据也显示,她们在识别对立政治成员产品上的准确率显著高于识别己方的,表明她们能更准确地发现"差异性"的迹象。具体到陶碗的生产者,研究表明建立了牢固的跨联盟关系的陶工所制作的陶碗常被同派别的女性识别为对立方的,而主要与自己派别女性共享政治网络的陶工所制作的陶碗往往能被准确识别,也就是说每个派系的女性都能够对模糊的政治态度迹象做出细微的区分。鲍泽通过统计学方法进一步量化计算了每两位女性之间的联盟强度,以及每位女性的组内联盟相似性和组外联盟相似性,组内相似性与本阵营对其陶器的识别准确率存在显著的正相关关系,而组外联盟相似性则与之明显呈负相关,但组外和组内相似性与对立阵营对其的识别准确率都没有显著的相关性,这意味着与对方建立更密切关系的女性也不会制作更贴近于对立方的风格。但这些制作模糊风格的陶工在识别其他产品归属的准确性上也没有显著的差别,她们能够理解两种风格的区别,也就是说在实践意识层面,她们所表达的差异性是有意的。

各种各样的风格定义是一系列的概念性规则,如在文化上受到限制的功能等效替代方案中的选择、由"习得性倾向"(learned dispositions)所指导、一种个人交流社会身份的方法等。鲍泽认为这些定义或方法并非互相排斥的,科南博的陶器风格就是多义的(multivocal),其含义可以从不同的角度进行理解,她的民族考古学研究一方面考察了陶器的风格等各方面特征与女性政治身份表达之间的关系,另一方面又通过采访证实了女性能够准确感知到这些政治联系。而从另一个角度来看,也有人认为行为体交流的目的是说服、影响和操纵受众,而后者则发展出抵抗操纵的策略,因此风格行为正如其他象征性行为一样是主动的社会策略,是社会身份协商中一系列操纵之下的规则和一系列需要做出的选择。就行为体个人而言,可以通过表达对群体的归属感创造积极的自我形象,可以通过对立身份象征无声地表达对主导群体的反抗,也可以将群体身份传达给社会距离较远的成员以建立互动的基础。这些表达都主要侧重于群体之间的差异而非群体内部的差异,当然,鲍泽也指出特别在不断变化的政治格局中,仔细考察一致性和差异性是有所助益的。在小规模平等主义的社会中,政治由共识所驱动(consensus-driven),联盟是不稳定的,陶器虽然在家庭情境中生产与使用,但公共和家庭情境并没有很大的区分,由此,通过陶器装饰向相同派系的其他成员展示强力的、明确的政治立场并表达联盟的意愿是很重要的;同时,跨派系的联盟与模糊的政治态度也是一种利益与风险并存的积极政治策略。

三、多维度风格观下的讨论

风格研究日益秉持一种多面向、多维度的风格观,与之共同发展的是应用多种分析方法开展的研究,并对应于多方面的阐释。这种多维度的含义是非常丰富的,一方面,风格不再被视作一种单位或整体,研究者开始研究风格的多个方面、多种类型,并将它们整合起来互相印证,从而理解风格的成分与变化;另一方面,研究往往在具体的社会情境下,判断各项装饰变异性与相关社会情况的对应关系,由此得出适应于这一独特研究对象的整体性的结论,而不再使用一套放之四海而皆准的理论或阐释方式。

(一)普洛格根据各类风格定义对美国西南部陶器风格研究的反思

普洛格回顾了风格研究的发展历程,指出对风格的强调最初是出于搭建空间和时间框架的需要,而这类早期研究对风格为何变化的问题往往研究得并不充分,后期的研究则以各种分析方法关注风格与各类社会关系之关联,极大增加了对风格变异的解释范畴,然而对于风格、类型学和年代学的关系则不甚关注。由此,普洛格参照了萨基特和维斯纳在交换意见中得出的三类风格变异的概念,即等性变异、象征性(symbolic)变异和图像学(iconological)变异,探索这种较新的理论视角对于史前美国西南部的社会关系、年代学构建和文化变迁阐释的新启示。

萨基特和维斯纳关于风格类型的讨论在理论上区分了等性变异、象征性变异和图像学变异这三种风格类型或风格的三个方面。等性变异是由"通过机械学习和模仿而养成,并不加思索地施行"的行为所产生的变异。象征性变异是具有一种行为基础的变异,这种行为即是人类通过风格和社会比较进行个人和社会认同的基本认知过程。在这个过程中,人们将自己制作和装饰工艺品的方式与他人的方式进行比较,然后模仿、区分、忽略或以某种方式评论制作者或持有者的各个方面与自己的社会和个人身份的关系。因此,象征性变异"表现出了关于相似性和差异性的信息,可以帮助重现、改变、破坏或创造社会关系"。图像学变异则是象征性变异中一种更特殊的情况,其中风格上的表现与某些口头陈述相符合,包含着针对特定目标人群明确的、有目的和有意识的信息。萨基特和维斯纳强调这些理论并不是互斥的,在不同研究对象、不同时段中,它们或许能够各自解释风格变异的某些方面,这是一种多变量的视角。

在美国西南部,陶器绘图的风格变异性分析是描述、解释和检验史前历史的主要方法之一,这包括特定设计属性作为纪年指标,以及根据装饰模式理解普韦布洛的社会组织。传统的各项风格分析导向了对这一区域史前史的相对标准化的考古学解释框架:文化历史重建大多认为社会群体在很大程度上是平等主义的,过去的1000—1500年内在农业为主、采集狩猎为辅的生业经济的良好适应性下,文化群体保持着稳定而持久的系统,仅有极少数环境剧烈变化的特殊情况被认为打破了这种适应的稳定性。例如用于描述文化变化的主要阶段的佩科斯(Pecos)分类系统,就包括了长达200年的时段,即便是通过小区域的细致研究得出的时间框架也通常基于75—100年时长的阶段,并且大多数解释认为各个群体所接触的自然和文化环境空间很小,区域内也几乎没有大规模的人口流动。普洛格指出,尽管对上述标准化阐释存在一定的分歧,但目前是时候彻底对其进行修正并重新评估文化重建的基础了。史前美西南标准化解释模型存在的问题之一就来自对风格变异性相关理论及研究方法的使用,这些问题涉及对风格的理论解释和描述风格变异的方法,普洛格主要聚焦于风格变异研究方法;同时他也更关注风格作为纪年索引的功能,因为在了解风格随时间变化的轨迹信息之前,无法充分理解其与社会政治的关系。

美国西南部的史前纪年极大地依赖于陶器类型学中的装饰性风格变异。将一件人工制品归于已知类型是基于其存在一套标志性设计特征中的一个或多个元素,而当陶器组合被归类为各种类型后,将这个遗址分配到一个特定阶段则在一定程度上是主观的，这种分配基于一个遗址所有类型陶器的相对频率与理想化陶器群的相似程度，所谓理想化的陶器群即已经被树轮年代所证明为各时间阶段的特点。由于绝大多数遗址都利用陶器纪年，我们对于该地区社会政治关系模式、生计或文化变化等各方面的了解是压倒性地由传统年代学方法塑造的，其中存在的一个重要问题就在于用以定义类型的特征性、多元素的设计属性之中元素之间的共变程度。尽管存在共变组合的案例，但更多情况表明属性之间的共变性很低，而属于同一类型的器物之间的差异很大。也就是说，定义陶器风格的特征属性之间的高度共变从未得到证实，而大多数用于判断年代的都是仅含有一两个特征属性的陶片，因而被定义为同一类型的陶片可能差异很大，从而导致纪年准确性下降。

此外，最近关于风格变异模式的讨论表明，属性的强烈共变不一定是考古记录中持久的必然组成部分。根据维斯纳对等性变异和象征性变异的区分，等性变异围绕着一个标准化的平均类型，其变异来源于功能需求、材料、社会设定的标准等，且等性工序除了面临内部的或强加的技术变化以外，都是相对稳定的，不一定会受到社会交流模式改变的影响。因此当以等性变异定义类型时，这些类型是相对清晰的，因为围绕一个标准，它的属性之间有很强的关联，且具有时间上的稳定性。而具有象征性的陶器装饰特征则是不断更新的、现时的、动态的社会关系体现，风格变化的模式会受到更多实时因素的影响，因此象征性行为产生的装饰模式是相对不稳定的，也不太可能表现出把类型特征化的一致关联模式。由此，严格的陶器类型学在某些时段会比另一些时段更为有效，在这种情况下，在重建该地区文化变迁上起到根本性作用的陶器类型学可能会导致理解上的严重错误，因而必须考虑这些类型的有效性。

在具体案例中，普洛格主要关注公元800—1150年间亚利桑那州东北部凯恩塔（Kayenta）安纳萨奇区布莱克方山（Black Mesa）北部的陶器风格序列，最初是卡纳阿（Kana-a）白底黑彩风格最多，后被布莱克方山白底黑彩风格替代，后者在1000—1075年间的发展有限，而后至1130年为止最为流行，序列的最后以同时出现的索西（Sosi）白底黑彩风格和多戈斯吉（Dogoszhi）白底黑彩风格为特征。总体上，在公元900—1000年后，广泛分布的早期风格被区域限制性分布的装饰性特征所取代，最初的解释与萨基特和维斯纳的等性理论

(isochrestic theory)相一致,认为风格分布的变化标志着不同文化定居地范围的变化。而最近的研究中,装饰性变化的某些方面则被认为可能是象征性或图像学的,即900—1000年左右,随着社会网络规模减小,社会内部更为密集和形式化,风格空间分布的变化被认为可能是由于装饰变异性开始发挥越来越重要的象征作用。

于是,普洛格结合布莱克方山北部地区大规模发掘得到的大量树轮纪年数据,来检验风格差异模式对我们理解其他断代数据和这个地区文化变迁的影响。研究包括对分级分类系统下几个单独属性在750—1150年间历时性变化的统计,以探究由这些属性所定义的陶器类型是否适用于精确到短期的遗址纪年。同时,为了理解装饰图案在象征性或图像性方面的意义,根据维斯纳的论述,这一案例关注最为相关的三种信息:(1)装饰图案的稳定性;(2)风格传统的特征性装饰属性之间的关联程度;(3)特定装饰特征与特定社会群体或宗教活动相关结构或特征之间的关联程度。

第一,在设计变化速率方面,根据维斯纳的理论,如果公元900—1000年之后装饰变异性更具象征意义而非等性变异,那么各类设计属性出现频率的变化性将加大。本案例中的数据显示,随着时间发生规律性变化的那些属性,在1000—1050年前后其变化率发生明显的增加,总体上,属性出现频率在公元1000年以后比此前更不稳定。变化率增加的部分原因可能是区域内的人口变化,正如格雷夫斯在对卡林阿陶器的分析中指出的,出生率是影响设计变化的重要因素,而随这一因素变化的属性是那些位于较低设计层级中的属性。但在本案例中,设计变化率的增加比人口增长率更具持续性,这表明设计属性的更高变化率来自装饰图案更具象征性所导致的设计不稳定性。

第二,属性关联程度也发生了显著变化,这可以在上述各类白底黑彩类型的特征化属性中清楚地看出。卡纳阿白底黑彩、多戈斯吉白底黑彩的标志性特征属性之间的关联性远高于布莱克方山白底黑彩和索西白底黑彩风格。此外,属性之间的共变模式表明,在公元1000年后,除了多戈斯吉白底黑彩以外的风格不仅是装饰传统变得更不稳定,属性间的关联程度也急剧下降。属性之间共变关联性的下降再次证明了装饰特征的变化越来越多是象征性的而非等性的,然而多戈斯吉白底黑彩风格属性之间的共变模式偏离了这种情况。

第三，关于装饰特征的情境，在世界范围内早有在神圣环境中象征着宗教或意识形态概念的艺术风格之先例，这些风格可能与较高地位的个人有关。而多戈斯吉白底黑彩风格的特征属性之间更高的共变率，可能正是因为这种风格起到了图像学的作用。如上文所述，社会关系的动态性质往往导致相关风格属性的共变率较低，但如果风格具有图像性（iconographic）意义，包含着针对特定目标人群的明确、有目的、有意识的信息，那么风格的呈现就会变得冗余。并且，在更稳定、更大的社会系统中，风格的稳定性更高。回到本案例，随着美国西南地区北部人口的增加，更紧凑的社交网络催生了联系或联盟，多戈斯吉白底黑彩风格陶器在有仪式场所遗址的发现率是没有仪式场所遗址的两倍，且后者中的发现率还随着时间而下降。多戈斯吉白底黑彩风格陶器的分布情况与特征属性的高共变率都表明，它可能与交换或联盟的仪式情境相关。

第四，普洛格从年代学和社会系统规模两方面总结了上述研究的意义。在年代学方面，研究证明传统陶器风格纪年方法存在的问题会造成年代判断的错误，模糊文化变迁模式。他认为本研究中采用的方法，利用特定设计属性变化的高度模式化性质，有可能获得更为准确的年代，换句话说，应该把研究建立在对单个设计属性的分析，而不是陶器类型的属性群上。采用树轮纪年方法检验多元回归分析的年代预测研究表明，后者不仅可以将没有独立测年数据的遗址按年代学顺序排列，还可以计算出每个遗址的实际占据年代的估计值，从而实现"绝对序列"（absolute seriation）的目标。与基于各阶段的人口估计相结合，相对序列（relative seriation）技术把曲线变得更为平滑，掩盖短期的人口波动，并导致对人口参数估算的不准确。用这种方法对美西南开展研究，修正了该地区的人口变化轨迹。与传统的看法大相径庭的是，区域内人口变化和波动显著，增长率并不恒定，人口增长和衰退时期与环境波动的相关性较低。这些新认识显然并不支持将文化变化主要解释为对环境波动反应的简单化研究。在社会系统方面，将风格特征分布的日趋局限性和交换网络的收缩现象相结合，普洛格指出，该地区随着总体人口水平趋于上升、流动性下降和农业集约化程度提高，发展出更紧密整合的地方网络作为减少生产风险和集中资源的机制，各方面的社会关系都随之发生了变化。同时，根据海葛蒙对布莱克方山白陶的分析，这一时期风格属性的变异性加强，她提出这可能是与社会网络改变相关的风格符号化的结果,这一观点与当地人口激增、贸易集中化和上文提及的设计风格更具象征意义的结论相一致。随着通过长途贸易建立的社会交往的减少,在相对广泛的区域建立起不同类型的社会纽带可能导致了风格多样性的增加。布莱克方山地区遗址内风格多样性与非本地原料多样性之间的强烈反比关系支持这一论点,因此,在一些机制加强区域整合、增进对附近原料的使用并减少原料多样性的同时,也有其他机制在广泛的地理区域内建立起一些社会联系或联盟,各种装饰特征正好象征着这些日益多样化的联系。总之,风格证据所体现出的广泛区域联系和进入这一地区的大量移民人口都促使对布莱克方山地区与周边地区关联机制的进一步研究,这也是普洛格对将各类风格定义的框架应用于更广泛研究视角的展望。

(二) 布劳恩从特定情境中的多个社会因素探讨装饰变异性原因

布劳恩通过考察公元前200年至公元600年间美国中西部伍德兰期[①]中段家用陶器装饰的变迁,集中探讨了两个表面上浅显易懂的问题:第一,为什么人们会装饰家用陶器?其含义在于探究为什么家用陶器会成为社会交流的媒介。第二,为什么它们的装饰程度会发生改变?他着重考量了变异和变化的可能原因,并指出这个问题不存在跨文化的规律,因此他批评风格研究中各学派诸如社会互动、信息交流、后过程等标签,认为每个学派都专注于风格变化的单一原因,而否认或淡化其他学派关注的首要原因的重要性。他认为考古学概念只能列出一些可能原因的清单作为出发点,而考古学者必须根据具体的考古学数据,确定究竟是哪些原因适用于某个独特的历史文化环境,并评估这些解释的合理性。

布劳恩首先对研究对象进行了限定与阐释,他考察普通而具有实用性的家用陶器的制造和装饰,并关注在本地单位内制作和使用的陶器,这种情况下工匠能够直接对使用者的反馈做出反应,同时也限于在装饰活动不受到权威控制或强迫的小规模社区内。此外,他还阐述了关键定义,将装饰定义为

[①] 伍德兰期(Woodland Period)指美国中东部地区公元前1000年至公元1000年古代印第安人文化的阶段。

陶器的任何"非必要的"制造特征，即超出陶器作为物理工具所需的特征，因此装饰变化是一种特殊的风格性变化。他将装饰性构图视为装饰区域的安排，这种区域是等级化的，各自有特定的构图语法（grammar of composition），由此他认为装饰行为（decorative effort）的变异内容包括：存在的构图细节层次的数量、存在的区域大小或数量，或者用于填充装饰区域的构图单元大小或数量。

继而，布劳恩概述了目前已知的影响实用陶器装饰强度的潜在因素，他将之分为：影响这些陶器作为装饰媒介的物理适用性的机械条件、影响装饰实践代际延续的文化条件、影响物理上适合的媒介实际上是否会进行装饰性应用的社会和象征条件。第一，在机械条件方面，很多研究证明增添装饰并不会在容器构造上额外消耗时间和精力，但器皿的预期机械用途却会影响工匠的装饰决定，例如使用寿命长短、使用中的表面覆盖或破坏情况都会影响工匠对这一器皿是否适合装饰的认识。第二，在随机的风格漂变以外，迪兹对阿里卡拉（Arikara）陶器变化情况的解释表明，影响知识和技能代际传承的因素会在装饰性变异上产生作用。① 与器物使用相关的信仰变化也会影响家用器皿上关于特定信仰的象征，当然各器类中普遍性和局部性的装饰变异各自对应于不同层次的意识形态。第三，越来越多的研究注意到家庭工匠是主动的创新者，他们的装饰实践构成了与他人互动的一个重要部分。这种视觉手段在社会不确定性中使行为人有意识或无意识地影响或者得到社会认知，并以此衡量互动行为的选择。当这种影响较少，例如互动较少、互动环境中实物较少、社会紧张关系很少出现或者人们在这一情境中避免表达社会差异时，装饰活动就会较少发生。因此器皿的使用环境、在使用环境中的可见度以及所面临的社会关系，都会影响对其的装饰程度。最后，布劳恩仍然强调，这些因素都并非必然在特定的文化环境中发挥作用，因此他倡导使用尽可能多的独立证据如种类和来源对各种解释进行评估。

于是，布劳恩分两个阶段详细介绍了公元前 200 年至公元 600 年间伍德兰期美国中西部的社会变迁，并叙述了这段时期内陶器的制作技术变化和装

---

① 阿里卡拉，也称为萨尼什（Sahnish），卡多安（Caddoan）语系的北美平原印第安人。说卡多安语的民族的文化根源可以追溯到密西西比河谷下游的史前土堆建造者社会中。

饰变化。在社会情况方面,公元前200年至公元200年,当地人开始定居于较大的河谷、建立较大的定居点,并集中利用山谷中的资源开始了本地种子作物的种植。与此同时,人口增长,家庭向大型化发展,墓葬群出现,但没有证据表明家庭之间的差异,也没有出现特殊的村庄布局模式。后期个别墓葬的差异化现象和特殊材料与产品的流通皆达到高峰,但其中的差异化现象并不表明社会等级制度或正式象征性权威的形成,而是表现了成年男性开始取得社会支配地位和特权。至公元200—600年,大多数趋势仍然持续,定居地范围持续扩张,但一些方面出现了逆转,家庭平均房屋面积大幅下降,各类特殊材料和产品的生产流通下降,墓葬所体现的个人声望差异减少。布劳恩并不赞同在定居、耕种、人口增长的大趋势下,这时候的家庭、村落和社会组织向着社会关系简化、社会孤立性增加发展的推论。

在陶器制作技术方面,在公元前200年之前,该地区的人们大多制作无装饰的小型陶器,用途也极其有限。公元前200年以后,陶器遗存数量和大型器的发现表明陶器使用增加。几乎所有的家用陶器都是单一通用的敞口、微耸肩形制,是多用途的烹饪容器。主要的变化是器壁的厚薄,就中等口径容器而言,公元200年左右流行6.5 mm～7.5 mm的标准壁厚,在此后的三个世纪中,从6 mm～7 mm至9.5 mm的尝试不断进行,公元100—200年间基本再度统一为4.5 mm～5 mm的单一壁厚,至此壁厚的差异性明显减少,公元400年以后,厚壁陶器的制作完全停止。就较大的容器而言,最初壁厚与口径正相关,因此厚壁陶器也持续增加,到公元400年以后,两者的关联性消失了,这意味着伍德兰陶工发展出了减薄器壁的方法。这一变化与种子栽培的增加同步,由此制成的断奶食物很可能导致了生育率的同步提高。制作薄壁容器的技术包括羼和料和成型方法上的重要改变,这一套技术在公元100年左右作为一个整体进入伍德兰文化,它首先被用于非实用器,并随之扩展到了实用陶罐的制作上。

在陶器装饰方面,伍德兰陶器的装饰基本仅限于压印和刻划,在器物唇部和颈部形成环形装饰带,极少位于器物中部。布劳恩从两个方面讨论了装饰变化,分别是单个装饰元素的技术种类和数量,以及整体设计模式的种类和数量。

在单个设计元素方面,伍德兰陶器常常以装饰印痕(decorative stamps)

分类,几乎每个地方都可以发现所有类型的印痕,但各地的首选偏好是不同的,多村落的集群据此被分为微风格区(microstyle zones),在压印元素演变的进程中这些微风格区持续存在。从更宏观的视角来看,至公元 200—400 年为止,该地区存在两种宏风格(macrostyle),北部的哈瓦那风格(Havana style)和南部的克拉布奥查德风格(Crab Orchard style)使用不同的压印元素、不同的压印前器表准备方法。压印图案随着时间发生了三方面的变化:第一,不同压印元素在不同时期出现与流行,例如与霍普韦尔(Hopewell)风格相关的装饰元素在公元 100—200 年间始为常见,并在形式的逐渐变化中持续至公元 400 年或更晚;第二,压印元素的数量在前半段有所增加,而在后半段明显减少,公元 100—200 年间,使用的元素数量达到顶峰,至公元 400—600 年间缩减至仅剩一半;第三,微风格之间的差异性在公元 200 年前后逐渐消失,人们越来越多地使用霍普韦尔风格的装饰元素,至公元 300—400 年间,两种宏风格的独特性也消失了,压印元素和器表准备方法趋于统一。

相较于作为装饰手段的微观装饰元素,整体设计模式真正决定了装饰的视觉效果,每条装饰带包括器表纹理、压印元素、重复间隔等可选要素,决定着整体的设计构成。关于整体设计模式的变异性和变迁研究较少,但仍有两点可供讨论。第一,微风格的差异包含了整体设计的差异,微风格的消失也导致元素和设计两个构图层次上装饰差异性的下降。第二,装饰带的设计多样性、平均数量、宽度和内部复杂性都发生了变化,这些特征的发展在公元 100—200 年间达到顶峰,此后急剧下降。例如高峰时期,陶罐的装饰带可多达七条,各装饰带和各器物之间都有很大差异性,而至公元 400 年的陶罐通常仅有两条装饰带,且装饰稀疏,无论是装饰带之间、个体之间还是各个地点之间,差异性都很小。总而言之,包括元素数量、设计复杂程度、装饰面积在内,该地区的陶器装饰行为在公元前 200 至公元 200 年间有所增加,而在公元 200—600 年间显著减少,布劳恩于是评估社会各个方面与这些变化的关系,从而探讨究竟是什么因素导致了这些变化。

布劳恩依次探讨了定居程度、陶器制作方法、陶器使用、文化交流密切程度、仪式活动、家庭规模和组织等方面的变化与陶器装饰变化的关系,其中一些因素显然不能解释陶器装饰的总体变化趋势,而诸如仪式活动中更多用于墓葬环境、家庭规模变大、成分更为复杂的因素,则似乎与之相关,但同样不能独立地对装饰变化进行解释。布劳恩重点考虑了整个社会中装饰活动的普遍性,公元200年以后,装饰活动的同质化和衰退开始于霍普韦尔风格的迅速发展,霍普韦尔风格实际成为中部地区各种人工媒介所普遍使用的艺术风格,家用陶器只是其中一个组成部分。因此他提出,公元200年后装饰活动的变化与家用陶器本身的关系不大,而与核心社会信仰及其象征性表达的变化有关。从村落和区域两个层面来考虑,公元200年以前,装饰活动的增加是由于家庭成员寻求强调其他社会身份表达的增加,如在人口流动中更多的外来人口加入村落中的各个家庭,家庭规模扩大,个别家庭内部和村落内这些家庭之间的社会身份差异增加,工匠们认为这些差异化的身份值得表达,而无论在墓葬仪式、贸易还是在装饰活动中,人们越来越多地找到了强调社会差异的方法。而公元200年后,装饰同质性增加可能由于村落中外来者的社会差异减少,所表达的社会身份变化减少或者更加强调社会身份的相似性,村落内和村落间的社会关系朝着更加互相依存和流动性更低的方向变化,墓葬仪式、贸易、陶器装饰呈现出一种普遍的风格,可能受到一致的意识形态的影响。

总之,在公元200—400年之后,伍德兰人不再保持或不再使用陶器来表达他们集体景观之内的任何重要社会界限,决定性的变化是由核心社会信仰和实践的变化导致的,这些信仰和实践将整个地区内的家庭、村庄和整个多村落社群相互联系起来。布劳恩在伍德兰的案例中,全面地讨论了可能影响装饰活动的各个社会要素,并最终将装饰活动和社会互动联系起来。他认为这种当地普遍使用的陶器使研究者必须考虑在单个家庭内、村落家庭间和村落之间的成员互动,装饰变化的情况表明了家庭内部组织的演变,而这种演变是在整个地区内和村落之间的家庭互动模式变化的大背景下发生的,它首先揭示了伍德兰陶工在其家庭环境中所表达和可表达的社会身份差异的增减。最后布劳恩也强调,这个假设有待进一步评估,并且这种观点仅仅是在尝试解释伍德兰地区的独特情况。

本章对陶器风格研究的概述仅仅是简单涉及了其中的一小部分,而陶器风格也只是古代人工制品风格中的一类,陶器作为风格的媒介既与其他所有人工媒介存在共性,同时也因其作为日常家用盛食器的功能而独具特色。陶器风格的定义、研究方法与阐释理论日趋多样化,从简单的图案装饰到"技术风格"概念越来越受到重视,从粗糙的相对纪年工具到反映意识形态与身份表达,研究者们不断试图探寻哪些风格要素与人类社会的哪些方面存在关联。尽管通过跨文化研究寻求普世皆准的统一理论仍然是一些研究者的努力目标,但更多人开始从多维度的风格观出发,主张风格研究在特定社会情境中的独特性。

第八章

陶器的稳定性与变化

分辨陶器的差异或相似性往往是新石器考古学研究的第一步,但如何解释异同是考古学从诞生至今持续讨论的问题。实质上,物质文化的复杂多样可以分成两个维度来考虑——在空间维度上,是不同人群生活方式、文化、技术传统多样性的产物,本书前几章从多种角度展示了不同制陶传统与多种社会变量之间的关联;而在时间维度上,是物质文化历时性传承和变化的叠加结果。若要仔细解释后者,我们需要意识到,陶器的变化实质上是一系列制陶活动的产物,而制陶工匠与不同形态的生产组织在其中扮演核心角色——我们需要关注人是如何学习、选择和再创造物质文化的。制陶传统是如何确定和维持的?知识和技术如何通过学习过程世代传递?又在什么情景下会产生不同的表达?本章将首先拆解制陶技术学习和实践的过程,再分别讨论这些环节在长时段内为何变化或不变。

第一节 制陶学习与实践

学习过程是技术在一代代工匠间传递的关键节点。如果我们希望探索制陶技术的传承与变化,学习是首先要详细考虑的环节。大量民族志观察提示我们,不存在某种单一参数可以导致物质文化的异同。制陶技术和操作的传承过程包含许多参数,比如学习源的数量、学习的组织方式和目的、社会文化氛围甚至个人的性格与意愿,均会影响学习和后续生产实践的效果。我们首先需要区分各种学习环境,这往往与社会经济状况,以及手工业组织的不同形态有关。接下来,厘清制陶及相应的教学环节涉及的知识与概念也有助于我们了解技术学习的本质。手工业技术往往是需要实际操作的,工匠不只需要记忆知识,还要习惯一系列姿势和运动,在实践与合作中学习。在实践中,工匠不一定完全复制学到的模式,在离开学习环境后,陶工的生产在很大程度上与新环境的社会文化状况有关,我们可以在器物上发现陶工对实践情境变化的反映。

一、制陶学习

(一)制陶学习情境

手工业学习并不只是工匠间的技能复制,也并非只要工匠产生接触就会发生。实际上,这一过程中的许多变量均会影响工匠学习的具体形式,进而影响学习效果和后续的实践表现。这些变量包括学习者和教学者的性别、年龄、社会地位与财富、他们的社会关系,以及学习的原因,等等。

需要指出的是,在很大程度上,传统社会中的大多数学习都是通过观察、模仿和实践进行的,很少或根本没有形式上的指导,我们需要重点考虑学习者与指导者之间的互动。布莱恩·海登和奥布里·坎农(Aubrey Cannon)使用比较民族学的数据,将古代社会手工业学习模式总结为以下六种:(1)家庭中心模式(family-centered),其中核心家庭是工艺学习的主要来源,意味着核心家庭的高度自给自足;(2)集团模式(corporate),在这种模式下,合作密切的居民社区团体构成了工艺学习的主要场所;(3)亲属扩展模式(kin-extensive),学习可能发生在各种亲属或其他密切合作的家庭中,而这些家庭并不形成连贯的居住群体;(4)最小结构模式(minimally structured),在这种模式下,手工艺学习可以在一个社区内几乎随机的各种人之间发生;(5)正规学校教育模式(formal-schooling),手工艺学习是在专家的课堂上进行的;(6)专家模式(specialist),在这种模式下,家庭手工艺是由专家教授的,更多的技术性手工艺学习是向专家寻求的,并在学徒制的基础上获得。这六种模式是根据学习参与者之间的社会距离,以及个体在合作交往情境中所接触到学习源的数量来划分的[①],为我们在考古研究中理解学习行为提供了参考框架。下面将分别讨论这些学习模式,并考察每种模式会导致的单个社区内考古材料风格的差异化分布状况。

我们需要首先指出的是,在早期的、结构较为简单的社会中,几乎不存在我们熟悉的、现代意义上的"教学"。孩子们往往通过观察别人的操作,然后自己尝试同样的任务来学习。这种通过观察—模仿—实践的学习模式在灵长类动物行为学中有着深厚的根基,是非人类灵长类动物工具生产的特征,也可能是直到复杂社会出现之前最主要的学习方式。

1. 家庭中心模式

以往考古学家常常预设陶器的学习是发生在家庭中的,但实际上,完全在核心家庭中进行的手工艺学习或许才是特殊情况。在传统社会中,很少有核心家庭不需要其他家庭的频繁援助而独立生存。只有在高度的家庭经济独立和自给自足的情况下,内部学习才会占主导地位。在单个家庭极其自给自足的情况下,我们预计对外合作的强度较低,相应地,通过观察核心家庭以外的手工艺进行参观和学习的频率也较低。

在非工业社会中,有两种条件可能会导致这种独立程度:(1)农业潜力和技术非常发达,几乎每个人都能保证足够的生存资源;(2)社区中相对较高比例的人从事某种全职或兼职的专业工作(手工艺、贸易、有报酬的政治或宗教活动),在家庭作物歉收时能够可靠地作为换取资源的手段。在这种情况下,核心家庭中的高度学习可能会导致基于家庭的离散风格分布传统。由于家庭在经济上如此独立,我们不期望亲属家庭之间有高度的空间一致性,尽管手工艺风格可以作为合理的"标签"来识别近亲家庭成员的住所。

2. 集团模式

古代社会中往往会形成基于居住区的居民集团,也可能有相应的离散风格分布传统,特别是在住宅团体的层面上,以及在较小程度上单个家庭的层

[①] 不同学习模式下个体在合作交往情境中所接触到学习源的数量以及社会距离,不同学习模式下的社区内风格分布模式,以及不同社会群体对学习的贡献的理想化分布,参见 Brian Hayden and Aubrey Cannon, "Interaction Inferences in Archaeology and Learning Frameworks of the Maya", *Journal of Anthropological Archaeology*, 1984, 3(4), pp. 325-367, Figures 1, 2, 3。

面。由于众多家庭聚集成更大的群体，集团模式下的风格离散性有可能在空间上更加连贯而界限分明。在这种情况下，婚后留居的新成员所制造的工艺品或婚后学习的工艺品也被包括在内。然而，当居住社区集团发展到一定程度时，会出现一种倾向，将最大限度地增加成员之间的合作互动，并减少与非成员之间的合作互动。在这些条件下，会发展出一种使人遵守集团规范的社会压力，并影响到学习和工艺生产的风格分布模式，甚至对新接纳的居民也是如此。这创造了非常离散的学习库（learning pool），倾向于分别生产风格不同的手工艺产品。当居住社区集团只是适度发展，或者不足以表现出行政等级或明显的一致性时，似乎社区关系是由一个更广泛的团体成员网络共享的。在这些情况下，由此产生的互动和风格模式很可能类似于"亲属扩展模式"，尽管在技术上可能存在一个由骨干构成的合作团体。

考虑到这样一个群体的庞大规模和存在所隐含的合作，每个居住社区集团可能表现为自给自足的状态。虽然大量的手工艺学习无疑发生在核心家庭中，但延伸家庭和其他亲属居住在附近，加上强调居住社区集团内的合作工作，以及强调通过观察学习，可能会导致大多数手工艺学习在居住社区集团内呈现共性，而不是任何更小的社会单元。在这些条件下，由于工艺学习而产生的风格模式应该在居住社区集团内得到有力的发展，而居住区内的小传统应该是最容易感知的考古模式之一。我们认为，也正是在这些条件下，居住社区集团可能会做出具体努力，发展有助于区分不同群体成员的图案和风格，如使用独特的图腾、徽章和服装风格。

一些关于互动的民族志观察支持这一模式。卡马克（R. Carmack）的研究表明，中美洲贫民区是高度内生的，除了行政原因外，贫民区之间很少发生相互作用。在这些情况下，社区间往往在许多方面表现出风格上的差异。例如，根据德博的观察，在秘鲁亚马孙地区乌卡亚利盆地希皮博-科尼博土著社会中，一个陶工制作的图案与她的大院内其他陶工制作的图案高度相似。"大院"是一个通常由核心女性及其家庭组成的母系居住单位，因此似乎构成了一个设计传播和维护的纽带。大院是风格相似性的重要单位，同一定居点内不同的大院里的设计可能与来自不同定居点的设计一样不相似。类似地，北美易洛魁人长屋之间也存在一些风格差异。其他的民族志观察也提示我们，居住社区集团中很多学习是发生在大家庭里的。例如，在曼丹人

(Mandan)以母系为基础的小屋内,对年轻女性进行陶器制造和其他一般家庭手艺的培训虽然主要是生母的责任,但小屋内的所有高级妇女都会分享这一责任,她们也被称为母亲。高级男性同样为父亲对儿子的培训做出贡献。在这种类型的社会组织下,维护居住社区集团的风格传统可能被认为是一种义务。例如,当柯克奇(Kekchi)家庭形成合作联盟时,他们通过把房子建得近到几乎要贴在一起,并且改变他们的社会交往和经济一体化网络来显示他们的团结。

在考古学上,我们可以通过住宅长屋、紧密聚集的建筑物、独特的邻里关系或被住宅包围的独立土丘来寻找这种居住社区集团模式。

3. 亲属扩展模式

在没有形成居住社区集团的强大压力的情况下,互惠的经济、生活和劳动关系经常是沿着亲密的亲属关系和友谊线构建的。近亲常常被选为互助关系的对象,因为他们被认为是遭遇困境时最有同情心和最可靠的人。这些关系可能以中度至高度发展的世系或一夫多妻制家庭的方式形成,这些家庭可能表现出某种程度的居住一致性,也可能没有。尽管我们称这种模式为亲属扩展模式,但在现实中,邻居、朋友在许多这种互惠关系中往往同样重要。

这种模式可能会出现在多数定居和半定居社会中。在这些社会中,主要的居住单位是一个单一的或稍微扩大的家庭群体。农业往往提供了必要的经济独立程度,使大多数家庭能够相对自给自足,尽管仍会定期需要寻求他人的帮助。在资源极其丰富的地区,使用先进技术的狩猎采集者也可以在家庭层面上达到类似的独立程度,例如近东纳吐夫(Natufian)晚期的状态。这样的群体通常是半定居的,与一般的狩猎采集者相比,他们有更多的永久性社会纽带和更少的居住灵活性。在分层社会中,农民经常表现出这种程度的独立和合作。这种模式下的手工艺学习可能主要发生在核心家庭中,但人们也向近亲学习。近亲可能在不同时期居住在同一家庭,或至少与核心家庭的所有成员经常有亲密接触。

在民族学上,亲属扩展模式以美西南纳瓦霍人为例,根据学习者和教师的性别、成人有无时间以及对特定技能的熟悉程度,特定技能的培训可能来自父亲、母亲、祖父母、舅父或姨母。另一个例子是波利尼西亚蒂科皮恩人(Tikopian),他们的经济知识传播通常是在亲属关系的基础上,如果没有拥有技能的亲属,非亲属也可以教授技能。同样,在西非约鲁巴人(Yoruba)中,一个男孩的训练可能来自他自己的父亲、他父亲的兄弟、他自己的长兄,或者在不常见的情况下,来自他母亲家庭的父系成员。

鉴于这些因素倾向于将手工艺学习行为分散在核心家庭和父母双方的亲属网络中,社区内的风格分布模式可能比强化的居住社区集团或以家庭为中心的模式在性质上更加混合和同质化。显然,这种情况不利于根据社区内的风格变化对居住行为做出可靠的推断。

4. 最小结构模式

最小结构学习模式源自最广泛的合作互动,产生最随机的社区内风格分布。这些模式主要发生在社区内跨血统、家庭和其他社会单位的关系维护特别重要的条件下——这些条件往往在流动的、低生产力的狩猎采集者中最为明显,因为结成合作联盟是社区生存的关键。在一些酋长领地中,大量人口的政治/经济整合取决于建立强大的关系,这种关系制造跨越了家庭和世系的忠诚,至少在酋邦内较大的社区是如此。为了实现这种整合的社会机制,如澳大利亚西部沙漠原住民的区块划分系统,或者大多数狩猎采集者和酋邦特有的,家庭成员、物品和仪式职责的高频率访问和相互交换。在生产力有限的狩猎采集者社区和酋邦中,居住的灵活性可以加强跨越密切亲属关系的社会合作网络。在必须维持社区内广泛关系的群体中,经常发现的另一种机制是将年轻人隔离到单独的结构和工作小组中。这在狩猎采集者中很明显,未婚男子和妇女的营地在许多情况下占所有结构的 25%。

虽然在最小结构模式中,大量的手工艺学习无疑是在核心家庭的背景下进行的,但儿童与各种各样的成年人和同龄人有着密切的联系。各个群体在这种模式的学习框架中相互影响。一些民族学的例子说明,在这种模式下,除了核心家庭及其亲属网络之外,还有各种教学来源。在卡拉哈里昆人(!Kung)中,年轻女孩的教育被委托给与她们一起住在小屋中的老妇人。在汤加,尽管年轻人通常从自己的家庭成员、近亲或朋友那里学习经济技能,但有机会时他们可以从任何一个人那里学习特殊技能。在西太平洋特罗布里恩群岛,据说一半以上的教学是在一个孩子和另一个孩子之间进行的。

由于这种模式下教学源的多样性,家庭似乎并没有发挥出足够的教学作用,从而导致可区别于随机学习的风格模式,许多家庭会表现出社区中出现过的各种风格。在亲属扩展模式或最小结构学习模式占主导地位的地方，制作工艺品的人经常使用"社区风格总库"中的各种风格。当手工艺生产不是由全职专家完成时，这种变化性尤其明显。

5. 正规学校教育模式

正式的学校基本只出现在已有等级分化的社会中。直到工业革命之前，为家庭手工业设立的正规学校可能完全限于贵族阶层，尽管高度复杂的国家，如阿兹特克人，可能也为大多数战争等关键技能设立了学校。随着工业革命的到来，对所有阶层的人来说，能够在复杂的市场经济中充分运作并掌握一些技能变得越来越重要。因此，正规的学校教育已经变得越来越普遍。

由于专业化、交换和市场的增加，在这些较高的复杂程度上，家庭手工业生产已经很少。这些因素可能否定了在家庭工艺风格基础上确定互动模式的可行性。尽管如此，在学校教授的家庭手工艺制造确实发生的地方，它应该表现出相当同质化的特征，类似于最小结构模式。推而广之，可以说正规学校教育也反映了社区内社会融合的强烈需求。从历史上看，如果没有确定实际的学校，可以从公民建筑的规模和复杂性推断出家庭艺术方面的正规学校教育的存在。

6. 专家教学模式

随着劳动分工的日益分化和超出家庭需要的生产增加，手工艺学习可能变得更加正规，学习可能发生在家庭单元之外。正式的学徒制涉及用劳动力交换手工艺品的生产培训，它们通常与市场经济的生产有关。随着全职专家的出现，工艺学习的学习源数量有限。无论是在世袭的基础上、在学徒的条件下，还是在严格监督的工艺学校中学习工艺，学生的风格往往以一种狭窄的方式被引导，反映出他们所学的专家的风格。在这方面，专家家庭所表现出的风格应该是离散的和不同的。例如，在美西南祖尼人(Zuni)聚落，制陶是在一个相当正式的环境中教授的，不同的设计风格与不同的教师有着密切的联系。这与以家庭为中心的模式相同；然而，它与家庭中心模式不同的是，全职专家的工场或住所应该很容易被识别，因为他们有大量的工艺垃圾、专门的工具箱，而且他们在复杂的社会中出现。全职专业人员在简单社会中很少见，部分原因是在饥荒时期风险极大，也因为在压力时期几乎没有对个体家庭进行资源再分配的规定。

这一模型对我们理解非正式指导的手工业学习过程很有帮助。如果考古学家希望使用上述模型来假设任何史前情境中的手工艺学习和互动行为，他们应该尽量尝试确定研究社区的以下特征：社区中手工艺制造的频率；基于家庭需求的估计和个体家庭生产强度的证据，以近似事件/年为基础的制造频率；个体家庭的财富状况；社区的基本经济单位特征类型（即独立的核心家庭、世系、合作集团）；有利于核心家庭间相互依存的经济或其他生存因素；所研究社区的其他基本社会经济特征和要求（如阶级结构、市场制度、专业化程度、行会的存在、对原始贵重物品的需要）；是否有特殊的青年男女之家；手工艺制造者的性别等。

（二）制陶知识与概念

制作陶器有着繁多的步骤，每个步骤都需要合适的工具、材料、动作技能和知识，只有掌握了这些，工匠才能成功生产一件陶器。克朗详细论述了美西南普韦布洛陶工从采办黏土到烧制成功所掌握的细节。在收集材料阶段，陶工需要了解如何识别可加工的黏土、如何提取它、哪种类型的黏土最适合用于特定用途的陶器、在哪里找到以及如何提取它们、在哪里取水，以及如何将所有这些材料运回制造陶器的地方。陶工可以通过研磨、熟化、风选或去除黏土中的杂质来处理材料，然后以适当的比例混合这些材料，并随时判断混合物的可加工性和可塑性，适时加入混合黏土。此后，陶工需要在黏土变干之前使容器成型——这些步骤需要了解本文化常见容器形状和比例，以及感知或测量这些容器的各个参数。陶工需要学会识别器皿的干燥时间，以及如何抛光、施加陶衣、颜料或其他装饰——这种装饰需要了解文化上适当的设计模式，以及熟练掌握在三维表面绘制图案的能力。烧制阶段，陶工必须收集燃料，创建一个烧制区域或结构，并适当地控制升降温速率和氛围，以制成合适的陶器。在社会文化层面，陶工还必须了解与陶器相关的祈祷和仪式，遵守有关陶器生产的禁忌，并了解他们所采用的设计的象征、政治和意识形态意义。

本书前几章详细地解读过制陶操作链细节，但此处我们要讨论的并不是一系列的行为，而是这些需要进行的行为作为一种知识在陶工脑中的存在形式。希弗和斯基博将技术知识分为三个组成部分，即配方、教学框架和技科学，我们在理解制陶技术时可以参考这一框架。

配方（recipe）是将原材料加工成成品的基础规则，也是人工制品使用的基础规则。一个配方包括：原材料以及所使用的工具和设施的清单，对生产或使用活动中具体互动的描述，以及用于解决可能出现的问题的应急规则。那么，配方总结了技术知识，如果工匠或使用者拥有这些知识，就可以解释技术行为。任何试图通过研究配方来学习一种技术的人，无论是玻璃吹制还是高级烹饪，都能轻易地理解为什么大多数技术是通过明确的规则以外的方式从一个人传到另一个人的。因此，第二类知识体现在技术的教学框架中，它促进了技术的代际传承。

教学框架（teaching framework）由各种实践组成，其中可能包括模仿、口头指导、亲身示范，甚至通过试错进行自学。因为学习配方的必要条件是练习操作物品和材料，所以大多数教学框架都依赖于亲身体验，有时还需要口头指导。因此，技术的传授通常需要不断的实践和一个遵循传统、能够有效引导学习的大师。通过这个过程，教学框架传递了最无形的知识——技能或诀窍。除了语言和非语言教学的知识外，教学框架还可以涉及模型、记忆技巧、魔法、仪式、寓言、神话和传说等。这些附加信息为枯燥的技术细节提供了生动的叙事背景，从而增加了配方被正确学习并付诸实践的可能性。教学框架的最后一个要素是理由，即可能向初学者提供的关于某一特定技术过程为何如此的解释。答复的范围可以是类似于科学解释的详细技术注释，或者声称"这就是我们一直以来的做法"。简而言之，成功的技术包括完善的教学框架，这些框架与配方一起代代相传。

第三个知识组成部分是技术科学，即技术运作的基础科学原则。技术科学在现代科学体系下解释了为什么行动配方会导致预期的产品，以及为什么该产品一旦制成就能发挥其功能。在许多传统技术中，技术科学是隐含的。因此，一项技术的死亡往往也意味着其技术科学的死亡，因为后者没有任何记录。技术科学的原则是实验法则和理论，而对于前现代技术，这些原则必然是观察者基于现代科学构建起来的。对于具有社会或视觉表现意义的人工制品，也存在相应的社会科学和视觉表现科学的原则。

关于技术知识存在几个理论假设：蕴含在技术运作中的技术科学往往是不明确的；即使一项技术的技术科学的许多原则是明确的，个别工匠可能也无法阐明它们；当被问及为什么要进行某种特定的技术实践时，工匠通常会根据教学框架来回答；如果没有足够发达的现代科学，观察者就无法知道这样的回答是技术科学、原理还是神话。这些理论原则提示民族学和考古学者，在研究某项技术，特别是生成于前现代社会中的技术时，所有技术实践者提供的关于技术运作方式和原理的信息，都应该被视为可测试的假说。一项技术的技术科学内容应该通过对其应用现代科学原则来揭示。通常情况下，特别是在技术已经消亡的情况下，我们必须通过在受控条件下进行的考古学实验来了解它们。

希弗和斯基博等关注器物性能特征的行为考古学家认为，理解一项技术的技术科学是解释技术变革的前提，实验室方法作为考古推理参考被寄予了很大期望。本书前几章节已经介绍过许多基于物理、化学原理的制陶技术解读，这些技术科学知识有助于我们以客位视角理解某项技术何以完成特定的人类需求，对器物功能（或说性能）的维持或改进可能是技术长久维持或出现变动的原因之一。

除了关注技术科学，也有考古学者试图以主位视角解读陶工技术知识的存在形式。在给定技术的框架内，对陶工开放的替代方案是什么？陶工是否考虑了技术的"本质"？相对的是，元素是"可变的"吗？一种技术是否存在固有的"逻辑"？陶工在做决定时遵循什么样的逻辑程序？他认为有哪些风险和问题？哪些变更可以发生，哪些不能？为了回答这些问题，桑德尔·范·德莱乌（Sander E. van der Leeuw）将技术的实现拆解成三个方面——概念化、执行操作及工具，以及原材料。他对比了大量民族志资料，主张工匠所遵循的成型技术既不由现有的原材料决定，也不由工具决定，而是由工匠对自己制陶技术的概念化（conceptualizations）决定的。

1. 概念化

概念化意味着陶工概念里陶器的基本特征以及制作方式，主要涉及形状、组成部分和顺序三个方面。

形状结构（topology，也有拓扑学的意义）是陶工在处理形状时所采用的概念。一个形状是被视为"水平"的，还是"垂直"的？这个形状是否被视为球体、圆锥体或圆柱体的转变？这种转变是"拉伸"还是"压缩"的？什么是容器的"内部"，什么是"外部"，或者这两者没有区别？

概念化的另一个方面是,陶工对一件器皿组成部分(partonomy)的认识。例如,什么被认为是制作器皿的基本单元?用以盘筑的一圈圈泥条、用以拼合的两个或多个部分,还是被视作一个整体的器皿?在许多民族志案例中,泥条盘筑传统对形状有一个连续的概念,整个陶器被视为一个不可分割的实体,而轮制传统则是一个不连续的概念,器皿形状被视为由几个独立的部分组成。这或许能进一步联系到生产组织方式上来。比如在一个案例中,轮制技术是在一个车间里执行的,不同的陶工一起工作,器皿是由他们每个人制作的部件组装而成的,而执行泥条盘筑的陶工则对整个器皿负责,在一个连续的过程中制作它。不过,在更细致的观察中,看似整体化的泥条盘筑可能也有对组成部分的概念。例如班图(Bantu)陶器也是泥条盘筑制作,但其术语和制造顺序非常清楚地表明,陶工至少区分了三个部分:肩、颈-孔-唇和底部。对于多片拼合的模制陶器来说这一概念格外明显——墨西哥传统制陶业高度依赖模制,他们将容器视为垂直切开的两半,这允许陶工使用十分复杂的模具,能够实现一些其他方法无法达成的效果,而这些模具被认为是不可再拆分的。

概念化的第三个方面是陶器的制作顺序(sequence)——自下而上、自上而下、垂直对半等。任何复杂的制陶程序都意味着工匠有一个实时策略,以连贯的方式整合大量步骤。通常,这样的顺序是相当固定的,开发不同的顺序来实现相同的目标是很困难的。以制陶为例,先采土后和泥,先揉泥后成型,最后烧成。但干燥可以插在其中任何一个环节之间,装饰可以在成型后的不同阶段进行。但即使是在操作链的成型部分,也可能存在差异,并产生重大影响。例如,从口沿自上而下制作这一顺序的存在限制了快轮的使用,而从容器底部开始的制作则允许陶工最大限度地利用快轮。

因此,形状结构、组成部分和顺序是任何陶器传统的基本要素,将陶器制作与文化的其他方面、其他技术联系起来。它们是特定文化处理物质世界中所遇到问题的方式的基础,因此是该文化认知结构的一部分,涉及人员之间的互动领域和他们的环境。于是,这三个原则是抗拒改变的,因为它们广泛渗透到该技术人群的大部分活动领域,是一种文化共识,甚至人们可能在很大程度上不知道它们的存在。

2. 执行功能和工具

在大多数民族志案例中，陶工所使用的工具和操作并不是一成不变的。工具中非常重要的差异与陶坯成型过程中的旋转和支撑工具有关。在这里必须区分两个方面：是否使用旋转和支撑工具以及如何使用它们。

模制是很特殊的一类成型技术，是唯一可以完全不涉及旋转的技法，例如上文提到的墨西哥垂直两分模具。对于除此之外大多数水平成型的操作，旋转运动是很重要的成型元素，无论是陶器旋转还是陶工的手绕过陶器。如何操作旋转与陶工是否通过在小表面上反复挤压黏土来塑造陶器有关，或者通过迫使黏土在旋转装置上固定住的手指之间连续成形。此外，是否使用支撑结构取决于器皿的尺寸——一旦要制作的器皿超过可以握在手中的大小，就需要在成型过程中设置支撑结构（地面也算其中一种）。使用支撑结构的方式和程度有时候是一个可以选择的操作。它在支撑陶器时可以作为旋转时的基座，或者它可以用来确定部分或全部的形状。旋转运动和支撑的使用是特定制造技术固有的概念化的另一个侧面，但它们的使用范围和使用方式实际上是可变的，并取决于上文提到的概念化的其他方面。在许多情况下，旋转运动和支撑结构实际上在制造过程中以不同的方式结合，而这两者的实际结合方式很可能是一个制陶传统的重要特点。

因此，模具、旋转支架、转轮及它们的各种组合都可以被看作三个简单的执行功能（executive functions）的组合或扩展，用于在概念化和被重塑的物质之间进行互动：(1)在手中转动陶器，(2)在它被塑形时支撑它，(3)控制陶器的形状。在这三个功能中，我们还可以加上(4)挤压，这是所有泥条盘筑过程中出现的一种基本功能，它是拍砧技法组合的延伸。

其他执行功能仅用于修改现有形状，而不是实际塑造轮廓形状。它们是：(5)切割（使用刀或绳），(6)刮（通过引入刮刀等工具），以及(7)平滑（使用一块布或皮革，或用于擦亮干燥容器的鹅卵石）。所使用的工具通常是已经存在于陶工的概念和物质世界中的物体，其原因与陶器制作无关（例如大多数陶工使用的抹布），或者非常简单的工具，如绳子、木、竹或骨。它们是真正意义上的配件，与制造过程的核心无关。从这个角度来看，执行功能是传统中可以修改或替代的那些方面。它们与有意识的选择有关，或者至少与在特定情况下可以变得有意识和可操纵的选择有关。它们构成了假设，而不是构成陶工工作基础的结构公理。

3. 原材料

如果第一个界面是概念化和执行功能之间的界面,那么第二个界面是后者和所使用的原材料之间的界面。它们之间的相互作用十分复杂,有时存在相互限制,比如一种可塑性很高的黏土需要配合模具使用或者用来轮制,可塑性适度的黏土可以进行盘筑,而坚硬的黏土则用于拍砧技术。不过,考虑到原材料这一个方面,原材料的操作比概念化或执行功能的修改"更容易"。通过添加干黏土或羼和料可以使塑性黏土变得更硬,而通过添加水或去除其中部分的非塑料物质,可以使坚硬的黏土变得更具可塑性。在燃料方面,如果需要产生短暂而猛烈的火焰,陶工可以选择稻草;如果这不是他想要的,陶工就需要测试其他可燃材料,以找到更合适的材料。执行功能和原材料之间的界面是最直接"客观化"的对立,也是最明确知晓"有效"或"无效"的地方。因此,在此界面上所做的更改通常不会受到社会文化层面的质疑。尽管如此,陶工的创新程度,甚至在执行功能和原材料之间的界面上,也可能有很大差异,其中包括所涉及的社会结构。

总而言之,范·德莱乌将技术拆解出三个维度,即概念化、执行功能和工具,以及原材料,我们可以通过观察它们的不同性质来考虑技术的延续或变化。其中陶器的空间结构、组成部分和制作顺序这三个概念是工匠对制陶技术最本质且根深蒂固的认知,最抗拒改变,可以作为观察技术变化时的三个"锚";一部分执行功能和工具在技术中也占据较为核心的位置,比如模具、转轮、支撑结构等;而原材料的改动比前两部分容易一些,我们可以根据需要和现状加工原材料来适应更为核心的技术元素。通过对比解决同一组问题的不同方法,我们不仅能够区分过去做出的决策集,还能够区分做出决策的认知背景。通过考虑相关的"锚"点,就可以模拟传统可能以何种方式改变,以及它可能不会以何种方式改变。

(三) 在实践与合作中学习

传统社会中的手工艺学习与现代社会的专门学校教学有很大的差别。克朗总结了大量民族学案例,向我们展示了传统手工艺学习过程的大体面貌。

在传统社会中,学习是日常生活节奏的一部分。孩子们可能会在很小的时候得到一小块黏土来玩耍，并可以用黏土制作他们自己的玩具。他们还可以帮助成年人完成任务并贡献劳动力。玩耍、学习和工作交织在一起，以至于可能无法区分这些活动；而学习确实发生在游戏和工作环境中。学习通常来自年长一代的同性成年人，或者较少来自年长的兄弟姐妹或同龄人。

陶器生产中的某些步骤需要特定的动作技能、认知能力或力量，并且大多数需要反复练习才能达到。因此，儿童可以学习整个序列的年龄有一个下限。5岁以下的儿童很少能够学会制作陶器所涉及的复杂任务，尽管他们可能会玩由年长者准备的黏土或帮助收集材料。在大多数传统社会中，儿童应在适婚年龄之前学习标准的成人手工艺技能。在这样的社会中，儿童从5至10岁开始学习制作陶器。有些制陶专家招收年仅8岁的正式学徒，并可能培训成年人。在父系社会中，制陶技巧的学习通常在婚后开始，而新娘则从公婆那里学习（或重新学习）。学习年龄的一些变化与家庭环境有关。专门从事陶器生产的家庭中的儿童往往比只为家庭目的制作陶器的家庭更早开始学习，并且在工匠周围长大的儿童比没有这种环境的儿童具有更高的初始技能水平。工作量大的母亲往往会招募自己的孩子作为劳动力，并在较早的时候训练他们从事家务劳动。

像任何工艺一样，成为一名称职的陶工需要学习一系列任务，每项任务都涉及运动技能和材料、工具知识，有时还包括符号和仪式。在实践中学习是一个漫长的过程。关于学习的神经生理学研究表明，运动学习的早期阶段要求学习者的直接意识控制和注意力高度集中，即"受控处理"。此时任务执行速度慢，容易出错。经过反复练习，任务的各个部分被组合在一起，使大脑能够更快、更有效地处理任务的各个部分。最终，整个任务不再需要有意识的思考，变得自动化。这种"自动处理"允许以最少的注意力和高度的一致性来完成任务，这也需要充足的、保持一致的实践。这种学习水平对于必须经常重复而不改变的行为是可取的，特别是当需要高水平的生产时；学习到自动水平的技能在很大程度上是不灵活的。当需要改变时，大脑必须降档到受控处理，这会更慢、需要更多注意力并且更容易出错。

一般来说，手工艺学习者首先掌握最不危险的任务，随着他们取得成功完成这些工作的能力，逐渐承担更复杂的职责，最后会学习最有可能失败的任务。对于陶器来说，这通常意味着从取材和清理开始，然后成型或装饰器皿,最后是烧制环节——一个烧制失误的容器可能会毁掉整批陶器。掌握整个序列可能需要几个月到几年的时间,这一过程中陶工的运动习惯通过反复实践而标准化,许多陶工直到成年后才认为自己成为真正的技艺精湛的陶工。其实许多陶工从未掌握过最高级、最复杂的技术(他们往往将这些产品的生产留给了村庄中最熟练的工匠)。每个陶工的工作在整个陶艺生涯中都会发生变化,因为技能通常遵循一种随着练习而提高到平台期的模式,如果运动和认知过程随着年龄的增长而减弱,那么技能会逐渐丧失。

手工艺学习框架各不相同,但可能包括通过反复试验、观察和模仿、口头指导和解释或动手演示的自学。成人有时会提供学习辅助工具,例如为学习者轻轻刻上一个图案,让学习者在上面画画或指导学习者动手塑造陶器。熟练的陶艺家可能会让孩子们在几乎完成的设计中添加次要的设计元素。克朗对数千件装饰完整的美西南器皿进行分析,识别出了八百余件可能是初学者的作品,其中包括熟练和非熟练陶工以四种不同方式合作的证据。首先,熟练的陶工有时会制作器皿,然后由不熟练的陶工装饰。其次,不熟练的陶工有时会形成由熟练的陶工装饰的器皿。再次,熟练的陶工有时会装饰器皿的一部分,而不熟练的陶工会装饰另一部分。[①] 大多数情况下,熟练的陶工装饰碗的内部或罐子的主体,而不熟练的陶工装饰碗的外部或罐子的颈部。最后,熟练的陶工偶尔会绘制大部分设计,并留下一小部分让不熟练的陶工完成,最常见的是单个图案或图案中的阴影。在后一种情况下,不熟练的人在练习运动技能而不练习创造力。这些现象代表了一种被教育工作者称为"脚手架"的成人指导——随着学习者通过与教师的合作活动从创造转变为单独工作,熟练的个人为学习者有限的技能提供了一个"脚手架"。这种指导学习存在优势,发展心理学研究表明,与成人或同龄人合作时,儿童的发展水平高于单独工作时。"脚手架"将学习者当前的技能水平扩展到更高的能力水平。在学习整个任务序列(例如陶器制作)时,研究人员发现成年教师会进行干预并在较困难的部分提供"脚手架",从而为过程中较简单的步骤提供更多独立性。

---

① 了解教学合作模式产生的陶器差异,请参见 Patricia L. Crown, "Life Histories of Pots and Potters: Situating the Individual in Archaeology", *American Antiquity*, 2007, 72(4), pp. 677-690, Fig. 2.

每件陶器不仅反映了在手工艺人社区中工作的个人的角色,而且还经常反映了不同成员所负责的不同工作,随着时间的推移而变化。小时候,初学者受到经验丰富的社区成员的指导,这些社区成员的操作、对成品的批评,有时还包括合作伙伴在制作陶器时的行为,是观察和模仿的模型。这种协作工作提高了初学者的技能水平,同时再现了社区的创作标准。通过反复练习获得高水平技能的陶工具有最一致的运动习惯。产量越高,动作技能就越标准化。

事实上,工匠能达到的最高技术水平与一系列因素有关。整体而言,美西南最早的装饰陶器的设计往往比后期陶器的设计简单,包含更少的设计元素、更少的笔触和更简单的对称关系。大约公元 900 年以后的后期装饰陶器的设计整体上开始变得更加复杂,设计元素更多,笔触更多,对称关系更复杂。晚期陶器中我们常常可以识别出陶工的技能水平差别,但早期陶器中这样的证据比较少。实际上,早期的陶艺水平还算统一,因为没有一个陶工是特别熟练的。这些差异或许是这两个不同时期陶器生产强度变化导致的,后期陶工画了更多的陶器,并在自动、内化学习中达成了一致性,于是我们很容易将这些组合中熟练陶工的作品与初学者的作品区分开来。相比之下,早期的陶工制作的陶器很少,并且可能生产时间相距甚远。在这些器皿的组合中,陶工技能水平几乎没有变化,在生产线工作中也几乎没有表明陶工已将设计掌握到自动处理水平。在陶工不经常工作的情况下,他们的一生中,在陶器装饰方面的运动表现可能始终保持在相当一致的低水平,一直处于受控处理阶段,始终很容易出错。相比之下,在陶工装饰大量器皿的情况下,他们的运动表现会随着长期、一致的实践转向自动处理而提高。

这提示我们,学习阶段只是工匠制陶生涯的开端,若继续追问物质文化的传承与变化具体是怎样发生的,我们不只需要考虑陶工如何学习已有技术和操作,更要关注陶工在实践中如何使用、改进或弃用他们学到的技术和操作,创造新的物质遗存。

二、制陶实践

根据考古材料观察过去的技术实践最需要的是中程理论(Middle-Range

Theory），即一种概念框架，将考古原始材料与这些证据可以推导出的有关过去的更高层次的通则和结论联系起来。这方面民族考古学和实验考古学可以给我们很大帮助。在民族考古学和实验考古学观察的过程中，操作链（chaîne opératoire）是技术研究最有力的方法之一。将操作链的各个环节置于社会情境中，我们便有可能观察到技术实践保持稳定或产生变化的前因后果。

（一）操作链及其解读

操作链的本义是指全部的过程，即选取原料并加工制作成可用的文化产品的流程。对于制陶来说，这大体包括开采和处理黏土、添加羼和料、揉泥、成型、进行装饰到最后烧制的全过程，以及每个环节之间的运输和保存过程。本书的前几章便以操作链为线索梳理古代制陶涉及的一系列操作，此处不再详细复述。

运用操作链这个概念意味着拥有一个严格的方法论框架，帮助我们重建古代人类社会生产与使用的过程，让我们可能了解相关材料的操作步骤与顺序，然后重建这些阶段之间的动态关联、因果联系、相关设备与场景、时空上的分布特征，等等。通过把技术活动的时空环境确定下来，操作链研究可以协助考古学家重建古代环境的变化，不论是自然的还是文化的。此外，它还可以是一种理论上的指导，有助于我们理解人类过去社会中技术的作用与性质，探索现代与传统环境中技术与社会的关系。它可以让我们从现在发现的静态遗存回到过去的动态过程，因此开拓出一系列重要的考古学与人类学问题。有了操作链这个概念，我们就可能沿着工具、原材料、能量以及各种物理或环境条件，来研究由知识、技巧、价值与象征表达等关键元素构成的古代技术系统，而这些元素是在日常生活的生产与再生产中的社会框架（包括性别、年龄或种族区别）下产生与形成的。

莱蒙尼耶的著作影响颇大，他把技术视为作用于物质的社会化行动，涉及器具、过程与知识。莱蒙尼耶进一步在操作链中区分出"策略性任务"与"技术性任务"。前者是固定的动作，如果不破坏整个方案就不可能改变或者取消它们；后者是弹性的选择，在物质层面上它是随机的，但是也与社会及文化因素相关。这些选择可以包括看起来很表面化的特征，也可以包括更基础的有关技术效率与可靠性方面的特征。当可以通过不同方式实现类似目的时,工匠们所做的选择基本上来自其学习和实践工艺的社会背景;而且,这种风格表达在时空上是相当稳定的,在很大程度上反映了文化选择和自我表达,故对技术风格的研究可以用来探索社会身份最深层、更持久的面貌。莱希特曼的"技术风格"概念也传达出类似的观点。

操作链方法最初用于研究石器技术,但戈瑟兰在探索陶工的社会身份方面做了出色的研究,为解决文化边界问题提供了线索。陶器制作顺序的各个步骤涉及不同的社会互动过程,反映了陶工的各种社交网络和社会策略。在序列的每一步做出的选择都受到它们在社区中的可见度的影响。因此,操作链的每个组成部分都有自己的变化和连续性,反映了不同信息。初步成型技术通常非常保守,它们并不总是像装饰那样在成品上留下明显的痕迹,因此它的选择不应受到社会压力的影响,而且反映了陶工可能从童年时期就固定下来的、对制陶技术最深刻的记忆——动作习惯和专门的手势。相比之下,陶工更频繁地改变他们在黏土选择、提取、加工和烧制方面的选择。表面修整和装饰等步骤反映了社会身份更表层的、情境的和暂时的层面,更多的是对变化的社会、经济或象征因素的回应和自我表达,而不是有意义的社会身份象征。工匠对技术的实践并不只是重复自己学到的知识和技术配方,而是将实践特定技术作为一种社会策略,回应社会文化氛围。

(二) 制陶与其实践情境

面对在实用层面均可实现相同目标的几种技术,工匠对技术的选择并不是随机的,而是受到一系列因素的影响,包括从家族或社群继承的习惯、技术和功能上的限制、个人表现、在其他活动中使用的工具和姿态,以及象征性的意义。戈瑟兰通过对尼日尔南部现代陶器制作操作链的分析,探讨了其现代制陶传统的动态传递。

在原料获取阶段,陶工们的获取策略很大程度上来自"经验空间"(space of experience),即个人通过日常杂务、季节性迁移、家庭网络、经济交流、旅行等所经历的空间,围绕这些空间建立了一种身份和归属感,以及产生对"该地会进行什么活动"的知识和印象。例如,黏土提取地点往往位于已经被开发过、已有其他用途的地方,比如居住地、水井、花园、集市等。因为陶工通过经验对这一地区有了深入的了解,他们可以通过听取传闻或勘探测试,找到合适的开采点。有时在陶工搬迁至其他地区后,仍会继续选择此前使用的开采点,尽管距离会较远。在黏土加工方面,选择"合适的配方"涉及传统、地方对于技术和功能限制的概念、与非陶艺活动的关系,以及特定材料和行为的象征意义。陶工们在知识和经验的共同作用下协调出自己的技术选择,这些知识和经验既是继承的,也是广泛共享的,通过他们的日常实践构建起来。

在羼和料方面,对其他地区陶器羼和料配方的了解会影响陶工的生产,比如陶工会将其他被证实可行的羼和料配方作为自己的备选配方,已有声望的陶器中心采取的配方也会被周边地区借鉴。同时,在一些地区,特定的羼和料配方被用于作为陶工社会身份的表达,社会职业地位及其空间分布对羼和料配方的选择会有动态的影响,比如一个社区内不同的子群体(如铁匠、奴隶和农民)可能会选择不同的羼和料配方。这样的地区往往会产生一种微观尺度的、非常局部化的技术同质化。相反,如果陶器制作只是收入的来源而与身份认同无关,那么技术同质化过程会发生在更大的规模上,这是陶工在各自的经验空间内相互作用的副产品。在尼日尔东南部,这样的聚合是通过亲属网络实现的。

下一个步骤是成型。具体的技法与陶工的家庭或族群继承有关,同时也与开展工作的社会环境有关。陶工对技法的认知,以及技术和社会认同之间的关系对塑形技法的传承产生了影响,但这种影响是以不同的方式产生的。一个陶工群体在被采访时试图隐藏从他们认为属于较低社会阶层的"奴隶"那里借来的技艺,有一些陶工希望借用这一地区被视为"陶艺大师"的工艺,也有群体在被豪萨人(Hausa)同化的身份转变过程中故意借用与豪萨有关的技艺。对技术程序社会意义的认知,会将常规、平凡的活动变成一个定义自我和表达群体认同的强大工具。日用陶器的制作过程也深受陶工社会属性的影响。如果陶工倾向于把制作技术不仅仅看作工作的方式,而是看作必须根据环境仔细复制、调整或伪造的社会标志,那么考古学家也应该对这一方面有所关注。同时,尼日尔的例子说明了现代西方社会对传统的"不发达社会"的错误认知,比如传统社会人群的行为活动大多受社会记忆支配,并继承群体的归属关系。尼日尔陶工清楚地思考他们在日常实践中所做的事情,而不是机械地复制他们最开始学习这门手艺时所学到的东西。

我们需要重点关注的是,知识通过时间和空间传播的方式以及知识可能被改变的方式,特别是新手在最初学习某种加工配方后做出改变的可能性。尽管多数陶工会强调其做法的古老性和稳定性,但实地观察显示,个人确实会随着时间的推移而改变处理方式,原因与他们自己的经历或客户需求的波动有关。戈瑟兰基于撒哈拉以南非洲地区的大量陶器民族学资料,分析了影响黏土选择和加工实践的因素,指出与黏土选择和加工有关的传统不仅仅是技术行为,还具有文化意义,在社会交往中发挥作用。"实践共同体"(community of practice)的概念描述了一个在联合集团中具有共同学习历史的群体,这个概念的基础是将学习作为社会参与的想法,成为个体身份的来源。戈瑟兰将实践共同体作为一种制陶技术人群单位来探索,认为对制陶技术的学习和实践不只与家族继承有关,也与融入某个实践共同体,寻求社会身份认同有关。尼日尔南部现代陶艺的操作链向我们展示了现代制陶传统的动态传递。虽然尼日尔陶器制作技术知识基本上是在亲属之间传递的,更具体地说,是从父母传给后代,但是陶器传统远非仅仅由遗传决定。事实上,它们受到知识实践环境的强烈影响,从业人员常常进行深入和不断的调整。社会互动和当地对"适当性"(appropriateness)的定义是了解技术行为时空演变的关键。因为传统其实是不稳定的,我们不应期望它们的分布符合现有的政治或族群地图,技术的空间分布所展示的信息其实是陶工之间的实质性接触互动,而不仅仅表现某种身份标签。此外,随着陶工相互接触交流,行为往往在区域尺度上趋于一致,展现出某种层面上的同质化。

技术行为在一个狭窄的可能范围内发生变化这一观点,与考古学关于黏土的选择和准备或胎土变化的数据非常吻合。例如,比利时或法国新石器时代早期陶器制造工艺的复原,显示出原材料及其加工方面的极端变异性,这种情况一度使得一些考古学家认为详细的重建是毫无意义的。然而,非洲的数据表明,其实变化只在有限的范围内发生,比如在区域层面可以观察到不同区域的"技能池",作为该区域陶工可能选择的技术范围。如果仅观察一个较小的文化单位,各种变化才会显得杂乱无章。要进一步从宏观社会互动网络中分离出微观社会互动网络,我们需要对整个制造过程进行详细的重建。

第二节　陶器的稳定性

自考古学创设之初,学者们就期待通过物质文化的特征反推社会和文化状况,其中陶器作为最常见且与日常生活直接相关的遗物,在考古学研究,特别是史前文化研究时往往是最受关注的材料。分辨物质文化差异与相似性往往是考古学研究的第一步,考古学家们基于陶器风格、类型和组合,会画出各种分布圈和演变序列,这些分类及其变化一度被认为能直接对应族属、政治和社会文化变化。然而我们现在已经知道其间的关系没有那么简单。总的来说,制陶等大量反复实践的日用技术作为一种文化"内隐记忆",与社会其他维度相比会表现出一种更明显的稳定性,有可能滞后或超前于政治层面的时代分期,甚至完全不表现出相关的变化。

但是,我们不应止步于接受这种稳定性作为陶器的一种"先验的"天然属性。当我们用更高的分辨率来观察制陶的一系列操作与组织,探索它们是如何环环嵌入一个运转的社会之中时,便有希望进一步了解使陶器表现出稳定性的具体机制和过程。

一、社会记忆与陶器生产

对物质文化特征传承的关注隐含在长久的考古学实践中。20世纪上半叶,文化历史考古学成为世界范围内考古学的标准范式。考古学文化、类型学和传播论是文化历史考古学的核心概念。考古学家根据一批反复共生的文化特征——陶器、工具、葬俗和建筑式样——来定义考古学文化,将之与古代特定人群、民族、部落或种族对应起来。类型学是最主要的工具,分类整理考古材料,并将之依据渐变规律和地层信息排出相对年代序列。此时文化的传承没有被作为研究的对象,而被作为隐含的预设。希安·琼斯(Siân Jones)将文化历史考古学的设想描述为"基于文化的规范观念(normative conception),认为在某特定人群中,文化实践和信仰惯于遵从既定的观念准则或行为规范……这种共享的文化规范会世代传承,结果就形成了传承与累进的文化传统"。这也同时预设了文化的稳定性,只要发现新的文化因素或无法解释的现象,便采用传播迁移论,认为这是外来的因素,而不做进一步解释。

文化历史考古学在20世纪上半叶是世界范围内的考古学标准范式,欧洲和北美考古学家创建了众多考古学文化时空框架和分类体系,例如,柴尔德的欧洲史前时空镶嵌图表,基德(A. V. Kidder)的北美西南部分类体系等。在材料众多时,它们在方法上提供了一种有效的初步分类体系,为后续研究提供基础时空坐标。但是,其理论比较粗糙,只归纳和描述现象,但不解释原因和过程,而且部分设定在细节上经不起推敲。比如,默认文化会向外传播,但无视传递和接收的具体情境;默认某类文化特征(多数只考虑陶器)的边界可以指示人群边界;默认文化特征会世代传承,不变是常态,只有变化是需要解释的,却不考虑这些过程的具体步骤和具体机制。在结束初步整理分类后,如果要把视野缩小,希望基于物质遗存探索不同人群的交往、古代社会的运转以及人的具体生活,考古学文化、类型学和传播论能为我们提供的信息就已经不够了。若继续追问物质文化的传承与变化具体是怎样发生的,我们需要仔细考虑知识和经验的代际传播机制,而这提示我们关注"记忆"这一主题。

文化连续性的过程依赖用于制造记忆和遗忘的媒介。根据德国文化学家阿斯曼(J. Assmann)对文化记忆的研究成果,所有文化都有以集体方式将过去的知识与现在联系起来的方法。这有两个主要功能:一方面,集体记忆促进了融入社会人群之间的自我认同;另一方面,即使在政治破裂之后,集体记忆的保存也使文化得以延续。通过这种方式,记忆将人们跨越时空整合起来。需要明确指出的是,这与个人的记忆不同。个人记忆基于自己的经历,也基于他人的经历,它与日常知识有关,并通过交流和社会互动进行扩展。然而,它是短暂的,因为它会在交互消失后过期。相比之下,集体记忆是记忆社会群体的过程,例如某一个世代,这些人在同一时代或在同一社会职能中受到相似的历史和文化过程的影响,因此具有特定的世界观、价值观和立场。这种记忆是通过互动和交流产生的,也与普通的、日常的经历有关。由于一代人会将知识传递给下一代,因此可以在更长的时间内进行维护。然而,当沟通中断时,记忆就会中断。文化记忆具有更长的时间维度,它在个人消失后仍然存在,因为它使用象征性的媒介,例如书面文本和纪念碑,还有仪式、舞蹈或神圣的叙述,这些媒介被反复表演,并因其仪式背景而变得特别。

集体和文化记忆通常是明确的。也就是说,它们涉及记忆的主观体验。文化记忆尤其涉及纪念,即刻意标记要记住的想法、事件、地点或人物。因此,它是可见的、公开的和陈述性的,是一种"外显记忆"。与外显记忆形成对比,"内隐记忆"指的是在没有清楚意识到的情况下回忆或识别知识,如技能或习惯。它体现在动作中或包含在对象中,并且是非声明性的。与两种记忆形式相关的理解构成了我们所说的文化。此外,显性和隐性记忆都有物质表达。因此,我们其实是有可能在考古环境中找到古代记忆媒介的证据的,并用它们来重建从过去到现在的文化连续性过程。外显记忆的典型物质表达是书面文本、纪念碑和建筑物,而内隐记忆的物化则包括日常物品、房屋或身体装饰品。文化记忆过程中的断裂或改变也可能表现在物质文化上,一个明显的例子是拆除或毁坏古迹。

如前文所述,我们知道制陶在学习过程中十分依赖运动习惯的构建,是一种与日常生活高度相关的、广泛且高频地重复实践着的技术。此外,它在很多方面与更不容易改变的经济系统紧密相连,比如农业生产和相应的饮食方式。于是总体而言,制陶技术在很大程度上是以社会的内隐记忆的形式存在的,显示出了明显的连续性和稳定性。不过,在另一方面,一些陶器制作和使用也存在外显记忆的维度,比如一些具有礼仪性和象征性的特殊器皿,或者叙述性的装饰图像等——这些部分更容易受到外部事件的影响而变动,如政治干预、殖民等。

二、陶器的稳定性与独立性

陶器往往被认为是能反映社会状态的物质材料,但这种反映更多地与持续的经济和社会动态相联系,而不是直接反映于非物质文化领域的突然而重大的变化,如王朝更迭或殖民等。下面将介绍两个例子,展示物质文化变化与政治经济变化的不对应现象。这些案例中,现代学者可以接触到丰富的文字材料,得知当地在各个历史阶段的政治、社会和意识形态状况,同时,我们也有考古材料建立的物质文化演变序列。当两组数据通过绝对年代关联在一起时,我们会意识到,陶器的变化与历史分期并不重合,通过陶器序列是不能直接推断政治或意识形态变化的——这一点为缺乏文字信息作为对照和检验的史前考古研究敲响了警钟。社会的各个单元确实是紧密联系在一起的,但当我们在讨论经济、政治或社会文化事件与陶器的关系时,需要仔细评估究竟这些变化是以什么途径影响了制陶系统的哪一个参数,进而影响其实践和最后的物质遗存,或者反过来说,为何它们无法对陶器造成影响。

(一)努比亚历史年表与陶器风格变化

在古代和中世纪的努比亚,一些最重要的政治和意识形态变化并没有反映在同期的陶器上,事实上,我们找不到任何直接的外部原因可以与陶器风格的根本性变化对应起来。威廉·亚当斯(William Y. Adams)面对的正是这样的困境。

"努比亚"是指第一和第三瀑布之间的尼罗河谷,该地区位于埃及最南部和苏丹共和国最北部,长约 650 千米。该地区数千年来一直被同质的非洲本土人群所占据,可以排除大规模迁移或人口变化造成文化突变的可能性。亚当斯关注的时期大约是从公元 200 年到 1550 年,在这段时间里,既存在连续的、经过彻底调查的考古记录,也存在相关的历史记录。后者主要来自一些中世纪阿拉伯编年史家的证据,以及一些古努比亚语和希腊语的土著文献。陶器的年代取决于它们与铸币、铭文和其他纪年材料相关的遗存的考古共存关系。当然,这样的相对年代并不是绝对精确的,但它们在一代人左右的时间还是比较可靠的。然而,应该指出的是,公元 600 年之前的历史事件和陶器的数据比之后的纪年材料要准确得多,因为我们几乎没有早期几个世纪的来自外部历史学家的记录。

直到公元 4 世纪早期,努比亚都是库什(Kush)帝国一个遥远的省,其后期阶段有时被称为梅洛伊特(Meroiti)。库什帝国是古代法老帝国的苏丹继承国,直到最后解体,它在意识形态和图像上仍然忠于古埃及传统。然而,随着帝国在 4 世纪崩溃,努比亚陷入了一个黑暗时代,在这个时代,巨大建筑、雕刻艺术、成熟宗教、文字和复杂文明的其他标志暂时消失了,而在尼罗河谷的不同地方,一些当地军阀在为控制权而斗争。在北方,在第一和第三瀑布之间,诺巴蒂亚(Nobatia)的酋邦逐渐制服了它的对手,并取得了至高无上的地位。在6世纪统治者和臣民都皈依基督教之后,文明和统治制度很快重新出现。在8世纪早期,诺巴蒂亚被更大的邻国马库里亚(Makouria)吞并。这个广阔的苏丹王国在五个多世纪以来一直保持着稳定和繁荣,并且在早期的哈里发王朝期间与伊斯兰世界保持着和平关系。然而,在中世纪晚期,在王朝争斗、来自埃及的马穆鲁克人(Mamluk)的入侵以及来自埃及和赫杰兹(Hejaz)的阿拉伯游牧民族的大规模移民影响下,马库里亚发生巨大震荡。1323年,阿拉伯人和马穆鲁克人成功地在马库里亚的王位上拥立了一位穆斯林统治者,不久之后,王国便分裂为交战的公国。在北部,在第一和第二瀑布之间,分裂的多塔沃(Dotawo)王国至少在1484年之前一直处于昔日基督教统治者的控制之下,但这个王国在16世纪初也消失了。历史学家伊本·哈尔敦(Ibn Khaldun)报告说:"这个国家没有一丝王权,人民现在都变成了贝都因人。"最后,大约在16世纪中叶,努比亚被并入奥斯曼帝国,尽管这没有使之回归稳定政治。

　　古代和中世纪努比亚的意识形态发展大致反映了政治领域的变化。一开始,库什帝国严格遵循埃及的意识形态传统,无数埃及风格的寺庙证明了这一点,这些寺庙装饰着熟悉的阿蒙(Amon)、伊希斯(Isis)和其他埃及神灵的浮雕。库什政权垮台后,没有考古证据表明当地建立了何种宗教,但古典作家告诉我们,伊希斯崇拜在努比亚当地很重要,就像在当代埃及一样。数以千计的破碎的葡萄酒双耳瓶也表明了后库什时期努比亚的酒神崇拜的重要性。与此同时,诺巴蒂亚的统治者复兴了一些非常古老的丧葬习俗,包括大规模的活人祭祀。诺巴蒂亚的统治者和臣民都在6世纪迅速皈依了基督教,除了基督教之外的可见象征物几乎在一夜之间消失了。一个多世纪以来,基督教的梅尔基特教派(Melkite sect)和基督一性一教派(Monophysite sect)之间存在着积极的、有时是敌对的竞争,但后者在马库里亚征服诺巴蒂亚后完全成为主导。努比亚教堂随后成为埃及科普特教堂的一个组成部分,

一直持续到中世纪晚期。然而,在14和15世纪的混乱情况下,其与埃及宗主教会的联系变得困难,最终不能维系——努比亚教会的组织结构逐渐瓦解,直到基督教只作为一种民间宗教而存在。同时,越来越多的个人和家庭改信伊斯兰教,伊斯兰教成为奥斯曼帝国统治下的努比亚人的主要信仰,并逐渐成为唯一的信仰。

在陶器发展方面,当地主要使用的陶器可以分为努比亚手制陶器(D族)、努比亚轮制陶器(N族)和阿斯旺进口陶器(A族)三类。不时有其他器物被进口,但这三类提供了努比亚人在古代和中世纪时期使用的95%以上的陶器。在对努比亚陶器的分析中,可以考察陶器变异性的七个独立领域:成形技术和原材料可用于区分"族",并在长时间内保持不变;器形、绘画装饰和浮雕装饰可用于定义每个族中的连续演变阶段"组"(ware groups),是具有年代学意义的单位;颜色和表面处理则用于定义每个组中的单个器物。

亚当斯首先分析了努比亚轮制陶器(N族),这类陶器数量最大、种类最多、风格变化最为敏感。大多数时候,它们至少占努比亚陶器集合总量的60%。当然,它们是在几家主要作坊进行商业批量生产的,然后在整个地区及其他地区进行广泛交易。在公元200年到1550年之间,至少有六家作坊参与了努比亚轮制陶器的生产。然而,证据表明,在任何时候,正在生产的作坊都不超过两家或最多三家,而1100年后器物的极度统一性表明它们都是在一个地方制造的,这是相当有说服力的。即使有两家或更多作坊同时运营,他们的产品也只在质地、形制或设计等细节上有所不同。在200年到1550年之间,努比亚轮制陶器在七个主要可变领域中的六个发生了一定程度的变化——也就是说,除了制造方法之外,所有方面都发生了变化。质地的变化相对较小。在850年以前,大多数陶器基本上是用红褐色的尼罗河泥浆制作的,但直到850年左右,也有一些用沙漠细泥制作的器皿(在其他方面与它们没有区别)。在公元850年后,人们在基本的泥浆中定期加入小比例的细黏土,还引入了更粗、更多的沙子。表面光洁度在公元200年到1550年之间呈现出渐进的、或多或少的循环演变模式。起初有一些无光泽的器皿,还有一些被抛光的器皿,也就是用鹅卵石擦拭,在表面留下明显的条纹。后一种技术在350年左右的某个时候被放弃了,有一段时间只有无光泽的器物。有均匀光泽的器皿在6世纪后期开始少量出现,并逐渐增加,直到它们在1100年至1400年之间占据主导地位,此后则变得稀有。

N族中七个连续的组中每一个组都表现出部分独特的器形集群[①],也就

---

① 关于努比亚轮制陶器N族的主要形状及装饰,参见 William Y. Adams, "On the Argument from Ceramics to History: A Challenge Based on Evidence from Medieval Nubia", *Current Anthropology*, 1979, 20(4), pp. 727–744, Fig. 3。

是说，总有一些特定时期独有的器形，而其他器形则与更早或更晚时期或两者共享。然而，真正彻底的器形变化只发生在进化序列的一个点上——大约在7世纪初。在此之前，绝大多数的努比亚器皿都是液体容器，比如杯、瓶、罐、双耳瓶等，而之后它们大多是更敞口的形式。在大约850年之前，扁平且有足的碗一直占主导地位。850年左右，更高和更接近圆柱形的瓶突然出现，并在此后一直是努比亚最典型的器皿形式。人们对这些不断变化的偏好的功能基础知之甚少。

努比亚陶工在整个历史时期都拥有相同的装饰色板，但他们的色彩偏好明显且周期性地波动。一开始有相当均匀的红色陶衣和白色陶衣的组合。在个别情况下，后者可能会变成奶油色、棕褐色或浅橙色、棕色，但这些并不是作为单独的颜色标准制定的。350年后，施加浅色陶衣的器皿突然几乎完全消失，在两个世纪或更长时间里，几乎所有的器皿都是红色的。白色陶衣的陶器数量在600年左右开始温和回升，直到850年，它们可能占装饰陶器总数的40％。此时轮到红色陶器消失，在接下来的两个世纪里，几乎所有的陶器都有白色或黄色的陶片。橙色和黄色在中世纪晚期作为独立的颜色标准出现，也有红色商品重新出现，尽管它们在1400年后再次消失。白色、黄色和橙色器皿上的彩绘装饰很常见，几乎总是黑色或棕色，有时以红色作为辅助色。红色器皿上的装饰要少得多，当出现装饰时，它可能是黑色或白色或两者兼而有之。在很大程度上，公元200年至1550年间彩绘装饰频率的剧烈波动反映了人们对红色或白色陶衣的偏好不断变化。在后期努比亚陶器的所有变化中，器形和彩绘装饰频率上存在的巨大波动最为显著，也是最难解释的。

N.Ⅰ组的陶器，俗称梅洛伊特（Meroiti）陶器，以其精美的装饰而闻名，通常有两种颜色（白底/黑底红或黑底红白）。这些设计结合了各种希腊和古埃及图案，如十字章、莲花和各种动物变体，每个容器可能会展示多达五种不同的装饰带。在4世纪的某个时间段，整个装饰传统随着白色陶衣的使用而消失。此后的200多年里，绝大多数陶器都是红色的，没有装饰，尽管有一些形式表现出非常简单和非正式的几何设计，与前一时期的设计毫无相似之处。下一阶段，即N.Ⅲ组，在引入基督教之后，几何设计变得稍微正式，出现也频繁得多，但仍然主要由对角线、交叉影线或波浪线组成。装饰很少采用一种以上的颜色,每个器皿只有一个设计带。9世纪中叶,努比亚陶器发生了第二次风格革命。随着瓶作为主要容器形式的出现,并且在质地上略有变化,几何设计突然变得更加华丽和曲折,曲线图案明显多于直线图案。同时出现了一系列全新的代表性设计,包括动物、鸟类、鱼类和众多风格化的花卉图案。装饰再次经常使用两种颜色,并且每个器皿涉及多个设计带。从表面上看,N.Ⅳ组的彩绘装饰与N.Ⅰ组的装饰更接近,而不是其间的任何时期,但其直接灵感来自科普特手稿绘图,其中大多数经典基督教陶器设计的原型都可以被发现。9世纪之后的装饰变化大多是渐进的和进化的。随着时间的推移,动物造型和其他代表性设计消失了,而几何装饰变得越来越烦琐,1200年后,直线图案再次成为主导。最后,在1400年之后出现了相当大的简化,有了更直白、装饰更少的几何图形。

浮雕装饰从来都不是努比亚轮制陶器的一个非常重要的特征,但直到10世纪才偶尔使用,通常作为彩绘装饰的替代品,而不是与彩绘装饰结合使用。梅洛伊特陶器(N.Ⅰ组)有时被一排排重复的小印章包围。在接下来的时期,这些都消失了,但有足碗的底部经常布满细纹。后来这集中在一系列围绕容器最大径的深凹槽中,而在N.Ⅲ组中,凹槽成对出现在口沿下方而不是腰部。在同一组中,从大约600年到850年,印花装饰也有显著的复兴,有时涉及精心组合。偶尔使用个别中心印花在N.Ⅳ组中持续了一段时间,但在10世纪之后,所有形式的浮雕装饰都消失了。

尽管努比亚轮制陶器的变化是渐进的,或多或少是连续的,但N.Ⅰ和N.Ⅱ之间以及N.Ⅲ和N.Ⅳ组之间发生了革命性变化。无论以何种标准衡量,这些都是努比亚陶器历史上的重大转折点,因为它们涉及几个不同领域的突然和同时变化:质地、容器形状、流行的陶衣颜色、浮雕装饰、彩绘装饰的频率,尤其是彩绘装饰的艺术参照。那么,这些是否会与努比亚政治和意识形态历史上的重大转变相对应呢?

关于第一次陶器变化,长期以来,传统观点将梅洛伊特陶器(N.Ⅰ组)的消失与库什帝国的崩溃联系在一起。事实上,在努比亚,无论是库什特人权威的消亡还是梅洛伊特陶器传统的消失,都没有准确的时间,它们可能相隔100年之久。在卡斯尔伊布林(Qasr Ibrim)的发掘中,有越来越多的背景证据表明,从有装饰的白陶到无装饰的红陶的变化发生在库什权威崩溃之前,但仍然缺乏可靠的年代。因此,在这种情况下,我们对政治/意识形态的发展和陶器变化具有同时性这一判断必须保持警惕。对于9世纪的第二次陶器革命,时间上的证据是明确而毫不含糊的。通过相关的发现,包括 N. Ⅲ 组和 N. Ⅳ 组陶器主要制造地工厂的铭文,我们可以对这些陶器的年代进行相当精确的测定。从一些中世纪的阿拉伯资料中我们可以了解到同时发生的政治和意识形态发展——9世纪远非充满压力和变化的时期,而是几乎代表了马库里亚王国稳定和繁荣的高潮。事实上,就在大约这个时候(836年),努比亚王储乔治对巴格达的阿拔斯王朝进行了国事访问,在那里他接受了荣誉并满载礼物而归,他是唯一一位受到哈里发如此尊崇的基督教君主。但此次访问似乎与陶器的变化无关,9世纪引入的新图案是基督教风格的,而不是源自穆斯林的。

反过来,政治和意识形态的变化往往也未对陶器的变化产生直接的影响。公元6世纪基督教的传入,尽管它立即反映在建筑、艺术和文学经典中,但直到250年后(在 N. Ⅳ 组中)才对努比亚陶器产生了可衡量的影响。确实,努比亚的基督教化与从 N. Ⅰ 组到 N. Ⅲ 组的过渡非常吻合,但这是一个渐进有序的变化,除了器形外,没有明显的分界线。在整个历史时期,无论是否伴随着政治发展,这种规模的变化每两到三个世纪就会发生一次。同样,基督教的解体和伊斯兰教的逐渐渗透,以及中世纪晚期的灾难性政治冲击,在 N. Ⅵ 和 N. Ⅶ 组的陶器中完全没有反映。只有16世纪奥斯曼帝国的吞并对陶器领域产生了直接和决定性的影响,因为此时轮制陶器行业完全结束。尽管其原因尚不清楚,但似乎很可能是出于政府对陶器贸易征收的毁灭性税收,这也完全符合奥斯曼帝国政策的总体方针。从那时起直到现代,努比亚人一直使用最简单的手工制作陶器。

不过我们不能说努比亚陶器的主要象征性转变与外部发展完全无关。第一个重大变化发生在4世纪,它很简单地代表了努比亚商品的完全罗马化,放弃了旧的传统,转而支持在罗马埃及和整个帝国的其他地方长期以来一直存在的器形、颜色和装饰传统。然而,令人震惊的是,这发生在罗马征服埃及近400年后,当时罗马的实力和文化影响力正在下降。而且要考虑到,努比亚本身从来就不是罗马的一个省。从某种意义上说,9世纪的主要陶器变化可以被看作对之前的逆转,或者说"去罗马化"(尽管在这段时间里,努比亚的器物已经与原来的罗马埃及规范相差甚远)。现在,剩余的罗马影响被有意识地抛弃了,而具体的基督教主题则首次出现。同样,这也是一个令我们困惑的时间问题。埃及不再是罗马的一个省已经超过 200 年了(自 642 年起),而努比亚被基督教化的时间甚至更长,这时却发生了第二次重大变化。

最后,我们应该如何解释 9 世纪的风格革命?至少我们可以认为此时有一家新的作坊开始生产,但实际上有无可辩驳的证据表明,N.Ⅲ组和 N.Ⅳ组的器物都是在中世纪重要的法拉斯(Faras)社区附近的一家作坊生产的。然而,似乎可以推断,在公元 850 年之前,当装饰相对简单和朴素时,陶工是自己装饰轮制器皿的。不过在那之后,N.Ⅳ组设计的复杂性和精致性似乎清楚地表明了一组装饰专家的存在。可能是 8 世纪和 9 世纪的迫害和政治动乱导致一些埃及僧侣和其他基督教徒迁移到努比亚后被安排到陶器厂工作,这批新来者可能是埃及科普特人,少量在轮制陶器工厂工作的熟悉科普特风格的陶工就可能造成整个制陶业风格的革命性变化。

除了轮制陶器,古代和中世纪努比亚的另外两个主要产业的变化可以更简单地理解——手工制品(the hand-made wares,D 族)和阿斯旺制品(Aswan wares,A 族)。尽管在 200 年到 1550 年之间的大部分时间都存在,但与努比亚轮制陶器相比,它们的变化较少,也不那么剧烈。努比亚手工制品,即 D 族,代表了一个非常古老的传统,可以追溯到史前时代。它们的制造从未工业化——是由各地努比亚妇女在当地制造的,主要供家庭消费。它们的制造尽管如此广泛,但也表现出相当程度的一致性。手工制品的风格变化速度极慢(至少与轮制陶器相比如此),主要表现在陶衣颜色、彩绘、浮雕等参数上。而在所有这些特征中,我们可以观察到 200 年到 1550 年之间几乎呈现出完美的循环周期。大约在 450 年之前,出现了红色、白色和黑色陶衣器皿,有些带有彩绘,有些带有简单几何图案的切割装饰。在接下来的时期(D.Ⅱ组),几乎所有的装饰以及白色和黑色陶衣器物都消失了,仅在 1000 年后再次出现在 D.Ⅲ组中,其中许多设计与 D.Ⅰ组中的设计惊人地相似。值得强调的是,手工制品的风格变化和轮制陶器之间缺乏任何对应关系。最后是 A 族阿斯旺陶器的情况。从技术上讲,它们不是努比亚产品,因为它们是在努比亚北部阿斯旺或其附近的作坊制造的。然而,它们似乎总是有很大一部分是要进口到努比亚市场的,在 200 年到 1350 年之间,它们所占的比例很少低于努比亚陶器集合的5%,有时甚至高达50%。基本上,它们与本地轮制陶器在同一商业市场上流通,而且它们显然并不总是因为其"外国"制造而处于竞争劣势。在所有陶器中,阿斯旺陶器展示了最接近线性的风格发展模式。彩绘装饰的频率和复杂性不断增加,大约在850年,即A.Ⅱ组和A.Ⅲ组之间这种变化趋势格外明显。虽然这个时间点恰好与努比亚器皿中最具革命性的变化之一相吻合,但实际上这两个行业的个别设计在此时或其他时间的对应性非常小。可以看出,阿斯旺陶器的其他变化与努比亚工业的变化并不紧密相连。1350年后,阿斯旺装饰陶器的进口完全停止,我们没有关于该作坊后续的信息。

总而言之,古代和中世纪努比亚陶器不仅受到外部事件的影响迟缓而间接,不同类陶器之间的相互影响也很小。如果我们按照以往的默认做法,让陶器来定义努比亚文化历史的主要转折点,那么每个族的陶器都会告诉我们一个不同的故事,而这些故事都不符合历史的事实。

本案例表明,当处理复杂的、部分工业化的经济体时,从陶器到历史的论证必须谨慎。在竞争性市场上销售的陶器的风格变化可能由生产者或消费者决定,市场会受到暂时性变化的影响,而这种经济上的剧烈变化可能在文化上无关紧要。在工业生产条件下,一个地区使用陶器中的很大一部分可能由少数几个制造者生产,因此纯粹的局部事件甚至偶然事件可能对整个地区的陶器分布产生直接而显著的影响。而对于史前非工业化的陶器生产,市场的影响或许没有那么大,从陶器到历史的论证或许更可靠,但同时考古学家也很容易陷入与陶器分期相关的循环论证。因此,我们在重建史前文化时,应当避免过分依赖陶器,或者说,对陶器能直接提供的信息限度有清醒的认识。

(二)殖民影响下的墨西哥制陶业

除了王朝更迭与征服,殖民是另一种非常典型的"外部大事件"。不同强度的殖民往往可以造成对被殖民社会不同程度的影响。而人类有史以来规模最大、影响最深的一次殖民(或者说一系列殖民事件)便是15世纪以来欧洲对"新大陆"的殖民。在欧洲-美洲的文化碰撞过程中,因为军事、交通、机械等一系列技术发展的不对等,欧洲人显示出了明显的强势地位并彻底改变了美洲，包括我们熟悉的政治结构、经济和人口成分、意识形态等方面。如果按照以往的观点，殖民这么大的事件必然会在物质文化，特别是陶器上留下深刻的印记，甚至对制陶产生全方位的改造。不可否认的是，殖民带来了崭新的快轮技术，以及基督教信仰影响下的一系列文化习惯，这让美洲大陆陶器组合中出现了不少新元素。但是另一方面，美洲本土文化中有一部分在殖民带来的震荡下呈现了高度的稳定性。以墨西哥为例，殖民前的制陶技术、工具、作坊组织结构，以及更抽象的制陶"内在逻辑"等可以一直延续至今。这提示我们，在殖民背景下的土著人群并非全然被动，我们应该以一种文化互动的动态视角观察当时的社会现象，不能将之视为欧洲人对美洲的"文化改造"。

征服对本土陶器技术的影响是什么？土著和西班牙的陶器传统是如何互动的？陶器制作的各个层面是如何对新的殖民社会做出反应的？今天的陶器技术与古代中美洲文化有什么联系？在生活的这个方面，文化的延续性过程是怎样的？中美洲在殖民前后的陶器材料十分丰富，在时间和空间上，其技术、风格或功能的变化是显而易见的，埃尔南德斯·桑切斯（G. Hernández Sánchez）在这一领域的研究为连续性和变化研究提供了极好的示例。

欧洲人到来之后，土著陶器文化持续存在，然而这并不意味着它保持静止状态——恰恰相反，它在新的环境下得到了发展和转变。墨西哥中部的前西班牙制陶业在早期殖民时期几乎没有变化。黏土配方、成型方法和烧制技术都保持了早期的状态。器皿的形状、表面处理和装饰有所改变，但陶器在视觉上仍与前西班牙传统有关（铅釉器皿除外）。最常见的阿兹特克晚期陶器在被征服后继续制造，尽管我们可以认识到陶工和使用者对器皿的偏好发生了变化。例如，典型的橙底黑花陶器在1521年后仍在生产，但它们变得不那么受欢迎，在早期殖民时期结束时它们不再生产。与此相反，红陶在征服后蓬勃发展。它们成为殖民时代早期最受欢迎的土著风格器皿，并体现了巨大的创造力。

公元1650年后，陶器制作经历了更多的变化。黏土配方、成型方法和烧制技术仍与古代一样，但形态、修饰和装饰都发生了很大的变化，使陶器与前西班牙陶器逐渐有了更大的区别。这种趋势一直持续到今天，因此今天的陶器看起来与殖民时代前的很不一样。在墨西哥中部，现在大部分的陶器生产都集中在铅釉陶器上,这些器皿上点缀着与古代装饰没有关联的图案。尽管陶工在一些小的细节上进行了许多创新,但其总体形状仍然与古代的形式相似。值得注意的是,成型方法自始至终一直保持着前西班牙时期的形式。这与制陶传统的"核心"密切相关,因此它们是前西班牙陶器文化延续到现在的标志。成型方法可以被认为是陶器传统的中心,因为它与制造过程的其他阶段密切相关,甚至决定了其他阶段,如使用的黏土配方、烧制方法、表面处理和可能的容器形状。它还与特定的生产规模和时间表以及工作分工有关。也就是说,它也与生产的组织有关。这些方面也是陶器传统的核心,因为这个行业的运作形式(家庭作坊、工厂、合作社等)决定了知识的代际传递方式,因此也决定了陶器的动态变化。

当我们从长期的角度,即从1521年到现在观察陶器工业时,我们认识到制陶技术中距离核心越远的部分越容易发生改变。一个极端是陶器装饰,工匠们在这项活动中保持高度的灵活和开放。例如,在最初的殖民时期,陶工学会了用铅釉技术来装饰器皿,并在墨西哥中部迅速推广。此外,在征服之后继续制作的本土风格的陶器,如红陶、橙底黑花陶和多色陶,都融入了崭新的装饰元素。其中一些明显受到了新大陆的影响,如狮爪形式的器皿支架。然而,其他新的装饰元素也是从前西班牙传统中创造出来的,例如用于点缀红陶的各种不同的抛光方式。在今天,陶工们在器皿的装饰上继续保持开放和创造性。虽然器皿的装饰通常是草率完成的,常常无关紧要,但当客户需要时,工匠们很愿意加入新的图案或新的装饰方法。

那些更接近制陶传统核心的步骤和技术更抗拒变化。在生产过程的另一个极端,我们可以发现成型方法的高度稳定,工匠们在这项活动中一直非常保守。征服之后,即使西班牙人在早期殖民时期引入了新的成型方法,即快轮技术,工匠们也仍然像过去一样用模具制作器皿。快轮的确可以让他们更快地制造小器皿,但这种技术对本地陶工来说并没有很大优势。目前,尽管一些城镇的陶工也知道如何用陶轮成型,并能熟练地使用陶轮,但他们在生产中仍在继续用模具制造器皿。前文多次提到,成型方法是由陶工学习和内化的一系列运动能力组成的,这些能力往往在童年时就已经形成了习惯,因此很难改变。成型方法也与陶艺家自己对陶器制作的概念直接相关。例如,在空间结构和成型顺序方面,墨西哥中部地区的陶工将器皿想象成由几个水平部分组成的球体的一部分,其中颈部或边缘是最后制造的部分。然而,成型方法的持久性并不仅仅是由于动作习惯和难以改变的概念,墨西哥中部陶工使用的成型方法也与他们的黏土配方、烧制方法和容器形状密切相关。

在传统制陶工艺中,经常加入陶渣作为羼和料,使器皿在干燥和烧制过程中更加稳定。然而,当用快轮制作容器时,这种配方并不实用,因为黏土中的大颗粒会刮伤陶工的手。此外,中美洲传统中特有的器皿形状,如圆底球状体器皿"奥拉斯"(ollas)、平底有棱角的碗"科马尔斯"(comales),可以用模具制作,但不能用轮制。就这些类型的器皿而言,特定形状的持久性不仅是一个审美问题,也是一个功能问题。这些器皿的形状最适合直接在炉灶上烹饪,这是中美洲传统的烹饪方法。另外,奥拉斯也是烹饪豆子和玉米的最佳选择,因为它们的球状和紧密的形状可以保持较长时间的水分,而这些都是中美洲的传统食物。因此,成型方法一直保留下来,因为它与土著文化的其他元素密切相关,一直延续至今。

此外,成型方法一直保持稳定,因为所需的知识和经验在家族中世代相传。根据工匠们的说法,能够形成器皿的人才被视为真正的陶工。帮助装饰器皿、装窑或搅拌黏土的家庭成员不被看作陶工。在家庭作坊中,成为陶工所需的知识,也就是成型器皿的技能,通常是从父母或长辈那里学到的。作为对他们和家庭的一种尊重,这种知识被保留下来并传给年轻一代。另外,用模具成型意味着作坊里有一种特殊的人员组织形式。通常情况下,陶工不能单独工作,因为可用的模具数量、成型和干燥器皿部分的各个阶段、制陶处的空间和计划制作的器皿数量都需要至少两个协调良好的人。因此,成型方法的巨大变化,例如从使用模具到使用轮子,可能意味着车间的组织和时间表的重要变化,在一些家庭中,这也可能意味着其他日常活动的变化。也就是说,成型方法是陶器传统的核心,因为它与家庭生活的几个基本方面密切相关,如对长辈的尊重、烹饪习惯和家庭组织。

在装饰和成型方法这两端之间,我们可以认识到,制造过程的其他部分,如果情况有利于改变,就可以加以修改。例如,在过去的几十年里,黏土制备和烧制过程已经纳入了技术创新,使生产更有效率。陶工们获得了电磨,制造了更大的窑炉,有了更好的隔离,并改变了燃料。这是因为现代市场的发展为这些器具和设施的稳定供应提供了保证,而且陶工们意识到这些技术策略确实提高了他们的产量。然而,这些创新只是简化了生产过程,并没有改变它。制造的顺序和最终产品一直保持着早期的样子。

从长远来看,陶器的功能也发生了变化。征服之后,陶器器皿仍然是家庭活动中最重要的容器。然而,这类材料在仪式背景下的使用明显减少。部分原因是,一些特殊陶器明显与前西班牙的本地宗教活动有关,因此与宗教一起被压制。此外,西班牙人在早期殖民时期引入了其他材料的容器,如金属制品,以及其他表达虔诚的形式,如蜡烛,这些都变得非常流行。在早期殖民时期结束时,陶工已经不再制作带有象形装饰的容器,这些容器上描绘了与使用环境有关的简短信息。因此,陶器作为识字媒介的传统消失了。在殖民时期晚期,容器继续被装饰,尽管图案变得更简单,意义也更少。目前,就家用陶器而言,装饰并不是生产过程中的一个重要部分;它是简单的、草率的,对陶工和消费者都没有特殊意义。陶器功能的变化在工艺品和纪念品制作中尤为明显。其中一些是按实用目的设计的,但陶工是为城市或旅游市场而生产的,于是它们基本只有装饰作用。其他物品是专门为装饰而制作的,例如梅特佩克的一位陶工对考古出土陶器的模仿和重新诠释。在这种情况下,器皿的用途已经与前西班牙时期的功能更明显地不一样了,而且装饰的作用也被改变了,因为所画的图案并不与过去传达相同的含义。

与本土陶器制作有关的知识和经验在征服后继续传播。家庭作坊不仅是完成这种传统工艺的场所,也是将对陶器知识和概念跨代传递的机制。在早期殖民时期,墨西哥中部土著社区的组织几乎没有变化。征服后的第一个世纪里,社区框架的持续存在无疑促进了家庭作坊的维持。尽管殖民时期的文献资料对这种工业形式提供的信息很少,但今天家庭作坊在传统工艺品制造中的主导地位表明,自前西班牙时代以来,它一直是生产的核心单位。今天的陶器作坊一般都有两代人参与,这保证了知识在家庭中不间断地传播。通常所有的家庭成员——长辈、年轻人、孩子——都参与其中,尽管他们中的许多人只是以非正式的方式参与。习惯上,陶艺家们会对他们的一些孩子或侄子进行更深入的器皿成型方法指导。这些孩子不在城里工作,也不学习,而是一直在车间里帮忙。年轻的陶工通过频繁的重复实践来练习所需的动作技能和经验,这些很快就会内化为习惯。以特定方式制作器皿所需的知识将继续传递，因为这是陶工从他们的父母那里学到的方法，也因为用这种方法制作的特定种类的器皿仍然受到陶工的青睐和客户的要求。

陶器制作只是一个例子，在前西班牙时代，大量的知识是通过身体动作或姿势，并以无意识的方式跨代传播的。古代知识的很大一部分都是这样的，例如农业实践、饮食习惯、狩猎和捕鱼或其他工艺品的制造。与陶器技术一样，生活的这些方面体现在行动中，并在家庭中传播，而他们甚至都没有明确意识到这一点。这些知识、概念和实践在很长一段时间内的持续存在使中美洲的文化具有连续性。中美洲文化以往是通过外显的记忆机制构建自我身份认同的，如书籍、纪念碑和仪式做法所传达的知识。然而，在欧洲人到来之后，这些外显的记忆媒介被压制——据大量的史料记载，基督教教士烧毁了本地书籍，并禁止古代宗教的公共仪式。然而，与这些媒介相关的部分知识并没有消失，它们被限制在口头文学中，并与新的理解和经验融合在一起。与此同时，隐性记忆媒介越来越重要，也就是说，机械的、重复的和仪式化的活动成为传播知识的主要媒介。这些活动以及它们的物质表现，有助于回忆西班牙人到来之前的历史，并以这种方式帮助构建征服后的土著社会的自我形象和自我认同。农业实践和本地手工艺的情况，如陶器制作，便是其中一种形态。传递知识的机制是在家庭范围内进行一系列的行动，很少受到外部政府或宗教机构干涉。

在遭遇殖民时代的一系列社会变化之后，土著陶工做出了自己的反应。他们继续为本地市场生产器皿，其形状与以前一样。他们以与过去相同的方式装饰这些物品，但也纳入了受殖民世界启发的新图案。他们还开始用新的形式元素制作器皿，并创造新的器皿形状以满足殖民主义的需要。例如，他们用源自西班牙的形状制作烛台或红瓦，如盘子、杯子或手杖。他们还采用了铅釉技术，因为它是一种吸引人的新奇事物，并变得非常流行。也就是说，他们采用并重新解释了西班牙陶器文化的几个视觉元素，并从西班牙之前的传统中发展出新的元素。然而，所有这些创新都是在其陶器传统的表面上进行的。陶工们想要供应新的市场，但没有理由修改生产的组织和流程，因为殖民政权并没有干涉这个行业的框架。

在殖民化的过程中，陶工们继续向年轻一代传递古老的陶器知识。通过这种方式，他们为保护中美洲文化做出了积极贡献。今天，西班牙殖民化的社会和物质影响仍然存在于墨西哥中部生活的许多方面。就陶器制作而言,一些殖民时期的元素仍然可以很好地辨认出来,例如铅釉的装饰被广泛推广。然而,陶艺家和器皿使用者并不把它看作西班牙或殖民时期的属性,而是看作当代传统陶器的典型特征。

前西班牙时期的陶器传统一直持续到现在,它被称为"传统"或"典型"的陶器。在墨西哥中部,专门制造这种陶器的城镇往往与当代土著文化有关。虽然城市文化在墨西哥中部广泛延伸,但许多本土的家庭习惯仍然被保存下来。因此,人们仍然需要诸如科马尔斯、奥拉斯和卡祖埃拉斯(cazuelas,即砂锅)等烹饪工具。另外,在城市背景下,传统的器形也很受欢迎,用于盛放墨西哥食物或作为装饰品。当代土著风格保留了西班牙之前的陶器文化的核心元素,并且与土著世界的其他方面有关,如饮食习惯和家庭、生活资料和生产地之间的密切联系等。尽管在过去的40年里,墨西哥中部的陶器生产村镇被卷入了墨西哥社会巨大的社会和经济变革中,但陶工们仍然使用与过去相同的制造工艺,很大一部分原因是家庭作坊仍然是生产单位——生产的组织和时间表一直保持在过去的状态,知识的传递也没有中断。在这些陶器生产村镇,陶器制作在成型方法上非常保守,但在装饰和外形上却很有创意。如果客户需要,陶艺家们对新的装饰和外形相当开放。这一过程中存在两种不同的力量,一方面是由于这个行业仍然根植于家庭,是文化稳定的强大来源,另一方面是由于年轻的陶工如果想以这种工艺谋生,就必须适应当前市场的需求。在这些城镇,中间商往往是创新的重要动力,因为他们了解顾客的喜好和城镇以外的新趋势,中间商的存在也大大增加了产品的销售规模。然而,中间商经常剥削陶工,他们为产品支付非常低的价格。这也给陶器传统带来了负面的影响,因为陶工们在生产中必须尽可能地节约,他们经常生产简单或粗糙的器皿,没有装饰,或使用塑料垃圾作为燃料。几十年来,机构发展计划一直试图改善墨西哥陶工的社会和经济状况。他们促进了合作社的建立,以限制中间商的影响并刺激陶工将其产品商业化。他们为购买电磨或更好的窑炉提供贷款,并提供课程,教授新的制造技术和装饰方法。尽管这些行动的主线足以解决陶工的核心问题,但许多项目都失败了,因为它们是对政治议程的回应,所以缺乏连续性。另外,这些项目也没有适应陶器村镇的特殊情况。例如,合作社的规定往往不符合城镇的社会组织,或者提供的煤气窑不符合生产量和车间的规模。尽管如此,在过去的40年里,发展计划仍是陶器生产变革的重要动力,今天,在一些陶器镇,如圣米格尔-特内塔蒂洛扬(San Miguel Tenextatiloyan),所有的陶工都使用电磨、电搅拌器和高效窑炉。此外,一些陶工正在尝试新的器皿形状和在培训课程中学习的装饰形式。到目前为止,所有这些创新都有助于提高生产效率,减小劳动强度,并稍微改善了陶工的社会和经济状况。然而,生产过程,特别是成型方法,仍然保留了古代陶器传统的许多方面。

第三节　陶器的变化

当我们谈到某文化的面貌发生了改变,意味着该文化产生物质资料的技术系统在某些方面发生了变化。这种变化可能是最简单的目标产品形状和种类变化,也可能是原料或工艺改变,或是更为复杂的生产组织变化引发的生产流程、技术水平或产品分布的变化。变化可能是缓慢进展,新事物从零星出现到逐渐占据很大的比例,也可能是突变,突然出现大量新元素。

此时,我们已经可以意识到"变化"是一个十分复杂的主题,涉及的问题和可能的情况并非一个章节能够囊括。考虑到这种复杂性,考古学家在研究变化时主要有两种思路,一种是针对个例,在特定时空坐标下尽可能详尽地搜寻所有相关资料,努力为某一变化事件进行完整的背景调查,在其中寻找因果链;第二种思路则是构建一种系统化和普适的理论框架,找出不同背景下变化的共性,为具体变化事件研究提供指引。前一种思路以某遗址或某考古学文化为核心展开详细研究——其实本书前文提及的大部分研究都或多或少地将"解释变化"作为重要目标,故不在此处特意列出。而本节主要介绍有关考古学变化的理论框架,这些理论和方法或许使用不同的术语和理论体系,但大多从以下几个主题入手探索变化的发生:技术发明、技术选择/接受以及技术分化。发明意味着新事物或新技术的出现,是一切变化的开端;当"发明家"工匠与他人互动,新技术则可能为其他工匠所知,若这一技术被学习、接受并不断实践,逐渐扩散开来,则意味着其他工匠原有的操作和行为发生了改变;当技术不断成熟和改进,而需求逐渐细化,则会发生技术的分化,并催生新一轮的发明。

这些研究框架希望达到对所有技术的普适性,并非只针对陶器,甚至并非只针对古代技术。这也帮助我们意识到,陶器与其他技术实际上遵循着类似的发展逻辑,与人的生活与社会组织紧密结合在一起。

一、技术变化的条件

(一) 技术发明

尽管古往今来技术发明的背景和过程十分多样,但实际上,许多发明过程是高度模式化的,有希望用模型和理论来描述。希弗在行为考古学框架下指出,为了实现这一目标,首先确定发明的"行为背景",作为分析单位;之后是设计理论和模型,说明这些过程的运作。

此处重点讨论以"复杂技术系统的发展"作为行为背景的发明过程。复杂技术系统(Complex Technological System,简称CTS)意指由一组相互作用的人工制品组成的技术系统——这些人工制品之间的相互作用,以及人与人之间的相互作用,或许要再加上某些外部因素,使该系统得以运作。鉴于这一定义的灵活性,人们可以预期,即使在早期的小规模社会中也可以发现CTS。"梯级模型"便是为了处理与CTS相关的发明过程而提出的。简而言之,梯级模型认为,在CTS的发展过程中,出现的性能问题或新需求刺激了连续的发明,即人们认识到该技术组成互动中的缺点。当采用的新发明解决了一个问题后,人们又遇到了新的、往往是未曾预料到的性能问题,这又刺激了更多的发明,如此反复——结果是一系列的"发明梯"。必须强调的是,梯级模型并不能解释CTS本身是如何或为什么开始和进行的;相反,它解释了开发过程中出现的突发性的发明活动。

梯级模型涉及几个关键定义。"发明"是指创造一个新的技术对象或人工制品的活动,通常会催生一种新的零件、组件或子系统。为了符合"新"的条件,一个技术对象应该在至少一个性能特征上与同一社会的其他人工制品不同。术语"发明者"不是指一个职业的发明家,而是指发明新技术对象的个人、任务小组或团体。该模型的一个基本前提是,人们通过参与发明活动来应对性能问题，直到所产生的技术对象有助于形成可接受的解决方案。因此，一个性能问题通常会使发明者创造一系列的变体，个人（和不同规模的社会单位）从中选择，以纳入其他活动中。例如，工匠（作为制造者）只选择"复制"一些发明，而消费者会进一步筛选这些发明。尽管发明过程是受选择的变异来源，但它远不是随机的，不等同于基因突变。

回顾发明的漫长历史，大多数发明都因为性能特点的缺陷而最终不成功——它们既没有被工匠们复制，也没有被消费者采用。成功的发明显然只是人类创新产品中的一小部分，而且几乎可以肯定不具有代表性。如果我们渴望建立理论和模型，那么我们就有必要考虑所有可知的技术对象，无论成功与否，都是发明过程的结果。发明过程中的品类生成特征对理解考古学物质遗存的变异性有着直接的影响。被制造出但被判断为不适合使用的变体通常最终被重新改造或丢弃。在这两种情况下，如果没有被扰动，它们的遗迹可能会被包括在考古沉积物中。因此，梯级模型至少可以帮助我们寻找、识别和解释某些形式上的变异模式。

一个CTS的生命史由一组最基本的过程组成：原型的创造、复制或制造、使用和维护。必须补充的是，这些过程并不形成单线序列，有些过程可能是平行发生的，有些则可能是重复发生的。引起发明梯的生命史过程可以作为分析单位，使我们能够系统地运用梯级模型。一个生命史过程由相互关联的活动组成，而这些活动又包含了一个或多个技术对象及其组成的相互作用。如果CTS的生命史要有一个向前的进展，即从一个活动到另一个活动，从一个过程到另一个过程，人们必须判断技术对象已经达到了"核心"或"关键"性能特征的"可接受值"。为达到这些性能特征的可接受值而做出的努力通常会引起发明的激增，而这又会促进进一步的激增，不论这些努力是功利性的、财务性的，还是象征性的。每一个生命史过程都是一个潜在的发明梯的孵化器，通常涉及不同的关键性能特征。

发明梯可以发生在任何规模的技术对象上，从零件到子系统。在非常复杂的CTS中，发明梯的层次会更明显。发明者最初可能采用不同的方法来实现CTS的核心性能特征，从而导致多种规模的不同技术对象。家庭烹饪技术可能是一种近乎普遍的CTS，由容器、餐具、原料和热源等技术对象组成，其功能是将可食用物质转化为文化上合适的膳食。许多仪式技术、娱乐技术、文化技术、政治技术、水土控制技术、植物栽培和动物饲养技术等,也都可以被视为CTS。鉴于该构架在定义上的灵活性,CTS在几乎所有的社会中都可以被识别。此外,一套基本的过程——即创造原型、复制、使用和维护——也足够常见,几乎是普遍的。

另一个问题是小规模社会中CTS的发展是否会产生发明梯。原则上,在任何CTS发展的生命史过程中都会出现性能问题,无论社会环境如何。此处我们再考虑一下弓箭。发明者可以从许多方面获得这种CTS的设想:思考新的狩猎方式,观察另一个社会的猎人,或者处理其他地方制造的弓和箭。不管设想的来源是什么,实现设想的尝试可能会刺激对新材料的试验,这些材料必须以新的方式加工和组装。事实上,弓箭原型的创造可能需要发明新的工具和加工技术。弓箭在不同动物身上的使用可能会暴露出更多的性能问题。古代猎人很难在第一次尝试时就得出完全可行的设计,往往这一过程中存在大量的发明,而这些发明产生了一些不成功的产品。此外,如果弓和箭获得了重要的象征性功能,那么相关的视觉性能要求会刺激进一步的发明梯。

梯级模型具有高度的通用性和灵活性,可以应用于小规模社会的考古研究,剩下的关键问题便是考古学家如何揭示这些过程。希弗的建议是:(1)首先确定目标CTS;(2)之后通过指定一小部分核心性能要求来定义行为方面的CTS,这些要求将允许一个原型系统运行;(3)进而利用生命史过程作为分析单位,明确发展过程中会出现的各种性能问题;(4)在这一过程中,必须详细了解该系统是如何运作的,即了解技术科学知识;(5)在推断出哪些文物可能是CTS的一部分后,考古学家根据生命史过程将它们分成几组,并明确各组的时空分布。这种分布有助于发现可能被解释为发明梯的模式,此时须特别注意那些显然不成功的变体。

此外,需要强调的是,一个CTS可以而且经常包括不同材料的技术物品。举例来说家庭烹饪的CTS可以包括陶器、磨石和木制物品,更不用说植物和动物。因此,一个CTS的发明梯可以导致不同材料技术的新变体。同样的道理,一种特定材料技术的历时性变化可能是由不同CTS的发明梯造成的。例如,某文化陶器的变化可能是出于几个CTS的性能要求的改变,如仪式技术、家庭烹饪技术和宴饮技术。陶工们的反应是发明了具有各种胎体、形状、尺寸以及表面处理的容器，其中一些被大量复制。

尽管对一个社会或技术社区的有识之士来说，一个新的 CTS 的愿望有时是显而易见的，但新技术对象的形式、具体功能、性能特点和制造工艺却远非如此。为了从一个设想转向一个可复制的技术，CTS 的发明者必须穿越一定的"发展距离"。也就是说，他们必须产生足以产生变体的梯，以帮助解决所有出现的性能问题。有些发展距离很短，也许是因为一个功能性的 CTS 可以由已经发明和复制的技术对象拼凑而成。有时，只有少数性能问题出现，因此只产生了少数的发明尝试。在其他情况下，漫长的发展距离通常迫使人们在发明活动中投入大量的人力和物力。如前所述，社会环境对于决定是否以及以何种方式将必要的资源用于某项目起着重要作用。例如美国西南部普韦布洛人用于储存和居住的家庭结构（这是一种 CTS）——在持续数十年的时间里，普韦布洛人将他们的建筑结构从坑道和各种储存设施转变为大部分在地上的砖石结构建筑，包括了居住和储存功能。显然，普韦布洛社会中不断变化的环境因素，如社区重组、家庭在一个定居点的停留时间更长、定居点的沿用时间更长，逐渐为住宅和存储设施确立了新的核心性能要求。值得注意的是，促进这一过程的发明梯在考古记录中留下了明显的痕迹，"过渡性"结构见证了这一持续几十年的进程。

事实上，我们可以想象，普韦布洛社区如果不能迅速跨越这种发展距离，就可能会产生其他行为变化。例如，对更多食物的迫切需求、迅速恶化的环境或一种新的农业技术，可能会导致移民、新型区域组织、交换网络变动或暴力事件。假设所有的社会都有资源可以及时跨越巨大的发展距离，那是不明智的。也许史前的许多渐进式技术变革只是反映了在选择压力的严重性与传统社会产生发明梯的能力之间存在着良好的匹配，从而以一种有效的 CTS 做出反应。

总结来说，针对发明过程，希弗提出了一个适用于 CTS 发展的梯级模型。该模型的关键前提是，在一个 CTS 的发展过程中出现的性能问题会刺激连续的发明梯产生，这可以方便与生命史过程联系起来研究，适用于大多数 CTS 的生命史过程，包括制作原型、复制或制造、使用和维护。原则上，这个模型甚至适用于最小规模的人类社会。需要指出的是，梯级模型只是我们理解不同行为背景下的发明过程所需的众多模型之一。

（二）互动

工匠或产品在人际层面和群体层面的互动是导致新技术元素扩散的核心步骤——在前工业时代，信息的扩散大多是以人的移动为载体的。互动在考古学解释中起着核心作用，但实际上互动比大多数考古学家愿意承认的要复杂得多。"互动"不能作为一个单一的现象来对待，我们必须认识到存在着广泛的互动类型，包括不同类型社区之间的接触，以及出于不同原因而发生的接触等，这些都会产生不同类型的物质遗存。海登提出了一个处理互动的框架，其中包括(1)互动的最终适应条件；(2)各种类型互动的具体原因；(3)由于社会机制的各个方面而导致的互动改变；(4)互动机制，以及(5)所有这些因素导致的人工制品模式。

面对复杂的考古情境，我们需要区分出互动问题涉及的不同因素。出于表述的目的，我们可以通过从原始数据基础（即人工制品）到更一般的理论推论来进行分析。

1. 考古材料的模式化分布

考古材料的模式化分布是互动的物质痕迹，一系列描述性属性可以用于量化考古材料的分布，并使解释更加有说服力。

第一，应该确定从一个特定地点开始的互动范围——一个特定社区的互动网络所涵盖的区域，由该地点制造的器物分布来衡量。

第二是边界性。这指的是互动网络的界限被清晰地划分出来，并明确可渗透的程度。陶器风格是在空间上表现出突然的变化还是逐渐的融合？贸易材料是否表现出距离的衰减或阶梯式的下降？这一属性在一定程度上可以反映互动网络中特定文化子系统（经济或政治）的自给自足和隔离程度。这可以用特定社区的下降曲线来量化。

第三是多样性。这是指互动网络中存在的风格变体的多样性。如果与其他证据结合使用，风格多样性可以用来推断社群内部的专业化程度，或者推断由许多社群组成的互动网络中的子单元分割程度。因此，多样性可以反映群落之间的相互联系的程度和参与特定网络的子单元的数量。这一属性可以借用衡量多样性的标准生态学技术来量化，不过此处需要注意生态学公式的适用范围，或者简单地将一个集合体中的主要风格变体的数量相加来量化。

第四是人工制品的种类。人工制品是由普通材料还是珍贵材料制成的？这些器物是未经加工的普通工具，还是需要大量精力手工制作的物品（贵重物品）？这些考虑对于推断参与互动的具体社会单位（家庭、大人物、贵族）和互动的原因（功利性的交换与联盟的形成和维持）都很重要。

第五个重要的属性，是与互动有关的考古材料模式化分布是以风格属性，还是以原材料的来源，还是以两者来表达的？这一信息对于确定互动的原因、推断互动的强度以及界定相关的社会单位（假设这些物品的来源是已知的）也很重要。

第六是单元之间的模式化的对称性。影响力是对等的还是单向的？是相同范围的商品来回交换（联盟情况），还是不同的商品交换（商品供应情况）？维持互动的机制即负责器物模式化的具体行为类型，如人员交流、经济交流、仪式交流等。

2. 互动中的矩阵变量

之所以被称为"矩阵"变量，是因为互动会发生在一组给定的文化条件中，或在一个文化矩阵中。这种文化矩阵的性质强烈地影响着互动的机制、物理属性，甚至动因。矩阵变量包括一系列不同的因素，如社区类型、等级制度或社会集团的存在。这是分析中最复杂和最难处理的部分，因为一方面，这些修饰因素影响着人工制品模式化的各个方面，甚至是互动的原因；另一方面，反过来说，我们是用考古材料模式化来推断矩阵变量的存在和发展程度的。例如朗埃克假设氏族集团决定了陶器类型的风格分布，但随后利用陶器类型的风格分布来推断这些集团的存在。因此，在推断矩阵变量的存在并为其指定因果作用时，存在着强烈的循环性因素。幸运的是，在大多数情况下，还有其他方法可以推断或证实矩阵的存在和强度，如按规模对遗址进行排名，根据建筑结构确定行政中心，根据多方法确定遗址功能。这些可供选择的推论来源使我们能够在很大程度上摆脱循环论证。

关于矩阵属性，有一些重要的社会文化因素，它们对互动的特点和物质遗迹的表达有重要影响。其中最基本的一个因素是，互动是发生在社区内的个人（或群体）之间还是社区之间。在这两个层面中，处理社区之间的互动要容易得多，因为互动事件更加离散，在物质上更容易辨别，更有动机，不那么频繁。因此,它们不是偶然的事件,而是高度模式化的。此外,所涉及的社区可以被现实地看作独立的、内部整合的单位。社区内的互动在前文"学习"相关讨论中有涉及,故此处大多考虑社区之间的互动。

另一个重要的矩阵属性涉及社会复杂程度,特别是反映在社会机构的存在与否以及强度上,如头人(big man)、氏族和贵族,或者完全没有这些的平等社会。这些因素可以影响互动机制,并影响具体的人工制品类型及分布。例如,显而易见的是,具有明显社会分层的社区需要地位的物质指标,而大多数平等主义社区则不需要。

此外,还必须考虑互动群体之间的确切关系,包括竞争、共生、中立等。在处理社区间的相互作用时,如果忽视社区之间的关系会导致对互动的混乱解释。协作,包括等级关系,可能会影响互动网络的范围,以及哪些种类的物品会参与互动。

在许多情况下,与合作有关的最后一个重要矩阵属性是社区功能。如果社区有专门的功能,如采矿、伐木、贸易或军事前哨,这就会产生专门的互动类型,从而影响考古材料的模式化,特别是关于同质性和对称性。社区功能一般可以从集合体的其他方面确定,如环境、特征和功能分析——我们需要许多参数来共同描述这种情况下的相互作用。

3. 维持互动的目的和机制

确定互动发生的原因在整个推理过程中十分关键,进行互动的目的从根本上决定了人工制品模式化的特征,尽管这些特征可能在一定程度上被其他属性所改变。这些目的与其他条件共同决定了互动的发生和维持机制。对于社区之间的互动,这些类别在最低限度上包括:侵略性的互动——掠夺、领土利益、复仇等;商品交换——当地没有的商品或服务;合作和分享过剩的资源;赚钱——在贸易中充当中间人,从利润中获得生计;成员交换以平衡性别比例;联盟的形成和维持——生存、经济或防御原因;获得信息,如学习手艺或仪式。

在社区内部,存在着少有物质痕迹的互动类型,如非正式的问候;然而,在处理社区之间的互动时,上面列出的主要互动类型均会产生物质痕迹——事实上,物质往往是互动的原因。每种目的的物质痕迹通常都有足够的特点,因此可以在考古学上加以识别。在理论建设阶段,一个临时的简化假设是，与这些类型的互动有关的物质模式化的强度将与互动的强度和频率成正比。在一般情况下，社区之间的互动越频繁，持续时间越长，物质模式化就越强（不一定以人工制品频率来衡量）。

最后，应该重点考虑决定适应性互动的最终条件。这些包括：资源的可用性和可变性、社区生计模式、社区规模、社区经济"领土"规模、主食的运输方式、社区流动和定居程度，等等。这是我们可以处理的最重要的领域，但也是最抽象、最理论化和最难分析的领域。

尽管上述要素实际应用于考古研究时非常复杂，但这样的思考方式为理解互动提供了基础方案。传统上，互动被用作解释考古记录中模式化的单一方式，这使得互动现象本身被简化、神秘化，并且没有得到仔细处理——在文化历史考古学框架下格外如此。我们需要做的是将互动的黑盒子作为一种现象本身来考虑和解释，视之为一种具有自身属性和特点的东西，这种属性和特点因地、因时而异。只有这样，我们才有条件进一步理解发生在互动背景下的技术竞争和工匠选择。

二、技术的采纳

上文讨论了技术创新的产生和以人为载体的技术扩散的互动背景，但是，这不足以解释变化的实际结果——这与情景细节密切相关，涉及采纳者和发明之间的具体关系。只有在发生技术变化的社会背景下，才能充分理解技术变化。正是在技术变化和生产组织、经济和社会变动的相互作用下，发明创新的最终结果——新技术元素的应用——才得以体现。而在这些过程中，特别是已经产生生产-消费者分化的社会中，我们又可以区分出两组采纳者——对于生产物质产品的工匠来说选择何种技术，以及对于产品的使用者来说选择何种类型的产品。工匠的技术选择在此前的章节中已有大量论述，如"技术组织"部分，此处我们更多考虑对于广义的"消费者"来说，新技术是如何被采纳或拒绝的——这意味着物质文化出现变化还是保持稳定。

（一）技术发展关键路径网络

描述技术变化的实际过程最有用的方法之一是关键路径网络——一种

调度技术,用于描述构成整个过程的一组相互关联的步骤。建立各步骤之间的逻辑关系后,注意力应集中在那些控制整个过程的步骤上,即所谓的关键路径。例如,马拉犁创新的关键路径不在于技术发展的路径,而在于社会和农业实践的变化,以便操作改进后的犁并从中受益。[1] 在许多创新中,关键路径往往不在发明的技术层面上,这一事实说明了其利用的明显延迟。事实上,市场的接受率通常在生产和销售的关键路径上,而这与接收方社会经济状况息息相关。我们必须考虑到技术的变化是自发的发明和发展还是存在强力推动或阻碍,这便是上文讨论的互动情境。一方面,在早期社会中,有时可以推断出传播的军事障碍,例如英国青铜时代中期青铜剑的铸造;另一方面,更普遍实用的发明,例如新石器时代欧洲的犁和轮式马车以及中世纪欧洲的风车和时钟,似乎传播得非常迅速。

此处,一个路径清晰的技术发明和应用实例为我们展示了技术在扩散中可能涉及的因素。18世纪英国引进焦炭高炉是工业革命的一个重要创新。简而言之,1600年的技术包括在烧炭的高炉中冶炼铁和在炭火中精炼铁,这两个过程都使用水力鼓风。到1620年,煤烧高炉已经成功实现,但直到1707年,亚伯拉罕·达比(Abraham Darby)在什罗普郡使用两座高炉,以相对较小的规模生产铁,用于铸造薄壁容器,才实现了铁的商业化。直到1750年后,对铁的需求不断增加,导致数量有限的木炭价格上涨,使焦炭工艺决定性地更加经济,人们才努力解决使用焦炭的问题。首先,1775年瓦特蒸汽机首次为大型焦炉提供了可靠和高效的鼓风装置,在间接加热的炉膛中浇注铁水的方法被发明出来,大大改善了最终产品的质量。这导致了1790年后铁产量和熔炉数量的巨大增长。这两种趋势几乎一直持续到1860年,当时英国的铁产量达到400万吨。这些创新的关键路径[2]按照所列活动的顺序排列如下。

---

[1] 关于重型马拉犁引入北欧的简单关键路径网络,参见 Donald A. Spratt, "Innovation Theory Made Plain", in W. E. van der Leeuw and R. Torrence (eds.), *What's New? A Closer Look at the Process of Innovation*, London: Allen and Unwin, 1989, pp. 245-257, Fig. 12.2。

[2] 关于公元1600—1810年间英国焦炭高炉创新的简化关键路径网络,参见 Donald A. Spratt, "Innovation Theory Made Plain", in W. E. van der Leeuw and R. Torrence (eds.), *What's New? A Closer Look at the Process of Innovation*, London: Allen and Unwin, 1989, pp. 245-257, Fig. 12.4。

(1) 焦炭高炉的实验在1619年获得成功。

(2) 进一步的实验导致1707年有两座焦炭烧制的高炉在持续运行。

(3) 静态的铁市场使木炭价格保持低位,燃炭高炉在1750年前一直很经济。

(4) 铁市场的扩大提高了木炭价格,使焦炭高炉变得经济,导致30个装置的出现。

(5) 由于缺乏足够的鼓风式发动机,技术发展缓慢,直到1775年,包尔顿(Boulton)和瓦特的蒸汽机被引进。

(6) 迅速安装包尔顿和瓦特发动机。

(7) 技术因精炼(锻打)铁的质量而迟滞,直到发明了"浇筑"(puddling)工艺。

(8) 快速安装浇筑炉。

(9) 锻铁质量提高后,铁的销售迅速增加。

(10) 进入19世纪后,技术进一步迅速发展,市场进一步扩大。

这种关键路径分析说明了一些在创新研究中广泛存在的现象。例如,该技术在投入商业使用之前就已经被发明了,而且是在市场的一个特殊部门使用;路径关键在于需求的增加,由于重要的新材料(木炭)的供应有限,使得早期的工艺不经济,而社会对工业、家庭、军事和工程硬件的需求广泛增加;在快速接受期(1750—1810年),技术的变化既刺激了需求的增长,又与之同步。这些都提示我们,技术和市场的交互控制着工艺的接受速度。

(二) 发现技术采纳阻力

上文讨论了技术的发明和进展路径,但是,若要将这类模型应用在考古研究中,我们需要意识到,在前工业社会即使存在很大的激励动力,如市场和政府经济操纵,这些过程也比现代社会慢得多。这些延迟是由许多不同的因素造成的,从史前到现代社会进程出现了加速的迹象。[①] 在很大程度上,这受到信息载体及其移动方式的影响——需要再次强调的是,在前工业时代信息

---

① 关于从史前到现代各种创新的延迟时间,参见 Donald A. Spratt, "Innovation Theory Made Plain", in W. E. van der Leeuw and R. Torrence (eds.), *What's New? A Closer Look at the Process of Innovation*, London: Allen and Unwin, 1989, pp. 245 – 257, Fig. 12.5。

的扩散大多是以人的移动为载体的，文字及各类"纸"的出现略微扩展了信息的流动和传递方式，但直到工业时代及之后的信息时代，信息流动景观才有了本质上的变化。但是，我们也可以从另一个角度思考，关注阻碍技术被采纳的力量。

沃森（G. Watson）的数据已经证明，不能把阻力简单地归结为惯性，它通常表现为一种周期性结构：早期阶段，只有少数人认真对待改革，阻力几乎是全方位的；随着改革运动的加速，出现了明确的反对集团；冲突标志着第三个阶段；到了最后阶段，任何剩余的反对意见都被称为反动派，那些仍在抵抗的人被疏远了，就像那些在第一阶段接受它的人一样。创新现在是社会结构的一个组成部分。

拒绝过程综合了个人和团体动机上的障碍。社会压力的作用，即群体胁迫或其他人的拒绝，也经常被用作不采纳创新的标准。这取决于一系列的个人和环境属性。

我们的考古材料涉及的时代或许不存在自上而下的、有强力推动的技术推广运动，但面对某种新技术，类似的采纳-抵抗过程仍可能存在。例如，贝格（I. Berg）分析了地中海米洛斯岛法拉科比（Phylakopi）地区米诺斯化（Minoanisation）过程中轮制技术的扩散过程。法拉科比地区陶工很少在本地陶器类型中使用轮制技术，在米诺斯化过程中，本地的轮制陶器迅速增加，但大多数采用轮制的器型由米诺斯传入，绝大部分的当地器型保持了传统的手制成型，这种二分模式贯穿陶器生产的各个方面，其原因可能是陶工认为这两种传统在概念上是不同的。贝格结合戈瑟兰的观点，认为这些初步成型技术基于特殊的手势和运动习惯，因而抗拒改变，反映社会身份中的最个体、最根深蒂固的方面，包括亲属关系、学习网络、性别和社会阶层，正契合法拉科比陶工对采用新的轮制成型技术的犹豫。但是，这种抵抗状态在每个文化、每个社区并非完全一致——在类似的情形下，基亚岛上的艾雅艾里尼（Ayia Irini）采用的轮制技术则顺利地扩展到了当地器型中，而没有导致任何形式米诺斯 本地传统的分裂。为何不同人、人群、社区、文化的采纳-抵抗行为会产生差异呢？

除了前文举例叙述过的经济因素，社会文化因素可能也会影响新技术的传播效果。例如，学习过程中养成的习惯和观念无疑对这一过程有影响。沃拉尔特(H. Wallaert)在非洲中部喀麦隆地区的陶器工坊中识别到了两种学徒教学模式：法罗(Faro)地区的工坊通过任务的分割、知识的封闭、行为的严格控制，以及拒绝任何背离社会公认规范的人或事，来确保风格的延续，而法利(Fali)地区的工坊则欢迎学徒在实践中有创造性的变化，与其他地区有更多互动。类似的社会文化因素可能还有许多，通过观念或习惯来微妙地影响技术采纳过程，虽然其中或许有绝大部分对现代考古学者来说是不可见的，我们也要考虑到这些因素存在的可能性。

（三）感知、吸引力、创新、抵抗和扩散：一个系统论模型

以上所有讨论都提示我们，技术不论是发明还是扩散、采纳过程都是复杂的、非线性的。此处简单介绍麦克格莱德夫妇(James McGlade and Jacqueline M. McGlade)的系统论模型，展示技术采纳和扩散过程，以及制约和抵制的主要力量。尽管系统论方法目前很难真正用于大多数基于现实材料的考古研究，但其中模型构建的思维模式有助于我们直观地、快速地理解一系列技术过程。

他们两人的系统论模型使用了一种特殊的流程结构方法，有一套源自STELLA计算机建模程序的特征图标。[①] 这些图标可以概括为存量(stocks)、流量(flows)、转换器(converters)和连接器(connectors)，并形成基本的概念构件。存量用矩形表示，可以被认为是汇聚或积累，因为它们收集了流量。这些流量可能是物质或纯粹的概念实体，如知识或信息。流动用管道来描述，它类似于物质流动的管道，作为一种调节机制，控制着诸如逻辑的流动。转换器用圆圈表示，基本上是在传递信息之前对传入的信息进行转换，它们不积累流速，而是修改或扩展现有的信息。转换器也很有用，因为它们可以被表达为图形函数。连接器是简单的连接箭头，使我们能够将任何数量的实体联系起来。这种结构的效用在于它的灵活性——它不具有其他系统方法的局限性，即要求线性因果关系和明确的目标追求行为。此外，它还

[①] 麦克格莱德夫妇所用的创新流程示意图，参见 James McGlade and Jacqueline M. McGlade, "Modelling the Innovative Component of Social Change", in W. E. van der Leeuw and R. Torrence (eds.), *What's New? A Closer Look at the Process of Innovation*, London: Allen and Unwin, 1989, pp. 281-299, Fig. 14.3.

可以容纳定性和定量的概念。

该模型所依据的主要结构和行为假设包括：

（1）对问题的认识和感知预示着一种需要——这可能是个人的或集体的。

（2）需要向创新的转化是由某种推动力引发的，这需要①有利的环境、②某种吸引力尺度、③创造性的水平。

（3）一项特定的创新创造的难易程度最终取决于它是否可以被归类为"连续的"或"不连续的"。连续创新只是描述了对现有想法或项目的修改和改进，如改善美学、增加效用或效率。不连续的创新作为全新的产品或想法，则可能会引入范式的变化。

（4）随后的采纳阶段被描述为一组信息流，将创新传达给一组潜在的采用者。人际沟通和媒体沟通都包括在内。

（5）采纳率反过来又受到认知领域的影响，其中个人的信念和态度起着改变采用过程的作用，例如创新与接受者的兼容性。

（6）这里至关重要的是采纳的反面——阻力。这被描述为有三个主要的焦点：文化、环境和心理。文化阻力是非常强大的，因为社会结构、亲属关系和宗教态度都可以成为采用的潜在障碍，如果其中任何一个或所有三个占主导地位，那么就会发生排斥现象。

（7）在没有拒绝的情况下，扩散是可以实现的，并得到了一些先决条件的帮助，如创新适应潜在采用者的特殊需要和情况，以及容易被现有的社会结构同化。

在纯粹决定性的情况下，考察这个模型的行为，就会发现其完美的对称状态是严格符合逻辑增长的原则的。然而，如果我们在更现实的假设下，通过包括噪声、时间延迟和人类社会系统不断受到的各种文化和行为影响的波动来呈现这个模型，那么就会得到一套完全不同的结果。创新过程中的不稳定动态显然值得进一步研究——特别是在不确定情况下促进决策的复杂行动和互动网络。

（四）技术竞争

观察技术扩散，或说技术采纳过程的另一个视角是考察"技术竞争"。前文大多讨论人类采纳新技术的过程和心理，希弗提出的技术竞争则相反，这种思路以技术为观察对象,考察不同技术各自的优势,即讨论技术对人的吸引力。

在"技术竞争"中,两种或更多的能够达成类似目的的技术为应用而竞争,即争夺"采纳"这一结果。技术竞争发生在许多层面,从简单的零件到技术系统。这些层次的技术可以分为两大类:(1)单独的技术,即零件、简单产品和复杂产品,以及(2)集合技术,包括零件族、简单产品族、复杂产品族、材料技术和技术系统。集合技术之间的竞争是历史和考古记录中可以看出的许多长期变化模式的原因。

许多以往的理论强调"进步"和"革命",假定技术竞争不可避免地以失败告终。在一个线性过程中,"老式的和劣质的"技术被"新的和更好的"技术迅速取代。而当考古学家关注技术变革的详细记录时,进步的叙述很容易被推翻。许多竞争,尤其是综合技术之间的竞争,往往持续数十年、数百年或更长的时间,由于其应用的互补性,可能没有决定性的赢家或输家。从赢家和输家的角度来框定技术竞争的研究,显然无助于说明技术变革的实际顺序。

此处,希弗介绍了一种基于生命史的技术竞争研究框架。某种产品生命史中的主要过程是发明、商业化(或复制)和采纳,而这三个过程也可以扩展到集合技术。从功能的角度来看,某一产品一般具备三个基本功能,即技术功能、社会功能和视觉功能,这些都适用于单独和集合技术。

在讨论技术和社会之间的关系时,功能领域十分重要——一个功能领域是一个社会的技术功能、社会功能和视觉功能的总和。一个社会可能拥有数以百万计的离散功能,这套功能被抽象地构想出来,而不考虑这些功能具体是通过什么技术实现的。在许多社会中,功能领域作为一个整体很少是完全静态的。即使在短暂的时期内,也会有许多离散的功能不断出现和消失,使功能领域增长或收缩。

为了讨论所采用的综合技术如何与社会的功能领域相衔接,我们有了"应用空间"(application space)这一术语。任何技术都会映射到功能领域的某些部分,执行一系列的一般功能——这些被称为技术的应用空间。

性能特征的概念有助于人们研究影响综合技术的应用空间的大小和形状等各种因素。正如本书前几章所讨论的,作为特定的交互行为能力,一个人工制品的性能特征决定了它执行特定功能的能力。性能特征的概念很容易扩展到综合技术。

三、技术的分化

在考古学和历史记录中,通常可以看出一个大规模的、通常是长期的行为变化过程,这就是技术分化,即一种技术变体的扩散。在这个过程中,一项新技术的出现,最初通常只有少量的功能变体,而经过几十年、几百年,甚至上千年的时间,随着人们创造和采用新的变体,该技术变得多样化。希弗以18世纪电力技术为例提出了一个用于研究技术分化的行为框架,使研究者能够以标准化的方式解释任何技术的分化。这种近似的解释反过来又成为以行为为基础的技术变革研究的基础。技术分化是技术在社会内部和社会之间从社区转移到社区时发挥作用的过程的产物。通过以这种方式构建解释问题,研究者可以首先关注在接受方社区进行不同活动的人如何促进所采用的变体重新设计和扩散。

一个技术社区是指其成员参与一项或多项包含特定技术变体活动的任何团体。因此,盆景园丁、粒子物理学家、信件传递者、工艺陶艺家、攀岩者、集邮者,甚至田野考古学家,都可以构成技术社区。每一个群体的成员都采用特定技术进行某些活动,不管他们之间是否有实际互动。在技术实际转让、修改和采用之前,通常不可能预测接受方社区的构成。需要始终留意的是,"社区"只是一个灵活的分析单位,它允许研究者构建基于活动和技术的群体。

无论社区组成或其技术性质如何,技术分化过程可以被模拟为六个阶段:(1)信息传输(information transfer),人们通过一种或多种信息传输模式了解一项技术,如口耳相传、书面材料或硬件本身;(2)实验(experimentation),对新技术是否适合于接受者社区的特定活动进行评估;(3)重新设计(redesign),对技术进行修改,使其性能特点更适合这些活动;(4)复制(replication),经过修改的技术通过一种或多种模式进行复制,并被提供给社区成员;(5)当一些人获得新的变体时,就发生了获取(acquisition);(6)使用过程中,新技术被纳入接受者社区的活动中。

在人们获得并使用修改后的技术后,调查者能够明确接受社区的构成、其活动以及其技术的性质。不过,在现实世界的技术分化案例中,这些阶段往往不是有顺序的、严格分开的。这些阶段仅仅是一种启发式的手段,它允许研究者将复杂的行为过程分解为可管理的研究单元,具体阐释如下。

(1) 信息传输:意指对技术的描述直接或间接地从一个社区的人转移到其他个人,这种描述通常是对其性能特点的描述。通过这种方式,那些可能成为新的接受者群体核心的人了解了该技术及其参与他们自己活动的潜力。

(2) 实验:第二阶段通常开始于一些人在不同的活动中尝试新技术,或在"思想实验"中预测其可能的表现。通过这种方式,人们创造了类似于技术科学的知识,即在特定的活动和技术的性能特征之间的配合,有真实的,也有想象的。

(3) 重新设计:当实验继续进行时,人们认识到需要重新设计技术,这可能会导致新的变体的诞生,通常是功能上的变体。为了理解重新设计,调查者需要研究接受方社区的活动,明确可能影响新变体性能特征权重的情境因素。情境因素包括活动的社会单位的规模和组成、所使用的具体器物、活动中人与器物之间的精确互动、进出其他活动的物质流,以及活动表现的地点和频率。情境因素几乎可以被看作技术功能要求的决定因素——潜在的相关"外部"变量,如社会不平等、宗教意识形态、政治结构和交换网络,通过作用于情境因素来影响技术的设计。

在设计过程中,工匠可以从该技术的行为链上的其他人那里得到反馈,即该技术的其他团体。从这种反馈中,工匠可以了解到情景因素和功能要求,即在特定的活动(如制造、销售、使用、维护、废弃)中,哪些性能特征应该得到重视。不同活动的性能要求经常发生冲突,因此工匠通常会设计出一个折中的方案。性能特征的实际权重受到外部变量的影响,这些变量会影响到情景因素。在没有实验数据和详细证据的情况下,研究者可以根据一个变体的形制属性以及它与人、其他技术和环境现象的特定活动互动的功能要求,来估计它的实际性能特征。然而,即使在有历史、民族学或实验证据的情况下,对实际性能特征的评估也只是推断。

(4) 复制:变体被复制意指制造并提供给购买者和使用者。对复制模式差异的理解有助于调查者了解人们如何获得特定变体的例子。

(5) 获取:在获取过程中,新变体被人们获得,从而成为接受者社区的一部分。此处的获取等同于本节其他部分提到的"消费"或"采纳"。从行为学的角度来看,对采用行为的解释要求人们估计并比较所采纳的技术与相关活动中替代品的性能特征。有了关于技术复制模式、获取模式、社区、社区特定活动和替代技术的知识,调查者可以严格地讨论这种问题:"为什么一个社区的成员采纳技术 y 而不是技术 u、v 和 z?"当然,有时并没有替代技术,在这种情况下,潜在的采纳者会根据他们的活动要求来评估新技术的性能特点,考古学家可以对此进行模拟。然而,对获取特定变体的解释超出了技术分化框架的目标,因为这种解释关注的是小规模而不是大规模的技术过程。在处理技术分化时,人们只需注意新变体的性能特征权重,这使它们更适合于接受方的活动。

(6) 使用:使用由所获取的技术与社区成员互动的活动组成。通过区分使用和获取,我们承认一个社区可以包括远远多于直接获取技术的人。对一个社区的不同组成的理解,评估与使用有关的性能特征的理想权重至关重要。通常情况下,不同用户群体的性能要求会指向不同的权重。通过考虑社区成员的多样性,研究人员有机会明确地处理诸如冲突和谈判、社会权力,以及获得资源和社区成员资格等问题,这些都会影响到绩效特征的实际权重。然而,社区成员的最终标准始终是共享活动和共享技术。

希弗最后指出,尽管研究者可以利用技术分化框架作为建立新的技术变革理论和模型的辅助工具,或者作为研究小规模过程(例如采用特定的变体)的起点,但是,该框架最重要的用途是建立行为参数,在此基础上形成技术差异的背景化叙述。一旦确定了一项技术的新变体,并根据接受者社区的活动和群体组成推断出哪些性能特征是有分量的,就有无穷的可能性来建立叙述——如果有一个或几个人参与了技术分化和创造其变体,就可以用一种传记性的框架来描述这一过程;或者一个纯粹的时间框架,强调新的变体在社区与社区之间的分化过程中出现的顺序。无论其结构原则如何,任何叙事的确切形式和内容不仅要根据案例研究的具体情况,而且要根据研究者的兴趣和范式偏好进行调整。一些研究者喜欢强调社会机构的叙述,从个人的欲望和意图到性别、社会阶层之间的权力斗争等[如多布雷斯(Marcia-Anne Dobres)];以马克思主义为导向的研究者强调总体经济和意识形态因素的影响[如麦圭尔(R. H. McGuire)];还有一些人采取了进化论的方法,详细说明了与环境的选择压力有关的特殊变体的来往[如奥布赖恩(M. J. O'Brien)和莱曼（R. L. Lyman）］。除了说明活动的变化是许多技术变化的直接来源外，技术分化框架和许多其他行为理论对最终原因是不可知的。事实上，使用技术分化框架作为构建无数叙述的基础是完全可能的，无论人们对旧石器时代中晚期石器技术的扩散、普韦布洛仪式技术的分化，还是20世纪工业印刷技术的扩展感兴趣，技术分化框架似乎都为研究大规模的技术变化模式提供了一个潜在的有用工具。

在陶器研究中，技术分化可以为我们解释不同区域和人群的制陶技术变异提供一种分析思路。操作链中的每个环节都有可能涉及复杂的环境和文化因素：一方面，在"硬件"上，制陶的效果依赖原材料、燃料、一系列工具和设施的配备；另一方面，在"软件"上，制作和使用者对陶器的期待和设计随文化传统和生活方式而异。于是，无论是作为一种广义技术的制陶，还是某种具体技巧和操作，如羼和料配备、快轮技术、抛光技术甚至某种视觉效果，在传播和采纳过程中都会随环境和文化情境的变化而发生微妙的调整，以确保预期效果能够顺利实现并受到欢迎。一个著名的例子讨论了原材料及其处理方式的分化：赖伊从南巴布亚海岸的不同地区收集了黏土，测试了在添加不同的羼和料和海水，以及在不同烧制温度下，陶坯样品的表现如何。这些材料包括博艾拉（Boera）地区、麦卢（Mailu）岛和莫图波尔（Motupore）岛的黏土、沙子和海水。结果显示，三地区黏土对应的能够使陶坯在烧制过程中不破损的有效温度、沙土比例范围十分不同。比如，麦卢地区黏土本身可加工性就很好，所以传统陶工往往直接使用不加羼和料的黏土，同时，在露天火源可以达成的温度范围内，海水和淡水对不加沙黏土造成的区别也不显著。于是，对于此地区的陶工来说，使用海水并没有什么优势，他们使用海水只是因为海水充足易得，而淡水比较难以获得。而莫图波尔地区不加羼和料、用海水湿润的陶坯过于紧实、无法承受热膨胀压力，会在加热过程中"爆炸"，在这种情况下，陶工则会生成一种对淡水的强烈偏好。这可以帮助我们想象，对于特定技术偏好的真正原因可能被遗忘，但正确的决策可以被礼仪或程序固定下来。对于迁移至另一地区的人群来说，如果不考虑原有的羼和料实践、物质利用模式以及用火技术是否在新地点依旧可行，单独论述制陶技术的延续性就是空谈，关注其中隐含的技术分化过程有助于我们理解各种环境和文化因素的交互过程。

终　章

本书通过阅读近百篇关于陶器研究方法与理论的论文和世界不同地区古代文明陶器分析案例，从陶器分析和陶器理论两个层次进行了归纳与梳理。第一章至第三章是陶器分析部分。

一、陶器分析

第一章主要关注的是陶器的生产技术，从黏土的属性与制备、陶器成型与精加工、烧制技术与残次品认定、烧制技术复原等五个方面展开。陶器是由黏土通过加热转化成的坚硬耐用的产品，具有多种形态和特征。地质学家从原料（黏土和其他包含物）的矿物构成来研究陶器；化学家通过原料的化学成分、元素间离子键以及加热而出现的反应来认识陶器；而陶工眼中的陶器则是人们要使用的东西。考古学家根据陶器的式样和所涉及的技术行为来定义陶器，会观察和测量陶器的所有特征：从原料的构成及其来源、成型技术、烧制过程，到在特定情境中的使用。陶器历史悠久，几乎在世界各地都广泛存在，它的存在很少受特定环境状况的限制，因为黏土是可供人类开发的最丰富、最廉价、最具适应性的资源之一。陶器虽然会破碎和风化，但总体来说保存良好，陶片也不太可能被选择性地从遗址中移除。一般来说，陶器不像黄金或玉器那样是外来的或价值很高的商品，仅限于上层社会使用。尽管某些种类的陶器使用者可能仅限于贵族，或用于仪式、陪葬，但作为普通手工制品的陶器却没有受到那么多的限制。陶器广泛用于所有社会成员的日常烹饪、储存和卫生保持中,以至于考古学家可以在很多情境下发现由黏土烧制而成的各式各样的陶器。

制作陶器的原料的空间分布、获取的成本、需求量、运输成本等因素都会影响陶工开发何种资源的决定。天然黏土多含有杂质,致使它们很难在自然状态下制作成器,通常通过淘洗来清除掉杂质。黏土淘洗的程度因容器成型所用的制造技术而异。对于轮制容器而言,黏土中的大量杂质会对成型造成影响,然而对于许多手制的容器来说,粗糙的黏土更为合适。陶工在制备黏土时将羼和料添加到黏土中以提高其可加工性,而在陶土中添加作为羼和料的有机材料,如草木灰、种子壳或秸秆,或者无机材料,如沙子、碎石或石灰、碎陶片等,可使陶土具有所需的可塑性和水分含量。陶器成型技术多种多样,主要包括手制成型、泥条盘筑、泥板拼筑、模制、浇筑和轮制等。在陶器初步成型后,陶工还可以使用其他技术来完善容器的成型并装饰其表面,用拍打、刮削、修整和轮修等方法改变容器形状,进一步用抹平、磨光、抛光等技术来精修。器表装饰往往与风格有关。陶器的烧制既可以露天或在小坑中进行,也可以在永久性的陶窑设施中完成,这个过程会导致黏土在高温下发生复杂的物理、化学变化,失去最初的可塑性。陶器的器表和内部结构由三个主要因素决定:烧制的最高温度、烧制的时间和燃烧气氛。

无论是史前的还是当代的传统陶工,都无法接触到我们所拥有的复杂的化学和矿物学科学知识。然而,他们也拥有巨大的知识财富,这是基于多年,或者往往是几代人的制陶经验的,他们了解什么材料在什么条件下能很好地成型,了解哪种成型和烧制方法能制作成不同容器,用来加热食物或冷却液体,也了解容器可以承担的其他用途。

第二章关注的是研究人员在面对一批陶器材料时该如何做出初步分析,其中包括陶器的材料学属性、成分、形制与功能,以及陶器在使用过程中发生的改变。材料学属性包括显微结构(质地、孔隙率)、机械性能(硬度、强度、韧性)、热性能(导热性、抗热冲击性)以及外观属性(颜色、光泽)。这些属性均可以通过标准化的方法在实验室中进行测定和评估,以便记录和比较。一方面,这些属性是陶器制造生产的遗留痕迹,反映出了陶器原料、处理和加工方式、成型过程、烧制状况等,我们可以通过这些蛛丝马迹复原生产流程和工艺细节；另一方面，某些材料学属性与陶器的目标功能密切相关，可能是陶工特意规划相应的制造工艺来达到的目标效果，使陶器能更好地完成其功能。但是，需要时刻注意的是，现代材料学知识框架下的概念和标准往往被用于描述和分析现代的高温、均质、形态和功用各异的工业陶瓷，我们在借用它们分析古代陶器时，需要结合考古背景反复斟酌这些数字和结论是否仍适用。陶器成分分析主要包括矿物学分析和化学分析两大类。由于各类方法成本、应用场景、采样要求、能够达到的效果不同，我们应基于研究目的和预算选择相应的分析方法。成分分析目前的主要目的是分析原料的异同、识别特定工艺甚至追溯原料产地。日新月异的分析仪器和手段也在不断拓宽考古学家的分析限度，允许研究者使用更小的样品量甚至无损地取得成分信息。除此之外，岩相学分析可以在识别陶胎大致矿物成分的同时，观察陶胎质地，以及观察包含物和孔隙的尺寸、形状，这些能够反映部分胎土处理和成型流程。同样地，拿到分析数据只是第一步，研究者需要在实际的考古背景下对分析数据进行整理和解释，回应此前提出的问题。

  陶器的形制与功能开始真正将陶器作为"器物"而非"样品"或"材料"来分析。对容器形态的描述分析和分类是考古发掘整理的重点，往往是发掘者对某一遗址文化面貌产生判断的最初依据，也有助于后续研究者快速检索和了解新材料。对于形态各异的陶容器，研究者需要遵循规范化的描述和分类方式，然而考虑到世界各地从古至今不同人群生活方式、行为习惯以及文化和审美的多样性，很难创造一种普适的方案用以描述所有考古学文化涉及的器皿，具体的分类体系应根据该考古学文化的实际状况来制定。除了组织和整理材料这一目的，分类往往也是对器皿的功能进行初步推断的过程。陶容器在使用过程中，部分活动性能与形制属性直接相关，在这一方面，民族志记录可以帮助我们理解形制与功能之间的关联，从而能够对考古出土器皿的使用方式做出初步判断。可以采用多种手段推断陶器的功能，生产过程决定了器物的形状和大小这些形制属性，能帮助我们大致推断出陶工对其目标用途的设计。不过，尽管两者往往高度重合，工匠生产意图与器物的具体使用情境是分开的。陶器实际使用活动留下的痕迹，或者使用过程对器皿的改变是器物使用方式的直接证据，包括有机残留物、使用磨损和烟熏痕迹等，这些分析既涉及目视、光学显微镜检查和多种生化分析手段的运用，也有赖于民族和实验考古等"中程理论"来构建功能研究的桥梁。通过这些分析,我们可以对古代的生计、食谱和遗址内发生的各类活动有更明确的认识。

第三章关注的是陶器的分类与定量方法。通过分类,研究人员的确可以把数据结构化,让堆积如山的出土材料变得条理分明、易于分析。然而,有志于理论研究的考古学者最好不要满足于常规性的材料分类操作,而是要深入思考"分类"的概念框架。在这个问题上,美国考古学界对分类的探讨提供了有益的借鉴。

在分类本质的问题上,布鲁将分类视为研究者创造的分析工具,强调类型是主观的且取决于分类目的,主张对一系列人工制品进行更多的分类。斯泼尔丁的观点则截然不同,他认为类型是数据中固有的联系,可以通过统计方法发现。显然,这两种对分类本质的认知会导向不同的研究实践——前者意味着可以评估一种分类方案的优缺点和功效,后者则要求不断优化分类技术,这导致了20世纪的"类型学大辩论"。邓内尔区分了不同类型的单位及其背后的哲学观念差异,因其影响着考古学家们对变迁和变异性的态度及解释方式。以此为基础,他回顾了美国人工制品分类的历史,并探讨了文化历史分类及之后的属性关联和对象聚类方法,指出文化历史学建立的是一种用来解决年代问题的客位分类,但解释性陈述却是主位的,因此他认为若对文化历史分类的主位解释缺乏经验依据,在文化历史类型基础上的重建就会变成空中楼阁。需要指出的是,分类类别与分类本质问题紧密相关。赖斯依据分类主体的差异将分类区分为"设计分类"和"民间分类"。设计分类由分类者创建,是站在外来观察者的角度做出的划分,因而是客位的;而民间分类是站在主位的非科学分类,通常难以捉摸,故而难以预测。虽然已建立的分类大多是客位的,但是考古学家们不应该仅仅满足于客位分类,应该通过多种证据试图复现主位分类,以深入理解过去人类的行为和社会。

在陶器分类实践中,分类者往往依赖的是材料、技术和风格的常见特征及其在文化解释中的显著性,通常采用的依据是颜色、厚度、包含物、硬度和形制等特征。谢泼德认为技术特征研究在陶器分类中具有明显优势——不仅有助于从文化因素角度定义分类单位,还能减少对随机标准的依赖,并为界定类型提供简单的标准。同时,在斯泼尔丁的启发下,考古学家们逐渐使用定量方法寻找数据中的结构,以实现陶器的主位分类,这些方法包括主成分分析、聚类分析等。定量分析并不高深莫测,它存在于考古学家的日常工作中——考古学家自始至终需要对出土材料进行计数和测量,并通过数据描述和分析来回答考古学问题。数据可以是定性的也可以是定量的,既可以是数值的也可以是非数值的,既可以是离散的也可以是连续的。有效性、准确性、精确性是数据的三个基本要求,有效性是产生有用数据的核心。为了确保数据的有效性,必须对该数据在特定考古情境中的应用进行严格的逻辑论证。总的来说,分类和定量分析都能为陶器分析提供相当大的助益。不过,需要牢记在心的是,我们不能为了分类而分类,也不能为了定量而做定量,分类和定量分析都服务于特定的研究目的(包括但不仅限于建立相对年代、确认陶器功能、推断陶器生产形式和社会经济关系等),并需要在理论的指导下进行。

二、陶器理论

第四章至第八章主要关注的是本书的第二个大主题——陶器理论。

第四章从陶器的起源、陶器与流动性、陶器与领导权的兴起这三个方面,汇集了讨论陶器与人类社会演进关系的一些理论观点。这三个方面虽然有一定的先后顺序与逻辑关系,但并不是相互独立、先后承继的三个社会发展阶段,而是密切相关且各有侧重的三个研究视角。

陶器的起源("起源"为复数名词)围绕着"何时何地""如何"和"为何"三个核心问题,追溯陶器这项世界性的重要发明之源头。陶器起源理论建立在考古发掘所获得事实的基础上,赖斯认为这些基本信息既为研究者简单推断陶器发明的关键动因提供了可能,同时也为跨文化视角下陶器起源机制的探讨打下了基础。早期的陶器起源理论包括精神暗示说、传播论、适应论、赋能理论等,这些推论或者理论出自具体案例或各自的考古学理论体系,尝试性地阐述了陶器起源的条件与原因。然而,这些早期理论所包含的前提条件与隐含的预设存在显而易见的缺陷,以致受到研究者的广泛批判,新的理论视角也由此应运而生,后来的研究者主要从技术经济视角与社会关系视角这两方面来解释陶器技术的起源与传播机制。在技术经济方面,布朗提出的供需模型详细分析了在供求关系中起到重要作用的时间预算和规模效应,指出陶器的创新是供需不平衡下的产物,而其在资源、时间和劳动力上的优势成为其受到广泛采用的决定性因素。此外,他对既有理论的回顾立足于技术史研究的更广泛视角,条理分明地厘清了一些想当然的理论预设,有助于我们对陶器起源理论进行更深的思考。克朗和威尔斯在对美国西南部陶器起源的案例研究中批判性地应用了供需模型,注意到当地出现早期陶器的社会中的供需关系虽然与布朗的模型十分契合,但他们必须把技术经济视角置于整体的社会情境中,结合发生的社会、经济变化来理解陶器采用的确切原因。从社会关系角度探索陶器起源则以海登的"威望技术"理论为翘楚,他认为最早的陶器是一种基于展示和炫耀的威望技术。相较于海登关注社会内部的分化,萨萨曼则将不同群体之间的交换与联盟关系作为生产的前提条件,并提出陶器和烹饪技术的变化受到群体间社会义务与联盟关系的影响。此外,赖斯总结了世界各地的陶器起源情况,并试图将诸多理论纳入一个多元化的分阶段框架中,她虽然认为没有统一的理论可以解释所有的陶器起源问题,但仍然支持陶器的终极起源在于社会或象征领域。总之,关于陶器起源的问题仁者见仁,研究者们更加聚焦于陶器起源的具体社会情境,不同社会的陶器起源机制显然需要在已有理论的基础上,针对特定情境进行更为深入的分析,而不能简单地套用理论。

  陶器的采用与人类栖居方式的变化密切相关。众所周知,最早的陶器出现在狩猎采集社会中,而流动性是至关重要的变量。采用低温烧制的早期炊煮器适应北美流动的狩猎采集生活方式;中美地峡的陶器被用于流动群体及其他不同定居程度人群在宴飨模型下的大量食物消费;非洲伊图里森林的陶器技术的均质性则标志着当地流动群体与农民的广泛互动,以及可持续的混合社会形态。埃尔肯斯通过讨论流动生活方式与陶器生产和使用中出现的五个方面的矛盾,解释了看似与流动生活并不契合的陶器如何能够在流动社会中被生产和使用。通过探讨这个关于陶器与流动性的专题,我们尝试破除把陶器与定居、农业生产绑定在一起的成见,将陶器起源问题从"新石器革命"的桎梏中解放出来。

  为了探讨陶器的生产和使用与社会不平等之间的关系,可以把陶器与领导权的兴起作为一个专题。以海登的宴飨模型为代表的理论已经成为解释陶器起源的一条重要思路,更进一步说,考古记录中的陶器作为威望物品能够反映聚落内的仪式活动和仪式等级。克拉克和布莱克考量了人类社会的各个方面,从而建立了一个解释社会不平等起源与发展的整体性模型,并将这一模型应用于中部美洲的马扎坦地区,其中陶器被视为马扎坦社会等级发展中的一种威望产品。布利茨对美国东南部拉布博溪遗址出土陶器的研究、布林曼对美国中西部普韦布洛遗址麦克菲村出土陶器的研究,以及迪特勒对玛雅宴飨模式与陶器遗存的研究、史密斯等人对阿兹特克宴飨模式与陶器遗存的研究,从各种角度揭示了陶器在不平等社会中扮演的不同角色。这些案例充分体现了研究等级社会中陶器的重要作用——作为生活中的重要产品和仪式中的关键用具,陶器在解读社会不平等现象上显然能发挥其独特的功能。

第五章的主题是陶器与技术组织。技术组织的研究侧重于陶器制作的具体过程,关注陶工在这个过程中所做出的"技术选择",并试图识别和解释陶器制作技术的变迁和变异。对于技术选择的影响因素,考古学家起初主要关注功能性和技术性因素,后来逐渐将更多文化性和社会性的方面纳入考量,并讨论了人体本身施加的限制。在有关技术组织的研究中,希弗和斯基博对陶器制作技术变迁和变异的研究至关重要。在他们看来,技术变迁虽主要来自功能领域(包括技术功能、社会功能和意识形态功能),但也受到使用情境中的反馈和制作者所承受压力的影响;形式变异实际上受到技术选择的影响,情境因素以决定人工制品性能特征理想值的方式、社会因素以影响工匠反馈的方式,对技术选择产生影响。席勒和泰特界定了陶器制作技术的五个主要选择领域——原材料、成型工具、能源、技术和操作链,指出我们不能局限于对特定物品形成过程进行线性分析,而是要考虑技术选择的整体情境,这些情境贯穿于决策者的环境和技术限制、经济和生存基础、社会和政治组织、意识形态或信仰体系,影响资源的可用性及替代技术的选择。

在广阔的生产组织的研究视野之中,专业化是一个至关重要的研究议题。考古学家们不仅下了很多种定义,探讨了专业化的起源和影响它的因素,还借助考古学、民族志材料去研究特定情境下陶器生产的专业化问题,建立并检验了一些模型。傅罗文和赫鲁比将现有的专业化定义分为生产者专业化和产品专业化两类,指出产品专业化更为宽泛,包括生产者专业化的情形;赖斯依据专业化在考古材料中的表现形式,提出了地点专业化、资源专业化、功能专业化和生产者专业化四种模式;科斯汀通过生产情境、生产集中程度、生产单元构成和生产强度识别,提出了八种专业化类型——个人专业化、分散作坊、社区专业化、集聚作坊、分散劳役、集中劳役、个体依附生产和作坊依附生产。另外,科斯汀还逐个探讨了手工业生产体系的构成要素——生产者、生产方式、生产组织及社会关系、物品、分配关系和消费者,生产的空间组织指生产活动在地理空间中的位置,而社会组织指的是生产者在社会空间中的位置,其中最重要的是生产单位的构成和生产者、消费者之间的社会关系。

在无法从考古记录中获得明确或者直接证据的情况下,陶器原材料、制作技术、形制、装饰等的同质性(即标准化程度)成为生产组织的重要判断依据。我们需要注意到,标准化与生产组织形式之间的关系仅仅是个假设,标准化作为一个相对概念是通过比较得出的,且这种比较是有条件的。不过,这并不妨碍考古学家把标准化作为用来评估生产组织形式最常用的间接指标。对于标准化的原因,考古学家们给出了多个解释,包括成本效益、"风险规避"或"保守"策略、社会政治因素等;至于标准化程度的衡量,考古学家们采用了包括直方图、分布曲线、标准差、变异系数等在内的多种衡量方式。另外,科斯汀和哈格斯特鲁姆区分了有意标准化和机械标准化,布莱克曼等人区分了单次生产事件和"累积模糊",这些对选取用于标准化程度测量、比较的人工制品及指标有所帮助。

总的来说,陶器技术组织和生产组织形式的研究能够为考古学带来诸多富有洞见的成果,帮助考古学家更好地理解人类行为并重建社会。不过,在进行类似的研究时,依然需要洞察特定理论模型的预设条件、适用情境及其局限性。例如,针对技术选择的预设是每一项活动(或者活动序列)都有现代研究者列举、却没有被工匠选择的替代方案。又如,在生产组织的研究中,以产量或工艺技术为基础的假说只是一种可能,而非真实。

第六章关注的是人员与陶器之间的关系。陶器与所有其他人类活动的物质产品一样,都是在社会环境中使用和生产的。从父母或其他亲属或雇主那里学习陶器生产技术时,必然会或多或少地复制他们的生产技术和产品。陶工根据不同的需求制造出具有一定功能和风格的器皿。文化制约因素最终决定了产品的形式是否会被接受,并且会促进特定形式在几代人之间的连续与传承。

终 章

对陶器和社会组织的早期考古研究开始于 20 世纪 60 年代，迪兹、希尔、朗埃克等年轻人成为新考古学运动的前锋，他们倡导"陶器社会学"，把制陶视为一种社会适应，通过民族志数据来推理史前遗址背后的亲属关系。他们把美国西南部考古遗址与较晚的普韦布洛制陶社区进行类比，假设制陶是一项家庭产业，每个家庭的妇女都生产器皿供自己使用，同时认定制陶的传统和技术是由母亲传给女儿的，而女儿则习惯于并不断复制特定的生产技术和装饰风格。基于此，他们提出，直系亲属的女性生产的陶器比非亲属或有婚姻关系的女性生产的陶器更相似。这些研究认为，陶工之间的互动强度和持续时间越长，产品之间的相似性就越高。因此，地点内或地点之间的类似陶器的空间集群被认为是由共享相同学习环境的、同时居住的妇女集群产生的，同时暗示着母系社群的居住模式。他们的工作为后来大量有关物质形式和社会组织之间关系的考古学研究奠定了基础，也激发了许多关于陶器生产和使用的重要民族考古研究。需要注意的是，这些早期的研究对制陶知识的传播所做的预设过于简单，也缺乏对考古背景的关注。后来的民族考古研究表明，在以家庭为单位制作陶器的社群中，制陶者会吸收许多来源的影响，并向不同的人学习。虽然陶器生产和装饰的某些方面可能会受制于学习情境的影响（例如一些特定的装饰工具），但是相似陶器在一定空间内的集群并不一定是由于密切相关的陶工的存在，陶工会因为许多不同的理由来改变陶器的形式和风格，陶工应当被视为其工艺的能动表达者，而不是传统知识的被动接受者。

在考古学中，从器物的数量出发来解释形态的变化还可以为生产的社会组织提供补充信息，包括家庭生产与专业作坊生产、作坊的规模、陶工的社会经济地位和分销网络等方面的信息。流通中的陶器可以被看作传达关于社会、象征和意识形态秩序的意义的媒介，它们不是根深蒂固的、一成不变的产品，而是在特定的社会和象征背景下产生和使用的物品。若想搞明白陶器在特定坏境中的象征或重要作用，我们必须考察陶器是如何被使用的，以及这种活动对个体和社会的意义。陶器的使用及废弃的过程和背景对于评估陶器所处的社会变化程度是非常重要的。要想将一个遗址的陶器组合与过去发生在该遗址的活动联系起来，必须考虑这些陶器组合形成的因素，也就是说要考虑使用陶器的活动性质和频率、废弃行为等。就陶器从生产到使用至废弃的使用寿命而言，需要关注陶器的数量、尺寸、烹饪器具与其他器物的比例，以及不同的容器破损率等。陶器使用寿命的研究不仅有助于我们理解单个器物的生命史，也会帮助我们了解整个遗址存在的时间长度和估算该遗址的人口，这也被称为"积累研究"。

第七章阐述的是陶器风格的研究。以赖斯与海葛蒙的综述为依托，本章简单地概述了陶器风格研究的发展历程，并且选取了一些陶器风格研究的案例。"风格"一词被广泛应用于艺术、文学等领域，而自考古学与人类学开展"风格"研究以来，对其含义的争论就不曾停歇。每一位风格研究者都必须明确或含蓄地回答"什么是风格""如何在考古学研究中应用风格"的问题。随着长久以来的研究积累与学术焦点的转移，学者对风格的理解与应用也发生了很大的变化。本章所涉及的陶器风格仅仅是古代人工制品风格研究中的一个类别，陶器作为风格的媒介，既与其他所有的人工媒介存在共性，同时也因其日常家用盛食器的功能而独具特色。赖斯和海葛蒙从不同视角回顾了考古学风格研究的发展历程。赖斯主要以风格分析的方法为线索，详细介绍了在陶器风格分析中最初为研究者所应用的设计元素分析，并且通过对这种分析方法的批判引出了更具量化特征的对称性分析和更具层次性的设计结构分析；赖斯也简要介绍了聚焦于风格交流作用的"风格信息交换理论"。海葛蒙的综述则更加侧重于主动视角，即认为风格是人类主动地创造与维持以起到积极的沟通作用的一种渠道，也就是说，它不仅仅将风格视为人类活动的结果和考古学的分析对象，也把它作为人类行动的组成部分。

本章也选择性地介绍了一些风格研究的案例。首先介绍的是一些早期研究中的基础方法，弗雷德里克对圣何塞陶器装饰图案的民族学研究首开设计结构分析之先河，沃什伯恩和谢泼德则是对称性分析的集大成者。此外，弗雷德里克与唐南运用的民族学方法也为考古学研究开启了崭新的思路。波克泰和埃莫森对雷米刻纹陶罐装饰元素与结构的解读，呈现出通过象征手法所寄予的统治意识形态；鲍泽尔则通过民族学研究，有力地证实了小规模平等主义社会中陶器风格能够传达关于政治身份的信息。这两个案例较为典型地显示了在风格研究中如何将陶器装饰作为主动传递信息的媒介。在风格研究中，注重多维度的风格观开始形成，这种多元化既指风格理论和概念上的多维,也指风格研究方法和阐释上的综合性与多样性。普洛格在反思美国西南部陶器风格研究后,尖锐指出了风格判断与应用上的问题,认为应用萨基特和维斯纳提出的多维风格概念十分必要,他考察了三种指标,从而在物质文化变异中区别出了不同的风格维度,并对当地人口、社会组织与社会关系得出了与传统认识相异的新结论。布劳恩在研究伍德兰陶器装饰的变化时,探究社会文化和技术因素与风格变异之间的关系,找出了其中的关键性因素。总而言之,陶器风格的定义、研究方法与阐释理论日趋多样化,从简单的图案装饰到"技术风格"概念的产生,从粗糙的相对断代工具到反映意识形态与身份表达的器物,研究者们不断试图探寻究竟是哪些风格要素与人类社会的哪些方面存在关联。尽管通过跨文化研究寻求普世皆准的统一理论仍然是一些研究者的努力目标,但从多维度的风格观出发,更多人开始主张风格研究在特定社会情境中的独特性。

第八章的主题是陶器的稳定性与变化。解释物质文化的变化与稳定是考古学研究的终极问题之一,而陶器的稳定与变化又是这一问题的关键部分,至今仍处于热烈讨论之中,并不存在唯一正确的答案,希望第八章介绍的几种研究思路能为读者带来启发。陶器的稳定或变化实质上发生在一系列制陶活动的过程中,陶工、生产组织、原料、工具、知识技能、社会交往、学习活动等要素以复杂的方式反映在生产活动上,我们应该关注一代代工匠是如何学习、选择和再创造物质文化的。

学习过程是技术在一代代工匠间传递的关键节点。但是,手工业学习并不只是工匠间的技能复制。在这一过程中,学习者和教学者的性别、年龄、社会地位与财富、他们的社会关系、学习原因等许多变量均会影响工匠学习的情境、学习效果和实践表现。不同学习情境往往与该文化的社会经济状况、手工业组织和社会合作的不同形态有关,在不同情境下学习的过程和结果是不同的。此外,制陶作为一种多地起源、广泛应用的技术,其基础流程和原理是相似的,但不同人群实际应用中涉及的知识、概念和技术细节却十分多样,厘清这些有助于我们了解技术学习的本质,进而探索文化传承的过程。手工业技术往往是需要实际操作的,工匠不只需要记忆知识,还要习惯一系列姿势和运动,在实践与合作中学习。在实践中,工匠不一定完全复制学到的模式,在离开学习环境后陶工的生产在很大程度上与新环境的社会文化状况有关,我们可以在器物上发现陶工对实践情境变化的反映。大量民族学材料告诉我们,学到的知识和技术并不完全决定工匠的后续实践。从家族或社群学来的习惯确实重要,但工匠的实践也受到一系列因素的影响,包括技术和功能上的限制、个人表现、客户需求的波动、要进行的其他社会活动,以及自我文化认同和表达等——这再一次提示我们关注工匠的能动性。

与考古学文化的其他维度相比,陶器往往表现出一种更明显的稳定性,有可能滞后或超前于政治事件、王朝更迭、意识形态变化等,甚至完全不表现出相关的变化,在历史时期的考古研究中能找到许多这样的例子。制陶在学习过程中十分依赖运动习惯的构建,是一种与日常生活高度相关的、广泛且高频度地重复实践着的技术。此外,它在很多方面与更不容易改变的经济系统紧密相连,比如农业生产和相应的饮食方式。于是制陶技术在很大程度上显示出了明显的连续性和稳定性。不过,在另一方面,一些特殊陶器也存在易变的维度,比如一些具有礼仪性和象征性的特殊器皿,或者叙述性的装饰图像等,它们更容易受到外部事件,如政治干预、殖民等事件的影响而变动。陶器为何不变与为何变化在本质上是同一个问题,探索这种稳定性发生的机制也有助于我们理解变化在哪个环节发生。

与稳定相比,"变化"可能是一个更加复杂的主题。本章中不限于陶器,而是采取更广义的技术概念讨论变化的发生——技术发明、技术选择/接受以及技术分化,并介绍了几种系统化的理论概念框架,这些研究试图找出不同背景下变化的共性,为具体变化事件研究提供指引。工匠时不时会创造出新产品或新技术、新工具;当"发明家"工匠与他人互动时,新技术则可能为其他工匠所知,而互动的性质会影响信息传递的效果;若在特定需求刺激和合适的社会环境下,在技术变化和生产组织、经济和社会变动的相互作用下,这一技术将被学习、接受并不断实践,逐渐扩散开来,新技术的应用才得以实现;若技术不断成熟和改进,而需求逐渐细化,则会发生技术的分化,技术的采纳者会针对自身需要对技术进行修改,催生新一轮的发明。不论术语和理论框架如何,对技术变化的讨论都要基于其具体操作情境、产品性能和使用方式,以及该文化的社会组织和经济运转状况,而这些又要建立在扎实的器物分析和整体考古背景研究的基础之上。

三、本书编著者与撰写者介绍

本研究能够得以成书,首先要感谢复旦大学文物与博物馆学系考古学教研室学科基本建设经费的大力资助。本项目由秦小丽负责申请立项,张萌对原始文献的获取付出了努力。项目成员由秦小丽指导的复旦大学文博系在读硕士研究生凌悦扬、琚香宁、赵潇涵和张凌童组成。具体阅读方式以及本书编著内容的取舍,在序章第二部分原始阅读文献的选择中已经有详细介绍,这里不再赘述。四位撰写者从 2020 年 2 月份开始阅读,2021 年 2 月份开始本书章节的分配与分工撰写。期间,我们曾多次以线上和线下会议形式进行内容沟通与讨论,并就书写格式以及内容调整进行协商。由于四位学生都专攻陶器研究,也都以陶器研究为主题撰写了或正在撰写硕士论文,因而都乐于陶器研究理论与方法的阅读与探索,同时也都具备阅读英文原文的外语能力,因此在整个阅读原始文献长达近两年的学习过程中,大家都很积极主动地完成了各自承担的章节的撰写,并为此付出了各自的努力。由于撰写者学力尚浅,很难吃透原文论述的精要,敬请各位读者担待。本书可以作为国外陶器研究的导读,读者如想深入理解,编著者建议根据每个章节列举的参考文献回溯原文阅读。

(一)本书编著者介绍

秦小丽 复旦大学文物与博物馆学系·科技考古研究院教授、博士生导师。分别在西北大学、北京大学和日本京都大学获得学士、硕士和博士学位。主要从事陶器研究、古代装饰品研究和新石器—早期青铜时代的地域间交流研究。历任日本金泽大学人间社会环境研究科附属国际文化资源学研究中心副教授、奈良国立文化财研究所访问学者、加拿大皇家安大略博物馆客座研究员、京都大学人文科学研究所特别研究员、陕西省考古研究院《考古与文物》杂志责任编辑等。曾获得日本文部科学省、中国国家社科基金等项目资助,出版《中国初期国家形成的考古学研究——陶器研究的新视角》《黄河流域におけるトルコ石製品の生産と流通》《早商城市文明的形成与发展》《中国古代装饰品研究——新石器时代至早期青铜时代》等专著,在《考古学报》

《考古》《考古与文物》《江汉考古》《故宫博物院院刊》及日本《考古学研究》《东方学》和美国 Asian Perspectives 等国内外权威学术杂志发表中、日、英文论文百余篇。承担本书序章和终章的撰写以及全书统稿、修改和编审工作。

张萌 复旦大学文物与博物馆学系·科技考古研究院青年副研究员，2008年和2011年在吉林大学考古学系（今考古学院）获得学士和硕士学位，2019年在美国新墨西哥大学人类学系考古方向获得博士学位。目前主要的研究领域包括考古学理论、史前考古和人类行为演化。译著有《欧洲旧石器时代社会》（与陈胜前教授合译），专著 Late Pleistocene and Early Holocene Microblade-based Industries in Northeastern Asia: A Macroecological Approach to Foraging Societies 已由 British Archaeological Reports International Series 出版，并与美国学者余珮琳、日本学者池谷和信编著了 Advances in East Asian Agricultural Origins Studies: The Pleistocene to Holocene Transition 一书，还在《人类学学报》《边疆考古研究》《南方文物》《考古学集刊》等中文刊物及 Journal of Paleolithic Archaeology、Quaternary、Journal of Archaeological Sciences Reports、Asian Perspectives 等英文刊物上发表论文十余篇。承担本书序章第二节和终章的撰写以及全书初稿的统稿、参考文献的编辑修订工作。

（二）本书章节撰写者介绍（按照承担首章章节顺序）

琚香宁 1997年生，安徽桐城人，本科毕业于云南大学艺术史学系，2019年至今于复旦大学文物与博物馆学系攻读考古学学术硕士学位，研究方向为中国新石器时代陶器，目前主要关注长江下游的新石器时代陶器制作技术与烧制技术，以及世界民族考古学中的陶器制作与烧制技术问题。曾经参加甘肃礼县四角坪遗址、浙江余杭跳头遗址和余杭黄泥坞遗址的发掘和资料整理工作。承担本书第一章"陶器生产技术"和第六章"陶器与人"的写作。

赵潇涵 1998年生，山东淄博人，2016年至今就读于复旦大学文物与博物馆学系，本科期间曾赴美国加州大学圣地亚哥分校交流学习。曾经参加浙江宁波凰山岙、甘肃礼县四角坪、浙江海宁达泽庙等遗址的发掘或资料整理工作。参加了2021年亚洲考古学会（SEAA）学生会议，并以"良渚文化随葬陶器研究（Burial pottery of Liangzhu culture）"为题做了大会发言，得到好评。现攻读考古学学术硕士学位,研究方向为中国新石器时代陶器研究,目前主要关注良渚文化陶器制作技术、使用方式以及生产专业化等问题,探讨陶器生产是如何嵌入一个日趋复杂的社会组织结构中的,并通过陶器探索良渚居民的日常生活。承担本书第二章"陶器的属性与功能"以及第八章"陶器的稳定性与变化"的写作。

张凌童 1986年生,甘肃庆阳人,本科就读于中国人民大学新闻学院新闻学专业。出于对文博事业的兴趣,于2019年进入复旦大学文物与博物馆学系攻读文物与博物馆专业硕士学位,主要研究方向为中国新石器时代陶器。在读期间,参与师赵村遗址复旦大学2019年度发掘材料的整理工作,并对渭河上游地区仰韶文化晚期陶器制作技术进行了研究。承担本书第三章"陶器分类与定量分析"和第五章"陶器与技术组织"的撰写。

凌悦扬 1997年生,上海市人,复旦大学文物与博物馆学系本科与硕士毕业。热爱中国古代历史与传统文化,同时也乐于将学习与阅读中获得的认识与感受付诸笔墨。在本科就读期间对考古学、文物学、博物馆学等方面的课程广泛涉猎,培养了对于文博学科的浓厚兴趣。参与写作上海博物馆编《70件文物里的中国》一书中的"越王勾践剑""金错刀""武梁祠"等篇目。研究生在读期间主修中国古代陶器研究,主要研究方向为陕西关中地区客省庄文化陶器分析。在对考古学的不断深入学习中,更加认识到国际化的理论视野在研究中的重要性。承担本书中的第四章与第七章的撰写,主要整理探讨了陶器研究中经久不衰的两个领域:陶器起源和陶器风格研究。

最后要特别感谢复旦大学文物与博物馆学系·科技考古研究院袁靖教授和魏峻教授在本项目立项阶段给予的大力支持,还要感谢本系俞蕙和薛轶宁两位青年教师对本书阅读、修改和编辑给予的宝贵建议以及付出的辛勤劳动。

全书的终校由在读博士研究生蒋成成承担,在此表示感谢!

在本书完成之际,除了对克朗和威尔斯教授提供相关文献表达衷心的谢意外,还要感谢哈佛大学人类学系傅罗文教授为本书文献收集提供的帮助!

参考文献

第一章 陶器生产技术
第一节 黏土的属性

Blatt, H., *Sedimentary Petrology*, San Francisco: W. H. Freeman, 1982, pp. 5 – 6.

Brown, G., and I. Stephen, "Expanding-lattice Minerals", *Mineralogical Magazine*, 1959, 32(246), pp. 251 – 253.

Foster, Margaret D., "Geochemical Studies of Clay Minerals 2 Relation between Ionic Substitution and Swelling in Montmorillonites", *American Mineralogist*, 1953, 38, pp. 994 – 1006.

Grim, Ralph E., "Relation of the Composition to the Properties of Clays", *Journal of the American Ceramic Society*, 1939, 22, pp. 141 – 151.

Grim, Ralph E., "Modern Concepts of Clay Materials", *Journal of Geology*, 1950, 50, pp. 225 – 275.

Grim, Ralph E., "The Clay Mineral Concept", *American Ceramic Society Bulletin*, 1965, 44, pp. 687 – 692.

Grim, Ralph E., "Relation of the Composition to the Properties of Clays", *Journal of the American Ceramic Society*, 1939, 22, pp. 141 – 151.

Grimshaw, Rex W., *The Chemistry and Physics of Clays and Other Ceramic Materials*, 4th ed., New York: John Wiley, 1971, pp. 39 – 43.

Keeling, P. S., "The Nature of Clay", *Journal of the British Ceramic Society* 2, 1965, pp. 236 – 242.

Keller, W. D., "Processes of Origin and Alteration of Clay Minerals", In eds. C. I. Rich and G. W. Kunze, *Soil Clay Mineralogy: A Symposium*, Chapel Hill: University of North Carolina Press, 1964, pp. 3 – 76.

Rice, Prudence M., *Pottery Analysis: A Sourcebook*, University of Chicago Press, Chicago, 1987, pp. 31 – 65.

Rich, C. I., and G. W. Kunze, eds., *Soil Clay Mineralogy: A Symposium*, Chapel Hill: University of North Carolina Press, 1964.

Ries, Heinrich, *Clays: Their Occurrence, Properties and Uses*, 3rd ed., New York: John Wiley, 1927.

Ross, Clarence S., "The Mineralogy of Clays", *First International Congress of Soil Scientists*, 1928,4, pp. 555–556.

Ross, Clarence S., and Paul F. Kerr, "The Clay Minerals and Their Identity", *Journal of Sedimentary Petrology*, 1931,1, pp. 55–65.

Shepard, Anna O., *Ceramics for the Archaeologist*, Carnegie Institution of Washington, 1980, pp. 7–8.

Walker, G. F., "Vermiculite Minerals", In ed. G. W. Brindley, *X-Ray Identification and Crystal Structures of Clay Minerals*, London: Mineralogical Society of Great Britain, 1961, pp. 297–324.

第二节　黏土的制备

Arnold, Dean E., "Ethnomineralogy of Ticul, Yucatan, Potters: Etics and Emics", *American Antiquity*, 1971,36(1), pp. 20–40.

Fewkes, Vladimir J., "Catawba Pottery-making, with Notes on Pamunkey Pottery-making, Cherokee Pottery-making, and Coiling", *Proceedings of the American Philosophical Society*, 1944,88(2), pp. 69–125.

Griffin, James B., "Aboriginal Methods of Pottery Manufacture in the Eastern United States", *Pennsylvania Archaeologist*, 1935,5, pp. 19–24.

Hill, W. W., "Navajo Pottery Manufacture", *University of New Mexico Bulletin*, Whole No. 317, Anthropological Series Vol. 2, No. 3, Albuquerque: University of New Mexico Press, 1937.

Lothrop, Samuel Kirkland, "The Potters of Guatajiagua, Salvador", *Museum of the American Indian, Heye Foundation, Indian Notes*, 1927,4, pp. 109–118.

Matson, Frederick R., ed., *Ceramics and Man*, Viking Fund Publications in Anthropology, No. 41. Aldine Publishing Co., Chicago, 1965.

Rogers, Malcolm J., *Yuman Pottery Making*, San Diego Museum Papers, No. 2. San Diego, 1936.

Rye, Owen S., *Pottery Technology: Principles and Reconstruction*, Washington D. C.: Taraxacum, Inc., 1981, pp. 16–20,31.

Rye, Owen S., and C. Evans, *Traditional Pottery Techniques of Pakistan: Field and Laboratory Studies*, Smithsonian Contributions to Anthropology, No. 21, Smithsonian Institution Press, Washington, 1976, p. 20.

Shepard, Anna O., *Ceramics for the Archaeologist*, Washington: Carnegie Institution of Washington, 1980, pp. 16–19,50.

Tsghopik, Harry, Jr., "An Andean Ceramic Tradition in Historical Perspective", *American Antiquity*, 1950,15, pp. 196–218.

第三节 成型与精加工

Arnold, Dean E., "Ethnography of Pottery-making in the Valley of Guatemala", In ed. R. K. Wetherington, *The Ceramics of Kaminaljuyú. Guatemala*, 327 – 400, University Park: Pennsylvania State University Press, 1978, p. 341.

Arnold, Dean E., *Ceramic Theory and Cultural Process*, Cambridge: Cambridge University Press, 1985, pp. 65 – 70.

Balfet, H., M.-F. Fauvet-Berthelot, and S. Monzon, *Pour la Normalisation de la Description des Poteries*, Paris: CNRS, 1983, pp. 124 – 125.

Dumont, L., "A Remarkable Feature of South Indian Pot-making", *Man*, 1952,52, pp. 81 – 83.

Fewkes, Vladimir J., "Methods of Pottery Manufacture", *American Antiquity*, 1940,6(2), pp. 172 – 173.

Fewkes, Vladimir J., "Catawba Pottery-making, with Notes on Pamunkey Pottery-making, Cherokee Pottery-making, and Coiling", *Proceedings of the American Philosophical Society*, 1944,88(2), pp. 69 – 125.

Lawrence, Willis Grant, and R. R. West, *Ceramic Science for the Potter*, 2d ed., Radnor, Pa.: Chilton, 1982.

LeFree, Betty, *Santa Clara Pottery Today*, Albuquerque: University of New Mexico Press, 1975, pp. 40,52 – 56.

Matson, Frederick R., "The Archaeological Present: Near Eastern Potters at Work", *American Journal of Archaeology*, 1974,78, pp. 345 – 347.

Norton, F. H., *Elements of Ceramics*, Cambridge, Mass.: Addison-Wesley Press, Inc., 1952.

Ogan, E., "Nasioi Pottery Making", *Journal of the Polynesian Society*, 1970,79, pp. 86 – 90.

Peacock, David P. S., *Pottery in the Roman World: An Ethnoarchaeological Approach*, London: Longmans, 1982, p. 121.

Reina, Ruben E., and Robert M. Hill, II., *The Traditional Pottery of Guatemala*, Austin: University of Texas Press, 1978, p. 63,135,165.

Rhodes, Daniel, *Clay and Glazes for the Potter*, 2d ed., Philadelphia: Chilton Books, 1973. pp. 82 – 83.

Rice, Prudence M., *Pottery Analysis: A Sourcebook*. University of Chicago Press, Chicago, 1987.

Rogers, Malcolm J., *Yuman Pottery Making*, San Diego: San Diego Mus. Pap., No. 2,1936.

Rye, Owen S., "Pottery Manufacturing Techniques: X-ray Studies", *Archaeometry*, 1977,19(2), pp. 205 – 211.

Rye, Owen S., *Pottery Technology: Principles and Reconstruction*, Washington, D. C.: Taraxacum, Inc., 1981, pp. 67 – 83.

Rye, Owen S., and C. Evans., *Traditional Pottery Techniques of Pakistan: Field and Laboratory Studies*, Smithsonian Contributions to Anthropology No. 21, Washington, D.C.: Smithsonian Institution, 1976, pp. 26, 74, 180 – 185.

Shepard, Anna O., *Ceramics for the Archaeologist*, Washington, D.C.: Carnegie Institution of Washington, 1976, pp. 195 – 203.

Shepard, Anna O., *Ceramics for the Archaeologist*, Washington, D.C.: Carnegie Institution of Washington,, 1980.

Solheim, Wihelm G., II., "Oceanian Pottery Manufacture", *Journal of East Asiatic Studies*, 1952, 1, pp. 1 – 39, 33.

Stern, Theodore, *Pamunkey Pottery Making*, Southern Indian Studies 3, Chapel Hill: University of North Carolina Press, 1951, p. 26.

Tschopik, Harry, Jr., "An Andean Ceramic Tradition in Historical Perspective", *American Antiquity*, 1950, 15(3), pp. 196 – 218.

Whitaker, Irwin, and Emily Whitaker, *A Potter's Mexico*, Albuquerque: University of New Mexico Press, 1978, p. 3.

第四节 烧制技术

Brody, H., *The Book of Low-Fire Ceramics*, New York: Holt, Rinehart and Winston, 1979, pp. 84 – 85.

Cardew, Michael, *Pioneer Pottery*, London: Longmans, Green and Co., 1969, pp. 176, 180.

Hodges, H., *Artifacts: An Introduction to Early Materials and Technology*, London: John Baker, 1976, pp. 48 – 51.

Lawrence, Willis Grant, and R. R. West, *Ceramic Science for the Potter*, 2d ed., Radnor, Pa.: Chilton, 1982, pp. 173 – 199.

Litto, Gertrude, *South American Folk Pottery*, Watson-Guptill Publications, New York, 1976.

Livingstone Smith, A., "Bonfire II: The Return of Pottery Firing Temperatures", *Journal of Archaeological Science*, 2001, 28, pp. 991 – 1003.

Matson, Frederick R., "Power and Fuel Resources in the Ancient Near East", *Advancement of Science*, 1966, 23, pp. 146 – 153.

Mayes, Philip, "The Firing of a Second Pottery Kiln of Romano-British Type at Boston, Lincolnshire", *Archaeometry*, 1962, 5, pp. 80 – 86.

Medley, Margaret, *The Chinese Potter: A Practical History of Chinese Ceramics*, Oxford: Phaidon, 1976, p. 14.

Nelson, Glenn C., *Ceramics: A Potter's Handbook*, 5th ed., New York: CBS College Publishing, 1984, pp. 190 – 263.

Rhodes, Daniel, *Clay and Glazes for the Potter*, 2nd ed., Philadelphia: Chilton Books, 1973.

Rice, Prudence M., *Pottery Analysis: A Sourcebook*, University of Chicago Press,

Chicago, 1987, pp. 81 – 82,84 – 86,88,90 – 92,98 – 100.

Rye, Owen S., and C. Evans, *Traditional Pottery Techniques of Pakistan: Field and Laboratory Studies*, Smithsonian Contributions to Anthropology No. 21, Washington, D. C.: Smithsonian Institution, 1976.

Rye, Owen S., *Pottery Technology: Principles and Reconstruction*, Washington, D. C.: Taraxacum, Inc., 1981, pp. 97 – 109.

Saraswati, Baidyanath and N. K. Behura, *Pottery Techniques in Peasant India*, Memoir No. 13(1964), Anthropological Survey of India, Calcutta, 1966, pp. 129.

Shepard, Anna O., *Ceramics for the Archaeologist*, Washington, D. C.: Carnegie Institution of Washington, 1980, pp. 77 – 80.

Wahl, M. F., "High-temperature Phases of Three-layer Clay Minerals and Their Interactions with Common Ceramic Materials", *Bulletin of the American Ceramic Society*, 1965,44, pp. 676.

第五节 残次品认定与烧制技术复原

Bakas, Th., N.-H. Gangas, I. Sigalas, and M. J. Aitken, "Mössbauer Study of Glozel Tablet 198b1", *Archaeometry*, 1980,22, pp. 9 – 80.

Butterworth, B., "Lime Blowing: Some Notes on the Literature", *Transactions of the British Ceramic Society*, 1956,55, pp. 532 – 544.

Chandler, H., "Therrnal Stress in Ceramics", *Transactions of the British Ceramic Society*, 1981,80, pp. 191 – 195.

Coble, R., "Effect of Microstructure on the Mechanical Properties of Ceramic Materials", In ed. W. D. Kingery, *Ceramic Fabrication Processes*, Cambridge: MIT Press, 1958, pp. 213 – 228.

Crandall, W. B., and J. Ging, "Thermal Shock Analysis of Spherical Shapes", *Journal of the American Ceramic Society*, 1955,38(1), pp. 44 – 54.

Davidge, R. W., and G. Tappin, "Thermal Shock and Fracture in Ceramics", *Transactions of the British Ceramic Society*, 1967,66, pp. 405 – 422.

Hasselman, D. P. H., "Unified Theory of Thermal Shock Fracture Initiation and Crack Propagation in Brittle Ceramics", *Journal of the American Ceramic Society*, 1969,52 (11), pp. 600 – 604.

Heimann, R. B., "Firing Technologies and Their Possible Assessment by Modern Analytical Methods", In eds. J. S. Olin and A. Franklin, *Archaeological Ceramics*, Smithsonian Institution Press: Washington, 1982.

Hennicke, H. W., *Keramik*, Ullmanns Enzyklopadie der technischen Chemie, Vol. 13, Verlag Chemie, Weinheim, Germany, 1977.

Kennard, F., and W. Williamson, "Transverse Strength of Ball Clay", *Bulletin of the American Ceramic Society*, 1971,50, pp. 745 – 748.

Kingery, W. D., "Factors Affecting Thermal Stress Resistance of Ceramic Materials", *Journal of the American Ceramic Society*, 1955,38(1), pp. 3 – 15.

Klemptner, L. J., and P. F. Johnson., "Technology and the Primitive Potter: Mississippian Pottery Development Seen through the Eyes of a Ceramic Engineer", In ed. W. D. Kingery, *Technology and Style*, Ceramics and Civilization, Vol. 2, Columbus, Ohio: American Ceramic Society, 1986, pp. 251 – 271.

Kostikas, A., A. Simopoulos, and N. H. J. Gangas, "Analysis of Archaeological Artifacts", In ed. R. L. Cohen, *Applications of Mössbauer Spectroscopy*, Vol. 1, New York: Academic Press, 1976.

Laird, R. T., and W. Worcester, "The Inhibiting of Lime Blowing", *Transactions of the British Ceramic Society*, 1956, 55, pp. 545 – 563.

Leonard, A. J., "Structural Analysis of the Transition Phases in the Kaolinite-Mullite Thermal Sequence", *Journal of American Ceramic Society*, 1977, 60 (1 – 2), pp. 37 – 43.

Leonard, A. J., Private Communication between R. B. Heimann and A. J. Lenard, 1980, In Heimann, R. B., "Firing Technologies and Their Possible Assessment by Modern Analytical Methods", In ed. J. S. Olin and A. Franklin, *Archaeological Ceramics*, Washington D. C.: Smithsonian Institution Press, 1982.

Livingstone Smith, A., "Bonfire II: The Return of Pottery Firing Temperatures", *Journal of Archaeological Science*, 2001, 28, pp. 991 – 1003.

Rice, Prudence M., *Pottery Analysis: A Sourcebook*, Chicago: University of Chicago Press, 1987, pp. 97 – 98, 104 – 109.

Roberts, J. P., "Determination of the Firing Temperature of Ancient Ceramics by Measurement of Thermal Expansion", *Archaeometry*, 1963, 6, pp. 21 – 25.

Robinson, G., "Design of Clay Bodies for Controlled Microstructure", *Bulletin of the American Ceramic Society*, 1968, 47, pp. 477 – 480.

Rye, Owen S., "Keeping Your Temper under Control: Materials and Manufacture of Papuan Pottery", *Anthropology and Physical Anthropology in Oceania*, 1976, 11(2), pp. 106 – 137.

Rye, Owen S., *Pottery Technology: Principles and Reconstruction*, Washington, D. C.: Taraxacum, Inc., 1981, pp. 110 – 114, 121 – 122.

Shepard, Anna O., *Ceramics for the Archaeologist*, Washington, D. C.: Carnegie Institution of Washington, 1980, pp. 91 – 93, 213 – 215.

Wasada, Yoshio, *The Structure of Non-Crystalline Materials: Liquids and Amorphous Solids*, New York: McGraw-Hill, 1980.

第二章 陶器的属性与功能

Skibo, James M., and Michael B. Schiffer, *People and Things: A Behavioral Approach to Material Culture*, New York: Springer, 2008, pp. 1 – 15.

第一节 陶器的材料学属性

Bioch, Philippe, and Nièpce Jean-Claude, *Ceramic Materials: Processes, Properties and*

Applications, London: Wiley, 2007, p. 293.

Braun, David P., "Pots as Tools", In eds. J. A. Moore, and A. S. Keene, *Archaeological Hammers and Theories*, Academic Press, 1983, pp. 107–134.

Bronitsky, Gordon, and Robert Hamer, "Experiments in Ceramic Technology: The Effects of Various Tempering Materials on Impact and Thermal-shock Resistance", *American Antiquity*, 1986, 51(1), pp. 98–191.

Daszkiewicz, M., M. Krogulska, E. Bobryk, "Composition and Technology of Roman Brittle Ware Pottery from a Kiln Site in Palmyra (Syria)", *Rei Cretariae Romanae Fautorum Acta*, 2000, 36, pp. 537–548.

Day, P. M., D. E. Wilson, and E. Kiriatzi, "Reassessing Specialization in Prepalatial Cretan Ceramic Production", In eds. R. Laffineur, B. Betancourt, *Technè: Craftsmen, Craftswomen and Craftsmanship in the Aegean Bronze Age* (Proceedings of the 6th International Aegean Conference, Philadelphia, 18–21 April 1996), Aegeum, 1997, pp. 275–290.

Fabbri, B., S. Gualtieri, and S. Shoval, "The Presence of Calcite in Archeological Ceramics", *Journal of the European Ceramic Society*, 2014, 34(7), pp. 1899–1911.

Feathers, J. K., Michael B. Schiffer, B. Sillar, M. S. Tite, V. Kilikoglou, G. Vekinis, Comments on M. S. Tite, V. Kilikoglou and G. Vekinis, "Review Article: Strength, Toughness and Thermal Shock Resistance of Ancient Ceramics, and Their Influence on Technological Choice", *Archaeometry*, 2001, 43(3), pp. 301–324, and reply, *Archaeometry*, 2003, 45(1), pp. 181–183.

Franklin, U. M., and V. Vitali, "The Environmental Stability of Ancient Ceramics", *Archaeometry*, 1985, 27(1), pp. 3–15.

Grimshaw, Rex W., *The Chemistry and Physics of Clays and Other Ceramic Materials*, 4th ed., New York: John Wiley, 1971, pp. 420–421, 426, 816, 866–869.

Grotzinger, John P., and Thomas H. Jordan, *Understanding Earth*, 7th ed., New York: W. H. Freeman and Company, 2014, pp. 74.

Hasselman, D. P. H., "Unified Theory of Thermal Shock Fracture Initiation and Crack Propagation in Brittle Ceramics", *Journal of the American Ceramic Society*, 1969, 52(11), pp. 600–604.

Henrickson, E. F., and M. M. A. McDonald, "Ceramic Form and Function: An Ethnographic Search and an Archeological Application", *American Anthropologist*, 1983, 85(3), pp. 630–643.

Kingery, W. D., H. K. Bowen, and D. R. Uhlmann, *Introduction to Ceramics*, 2nd ed., New York: Wiley, 1976, pp. 591–595.

Neupert, M. A., "Strength Testing Archaeological Ceramics: A New Perspective", *American Antiquity*, 1994, 59(4), pp. 709–723.

Paynter, S., and M. S. Tite, "The Evolution of Glazing Technologies in the Ancient Near East", In ed. A. Shortland, *The Social Context of Technological Change: Egypt and the Near East, 1650–1550 BC*, Oxford: Oxbow, 2001, pp. 239–254.

Rice, Prudence M., *Pottery Analysis: A Sourcebook*, Chicago: University of Chicago Press, 1987, pp. 345,347 – 348,350,352,355 – 358,362 – 363,367 – 369.

Rye, Owen S., "Keeping Your Temper under Control: Materials and the Manufacture of Papuan Pottery", *Archaeology & Physical Anthropology in Oceania*, 1976,11(2), pp. 106 – 137.

Rye, Owen S., *Pottery Technology: Principles and Reconstruction*, Washington, D. C.: Taraxacum, 1981, pp. 26 – 27.

Schiffer, Michael B., James M. Skibo, T. C. Boelke, M. A. Neupert, M. Aronson, "New Perspectives on Experimental Archaeology: Surface Treatments and Thermal Response of the Clay Cooking Pot", *American Antiquity*, 1994,59(2), pp. 197 – 217.

Schiffer, Michael B., "The Influence of Surface Treatment on Heating Effectiveness of Ceramic Vessels", *Journal of Archaeological Science*, 1990,17(4), pp. 373 – 381.

Shepard, Ann O., *Ceramics for the Archaeologist*, Washington: Carnegie Institution of Washington, 1980, pp. 120 – 130, Table 5 (p. 118).

Steponaitis, V., Sander van der Leeuw, and A. Pritchard, "Technological Studies of Prehistoric Pottery from Alabama: Physical Properties and Vessel Function", In eds. S. van der Leeuw and A. C. Pritchard, *The Many Dimensions of Pottery*, Amsterdam: University of Amsterdam, 1984, pp. 79 – 121.

Tite, M. S., V. Kilikoglou, G. Vekinis, "Strength, Toughness and Thermal Shock Resistance of Ancient Ceramics, and Their Influence on Technological Choice", *Archaeometry*, 2001,43(3), pp. 301 – 324.

West, M. S., *Temper, Thermal Shock and Cooking Pots: A Study of Tempering Materials and their Physical Significance in Prehistoric and Traditional Cooking Pottery*, Unpublished M. Sc. thesis, University of Arizona, Tucson, 1992.

Woods, A. J., "Form, and Function: Some Observations on the Cooking Pot in Antiquity", In ed. Kingery, W. G., *Ceramics and Civilization*, Vol. 2, Columbus: American Ceramic Society, 1986, pp. 157 – 172.

第二节 陶器的成分

Arnold, Dean E., "Ecological Variables and Ceramic Production: Towards a General Model", In eds. Raymond, J. S., Loveseth, B., Arnold, C., Reardon, G., *Primitive Art and Technology*, Archaeological Association, Department of Archaeology, University of Calgary, 1976, pp. 92 – 108.

Attas, M., L. Yaffe, and J. M. Fossey, "Neutron Activation Analysis of Early Bronze Age Pottery from Lake Vouliagmeni, Perachora, Central Greece", *Archaeometry*, 1977,19(1), pp. 33 – 44.

Bieber, Jr. A. M., D. W. Brooks, G. Harbottle, and E. V. Sayre, "Application of Multivariate Techniques to Analytical Data on Aegean Ceramics", *Archaeometry*, 1976, 18(1), pp. 59 – 74.

Bishop, Ronald L., Veletta Crown Canouts, L. Patricia, and Suzanne P. DeAtley,

"Sensitivity, Precision, and Accuracy: Their Roles in Ceramic Compositional Data Bases", *American Antiquity*, 1990, 55(3), pp. 537–546.

Bishop, Ronald L., Robert L. Rands, and George R. Holley, "Ceramic Compositional Analysis in Archaeological Perspective", In ed. Schiffer, Michael B., *Advances in Archaeological Method and Theory*, 5, San Diego: Academic Press, 1982, pp. 275–330.

Courty, M. A. and V. Roux, "Identification of Wheel Throwing on the Basis of Ceramic Surface Features and Microfabrics", *Journal of Archaeological Science*, 1995, 22(1), pp. 17–50.

Duma, G., "Phosphate Content of Ancient Pots as Indication of Use", *Current Anthropology*, 1972, 13(1), pp. 127–130.

Flanagan, F. J., "U. S. Geological Survey Silicate Rock Standards", *Geochimica et Cosmochimica Acta*, 1967, 31, pp. 289–308.

Freeth, S. F., "A Chemical Study of Some Bronze Age Sherds", *Archaeometry*, 1967, 10, pp. 104–119.

Hall, E. T., F. Schweizer, and P. A. Toller, "X-ray Fluorescence Analysis of Museum Objects: A New Instrument", *Archaeometry*, 1973, 15(1), pp. 53–78.

Kluckhohn, Clyde, "The Use of Typology in Anthropological Theory", In eds. R. L. Lyman, M. J. O'Brien, and R. C. Dunnell, *Americanist Culture History: Fundamentals of Time, Space, and Form*, Springer, Boston, M. A., 1997, pp. 459–465, https://doi.org/10.1007/978-1-4615-5911-5_36.

Perlman, I., and F. Asaro, "Pottery Analysis by Neutron Activation", *Archaeometry*, 1969, 11, pp. 21–52.

Rice, Prudence M., *Pottery Analysis: A Sourcebook*, Chicago: University of Chicago Press, 1987, p. 390.

Rice, Prudence M., *Pottery Analysis: A Sourcebook*. Chicago: University of Chicago Press, 2nd ed., 2015, pp. 301–302.

Rye, Owen S., *Pottery Technology: Principles and Reconstruction*, Washington, D. C.: Taraxacum, 1981, pp. 48–50.

Shepard, Ann O., *Ceramics for the Archaeologist*, Washington D. C.: Carnegie Institution of Washington, 1980, pp. 157–161.

Shepard, Ann O., "Technology of La Plata Pottery", In ed. Morris, E. H., *Archaeological Studies in the La Plata District*, Washington D. C.: Carnegie Institution of Washington, Publication 519, 1939, pp. 249–287.

Speakman, R. J., N. C. Little, D. Creel, M. R. Miller, and J. G. Iñañez, "Sourcing Ceramics with Portable XRF Spectrometers? A Comparison with INAA Using Mimbres Pottery from the American Southwest", *Journal of Archaeological Science*, 2011, 38(12), pp. 3483–3496.

Toll, H. W., T. C. Windes, and P. J. McKenna, "Late Ceramic Patterns in Chaco Canyon: The Pragmatics of Modeling Ceramic Exchange", In ed. R. E. Fry, *Models and Methods in Regional Exchange*, Society for American Archaeology, 1980, pp. 95 – 118.

第三节　陶器的形制与功能

Ericson, J., and S. P. DeAtley, "Reconstructing Ceramic Assemblages: An Experiment to Derive the Morphology and Capacity of Parent Vessels from Sherds", *American Antiquity*, 1976, 41, pp. 484 – 488.

Hagstrum, M., and J. A. Hildebrand, "The Two-Curvature Method for Reconstructing Ceramic Morphology", *American Antiquity*, 1990, 55, pp. 388 – 403.

Henrickson, Elizabeth F., and Mary M. A. McDonald, "Ceramic Form and Function: An Ethnographic Search and an Archeological Application", *American Anthropologist*, 1983, 85(3), pp. 630 – 643.

Plog, Stephen, "Estimating Vessel Orifice Diameters: Measurement Methods and Measurement Errors", In ed. Nelson B., *Decoding Prehistoric Ceramics*, Carbondale: Carbondale SIU Press, 1985, pp. 243 – 253.

Rice, Prudence M., *Pottery Analysis: A Sourcebook*, Chicago: University of Chicago Press, 1987, pp. 212 – 214, 225 – 226.

Rice, Prudence M., "On the Origins of Pottery", *Journal of Archaeological Method and Theory*, 1999, 6, pp. 1 – 54. 译文见普鲁登斯·莱斯：《陶器的起源》，陈继玲译，《南方文物》2017年第3期，第241—261页。

Rice, Prudence M., *Pottery Analysis: A Sourcebook*, 2nd ed., Chicago: University of Chicago Press, 2015, p. 208.

Shepard, Ann O., *Ceramics for the Archaeologist*, Washington D. C.: Carnegie Institution of Washington, 1980, p. 226.

Whalen, Michael E., "Ceramic Vessel Size Estimation from Sherds: An Experiment and a Case Study", *Journal of Field Archaeology*, 1998, 25, pp. 219 – 227.

宇野隆夫：「食器計量の意義と方法」,『国立歴史民俗博物館研究報告第40集』,佐倉：国立歴史民俗博物館,1992年。

第四节　陶器的使用改变

Andersen, S., and C. Malmros, "*Madskorpe*" *pa Ertebellekar fra Tybrind Vig*, Aarboger for Nordisk Oldkyndighed of Historie, 1984, pp. 78 – 95.

Arthur, John W., "Ceramic Use-alteration as an Indicator of Socioeconomic Status: An Ethnoarchaeological Study of the Gamo of Ethiopia", *Journal of Archaeological Method and Theory*, 2002, 9, pp. 331 – 355.

Barnard, H., A. N. Dooley, G. Areshian, B. Gasparyan, and K. F. Faull, "Chemical Evidence for Wine Production around 4000 BCE in the Late Chalcolithic Near Eastern Highlands", *Journal of Archaeological Science*, 2011, 38(5), pp. 977 – 984.

Beck, C. W., C. A. Fellows, and E. MacKennan, "Nuclear Magnetic Resonance Spectrometry in Archaeology", In ed. C. W. Beck, *Archaeological Chemistry*, Vol. 1, Advances in Chemistry Series 138, Washington, D. C.: American Chemical Society,

1974, pp. 226 – 35.

Beck, C. W., C. J. Smart, and D. J. Ossenkop, "Residues and Linings in Ancient Mediterranean Transport Amphoras", In ed. Allen, R. O., *Archaeological Chemistry*, Vol. 4, Advances in Chemistry Series 220, Washington, D. C: American Chemical Society, 1989, pp. 369 – 380.

Cackette, M., J. M. D'Auria, and Bryan E. Snow, "Examining Earthenware Vessel Function by Elemental Phosphorus Content", *Current Anthropology*, 1987, 28(1), pp. 121 – 127.

Crown, Patricia L., "Ceramic Use-wear in the American Southwest", In eds. Wiseman R. et al., *Inscriptions: Papers in Honor of Richard and Nathalie Woodbury*, Vol. 31, The Archaeological Society of New Mexico, 2005, pp. 55 – 66.

Duma, G., "Phosphate Content of Ancient Pots as Indication of Use", *Current Anthropology*, 1972, 13, pp. 127 – 130.

Garnier, N., P. Richardin, V. Cheynier, and M. Regert, "Characterization of Thermally Assisted Hydrolysis and Methylation Products of Polyphenols from Modern and Archaeological Vine Derivatives Using Gas Chromatography-mass Spectrometry", *Analytica Chimica Acta*, 2003, 493(2), pp. 137 – 157.

Griffiths, Dorothy M., "Use-marks on Historic Ceramics: A Preliminary Study", *Historical Archaeology*, 1978, 12, pp. 68 – 81.

Hally, David J., "The Identification of Vessel Function: A Case Study from Northwest Georgia", *American Antiquity*, 1986, 52(21), pp. 267 – 295.

Hally, David J., "Use Alteration of Pottery Vessel Surfaces: An Important Source of Evidence in the Identification of Vessel Function", *North American Archaeologist*, 1983, 4(1), pp. 3 – 26.

Heron, Carl. and Richard P. Evershed, "The Analysis of Organic Residues and the Study of Pottery Use", In ed. Schiffer M., *Archaeological Method and Theory*, 5, Tucson: University of Arizona Press, 1993, pp. 247 – 284.

Lanehart, Rheta E., *Patterns of Consumption: Ceramic Residue Analysis at Liangchengzhen, Shandong, China*, Dissertation, University of South Florida, 2015.

Lopez Varela, S., A. van Gijn, and L. Jacobs, "De-mystifying Production in the Maya Lowlands: Detection of Traces of Use-wear on Pottery Sherds through Microscopic Analysis and Experimental Replication", *Journal of Archaeological Science*, 2002, 29, pp. 1133 – 1147.

McGovern, Patrick E., Anne P. Underhill, Hui Fang, Fengshi Luan, Gretchen R. Hall, Haiguang Yu, Chen-shan Wang, Fengshu Cai, Zhijun Zhao, and Gary M. Feinman, "Chemical Identification and Cultural Implications of a Mixed Fermented Beverage from Late Prehistoric China", *Asian Perspectives*, 2005, 44(2), pp. 249 – 275.

Rice, Prudence M., *Pottery Analysis: A Sourcebook*, Chicago: University of Chicago Press, 1987, pp. 216 – 217, 232 – 243.

Roffet-Salque, Mélanie, Martine Regert, Richard P. Evershed, et al., "Widespread

Exploitation of the Honeybee by Early Neolithic Farmers", *Nature*, 2015, 527(7577), pp. 226 – 230.

Rye, Owen S., *Pottery Technology: Principles and Reconstruction*, Washington, D. C.: Taraxacum, 1981, pp. 108.

Skibo, James M., "Understanding Pottery Function", In *Understanding Pottery Function: Manuals in Archaeological Method, Theory and Technique*, Springer, New York, 2013, pp. 1 – 25.

第三章　陶器分类和定量分析

第一节　陶器分类

Benfer, Robert A., "A Design for the Study of Archaeological Characteristics", *American Anthropologist*, 1967, 69, pp. 719 – 730.

Benfer, Robert A., "Factor Analysis as Numerical Induction: How to Judge a Book by Its Cover", *American Anthropologist*, 1972, 74, pp. 530 – 554.

Benfer, Robert A., "Sampling and Classification", In ed. J. W. Mueller, *Sampling in Archaeology*, Tucson: University of Arizona Press, 1975, pp. 227 – 247.

Binford, Lewis R., "'Red Ochre' Caches from the Michigan Area: A Possible Case of Cultural Drift", *Southwestern Journal of Anthropology*, 1963, 19, pp. 89 – 108.

Binford, Lewis R., and Sally R. Binford, "A Preliminary Analysis of Functional Variability in the Mousterian of Levallois Facies", In eds. J. D. Clark and F. C. Howell, *Recent Studies in Paleoanthropology*, Menasha, Wisconsin: American Anthropological Association, 1966, pp. 238 – 295.

Blashfield, R. K., and J. G. Draguns, "Toward a Taxonomy of Psychopathology: The Purpose of Psychiatric Classification", *British Journal of Psychiatry*, 1976, 129(6), pp. 574 – 583.

Brew, J. O., *The Archaeology of Alkali Ridge, Southwestern Utah*, Papers of the Peabody Museum of Archaeology and Ethnology, Harvard University, 1946, 24.

Brew, J. O., "The Use and Abuse of Taxonomy", In ed. by James Deetz, *Man's Imprint from the Past*, Little, Brown: Boston, 1946, pp. 73 – 107.

Brown, James A., "The Dimensions of Status in the Burials at Spiro", In "Approaches to the Social Dimensions of Mortuary Practices", ed. J. A. Brown, *Memoirs of the Society for American Archaeology*, 1971, 25, pp. 92 – 112.

Clark, G. A., "More on Contingency Table Analysis, Decision Making Criteria, and the Use of Log-linear Models", *American Antiquity*, 1976, 41, pp. 259 – 273.

Collins, Henry B., Jr., "Potsherds from Choctaw Village Sites in Mississippi", *Journal of the Washington Academy of Sciences*, 1927, 17(10), pp. 259 – 261.

Collins, Henry B., Jr., "Check-stamped Pottery from Alaska", *Journal of the Washington Academy of Sciences*, 1928, 18(8), pp. 254 – 256.

Collins, Henry B., Jr., *Archaeology of St. Lawrence Island, Alaska*, Smithsonian Miscellaneous Collections 96, 1937.

Colton, Harold Sellers, *Potsherds: An introduction to the Study of Prehistoric Southwestern Ceramics and Their Use in Historic Reconstruction*, Flagstaff: Museum of Northern Arizona, 1953.

Cowgill, George L., "Clusters of Objects and Associations between Variables: Two Approaches to Archaeological Classification", In eds. by R. Whallon and J. A. Brown, *Essays on Archaeological Typology*, Evanston, Illinois: Center for American Archaeology Press, 1982, pp. 30 – 55.

Doran, J. E., and F. R. Hodson, *Mathematics and Computers in Archaeology*, Cambridge: Harvard University Press, 1975.

Douglass, A. E., *Climate Cycles and Tree Growth*, Vol. 1, Washington D. C.: Carnegie Institution, 1919.

Driver, H. E., and A. L. Kroeber, "Quantitative Expression of Cultural Relationships", *University of California Publications in American Archaeology and Ethnology*, 1932, 31, pp. 211 – 256.

Dunnell, Robert C., *Systematics in Prehistory*, New York: Free Press, 1971.

Dunnell, Robert C., "Style and Function: A Fundamental Dichotomy", *American Antiquity*, 1978, 43, pp. 192 – 202.

Dunnell, Robert C., "Archaeological Potential of Anthropological and Scientific Models of Function", In eds. by R. C. Dunnell and E. S. Hall, Jr., *Archaeological Essays in Honor of Irving B. Rouse*, The Hague: Mouton, 1978, pp. 41 – 73.

Dunnell, Robert C., "Methodological Issues in Americanist Artifact Classification", *Advances in Archaeological Method and Theory*, 1986, 9, pp. 149 – 207.

Ford, James A., *Ceramic Decoration Sequence at an Old Indian Village Site, near Sicily Island, Lousiana*, Department of Conservation, Lousiana State Geological Survey, Anthropological Study 1, 1935.

Ford, James A., *Analysis of Village Site Collections from Louisiana and Mississippi*, Department of Conservation, Louisiana State Geological Survey, Anthropological Study 2, 1936.

Ford, James A., "A Chronological Method Applicable to the Southeast", *American Antiquity*, 1938, 3, pp. 260 – 264.

Ford, James A., "Cultural Dating of Prehistoric Sites in the Viru Valley, Peru", *American Museum of Natural History, Anthropological Papers*, 1949, 43(1).

Ford, James A., "Measurements of Some Prehistoric Design Developments in the Southeastern States", *American Museum of Natural History, Anthropological Papers*, 1952, 43(3).

Ford, James A., "The Type Concept Revisited", *American Anthropologist*, 1954, 56, pp. 42 – 54.

Ford, James A., *A Quantitative Method for Deriving Cultural Chronology*, Washington D. C.: Pan American Union, 1962.

Fowke, Gerard, "Stone Art", In *Thirteenth Annual Report, Bureau of American*

Ethnology, Washington D. C. : U. S. Government Printing Office, 1896, pp. 57 - 178.

Gifford, James C., "The Type-variety Method of Ceramic Classification as an Indicator of Cultural Phenomena", *American Antiquity*, 1960, 25(3), pp. 341 - 347.

Gifford, James C., "The Type-Variety Method of Ceramic Classification as an Indicator of Cultural Phenomena", In ed. James Deetz, *Man's Imprint from the Past*, Little, Brown: Boston, Chapter 8, 1960, pp. 126 - 136.

Guthe, Carl Eugen, "Pueblo Pottery Making: A Study at the Village of San Ildefonso", *Papers Phillips Acad. Southwestern Exped.*, No. 2, New Haven, 1925.

Hammel, Eugene A. ed., *Formal Semantic Analysis*, Menasha, Wisconsin: American Anthropological Association, 1965.

Harris, Marvin, *The Rise of Anthropological Theory*, New York: T. Y. Crowell, 1968.

Hayden, Brian, "Are Emic Types Relevant to Archaeology?", *Ethnohistory*, 1984, 31, pp. 79 - 92.

Hayden, Brian ed., *Lithic Use-wear Analysis*, New York: Academic Press, 1979.

Hill, James N., and R. K. Evans, "A Model for Classification and Typology", In ed. D. L. Clarke, *Models in Archaeology*, London: Methuen, 1972, pp. 231 - 273.

Hodson, F. R., "Some Aspects of Archaeological Classification", In eds. R. Whallon and J. A. Brown. Evanston, *Essays on Archaeological Typology*, Illinois: Center for American Archaeology Press, 1982, pp. 21 - 29.

Holmes, William Henry, "Origin and Development of Form and Ornamentation in Ceramic Art", In *Fourth annual report of the Bureau of Ethnology*, Washington D. C. : Smithsonian Institution, 1886, pp. 437 - 465.

Jelinek, Arthur J., "Form, Function and Style in Lithic Analysis", In ed. C. E. Cleland, *Cultural Change and Continuity*, New York: Academic Press, 1976, pp. 19 - 33.

Kaplan, Flora S., and David M. Levine, "Cognitive Mapping of a Folk Taxonomy of Mexican Pottery: A Multivariate Approach", *American Anthropologist*, 1981, 83(3), pp. 868 - 884.

Kempton, Willett, *The Folk Classification of Ceramics: A Study of Cognitive Prototypes*, New York: Academic Press, 1981.

Krieger, Alex D., "The Typological Concept", *American Antiquity*, 1944, 9 (3), pp. 271 -288.

Krieger, Alex D., "The Eastward Extension of Puebloan Datings toward Cultures of the Mississippi Valley", *American Antiquity*, 1947, 12, pp. 141 - 148.

Krieger, Alex D., "Comments on 'Relationships between the Caddoan Area and the Mississippi Valley' (J. B. Griffin)", *Texas Archaeological Society Bulletin*, 1961, 31, pp. 43 - 51.

Kroeber, Alfred Louis, "The Archaeology of California", In *Putnam Anniversary Volume*, New York: G. E. Stechert, 1909, pp. 1 - 42.

Kroeber, Alfred Louis, "Zuni Potsherds", *American Museum of Natural History, Anthropological Papers*, 1916, 18(1), pp. 7 - 21.

Lewontin, Richard C., "Darwin and Mendell-The Materialist Revolution", In ed. J. Neyman, *The Heritage of Copernicus: Theories Pleasing to the Mind*, Cambridge, Massachusetts: MIT Press, 1974, pp. 166-183.

McGuire, Joseph Deakins, "Pipes and Smoking Customs of the American Aborigines Based on Material in the U.S. National Museum", *United States National Museum, Annual Report* (1897), Part I, 1899, pp. 351-647.

Rau, Charles, "The Archaeological Collections of the United States National Museum in Charge of the Smithsonian", *Smithsonian Contributions to Knowledge XXII*, Art. 4,1876.

Read, Dwight W., "Some Comments on Typologies in Archaeology and an Outline of a Methodology", *American Antiquity*, 1974,39(2-Part 1), pp. 216-242.

Rice, Prudence M., *Pottery Analysis: A Sourcebook*, University of Chicago Press, Chicago, 1987, pp. 274-288.

Rouse, Irving B., *Prehistory in Haiti: A Study in Method*, Yale University Publications in Anthropology 21,1939.

Rouse, Irving B., "The Classification of Artifacts in Archaeology", *American Antiquity*, 1960,25(3), pp. 313-323.

Shepard, Anna O., *Ceramics for the Archaeologist*, Washington, D.C.: Carnegie Institution of Washington, 1980.

Spaulding, Albert C., "Review of 'Measurements of some Prehistoric Design Developments in the Southeastern States' by J. A. Ford", *American Anthropologist*, 1953,55(4), pp. 588-591.

Spaulding, Albert C., "Statistical Techniques for the Discovery of Artifact Types", *American Antiquity*, 1953,18(4), pp. 305-313; "Structure in Archaeological Data: Nominal Variables", In eds. R. Whallon and J. A. Brown, *Essays on Archaeological Typology*, Evanston, Ill.: Center for American Archaeology Press, 1982, pp. 1-20.

Spaulding, Albert C., "Reply", *American Anthropologist*, 1954,56, pp. 112-114.

Spaulding, Albert C., "Multifactor Analysis of Association: An Application to Owasco Ceramics", In ed. C. E. Cleland, *Cultural Change and Continuity: Essays in Honor of James Bennett Griffin*, New York: Academic Press, 1976, pp. 59-68.

Spaulding, Albert C., "On Growth and Form in Archaeology: Multivariate Analysis", *Journal of Anthropological Research*, 1977,33, pp. 1-15.

Spaulding, Albert C., "Structure in Archaeological Data: Nominal Variables", In ed. R. Whallon and J. A. Brown, *Essays on Archaeological Typology*, Evanston, Illinois: Center for American Archaeology Press, 1982, pp. 1-20.

Speth, John D., "Mechanical Basis of Percussion Flaking", *American Antiquity*, 1972,37(1), pp. 34-60.

Steward, Julian H., "Types of Types", *American Anthropologist*, 1954,56(1), pp. 54-57.

Taylor, Walter. W., Jr., *A Study of Archeology*, Memoir No. 69, Washington, D.C.:

American Anthropological Association, 1948.

Uhle, Max, *The Emeryville Shellmound*, University of California Publications in American Archaeology and Ethnology, 1907, 7(1).

Whallon, Robert, "A New Approach to Pottery Typology", *American Antiquity*, 1972, 37(1), pp. 13 – 33.

Whallon, Robert, "Variables and Dimensions: The Critical Step in Quantitative Typology", In eds. R. Whallon and J. A. Brown, *Essays on Archaeological Typology*, Evanston, Illinois: Center for American Archaeology Press, 1982, pp. 127 – 161.

Whallon, Robert, and James A. Brown, "Preface", In eds. R. Whallon and J. A. Brown, *Essays on Archaeological Typology*, xv – xix, Evanston, Ill. : Center for American Archaeology Press, 1982.

Willey, Gordon R., "Horizon Styles and Pottery Traditions in Peruvian Archaeology", *American Anthropologist*, 1945, 11, pp. 49 – 56.

Willey, Gordon R., "Functional Analysis of 'Horizon Styles' in Peruvian Archaeology", In W. C. Bennett, *A Reappraisal of Peruvian Archaeology*, Memoirs of the Society for American Archaeology, 1948, 4, pp. 8 – 15.

Willey, Gordon R., and Jeremy A. Sabloff, *A History of American Archaeology*, 2d ed., San Francisco: W. H. Freeman., 1980.

Wilson, Thomas, *Arrowheads, Spearheads, and Knives of Prehistoric Times*, United States National Museum, Annual Report, Part I, 1899, pp. 811 – 988.

第二节 陶器定量分析

Bishop, Gulsebnem, "Statistical Modeling for Ceramic Analysis", In ed. Hunt, A. M. W., *Oxford Handbook of Archaeological Ceramic Analysis*, Oxford University Press, 2016, pp. 58 – 72.

Sokal, Robert R., and F. James Rohlf, *Biometry*, 2nd ed., San Francisco: W. H. Freeman & Co., 1981.

van Pool, Todd L., and Robert D. Leonard, *Quantitative Analysis in Archaeology*, Oxford: John Wiley and Sons, 2011.

第四章 陶器与社会演进

第一节 陶器的起源

Arnold, Dean E., *Ceramic Theory and Cultural Process*, Cambridge: Cambridge University Press, 1985, pp. 109 – 125.

Braun, David P., "Pots as Tools", In eds. J. A. Moore and A. S. Keene, *Archaeological Hammers and Theories*, New York: Academic Press, 1983, pp. 107 – 134.

Brown, James, "The Beginnings of Pottery as an Economic Process", In eds. W. E. van der Leeuw, and R. Torrence, *What's New? A Closer Look at the Process of Innovation*, London: Allen and Unwin, 1989, pp. 203 – 224. 译文见杰姆斯·布朗：《作为经济过程的陶器起源》，潘艳、陈虹译，陈淳校，《南方文物》2011 年第 1 期，第 177—

184,173 页。

Clark, John E., and Dennis Gosser, "Reinventing Mesoamerica's First Pottery", In eds. Barnett, W. K., and Hoopes, J. W., *The Emergence of Pottery: Technology and Innovation in Ancient Societies*, Washington, D. C.: Smithsonian Institution Press, 1995, pp. 209-221.

Crown, Patricia L., and Wirt H. Wills, "The Origins of Southwestern Ceramic Containers: Women's Time Allocation and Economic Intensification", *Journal of Anthropological Research*, 1995, 51, pp. 173-186.

Driver, Harold E., and William C. Massey, "Comparative Studies of North American Indians", *Transactions of the American Philosophical Society*, 1957, 47 (2), pp. 165-456.

Flannery, Kent V., "Archaeological Systems Theory and Early Mesoamerica", In ed. B. J. Meggers, *Anthropological Archaeology in the Americas*, Washington, D. C.: Anthropological Institute, 1968, pp. 67-87.

Hayden, Brian, "The Emergence of Prestige Technologies and Pottery", In eds. W. Barnett, and J. Hoopes, *The Emergence of Pottery: Technology and Innovation in Ancient Societies*, Washington, D. C.: Smithsonian Institution Press, 1995, pp. 257-265.

Hayden, Brian, "Practical and Prestige Technologies: The Evolution of Material Systems", *Journal of Archaeological Method and Theory*, 1998, 5, pp. 1-55.

Hindess, Barry, and Paul Hirst, *Precapitalist Modes of Production*, London: Routledge and Kegan Paul, 1975.

Hudson, Travis, and Thomas C. Blackburn, *The Material Culture of the Chumash Interaction Sphere*, Vol. 11: Food Preparation and Shelter, Menlo Park, California: Ballenna Press, 1983.

Keeley, Lawrence H., "Hunter-gatherer Economic Complexity and 'Population Pressure': A Cross-cultural Analysis", *Journal of Anthropological Archaeology*, 1988, 7, pp. 373-411.

Lemonnier, Pierre, "Introduction", In ed. Lemonnier P., *Technological Choices: Transformation in Material Cultures Since the Neolithic*, London: Routledge, 1993, pp. 1-35.

Mellaart, James, "Anatolian Pottery as a Basis for Cultural Synthesis", In ed. F. R. Matson, *Ceramics and Man*, New York: Wenner-Gren Foundation for Anthropology Research, 1965, pp. 218-239.

Reid, K. C., "A Materials Science Perspective on Hunter-gatherer Pottery", In ed. Bronitsky, G., *Pottery Technology: Ideas and Approaches*, Boulder, C. O.: Westview Press, 1989, pp. 167-180.

Rice, Prudence M., "On the Origins of Pottery", *Journal of Archaeological Method and Theory*, 1999, 6(1), pp. 1-54. 译文见普鲁登斯·莱斯:《陶器的起源》,陈继玲译,《南方文物》2017 年第 3 期,第 241—261 页。

Sassaman, Ken, "The Social Contradictions of Traditional and Innovative Cooking Technologies in the Prehistoric American Southwest", In eds. W. Barnett, and J. Hoopes, *The Emergence of Pottery: Technology and Innovation in Ancient Societies*, Washington, D. C.: Smithsonian Institution Press, 1995, pp. 223–240.

Schiffer, Michael B., and James M. Skibo, "Theory and Experiment in the Study of Technological Change", *Current Anthropology*, 1987, 28, pp. 595–622.

Smith, Bruce D., *Rivers of Change: Essays on Early Agriculture in Eastern North America*, Washington, D. C.: Smithsonian Institution Press, 1992, pp. 282–283.

Trigger, Bruce G., *A History of Archaeological Thought*, 2nd ed., Cambridge: Cambridge University Press, 2006. 译著见布鲁斯·G. 特里格:《考古学思想史(第2版)》,陈淳译,中国人民大学出版社2010年版,第168—172页。

Weissner, Polly, "Risk, Reciprocity and Social Influences on Kung San Economics", In eds. E. B. Leacock, and R. B. Lee, *Politics and History in Band Societies*, Cambridge: Cambridge University Press, 1989, pp. 61–84.

Wu, Xiaohong, Chi Zhang, Paul Goldberg, David Cohen, Yan Pan, Trina Arpin, and Ofer Bar-Yosef, "Early Pottery at 20000 Years ago in Xianrendong Cave, China", *Science*, 2012, 336, pp. 1696–1700.

第二节 陶器与流动性

Bailey, Robert C., and Thomas N. Headland, "The Tropical Rain Forest: Is It a Productive Environment for Human Foragers?", *Human Ecology*, 1989, 19(2), pp. 261–285.

Cooke, Richard G., and Anthony J. Ranere, "The Origin of Wealth and Hierarchy in the Central Region of Panama (12000–2000 B. P.), with Observation on Its Relevance to the History and Phylogeny of Chibchan-Speaking Polities in Panama and Elsewhere", In ed. F. W. Lange, *Wealth and Hierarchy in the Intermediate Area: A Symposium at Dumbarton Oaks*, 10th and 11th October 1987, Washington, D. C: Dumbarton Oaks, 1992, pp. 264, 273.

Eerkens, Jelmer W., *The Origins of Pottery among Late Prehistoric Hunter-Gatherers in California and the Western Great Basin*, Santa Barbara: University of California, PhD dissertation, 2001.

Eerkens, Jelmer W., "Privatization, Small-seed Intensification, and the Origins of Pottery in the Western Great Basin", *American Antiquity*, 2004, 69, pp. 653–670.

Eerkens, Jelmer W., "Nomadic Potters: Relationships between Ceramic Technologies and Mobility Strategies", In eds. H. Barnard, and W. Wendrich, *The Archaeology of Mobility: Old World and New World Nomadism*, Los Angeles: Cotsen Institute of Archaeology, 2008, pp. 307–326.

Hayden, Brian, "Nimrods, Piscators, Pluckers, and Planters: The Emergence of Food Production", *Journal of Anthropological Archaeology*, 1990, 9, pp. 31–69.

Hoopes, John, "Interaction in Hunting and Gathering Societies as a Context for the

Emergence of Pottery in the Central American Isthmus", In eds. W. Barnett, and J. Hoopes, *The Emergence of Pottery: Technology and Innovation in Ancient Societies*, Washington, D. C.: Smithsonian Institution Press, 1995, pp. 185 – 198.

Linton, Ralph, "North American Cooking Pots", *American Antiquity*, 1944, 9, pp. 369 – 380.

Mercader, Julio, "Ceramic Tradition in the African Forest: Charcterisation Analysis of Ancient and Modern Pottery from Ituri, D. R. Congo", *Journal of Archaeological Science*, 2000, 27, pp. 163 – 182.

Mills, Barbara, "*North American Cooking Pots*" *Reconsidered: Some Behavioral Correlates of Variation in Cooking Pot Morphology*, Paper presented at the 50th Annual Meeting of the Society for American Archaeology, Denver, May, 1985.

Reid, Kenneth C., "Simmering Down: A Second Look at Ralph Linton's 'North American Cooking Pots'", In ed. J. Mack, *Hunter-Gatherer Pottery from the Far West*, Carson City: Nevada State Museum Anthropological Papers, 1990, pp. 8 – 18.

Sassaman, Ken, "The Social Contradictions of Traditional and Innovative Cooking Technologies in the Prehistoric American Southwest", In eds. W. Barnett, and J. Hoopes, *The Emergence of Pottery: Technology and Innovation in Ancient Societies*, Washington, D. C.: Smithsonian Institution Press, 1995, pp. 223 – 240.

Simms, S. R., J. R. Bright, and A. Ugan, "Plain-Ware Ceramics and Residential Mobility: A Case Study from the Great Basin", *Journal of Archaeological Science*, 1997, 24, pp. 779 – 792.

第三节　陶器与领导权的兴起

Blinman, Eric, "Potluck in the Protokiva: Ceramics and Ceremonialism in Pueblo I Villages", In eds. W. Lipe, and M. Hegmon, *The Architecture of Social Integration in Prehistoric Pueblos*. Cortez, CO: Crow Canyon Archaeological Center, 1989, pp. 113 – 124.

Blitz, John H., "Big Pots for Big Shots: Feasting and Storage in a Mississippian Community", *American Antiquity*, 1993, 58, pp. 80 – 93.

Clark, John E., and Michael Blake, "The Power of Prestige: Competitive Generosity and the Emergence of Rank Societies in Lowland Mesoamerica", In eds. E. Brumfiel, and J. Fox, *Factional Competition and Political Development in the New World*, Cambridge: Cambridge University Press, 1994, pp. 17 – 30.

Dietler, Michael, "Feasts and Commensal Politics in the Political Economy: Food, Power, and Status in Prehistoric Europe", In eds. Polly Wiessner, and Wulf Schiefenhovel, *Food and the Status Quest: An Interdisciplinary Perspective*, Providence, RI: Berghahn Books, 1996, pp. 86 – 126.

Kipfer, Barbara Ann, "Sipapu", In *Encyclopedic Dictionary of Archaeology*, Springer, Cham, 2021, https://doi.org/10.1007/978-3-030-58292-0_190659.

LeCount, Lisa J., "Like Water for Chocolate: Feasting and Political Ritual among the Late

Classic Maya at Xunantunich, Belize", *American Anthropologist*, 2001, 103 (4), pp. 935 – 953.

Wilshussen, Richard H., *Sipapus, Ceremonial Vaults, and Foot Drums (or a Resounding Argument for Protokivas). Dolores Archaeological Program Technical Reports DAP 278*, Final report submitted to the Bureau of Reclamation, Upper Colorado Region, Salt Lake City, in compliance with Contract No. 8 – 07 – 40 – S0562,1985.

第五章 陶器与技术组织
第一节 技术组织

Berg, Ina, "Meaning in the Making: The Potter's Wheel at Phylakopi, Melos (Greece)", *Journal of Anthropological Archaeology*, 2007,26, pp. 234 – 252.

Binford, Lewis W., "Organization and Formation Processes: Looking at Curated Technologies", *Journal of Anthropological Research*, 1979,35(3), pp. 255 – 273.

Bleed, Peter, "Artifice Constrained: What Determines Technological Choice?", In ed. M. Schiffer, *Anthropological Perspectives on Technology*, University of New Mexico Press, Albuquerque, 2001, pp. 151 – 162.

Braun, David P., "Pots as Tools", In eds. A. Keene, and J. Moore, *Archaeological Hammers and Theories*, New York: Academic Press, 1983, pp. 107 – 34.

Dobres, Marcia-Anne, "Meaning in the Making: Agency and the Social Embodiment of Technology and Art", In ed. Schiffer, M. B., *Anthropological Perspectives on Technology*, University of New Mexico Press, Albuquerque, 2001, pp. 47 – 76.

Dobres, Marcia-Anne, and Christopher R. Hoffman, "The Social Dynamics of Technology", In *Practice, Politics and World Views*, Smithsonian Institution Press, Washington, D. C.: Doumas, 1999, p. 2.

Frake, Charles O., "Notes on Queries in Ethnography", In eds. A. K. Romney, and R. G. D'Andrade, Transcultural Studies in Cognition, *American Anthropologist*, 1994,66, Part 2, No. 3, pp. 132 – 145.

Glassie, Henry, *Patterns in the Material Folk Culture of the Eastern United States*, Philadelphia: University of Pennsylvania Press, 1968, p. 2.

Goodenough, Ward H., "Introduction", In ed. W. H. Goodenough, *Explorations in Cultural Anthropology*, New York: McGraw-Hill, 1964, pp. 1 – 24.

Gosselain, Olivier, P., "Social and Technical Identity in a Clay Crystal Ball", In ed. Stark, M. T., *The Archaeology of Social Boundaries*, Washington, D. C.: Smithsonian Institution Press, 1998, pp. 78 – 106.

Gosselain, Olivier, P., "Materializing Identities: An African Perspective", *Journal of Archaeological Method and Theory*, 2000,7, pp. 187 – 217.

Gosselain, Olivier, P., and A. Livingstone Smith, "The Source. Clay Selection and Processing Practices in Sub-Saharan Africa", In eds. A. Livingstone Smith, D. Bosquet, and R. Martineau, *Pottery Manufacturing Processes: Reconstruction and Interpretation*, Oxford: Archaeopress, 2005, pp. 33 – 47.

Hallowell, A. Irving, "Self, Society, and Culture in Phylogenetic Perspective", In ed. M. F. Ashley Montagu, *Culture: Man's Adaptive Dimension*, New York: Oxford University Press, 1968, pp. 197–261.

Krohn, Rachel, and Stephan Konz, "Bent Hammer Handles", In *Proceedings of the Human Factors Society 26th Annual Meeting*, Seattle, Washington: Human Factors Society, 1982, pp. 413–417.

Lechtman, Heather, "Style in Technology-some Early Thoughts", In eds. H. Lechtman, and R. Merrill, *Material Culture: Styles, Organization, and Dynamics of Technology*, New York: West, 1977, pp. 3–20.

McGuire, Randall H., and Michael B. Schiffer, "A Theory of Architectural Design", *Journal of Anthropological Archaeology*, 1983, 2, pp. 277–303.

Merrill, Robert S., *The Study of Technology in International Encyclopedia of the Social Sciences*, 1965, 15, pp. 576–589.

Richter, Maurice N., Jr., *Technology and Social Complexity*, Albany: State University of New York Press, 1982, p. 8.

Roux, Valentine, and Daniela Corbetta, *The Potter's Wheel: Craft Specialization and Technical Competence*, Oxford and IBH Publishing, 1989, pp. 140–143.

Schiffer, Michael B., and J. Skibo, "The Explanation of Artifact Variability", *American Antiquity*, 1997, 62(1), pp. 27–50.

Schiffer, Michael B., and James Skibo, "Theory and Experiment in the Study of Technological Change", *Current Anthropology*, 1987, 28, pp. 595–622.

Sillar, B., and M. S. Tite, "The Challenge of Technological Choices for Materials Science Approaches in Archaeology", *Archaeometry*, 2000, 42(1), pp. 2–20.

Spier, Robert F. G., *From the Hand of Man*, Boston: Houghton-Mifflin, 1970, p. 14.

第二节 生产组织

Ames, Kenneth M., "Chiefly Power and Household Production on the Northwest Coast", In eds. T. Douglas Price, and Gary M. Feinman, *Foundations of Social Inequality*, New York: Plenum Press, 1995, pp. 155–187.

Arnold, Jeanne E., and Ann Munns, "Independent or Attached Specialization: The Organization of Shell Bead Production in California", *Journal of Field Archaeology*, 1994, 21(4), pp. 473–489.

Arnold, Philip J., III, and Robert S. Santley, "Household Ceramics Production at Middle Classic Period Matacapan", In eds. R. Santley, and K. Hirth, *Prehispanic Domestic Units in Western Mesoamerica: Studies of the Household, Compound, and Residence*, Boca Raton, FL: CRC Press, 1993, pp. 227–248.

Balfet, H., "Ethnographical Observations in North Africa and Archaeological Interpretations: Pottery of the Mahgreb", In ed. Frederick R. Matson, *Ceramics and Man*. Aldine, Chicago, 1965, pp. 161–175.

Benco, Nancy L., *The Early Medieval Pottery Industry at al-Basra, Morocco*, BAR

International Series 341, Oxford, 1987.

Blackman, M. James, Gil J. Stein, and Pamela B. Vandiver, "The Standardization Hypothesis and Ceramic Mass Production: Technological, Compositional, and Metric Indices of Craft Specialization at Tell Leilan, Syria", *American Antiquity*, 1993, 58(1), pp. 60–80.

Blinman, Eric, *The Interpretation of Ceramic Variability: A Case Study From the Dolores Anasazi*, PhD dissertation, Washington State University, Pullman, University Microfilms International, Ann Arbor, Michigan, 1988, p. 76.

Bradley, Richard, *An Archaeology of Natural Places*, London: Routledge, 2000.

Brumfiel, Elizabeth M., "Elite and Utilitarian Crafts in the Aztec State", In eds. E. Brumfiel, and T. Earle, *Specialization, Exchange, and Complex Societies*, Cambridge University Press, Cambridge, 1987, pp. 102–118.

Charlton, Cynthia Otis, Thomas H. Charlton, and Deborah L. Nichols, "Aztec Household-Based Craft Production: Archaeological Evidence for the City-State of Otumba, Mexico", In eds. R. Santley, and K. Hirth, *Prehispanic Domestic Units in Western Mesoamerica: Studies of the Household, Compound, and Residence*, Boca Raton, FL: CRC Press, 1993, pp. 147–171.

Childe, V. Gordon, *Man Makes Himself*, 3rd ed., Bradford-on-Avon: Moonraker Press, 1981 (originally published 1956). 中译本见戈登·柴尔德:《人类创造了自身》,安家瑗、余敬东译,上海三联书店2012年版。

Childe, V. Gordon, *Social Evolution*, London: Watts, 1951.

Clark, John E., "Craft Specialization and Olmec Civilization", In ed. B. Wailes, *Craft Specialization and Social Evolution: In Memory of V. Gordon Childe*, University of Pennsylvania Museum, Philadelphia, 1996, pp. 187–199.

Clark, John E., and William J. Parry, "Craft Specialization and Cultural Complexity", *Research in Economic Anthropology*, 1990, 12, pp. 289–346.

Cobb, Charles R., "Archaeological Approaches to the Political Economy of Nonstratified Societies", In ed. M. B. Schiffer, *Archaeological Method and Theory*, Vol. 5, Tucson: University of Arizona Press, 1993, pp. 43–100.

Costin, Cathy L., *From Chiefdom to Empire State: Ceramic Economy among the Prehispanic Wanka of Highland Peru*, PhD dissertation, Department of Anthropology, University of California, Los Angeles, 1986.

Costin, Cathy L., "Housewives, Chosen Women, Skilled Men: Cloth Production and Social Identity in the Late Prehispanic Andes", In eds. C. Costin, and R. Wright, *Craft and Social Identity*, Archaeological Papers of the American Anthropological Association Number 8, Washington D. C., 1998, pp. 123–141.

Costin, Cathy L., "Craft Specialization: Issues in Defining, Documenting, and Explaining the Organization of Production", In ed. Michael B. Schiffer, *Archaeological Method and Theory* 3, Tucson: University of Arizona Press, 2001, pp. 1–56.

Costin, Cathy L., "Craft Production Systems", In eds. Gary M. Feinman, and T.

Douglas Price, *Archaeology at the Millennium: A Sourcebook*, New York: Kluwer Academic/Plenum, 2001, pp. 273-327.

Costin, Cathy L., and Melissa B. Hagstrum, "Standardization, Labor Investment, Skill, and the Organization of Ceramic Production in Late Prehispanic Highland Peru", *American Antiquity*, 1995, 60, pp. 619-639.

Costin, Cathy L., and Rita Wright eds., *Craft and Social Identity*, Archeological Papers No. 8, American Anthropological Association, Washington, D.C., 1998.

Cross, John R., "Craft Specialization in Nonstratified Societies", *Research in Economic Anthropology*, 1993, 14, pp. 61-84.

Crown, Patricia L., "The Production of the Salado Polychromes in the American Southwest", In eds. B. Mills, and C. Crown, *Ceramic Production in the American Southwest*, University of Arizona Press, Tucson, 1995, pp. 142-166.

Earle, Timothy, "A Reappraisal of Redistribution: Complex Hawaiian Chiefdoms", In eds. T. Earle, and J. Ericson, *Exchange Systems in Pre-history*, Academic Press, New York, 1977, pp. 213-229.

Feinman, Gary M., "Changes in the Organization of Ceramic Production in Pre-Hispanic Oaxaca, Mexico", In ed. Ben A. Nelson, *Decoding Prehistoric Ceramics*, Southern Illinois University Press, Carbondale, 1985, pp. 195-223.

Feinman, Gary M., Steadman Upham, and Kent G. Lightfoot, "The Production Step Measure: An Ordinal Index of Labor Input in Ceramic Manufacture" *American Antiquity*, 1981, 46, pp. 871-884.

Flad, Rowan, and Zachary Hruby, "'Specialized' Production in Archaeological Contexts: Rethinking Specialization, the Social Value of Products, and the Practice of Production", *Archaeological Papers of the American Anthropological Association*, 2007, 17, pp. 1-19.

Gell, Alfred, "The Technology of Enchantment and the Enchantment of Technology", In eds. Jeremic Coote, and Anthony Shelton, *Anthropology, Art, and Aesthetics*, Oxford: Clarendon Press, 1992, pp. 40-63.

Gibson, D. Blair, "Death of a Salesman: Childe's Itinerant Craftsman in Light of Present Knowledge of Late Prehistoric Craft Production", In ed. B. Wailes, *Craft Specialization and Social Evolution: In Memory of V. Gordon Childe*, University of Pennsylvania Museum, Philadelphia, 1996, pp. 107-119.

Goody, Jack, *Cooking, Cuisine, and Class*, Cambridge: Cambridge University Press, 1982.

Halstead, Paul, "The Economy Has a Normal Surplus: Economic Stability and Social Change among Early Farming Communities of Thessaly, Greece", In eds. Paul Halstead, and J. O'Shea, *Bad Year Economics: Cultural Responses to Risk and Uncertainty*, Cambridge: Cambridge University Press, 1989, pp. 68-80.

Harry, Karen G., "Ceramic Specialization and Agricultural Marginality: Do Ethnographic Models Explain the Development of Specialized Pottery Production in the Prehistoric

American Southwest?", *American Antiquity*, 2005,70(2), pp. 295-319.

Hayashida, F., *State Pottery Production in the Inka Provinces*, PhD dissertation, Department of Anthropology, University of Michigan, University Microfilms, Ann Arbor, MI, 1995.

Hayden, Brian, "Nimrods, Piscators, Pluckers, and Planters: The Emergence of Food Production", *Journal of Anthropological Archaeology*, 1990,9, pp. 31-69.

Hegmon, M., M. Nelson, and M. Ennes, "Corrugated Pottery, Technological Style, and Population Movement in the Mimbres Region of the America Southwest", Ms. on file, Department of Anthropology, California State University, Northridge, 1999.

Hegmon, Michelle, Winston Hurst, and James R. Allison, "Production for Local Consumption and Exchange: Comparisons of Early Red and White Ware Ceramics in the San Juan Region", In eds. Barbara J. Mills, and Patricia L. Crown, *Ceramic Production in the American Southwest*, Tucson: The University of Arizona Press, 1995, pp. 30-62.

Hicks, F., "First Steps Towards a Market-Integrated Economy in Aztec Mexico", In eds. Henri J. M. Claessen, and Pieter Van De Velde Brill, *Early State Dynamics*, Amsterdam, 1987, pp. 91-107.

Julien, C., "Inca Decimal Administration in the Lake Titicaca Region", In eds. G. A. Collier, R. I. Rosaldo, and J. D. Wirth, *The Inca and Aztec States 1400-1800. Anthropology and History*, Academic Press, New York, 1982, pp. 119-152.

Kaiser, Timothy M., *Vinca Ceramics: Economic and Technological Aspects of Late Neolithic Pottery Production in Southeast Europe*, PhD dissertation, University of California, Berkeley, University Microfilms International, Ann Arbor, Michigan, 1984.

Kramer, Carol, *Pottery in Rajasthan: Ethnoarchaeology in Two Indian Cities*, Washington, D. C.: Smithsonian Institution Press, 1997.

LeVine, Terry Yarov, "Inka Labor Service at the Regional Level: The Functional Reality", *Ethnohistory*, 1987,34(1), pp. 14-46.

Longacre, William A., and Miriam T. Stark, "Ceramics, Kinship and Space: A Kalinga Example", *Journal of Anthropological Archaeology*, 1992,11, pp. 125-136.

Longacre, William A., "Standardization and Specialization: What's the Link?", In eds. James M. Skibo, and Gary M. Feinman, *Pottery and People: A Dynamic Interaction*, Salt Lake City: University of Utah Press, 1999, pp. 44-58.

McGaw, Judith, "Reconceiving Technology: Why Feminine Technologies Matter", In ed. R. P. Wright, *Gender and Archaeology: Essays in Research and Practice*, Philadelphia: University of Pennsylvania Press, 1996, pp. 52-75.

Mills, Barbara J., and Patricia L. Crown, "Ceramic Production in the American Southwest: An Introduction", In eds. Barbara J. Mills, and Patricia L. Crown, *Ceramic Production in the American Southwest*, Tucson: The University of Arizona Press, 1995, pp. 1-29.

Morphy, Howard, "From Dull to Brilliant: The Aesthetics of Spiritual Power among the

Yolngu", *Man*, 1989, 24, pp. 21-40.

Muller, Jon, "Mississippian Specialization and Salt", *American Antiquity*, 1984, 49(3), pp. 489-507.

Munn, Nancy, *The Fame of Gawa*. Cambridge: Cambridge University Press, 1996.

Peacock, David P. S., "Archaeology, Ethnology, and Ceramic Production", In eds. H. Howard, and E. Morris, *Production and Distribution: A Ceramic Viewpoint*, BAR International Series 120, BAR, Oxford, 1981.

Peacock, David P. S., *Pottery in the Roman World: An Ethnoarchaeological Approach*, Longmans, London, 1982.

Peregrine, Peter N., "Some Political Aspects of Craft Specialization", *World Archaeology*, 1991, 23, pp. 1-11.

Pires-Ferreira, Jane W., "Shell and Iron-Ore Mirror Exchange in Formative Mesoamerica, with Comments on Other Commodities", In ed. K. V. Flannery, *The Early Mesoamerican Village*, Academic Press, New York, 1976, pp. 311-325.

Polanyi, Karl, "The Economy as Instituted Process", In eds. K. Polanyi, M. Arensberg, and H. Pearson, *Trade and Market in the Early Empires*, Glencoe, IL: Free Press, 1957, pp. 243-270.

Rappaport, Roy A., *Pigs for the Ancestors*, 2nd ed., New Haven: Yale University Press, 1984.

Renfrew, Collin, "Alternative Models for Exchange and Spatial Distribution", In eds. T. K. Earle, and J. E. Ericson, *Exchange Systems in Prehistory*, Academic Press, New York, 1977, pp. 71-90.

Rice, Prudence M., "Evolution of Specialized Pottery Production: A Trial Model", *Current Anthropology*, 1981, 22, pp. 219-240. 译文见普卢登丝·赖斯：《陶器生产专业化演变：一个尝试性模型》，郭璐莎、陈力子译，陈淳校，《南方文物》2014 年第 1 期，第 171—180 页。

Rice, Prudence M., "Specialization, Standardization, and Diversity: A Retrospective", In eds. Ronald L. Bishop, and Frederick W. Lange, *The Ceramic Legacy of Anna O. Shepard*, Niwot: University of Colorado Press, 1991, pp. 257-279.

Rodgers, William B., "Development and Specialization: A Case from the Bahamas", *Ethnology*, 1966, 5(4), pp. 409-414.

Rueschemeyer, Dietrich, *Power and the Division of Labor*, New York: Polity Press, 1986.

Service, Elman R., *Primitive Social Organization*, Random House, New York, 1962.

Sinopoli, Carla M., "The Organization of Craft Production at Vijayanagara, South India", *American Anthropologist*, 1988, 90, pp. 580-597.

Spielmann, Katherine, "Feasting, Craft Specialization, and the Ritual Mode of Production in Small-scale Societies", *American Anthropologist*, 2002, 104(1), pp. 195-207.

Stark, Barbara L., "Problems in the Analysis of Standardization and Specialization in Pottery", In eds. Barbara L. Mills, and Patricia L. Crown, *Ceramic Production in the*

American Southwest, Tucson: The University of Arizona Press, 1995, pp. 200 – 230.

van der Leeuw, Sander E., "Towards a Study of the Economics of Pottery Making", *ExHorreo*, 1977, 4, pp. 68 – 76.

Wailes, Bernard ed., *Craft Specialization and Social Evolution: In Memory of V. Gordon Childe*, University of Pennsylvania Museum, Philadelphia, 1996, p. 8.

Wells, Peter S., "Location, Organization, and Specialization of Craft Production in Late Prehistoric Central Europe", In ed. B. Wailes, *Craft Specialization and Social Evolution: In Memory of V. Gordon Childe*, University of Pennsylvania Museum, Philadelphia, 1996, pp. 85 – 98.

Wiessner, Polly, "Introduction: Food, Status, Culture, and Nature", In eds. Polly Wiessner, and Wolf Schiefennovel, *Food and the Status Quest: An Interdisciplinary Perspective*, Providence: Berghahn Books, 1996, pp. 1 – 18.

Wright, Rita P., "Technology and Style in Ancient Ceramics", In ed. D. Kingery, *Ceramics and Civilization II*, The American Ceramics Society, Columbus, OH, 1985, pp. 5 – 25.

Wright, Rita P., "Contexts of Specialization: V. Gordon Childe and Social Evolution", In ed. B. Wailes, *Craft Specialization and Social Evolution: In Memory of V. Gordon Childe*, University of Pennsylvania Museum, Philadelphia, 1996, pp. 123 – 132.

第三节 标准化与多样化

Arnold, Dean, and Alvaro Nieves, "Factors Affecting Ceramic Standardization", In eds. G. Bey, and C. Pool, *Ceramic Production and Distribution: An Integrated Approach*, Boulder: Westview Press, 1992, pp. 93 – 113.

Balfet, H., "Ethnographical Observations in North Africa and Archaeological Interpretation: The Pottery Maghreb", In ed. Frederick R. Matson, *Ceramics and Man*, Viking Fund Publications in Anthropology, No. 41, New York, 1965, pp. 161 – 177.

Benco, Nancy L., *The Early Medieval Pottery Industry at al-Basra, Morocco*, BAR International Series 341, BAR, Oxford, 1987.

Blackman, James, G. Stein, and Pamela B. Vandiver, "The Standardization Hypothesis and Ceramic Mass Production: Technological, Compositional, and Metric Indexes of Craft Specialization at Tell Leilan, Syria", *American Antiquity*, 1993, 58 (1), pp. 60 – 80.

Blinman, Eric, *The Interpretation of Ceramic Variability: A Case Study from the Dolores Anasazi*, PhD dissertation, Washington State University, Pullman, University Microfilms International, Ann Arbor, Michigan, 1988.

Braun, David P., "Ceramic Decorative Diversity and Illinois Woodland Regional Integration", In ed. Ben A. Nelson, *Decoding Prehistoric Ceramics*, Southern Illinois University Press, 1985, pp. 128 – 153.

Costin, Cathy L., *From Chiefdom to Empire State: Ceramic Economy among the*

Prehispanic Wanka of Highland Peru, PhD dissertation, Department of Anthropology, University of California, Los Angeles, 1986.

Costin, Cathy L., "Craft Specialization Issues in Defining, Documenting, and Explaining the Organization of Production", In ed. Schiffer, M. B., *Archaeological Method and Theory*, 1991, 3, pp. 1 - 56.

Costin, Cathy L., and Melissa B. Hagstrum, "Standardization, Labor Investment, Skill, and the Organization of Ceramic Production in Late Prehispanic Highland Peru", *American Antiquity*, 1995, 60(4), pp. 619 - 639.

De Atley, Suzanne P., and William G. Melson, *Weighing the Choices: Clay Selection and the Domestic Potter*, Manuscript in the files of Suzanne P. De Atley, Boulder, 1981.

Eerkens, Jelmer, and Robert Bettinger, "Techniques for Assessing Standardization in Artifact Assemblages: Can We Scale Material Variability?", *American Antiquity*, 2001, 66(3), pp. 493 - 504.

Feinman, Gary M., Stephen Kowalewski, and Richard Blanton, "Modelling Ceramic Production and Organizational Change in the Pre-Hispanic Valley of Oaxaca, Mexico", In eds. S. van der Leeuw, and A. C. Pritchard, *The Many Dimensions of Pottery*, University of Amsterdam, Albert Egges van Giffen Instituut voor Prae-en Protohistorie, Cingula VII, Amsterdam, 1984, pp. 297 - 337.

Feinman, Gary M., Richard Blanton, and Stephen Kowalewski, "Market System Development in the Prehispanic Valley of Oaxaca, Mexico", In ed. Kenneth G. Hirth, *Trade and Exchange in Early Mesoamerica*, University of New Mexico Press, Albuquerque, 1984, pp. 157 - 178.

Frankel, David, "Pottery Production in Prehistoric Bronze Age Cyprus: Assessing the Problem", *Journal of Mediterranean Archaeology*, 1988, 1(2), pp. 27 - 55.

Hagstrum, Melissa B., "Measuring Prehistoric Ceramic Craft Specialization: A Test Case in the American Southwest", *Journal of Field Archaeology*, 1985, 12, pp. 65 - 75.

Longacre, William, K. Kvamme, and M. Kobayashi, "Southwestern Pottery Standardization: An Ethnoarchaeological View from the Philippines", *The Kiva*, 1988, 53, pp. 101 - 112.

Rice, Prudence M., "Evolution of Specialized Pottery Production: A Trial Model", *Current Anthropology*, 1981, 22, pp. 219 - 240.

Rice, Prudence M., "Ceramic Diversity, Production, and Use", In eds. Robert D. Leonard, and Grant T. Jones, *Quantifying Diversity in Archaeology*, Cambridge University Press, Cambridge, 1989, pp. 109 - 117.

Rice, Prudence M., "Specialization, Standardization, and Diversity: A Retrospective", In eds. Ronald L. Bishop, and Frederick W. Lange, *The Ceramic Legacy of Anna O. Shepard*, Niwot: University of Colorado Press, 1991, pp. 257 - 279.

Roux, Valentine, "Ceramic Standardization and Intensity of Production: Quantifying Degrees of Standardization", *American Antiquity*, 2003, 68(4), pp. 768 - 782. 译文见瓦

伦丁·卢克斯：《陶器生产的标准化和强度：专业化程度的量化》，《南方文物》2011年第3期，第166—177页。

Sinopoli, Carla M. , "The Organization of Craft Production at Vijayanagara, South India", *American Anthropologist*, 1988, 90, pp. 580 - 597.

Wattenmaker, Patricia Ann, *The Social Context of Specialized Production: Reorganization of Household Craft and Food Economies in an Early Near Eastern State*, PhD dissertation, University of Michigan, University Microfilms, Ann Arbor, 1990, pp. 12 - 16.

Wright, Rita P. , *Standardization as Evidence for Craft Specialization: A Case Study*, Paper presented at the 82nd annual meeting of the American Anthropological Association, Nov. 16 - 20, Chicago, 1983.

第六章 陶器与人

第一节 人员与陶器

Arnold, Dean E. , *Ceramic Theory and Cultural Process*, Cambridge: Cambridge University Press, 1985, pp. 65 - 70, 102.

Conkey, Margaret W. , and Janet D. Spector, "Archaeology and the Study of Gender", *Advances in Archaeological Method and Theory*, 1984, 7, pp. 1 - 38

Costin, Cathy L. , "Craft Production Systems", In eds. Feinman, and T. D. Price, *Archaeology at the Millennium*, Kluwer Academic/Plenum Publisherds, New York, 2001, pp. 273 - 327.

Crown, Patricia L. , and W. H. Wills, "The Origins of Southwestern Ceramic Containers: Women's Time Allocation and Economic Intensification", *Journal of Anthropological Research*, 1995, 51, pp. 173 - 186.

Leacock, Eleanor, "Women's Status in Egalitarian Society: Implications for Social Evolution", *Current Anthropology*, 1978, 19(2), pp. 247 - 275.

Hosler, Dorothy, "Technical Choices, Social Categories, and Meaning among the Andean Potters of Las Animas", *Journal of Material Culture*, 1996, 1(1), pp. 63 - 92.

Marshall, Yvonne, "Who Made the Lapita Pots: A Case Study in Gender Archaeology", *The Journal of the Polynesian Society*, 1985, 94(3), pp. 205 - 233.

Murdock, George Peter, and Caterina Provost, "Factors in the Division of Labor by Sex: A Cross-cultural Analysis", *Ethnology*, 1973, 12, pp. 203 - 225.

Peelo, Sarah, "Pottery-making in Spanish California: Creating Multi-scalar Social Identity through Daily Practice", *American Antiquity*, 2011, 76, pp. 642 - 666.

Reents-Budet, Dorie, "Elite Maya Pottery and Artisans as Social Indicators", In eds. C. Costin, and R. Wright, *Craft and Social Identity*, Archaeological Papers of the American Anthropological Association 8, 1998, pp. 71 - 89.

White, D. R. , M. L. Burton, L. A. Brudner, "Entailment Theory and Method: A Cross-Cultural Analysis of the Sexual Division of Labor", *Behavior Science Research*, 1977, 12(1), pp. 1 - 24.

Wright, Rita P. , "Women's Labor and Pottery Production in Prehistory", In eds. Joan M. Gero, and Margaret W. Conkey, *Engendering Archaeology: Women and Prehistory*, Cambridge, Mass. : Blackwell, 1991, pp. 194 - 223.

第二节 身份与陶器

Deboer, Warren. R. , "Interaction, Imitation, and Communication as Expressed in Style: The Ucayali Experience", In eds. M. Conkey, and C. Hastorf, *The Uses of Style in Archaeology*, Cambridge University Press, Cambridge, 1990, pp. 82 - 104.

Gijanto, Liza, "Exchange, Interaction, and Change in Local Ceramic Production in the Niumi Commercial Center on the Gambia River", *Journal of Social Archaeology*, 2011,11(1), pp. 21 - 48.

Gosselain, Olivier, P. , "Social and Technical Identity in a Clay Crystal Ball", In ed. M. Stark, *The Archaeology of Social Boundaries*, Washington D. C. : Smithsonian Institution Press, 1998, pp. 78 - 106.

Gosselain, Olivier, P. , "Materializing Identities: An Africanist Perspective", *Journal of Archaeological Method and Theory*, 2000,7, pp. 187 - 217.

Goesselain, Olivier, P. , "Thoughts and Adjustments in the Potter's Backyard", In ed. Ina Berg, *Breaking the Mould: Challenging the Past through Pottery*, Archaeopress, Oxford, 2008, pp. 67 - 79.

Lechtman, Heather, "Style in Technology-Some Early Thoughts", In eds. H. Lechtman, and R. Merrill, *Material Culture: Styles, Organization, and Dynamics of Technology*, West, New York, 1977, pp. 3 - 20.

Peelo, Sarah, "Pottery-making in Spanish California: Creating Multi-scalar Social Identity through Daily Practice", *American Antiquity*, 2011,76, pp. 642 - 666.

Schiffer, Michael B. , and James Skibo, "Theory and Experiment in the Study of Technological Change", *Current Anthropology*, 1987,28, pp. 595 - 622.

Wynne-Jones, Stephanie, "It's What You Do with It that Counts: Performed Identities in the East African Coastal Landscape", *Journal of Social Archaeology*, 2007, 7, pp. 325 - 345.

第三节 陶器分布与交换

Bradley, Richard, and Mark Edmonds, *Interpreting the Axe Trade*, Cambridge University Press, Cambridge, 1993.

Crown, Patricia L. , *Ceramics and Ideology*, University of New Mexico Press, Albuquerque, 1994.

Feinman, G. M. , and C. P. Garraty, "Preindustrial Markets and Marketing: Archaeological Perspectives", *Annual Review of Anthropology*, 2010, 39, pp. 167 - 191.

Gell, Alfred, *Art and Agency*, Clarendon Press, Oxford, 1998.

Graves, Michael, "Pottery Production and Distribution among the Kalinga: A Study of

Household and Regional Organization and Differentiation", In ed. W. Longacre, *Ceramic Ethnoarchaeology*, Tucson: The University of Arizona Press, 1991, pp. 112 - 143.

Longacre, William A., and Miriam T. Stark, "Ceramics, Kinship, and Space: A Kalinga Example", *Journal of Anthropological Archaeology*, 1992,11(2), pp. 125 - 136.

Masson, Marilyn, and David Friedel, "An Argument for Classic Era Maya Market Exchange", *Journal of Anthropological Archaeology*, 2012,31(4), pp. 455 - 484.

Polanyi, Karl, *The Great Transformation*, New York, Farrar and Rinehart, 1944.

Spielmann, Katherine, "Feasting, Craft Specialization, and the Ritual Mode of Production in Small-scale Societies", *American Anthropologist*, 2002,104(1), pp. 195 - 207.

Spielmann, Katherine, "Communal Feasting, Ceramics, and Exchange", In ed. B. Mills, *Identity, Feasting and the Archaeology of the Greater Southwest*, University Press of Colorado, 2004, pp. 210 - 232.

第四节 陶器使用寿命与人口估算

Baumhoff, Martin A., and Robert F. Heizer, "Some Unexploited Possibilities in Ceramic Analysis", *Southwestern Journal of Anthropology*, 1959,15(3), pp. 308 - 316.

Beck, Margaret E., "Midden Ceramic Assemblage Formation: A Case Study from Kalinga, Philippines", *American Antiquity*, 2006,71(1), pp. 27 - 51.

Cook, S. F., "A Reconsideration of Shell Mounds with Respect to Population and Nutrition", *American Antiquity*, 1946,12(1), pp. 51 - 53.

Cook, S. F., and A. E. Treganza, "The Quantitative Investigation of Aboriginal Sites: Comparative Physical and Chemical Analysis of Two California Shell Mounds", *American Antiquity*, 1947,13, pp. 135 - 141.

David, Nicolas, "The Fulani Compound and the Archaeologist", *World Archaeology*, 1971,3, pp. 111 - 131.

David, Nicolas, "On the Life Span of Pottery, Type Frequencies, and Archaeological Inference", *American Antiquity*, 1972,37(1), pp. 141 - 142.

Deal, Michael, "Pottery Ethnoarchaeology in the Central Maya High Lands", University of Utah Press, Salt Lake City, 1998.

DeBoer, Warren R., and Donald Lathrap, "The Making and Breaking of Shipibo-Conibo Ceramics", In ed. Carol Kramer, *Ethnoarchaeology*, New York: Columbia University Press, 1979, pp. 102 - 138.

Foster, George M., "Life-expectancy of Utilitarian Pottery in Tzintzuntzan, Michoacan, Mexico", *American Antiquity*, 1960,25(4), pp. 606 - 609.

Gifford, Edward W., "Composition of California Shellmounds", *University of California Publications in American Archaeology and Ethnology*, 1916,12, pp. 1 - 29.

Hayden, Brian, and Aubrey Cannon, "Where the Garbage Goes: Refuse Disposal in the Maya Highlands", *Journal of Anthropological Archaeology*, 1983,2(2), pp. 117 - 163.

Hill, James N. , *Broken K Pueblo: Prehistoric Social Organization in the American Southwest*, Tucson: University of Arizona Press, 1970.

Kohler, Timothy A, and Eric Blinman, "Solving Mixture Problems in Archaeology: Analysis of Ceramic Materials for Dating and Demographic Reconstruction", *Journal of Anthropological Archaeology*, 1987,6(1), pp. 1 - 28.

Naroll, Raoul, *Data Quality Control, a New Research Technique: Prolegomena to a Cross-Cultural Study of Culture Stress*, New York: Free Press, 1962.

Nelson, Ben A. , "Ethnoarchaeology and Paleodemography: A Test of Turner and Lofgren's Hypothesis", *Journal of Anthropological Research*, 1981, 37 (2), pp. 107 - 129.

Nelson, Ben A. , "Ceramic Frequency and Use-life: A Highland Mayan Case in Cross-cultural Perspective", In ed. W. Longacre, *Ceramic Ethnoarchaeology*, The University of Arizona Press, Tucson, 1991, pp. 162 - 181.

Nelson, Nels C. , "Shellmounds of San Francisco Bay Region", In *University of California Publications in American Archaeology and Ethnology*, 1909, 7, pp. 309 - 356.

Pauketat, Timothy R. , "Monitoring Mississippian Homestead Occupation Span and Economy Using Ceramic Refuse", *American Antiquity*, 1989,54(2), pp. 288 - 310.

Schiffer, Michael B. , "Behavioral Chain Analysis: Activities, Organization, and the Use of Space", *Fieldiana. Anthropology*, 1975,65, pp. 103 - 119.

Schiffer, Michal B. , *Formation Processes of the Archaeological Record*, Albuquerque, NM: University of New Mexico Press, 1987.

Shott, Michael, "Mortal Pots on Use Life and Vessel Size in the Formation of Ceramic Assemblages", *American Antiquity*, 1996,61, pp. 463 - 482.

Sullivan, Alan, "Ethnoarcheaological and Archaeological Perspectives on Ceramics Vessels and Annual Accumulation Rates of Sherds", *American Antiquity*, 2008, 73, pp. 121 - 135.

Tani, Masakazu, "Why Should More Pots Break in Larger Households? Mechanisms Underlying Population Estimates from Ceramics", In ed. William Longacre, *Kalinga Ethnoarchaeology*, Washington, D. C. : Smithsonian Institution Press, 1994, pp. 51 - 70.

Tani, Masakazu, and William A. Longacre, "On Methods of Measuring Ceramic Uselife: A Revision of the Uselife Estimates of Cooking Vessels among the Kalinga, Philippines", *American Antiquity*, 1999,64(2), pp. 299 - 308.

Turner, Christy G. , and Laurel Lofgren, "Household Size of Prehistoric Western Pueblo", *Southwestern Journal of Anthropology*, 1966,22, pp. 117 - 132.

Varien, Mark D. , and Babara J. Mills, "Accumulations Research: Problems and Prospects for Estimating Site Occupation Span", *Journal of Archaeological Method and Theory*, 1997,4(2), pp. 141 - 191.

Varien, Mark D. , and James M. Potter, "Unpacking the Discard Equation: Simulating the

Accumulation of Artifacts in the Archaeological Record", *American Antiquity*, 1997, 62 (2), pp. 194 – 213.

第七章 陶器的风格与装饰
第一节 考古学风格研究的发展历程

Adams, William Y., "On the Argument from Ceramics to History: A Challenge Based on Evidence from Medieval Nubia", *Current Anthropology*, 1979, 20(4), pp. 727 – 44.

Arnold, Dean E., "Design Structure and Community Organization in Quinua, Peru", In ed. D. K. Washburn, *Structure and Cognition in Art*, Cambridge: Cambridge University Press, 1983, pp. 71.

Arnold, Dean E., "Social Interaction and Ceramic Design: Community-wide Correlates in Quinua, Peru", In ed. P. M. Ric, *Pots and Potters: Current Approaches in Ceramic Archeology*, UCLA Institute of Archaeology Monograph 24, Los Angeles: University of California Press, 1984, pp. 133 – 161.

Brainerd, George W., "Symmetry in Primitive Conventional Design". *American Antiquity*, 1942, 8(2), pp. 164 – 166.

Braithwaite, M., "Decoration as Ritual Symbol: A Theoretical Proposal and an Ethnographic Study in Southern Sudan", In ed. I. Hodder, *Symbolic and Structural Archaeology*, Cambridge: Cambridge University Press, 1982, pp. 80 – 88.

Braun, David P., "Why Decorate a Pot? Midwestern Household Pottery, 200B. C. – A. D. 600", *Journal of Anthropological and Archaeological Sciences*, 1991, 10, pp. 360 – 397.

Bunzel, Ruth Leah, *The Pueblo Potter: A Study of Creative Imagination in Primitive Art*, New York: Dover, 1972, pp. 13 – 48 (originally published 1929).

Conkey, M., "Experimenting with Style in Archaeology: Some Historical and Theoretical Issues", In eds. M. Conkey, and C. Hastorf, *Uses of Style in Archaeology*, Cambridge: Cambridge University Press, 1990, pp. 5 – 17.

Crown, Patricia L., *Converging Traditions: Salado Polychrome Ceramics in South-Western Prehistory*, Presented at 55th Society for American Archaeology Annual Meeting, Las Vegas, 1990.

David, Nicholas, Judy Sterner, and Kodzo Gavua, "Why Pots Are Decorated", *Current Anthropology*, 1988, 29, pp. 365 – 389.

Deboer, Warren R., "Interaction, Imitation, and Communication as Expressed in Style: The Ucayali Experience", In eds. M. Conkey, and C. Hastorf, *Uses of Style in Archaeology*, Cambridge: Cambridge University Press, 1990, pp. 82 – 104.

Deboer, Warren R., "The Decorative Burden: Design, Medium and Change", In ed. W. A. Longacre, *Ceramic Ethnoarchaeology*, Tucson: University of Arizona Press, 1991, pp. 144 – 161.

DeBoer, Warren R., and J. A. Moore, "The Measurement and Meaning of Stylistic Diversity", *Ñawpa Pacha: Journal of Andean Archaeology*, 1982, 20, pp. 147 – 162.

Fischer, J. L. , "Art Styles as Cultural Cognitive Maps", *American Anthropologist*, 1961, 63(1), pp. 79 – 93.

Franklin, N. R. , "Stochastic vs Emblemic: An Archaeologically Useful Method for the Analysis of Style in Australian Rock Art", *Rock Art Research*, 1986, 3, pp. 121 – 140.

Friedrich, Margaret Hardin, "Design Structure and Social Interaction: Archaeological Implications of an Ethnographic Analysis", *American Antiquity*, 1970, 35(3), pp. 332 – 343.

Graves, Michael W. , "Ceramic Design Variation within a Kalinga Village: Temporal and Spatial Processes", In ed. B. A. Nelson, *Decoding Prehistoric Ceramics*, Carbondale: Southern Illinois University Press, 1985, pp. 9 – 34.

Graves, Michael W. , *Ethnoarchaeology of Kalinga Ceramics Design*, PhD dissertation, Tucson: University of Arizona, 1981.

Hantman, Jeffrey L. , *Social Networks and Stylistic Distributions in the Prehistoric Plateau Southwest*, PhD dissertation, City of Tempe: Arizona State University, 1983, pp. 37.

Hardin, Margaret A. , "Models of Decoration", In eds. S. E. van der Leeuw, and A. C. Pritchard, *The Many Dimensions of Pottery: Ceramics in Archaeology and Anthropology*, Amsterdam: Institute for Pre- and Proto-History, University of Amsterdam, 1984, pp. 573 – 614.

Hardin, Margaret A. , "Sources of Ceramic Variability at Zuni Pueblo", In ed. Longacre, W. A. *Ceramic Ethnoarchaeology*, Tucson: University of Arizona Press, 1991, pp. 40 – 70.

Hardin, Margaret A. , "The Structure of Tarascan Pottery Painting", In ed. D. K. Washburn, *Structure and Cognition in Art*, Cambridge: Cambridge University Press, 1983, pp. 8 – 24.

Hays, K. A. , *Social Contexts of Style and Information in a Seventh Century Basketmaker Community*, Presented at 56th Society for American Archaeology Annual Meeting, New Orleans, 1991.

Hegmon, Michelle, "Boundary-making Strategies in Early Pueblo Societies: Style and Architecture in the Kayenta and Mesa Verde Regions", In eds. W. H. Wills, and R. D. Leonard, *The Ancient Southwestern Community: Models and Methods for the Study of Prehistoric Social Organization*, Albuquerque: University of New Mexico Press, 1992.

Hegmon, Michelle, *The Social Dynamics of Pottery Style in the Early Puebloan Southwest*, Occasional Paper No. 5, Crow Canyon Archaeological Center, Cartez, CO, 1995.

Hodder, Ian, *Symbols in Action: Ethnoarchaeological Studies of Material Culture*, Cambridge: Cambridge University Press, 1982.

Hodder, Ian, "Style as Historical Quality", In eds. M. Conkey, and C. Hastorf, *Uses of Style in Archaeology*, Cambridge: Cambridge University Press, 1990, pp. 44 – 51.

Jones, K. , and Michelle Hegmon, *The Medium and the Message: A Survey of*

Information Conveyed by Material Culture in Middle Range Societies, Presented at 56th Society for American Archaeology Annual Meeting, New Orleans, 1991.

Kaplan, Flora S., and David M. Levine, "Cognitive Mapping of a Folk Taxonomy of Mexican Pottery: A Multivariate Approach", *American Anthropologist*, 1981, 83(3), pp. 868 – 884.

Longacre, William A., "Ceramic Ethnoarchaeology: An Introduction", In ed. Longacre, W. A., *Ceramic Ethnoarchaeology*, Tucson: University of Arizona Press, 1991, pp. 1 – 10.

Longacre, William A., "Sources of Ceramic Variability among the Kalinga of Northern Luzon", In ed. W. A. Longacre, *Ceramic Ethnoarchaeology*, Tucson: University of Arizona Press, 1991, pp. 95 – 111.

Lechtman, Heather, and Robert S. Merrill eds., "Material Culture, Styles, Organization, and Dynamics of Technology", *Proceedings of the American Ethnological Society 1975*, West St Paul, Minnesota, 1977.

Macdonald, William K., "Investigating Style: An Exploratory Analysis of some Plains Burials", In eds. Conkey, M., and C. Hastorf, *Uses of Style in Archaeology*, Cambridge: Cambridge University Press, 1990, pp. 52 – 60.

Munn, Nancy D., "Visual Categories: An Approach to the Study of Representational Systems", *American Anthropologist*, 1966, 68(4), pp. 936 – 950.

Plog, Stephen, "Sociopolitical Implications of Stylistic Variation in the American Southwest", In eds. M. Conkey, and C. Hastorf, *Uses of Style in Archaeology*, Cambridge: Cambridge University Press, 1990, pp. 61 – 72.

Pollock, Susan M., "Style and Information: An Analysis of Susiana Ceramics", *Journal of Anthropological and Archaeological Sciences*, 1983, 2, pp. 354 – 390.

Rice, Prudence M., "Some Reflections on Change in Pottery Producing Systems", In eds. S. E. van der Leeuw, and A. C. Pritchard, *The Many Dimensions of Pottery: Ceramics in Archaeology and Anthropology*, Amsterdam: Institute for Pre- and Proto-history, University of Amsterdam, 1984, pp. 231 – 293.

Rice, Prudence M., *Pottery Analysis: A Sourcebook*, Chicago: University of Chicago Press, 1987, pp. 244 – 273.

Sackett, James R., "Style, Function, and Artifact Variability in Paleolithic Assemblages", In ed. C. Renfrew, *The Explanation of Culture Change*, Pittsburgh: University of Pittsburgh Press, 1977, pp. 317 – 325.

Sackett, James R., "Approaches to Style in Lithic Archaeology", *Journal of Anthropological and Archaeological Sciences*, 1982, 1, pp. 59 – 112.

Sackett, James R., "Style and Ethnicity in the Kalahari: A Reply to Wiessner", *American Antiquity*, 1985, 50, pp. 155 – 159.

Shanks, Michael, and Tilley, Christopher, *Reconstructing Archaeology: Theory and Practice*, Cambridge: Cambridge University Press, 1987, pp. 98 – 99.

Shepard, Ann O., *Ceramics for the Archaeologist*, Washington, D. C.: Carnegie

Institution of Washington, 1980, pp. 259 – 305.

Shepard, Ann O., *The Symmetry of Abstract Design, with Specific Reference to Ceramic Decoration*, Publication 574, Washington, D. C.: Carnegie Institution of Washington, 1948.

van Esterik, Penny, "Symmetry and Symbolism in Ban Chiang Painted Pottery", *Journal of Anthropological Research*, 1979, 35, pp. 495 – 508.

Washburn, Dorothy K., *A Symmetry Analysis of Upper Gila Area Ceramic Design*, Papers of the Peabody Museum No. 68, Cambridge, Mass.: Peabody Museum, 1977.

Washburn, Dorothy K., "A Symmetry Classification of Pueblo Ceramic Design", In ed. P. Grebinger, *Discovering Past Behavior: Experiments in the Archaeology of the American Southwest*, New York: Gordon and Breach, 1978, pp. 102 – 121.

Washburn, Dorothy K., "Symmetry Analysis of Ceramic Design: Two Tests of the Method on Neolithic Material from Greece and the Aegean", In ed. D. K. Washburn, *Structure and Cognition in Art*, Cambridge: Cambridge University Press, 1983, pp. 138 – 164.

Washburn, Dorothy K., "The Property of Symmetry and the Concept of Ethnic Style", In ed. Shennan, S. J., *Archaeological Approaches to Cultural Identity*, London: Unwen Hyman, 1989, pp. 157 – 173.

Wiessner, Polly, "Reconsidering the Behavioral Basis for Style: A Case Study among the Kalahari San", *Journal of Anthropological and Archaeological Sciences*, 1984, 3, pp. 190 – 234.

Wiessner, Polly, "Style and Changing Relations between the Individual and Society", In ed. I. Hodder, *The Meaning of Things*, London: Unwen Hyman, 1989, pp. 56 – 63.

Wobst, H. Martin, "Stylistic Behavior and Information Exchange", In ed. C. E. Cleland, *For the Director: Research Essays in Honor of James B. Griffin*, Anthropological Papers No. 61, Ann Arbor: Museum of Anthropology, University of Michigan, 1977, pp. 317 – 342.

Wolfe, Alvin W., "Social Structural Basis of Art", *Current Anthropology*, 1969, 10(1), pp. 3 – 44.

第二节 陶器风格研究的当代主题

Bowser, Brenda J., "From Pottery to Politics: An Ethnoarchaeological Study of Political Factionalism, Ethnicity, and Domestic Pottery Style in the Ecuadorian Amazon", *Journal of Archaeological Method and Theory*, 2000, 7(3), pp. 219 – 248.

Braun, David P., "The Social and Technological Roots of 'Late Woodland'", In ed. R. Yerkes, *Interpretations of Culture Change in the Eastern Woodlands during the Late Woodland Period*, Occasional papers in Anthropology 3, Columbus: The Ohio State University, Department of Anthropology, 1988, pp. 17 – 38.

Braun, David P., "Why Decorate a Pot? Midwestern Household Pottery, 200B. C. - A. D. 600", *Journal of Anthropological and Archaeological Sciences*, 1991, 10, pp. 360-397.

Brown, James A., *Spiro Studies, Volume 4: The Artifacts*, Third Annual Report of Caddoan Archaeology-Spiro Focus Research, Part 2, Norman: University of Oklanhoma Research Institute, 1976.

Deetz, James, *The Dynamics of Stylistic Change in Arikara Ceramics*, Urbana: University of Illinois Press, 1965.

Donnan, Christopher B., "Ancient Peruvian Potters' Markers and Their Interpretation through Ethnographic Analogy", *American Antiquity*, 1971, 36(4), pp. 460-466.

Friedrich, Margaret Hardin, "Design Structure and Social Interaction: Archaeological Implications of an Ethnographic Analysis", *American Antiquity*, 1970, 35(3), pp. 332-343.

Hegmon, Michelle, "Information Exchange and Integration on Black Mesa, Arizona, A. D. 931-1150", In ed. Plog, S., *Spatial Organization and Exchange: Archaeological Survey on Northern Black Mesa*, Carbondale: Southern Illinois University Press, 1986, pp. 256-281.

Knight, V. J., Jr., "Some Speculations on Mississippian Monsters", In ed. Galloway, P., *The Southern Ceremonial Complex: Artifacts and Analysis*, Lincoln: University of Nebraska Press, 1989, pp. 205-210.

Pauketat, Timothy R., and Thomas E. Emerson, "The Ideology of Authority and the Power of the Pot", *American Anthropologist*, 1991, 93(4), pp. 919-941. 译文见蒂莫西·波克泰、托马斯·埃莫森：《权威的意识形态与陶器的权力》，吴双、杨小语、张萌、高原译，陈淳校，《南方文物》2017 年第 1 期,第 245—252 页。

Peregrine, Peter N., "Cultural Correlates of Ceramics Styles", *Cross Cultural Research*, 2007, 41, pp. 223-235.

Plog, Stephen, "Sociopolitical Implications of Stylistic Variation in the American Southwest", In eds. M. Conkey, and C. Hastorf, *Uses of Style in Archaeology*, Cambridge: Cambridge University Press, 1990, pp. 61-72.

Schapiro, Meyer, "Style", In ed. Kroeber Alfred Louis, *Anthropology Today*, Chicago: University of Chicago Press, 1962.

Shepard, Ann O., *Ceramics for the Archaeologist*, Washington, D. C.: Carnegie Institution of Washington, 1980, pp. 259-305.

Washburn, Dorothy K., *A Symmetry Analysis of Upper Gila Area Ceramic Design*, Papers of the Peabody Museum of Archaeology and Ethnology, Harvard University, Vol. 68, 1977.

Washburn, Dorothy K., "A Symmetry Classification of Pueblo Ceramic Design", In ed. P. Grebinger, *Discovering Past Behavior: Experiments in the Archaeology of the American Southwest*, New York: Gordon and Breach, 1978, pp. 102-121.

Washburn, Dorothy K., "Pattern Symmetries of the Chaco Phenomenon", *American Antiquity*, 2011, 76(2), pp. 252-284.

Washburn, Dorothy K., and Donald W. Crowe, *Symmetries of Culture*, Seattle:

University of Washington Press, 1988,1988.

Wiessner, Polly, "Style or Isochrestic Variation? A Reply to Sackett", *American Antiquity*, 1985,50, pp. 160 – 166.

第八章 陶器的稳定性与变化

第一节 制陶学习与实践

Beaglehole, E., and P. Beaglehole, *Pangai*, *Village in Tonga*, Wellington: The Polynesian Society, 1941, pp. 48.

Bowers, Alfred W., *Mandan Social and Ceremonial Organization*, Chicago: University of Chicago Press, 1950, pp. 46,60 – 62.

Bowser, Brenda J., "From Pottery to Politics: An Ethnoarchaeological Study of Political Factionalism, Ethnicity, and Domestic Pottery Style in the Ecuadorian Amazon", *Journal of Archaeological Method and Theory*, 2000,7(3), pp. 219 – 48.

Carmack, Robert M., *The Quiche Mayas of Utatlan: The Evolution of a Highland Guatemala Kingdom*, Norman: University of Oklahoma Press, 1982, pp. 165, 185,397.

Crown, Patricia L., "Life Histories of Pots and Potters: Situating the Individual in Archaeology", *American Antiquity*, 2007,72(4), pp. 677 – 690.

Crown, Patricia L., "The Archaeology of Crafts Learning: Becoming a Potter in the Puebloan Southwest", *Annual Review of Anthropology*, 2014,43, pp. 71 – 88.

DeBoer, Warren R., *The Last Pottery Show: System and Sense in Ceramic Studies*, Paper presented at the Wenner-Gren Symposium on: Multidimensional Approaches to the Study of Ancient Ceramics, Amsterdam, March 14 – 20,1982, pp. 20.

Draper, Patricia, "Social and Economic Constraints on Child Life among the Kung", In eds. Lee R., and DeVore I., *Kalahari Hunter-gatherers*, Cambridge: Harvard University Press, 1976, pp. 199 – 217.

Firth, Raymond W., *Primitive Polynesian Economy*, London: George Routledge, 1939, pp. 106.

Gosselain, Olivier, P., "Materializing Identities: An Africanist Perspective", *Journal of Archaeological Method and Theory*, 2000,7, pp. 187 – 217.

Gosselain, Olivier, P., "Thoughts and Adjustments in the Potter's Backyard", In ed. Berg I., *Breaking the Mould: Challenging the Past through Pottery*, Oxford: Archaeopress, 2008, pp. 67 – 79.

Hayden, Brian, *Paleolithic Reflections: Lithic Technology of the Western Desert Aborigines*, Canberra: Australian Institute of Aboriginal Studies, 1979.

Hayden, Brian, and Aubrey Cannon, "Interaction Inferences in Archaeology and Learning Frameworks of the Maya", *Journal of Anthropological Archaeology*, 1984,3(4), pp. 325 – 367.

Lechtman, Heather, "Style in Technology some Early Thoughts", In eds. Heather Lechtman, and Robert Merrill, *Material Culture: Styles, Organization and Dynamics* of Technology, St Paul: West Publishing Company, 1977, pp. 3 – 20.

van der Leeuw, S. E., "Giving the Potter a Choice. Conceptual Aspects of Pottery Techniques", In ed. P. Lemonnier, *Technological Choices: Transformation in Material Culture from the Neolithic to Modern High Tech*, London, UK: Routledge, 2002, pp. 238 – 288.

Leighton, D., and C. Kluckhohn, *Children of the People*, Cambridge: Harvard University Press, 1947, pp. 53.

Lemonnier, Pierre, "The Study of Material Culture Today: Toward an Anthropology of Technical Systems", *Journal of Anthropological Archaeology*, 1986, 5, pp. 147 – 186.

Lloyd, Peter C., "Craft Organization in Yoruba Towns", *Africa: Journal of the International African Institute*, 1953, 23, pp. 20 – 44.

Malinowski, Bronislaw, *Coral Gardens and Their Magic: A Study of the Methods of Tilling the Soil and of Agricultural Rites in the Trobriand Island* (Vol. 2), New York: American Book Company, 1935, pp. 50.

Renfrew, Collin, and Paul Bahn eds., *Archaeology: The Key Concepts*, Routledge, 2004.

Schiffer, Michael B., and James M. Skibo, "Theory and Experiment in the Study of Technological Change", *Current Anthropology*, 1987, 28(5), pp. 595 – 622.

Shennan, Stephen J., and James Steele, "Cultural Learning in Hominids: A Behavioural Ecological Approach", In eds. Box, H., and Gibson, K., *Mammalian Social Learning: Comparative and Ecological Perspectives*, Cambridge University Press, 1999, pp. 367 – 388.

Singleton, John, "Japanese Folkcraft Pottery Apprenticeship: Cultural Patterns of an Educational Institution", In ed. Michael Coy, *Anthropological Approaches to the Study of Apprenticeship*, Sunny Press, 1989, pp. 13 – 30.

Warrick, Gary A., and Christine F. Dodd, *Reconstructing Ontario Iroquoian Village Organization-Ontario Iroquois Tradition Longhouses*, Mercury Series, University of Ottawa Press, 1984, https://doi.org/10.2307/j.ctv16zh5.

第二节 陶器的稳定性

Adams, William Y., "On the Argument from Ceramics to History: A Challenge Based on Evidence from Medieval Nubia (and Comments and Reply)", *Current Anthropology*, 1979, 20(4), pp. 727 – 744.

Assmann, Jan, *Das kulturelle gedächtnis: schrift, erinnerung und politische identität in frühen hochkulturen*, CH Beck, 2007.

Assmann, Jan, *Religion und kulturelles Gedächtnis: zehn Studien*, CH Beck, 2007.

Assmann, Jan, *Der lange Schatten der Vergangenheit: Erinnerungskultur und Geschichtspolitik*, CH Beck, 2011.

Gosselain, Olivier P., and A. Livingstone Smith, "The Source: Clay Selection and Processing Practices in Sub-Saharan Africa", In eds. A. Livingstone Smith, D.

Bosquet, and R. Martineau, *Pottery Manufacturing Processes: Reconstruction and Interpretation*, Oxford: British Archaeological Reports International Series 1349, 2005, pp. 33 – 48.

Greenfield, P. , and J. Lave, "Cognitive Aspects of Informal Education", In eds. Wagner, D. , and Stevenson, H. , *Cultural Perspectives on Child Development*, San Francisco: Freeman, 1982, pp. 181 – 207.

Hernández Sánchez, G. , *Ceramics and the Spanish Conquest: Response and Continuity of Indigenous Pottery Technology in Central México*, Brill, 2011.

Jones, Siân, *The Archaeology of Ethnicity: Constructing Identities in the Past and Present*, Routledge, 1997. 中译本见希安·琼斯:《族属的考古:构建古今的身份》,陈淳、沈辛成译,上海古籍出版社 2017 年版,第 59 页。

Trigger, Bruce G. , *A History of Archaeological Thought*, 2nd ed. , Cambridge: Cambridge University Press, 2006. 中译本见布鲁斯·G. 特里格:《考古学思想史(第 2 版)》,陈淳译,中国人民大学出版社 2010 年版,第 188—189、215 页。

Wenger, Etienne, *Communities of Practice: Learning, Meaning, and Identity*, Cambridge: Cambridge University Press, 1998.

第三节 陶器的变化

Berg, I. "Meaning in the Making: The Potter's Wheel at Phylakopi, Melos (Greece)", *Journal of Anthropological Archaeology*, 2007(26), pp. 234 – 252.

Dobres, Marcia-Anne, *Technology and Social Agency: Outlining a Practice Framework for Archaeology*, Oxford: Blackwell Publishers, 2000.

Eichholz, G. , and E. M. Rogers, "Resistance to the Adoption of Audio-Visual Aids by Elementary School Teachers: Contrasts and Similarities to Agricultural Innovation", In ed. Matthew B. Miles, *Innovation in Education*, New York: Bureau of Publications, Teachers College, Columbia University, 1964, pp. 194 – 316.

Hayden, Brian, "Interaction Parameters and the Demise of Paleo-Indian Craftsmanship", *Plains Anthropologist*, 1982, 27(96), pp. 109 – 23.

Longacre, William A. , *Reconstructing Prehistoric Pueblo Societies*, Albuquerque: University of New Mexico Press, 1970.

McGlade James, and Jacqueline M. McGlade, "Modelling the Innovative Component of Social Change", In eds. W. E. van der Leeuw, and R. Torrence, *What's New? A Closer Look at the Process of Innovation*, London: Allen and Unwin, 1989, pp. 281 – 299.

McGuire, R. H. , "A Gila Butte Ballcourt at La Ciudad", In ed. G. Rice, *The Hohokam Community of La Ciudad*, Office of Cultural Resource Management, ASU, 1987, pp. 145 – 162.

O'Brien, M. J. , and R. L. Lyman, *Applying Evolutionary Archaeology: A Systematic Approach*, Springer Science & Business Medi, 2000a.

Rye, O. S. , "Keeping Your Temper under Control: Materials and the Manufacture of

Papuan Pottery", *Archaeology and Physical Anthroplogy in Oceania*, 1976, 11(2), pp. 106–137.

Schiffer, Michael B., "The Explanation of Long-term Technological Change", In ed. M. Schiffer, *Anthropological Perspectives on Technology*, Albuquerque: University of New Mexico Press, 2001, pp. 215–235.

Schiffer, Michael B., "Studying Technological Differentiation: The Case of 18th-century Electrical Technology", *American Anthropologist*, 2002, 104(4), pp. 1148–61.

Schiffer, Michael B., "The Devil Is in the Details: The Cascade Model of Invention Processes", *American Antiquity*, 2005, pp. 485–502.

Schiffer, Michael B., "Can Archaeologists Study Processes of Invention?", In eds. O'Brien, M. J., Shennan, S., *Innovation in Cultural Systems: Contributions from Evolutionary Anthropology*, Cambridge, Massachusetts: The MIT Press, 2010, pp. 99–120.

Spratt, Donald A., "Innovation Theory Made Plain", In eds. W. E. van der Leeuw and R. Torrence, *What's New? A Closer Look at the Process of Innovation*, London: Allen and Unwin, 1989, pp. 245–257.

Wallaert, H., "Learning How to Make the Right Pots: Apprenticeship Strategies and Material Culture: A Case Study in Handmade Poltery from Cameron", *Journal of Anthropological Research*, 2001, 57(4), pp. 471–493.

Watson, Goodwin, "Resistance to Change", In ed. Gerald Zaltman, *Process Phenomenon of Social Change*, New York: Wiley, 1973, pp. 117–131.

图书在版编目(CIP)数据

陶器研究的理论与方法/秦小丽,张萌编著.—上海:复旦大学出版社,2022.8(2022.11 重印)
(复旦科技考古文库)
ISBN 978-7-309-16326-1

Ⅰ.①陶… Ⅱ.①秦…②张… Ⅲ.①陶器(考古)-研究 Ⅳ.①K866.34

中国版本图书馆 CIP 数据核字(2022)第 134027 号

陶器研究的理论与方法
秦小丽 张 萌 编著
责任编辑/赵楚月

复旦大学出版社有限公司出版发行
上海市国权路 579 号 邮编:200433
网址:fupnet@fudanpress.com http://www.fudanpress.com
门市零售:86-21-65102580 团体订购:86-21-65104505
出版部电话:86-21-65642845
上海四维数字图文有限公司

开本 787×1092 1/16 印张 28.5 字数 451 千
2022 年 8 月第 1 版
2022 年 11 月第 1 版第 2 次印刷

ISBN 978-7-309-16326-1/K·786
定价:128.00 元

如有印装质量问题,请向复旦大学出版社有限公司出版部调换。
版权所有 侵权必究